ज्ञान गरिमा के
70 वर्ष

भारतीय ज्ञानपीठ

णाणं
पयासयं
वीर नि. सं. 2470
ई सन् 1944
भारतीय ज्ञानपीठ

कई समयों में

कुँवर नारायण रचना संचयन

कई समयों में

कुँवर नारायण रचना संचयन

सम्पादन
दिनेश कुमार शुक्ल
यतीन्द्र मिश्र

भारतीय ज्ञानपीठ

लोकोदय ग्रन्थमाला : ग्रन्थांक 1027

ISBN 978-81-263-3083-6

कई समयों में

सम्पादन : दिनेश कुमार शुक्ल, यतेन्द्र मिश्र

दूसरा संस्करण : 2016

मूल्य : 460 रुपये

प्रकाशक : भारतीय ज्ञानपीठ

18, इन्स्टीट्यूशनल एरिया, लोदी रोड, नयी दिल्ली-110 003

मुद्रक : आर.के. ऑफसेट, दिल्ली

आवरण-चित्र : अपूर्व

आवरण-सज्जा : ज्ञानपीठ कला प्रभाग

KAI SAMAYON MEIN

(Selected works of Kunwar Narain)

Edited by Dinesh Kumar Shukla, Yatindra Mishra

Published by

Bharatiya Jnanpith

18, Institutional Area, Lodi Road, New Delhi-110 003

Ph. : 011-24698417, 24626467; 23241619 (Daryaganj)

Mob. : 9350536020; e-mail : bjnanpith@gmail.com

sales@jnanpith.net; website : www.jnanpith.net

Second Edition : 2016

Price : Rs. 460

कई समयों में

अनुक्रम

कविताएँ

समाज-विचार

हाशिए का गवाह

इन दिनों

कहानियाँ

खंड-काव्य

'आत्मजयी' एवं 'वाजश्रवा के बहाने' के कुछ अंश

साहित्य और विचार

सिनेमा-संगीत-कलाएँ

परिशिष्ट

पुरोवाक्

कई समयों का समय

वरिष्ठ कवि कुँवर नारायण जी को वर्ष 2005 का ज्ञानपीठ पुरस्कार प्रदान किया गया है। स्वतन्त्रता के बाद के प्रारम्भिक वर्षों में जिन कवियों ने लिखना शुरू किया उनमें कुँवर जी पहले कवि हैं जिन्हें यह सम्मान दिया गया है। प्रकारान्तर से यह सम्मान हिन्दी की उस कविता का भी है जिसके प्रथम स्वर तार-सप्तक में सुने गये थे। इस अवसर पर प्रकाशित यह संचयन 'कई समयों में' कुँवर जी के समग्र रचना संसार की बानगी मात्र नहीं है अपितु एक झरोखा भी है जिससे कई समयों को एक साथ देखा जा सकता है।

यूँ शाश्वत तो कुछ भी नहीं होता। समय भी नहीं। एक समय आता है जब समय भी चुक जाता है। अगर ऐसा न होता तो कुँवर नारायण की कविता को शाश्वत भूमि की कविता मान लेने में आसानी होती। अनुभव बताता है कि आसानियाँ स्वयं में बहुत कठिन और ख़तरनाक चीज़ होती हैं— ख़ासकर संवेदना और विचार के इलाक़े में। तो भी आसान यही पाया गया कि इस वरिष्ठ रचनाकार की रचनाओं से पाठकों की आमने-सामने सीधी मुलाक़ात करा दी जाए ताकि पाठक ख़ुद अपने काव्य-विवेक के अनुसार इन रचनाओं का अपना-अपना पाठ रच सकें और उसका निजी आस्वाद पा सकें। माना जा सकता है कि संचयन एक तरह की सम्पुटित अभिधा है जिसमें पाठ की अनेकानेक व्यंजनाएँ निहित हैं। ऐसा इसलिए है क्योंकि इन रचनाओं का केन्द्रीय स्वभाव औपनिषदिक है जिसमें मूल स्वर बहुलता और विविधता का है। मिल-बैठ कर सोचने विचारने की परम्परा का निर्वाह इन रचनाओं में लगातार देखने को मिलेगा।

इस संचयन में रचनाओं का संयोजन कालक्रम के अनुसार न करके विधाओं के आधार पर किया गया है। कविताएँ, कहानियाँ, खंडकाव्य, आलोचना, कला-समीक्षा और स्फुट निबन्ध तथा टिप्पणियाँ अलग-अलग खंडों में प्रस्तुत की गयी

हैं। कविताओं को विषय-वस्तु के आधार पर समाज, इतिहास-मिथक, प्रेम आदि उपखंडों में संयोजित किया गया है। इनमें अधिकांश रचनाएँ पहले प्रकाशित हो चुकी हैं किन्तु कुछ अप्रकाशित रचनाएँ भी ली गयी हैं। संचयन की तैयारी में कुँवर नारायण जी और उनकी पत्नी आदरणीया भारती जी का लगातार सक्रिय मार्गदर्शन और सहयोग हमें मिला है जिसके लिए हम उनके आभारी हैं।

किसी भी रचनाकार का कोई भी संचयन उसका 'प्रतिनिधि संचयन' नहीं कहा जा सकता। क्योंकि प्रत्येक कविता, कहानी या लेख का अपना एक स्वतन्त्र और अद्वितीय व्यक्तित्व होता है। कोई भी रचना किसी दूसरी रचना का प्रतिनिधित्व नहीं कर सकती। इसी प्रकार समग्रता का दावा भी कोई संचयन नहीं कर सकता। रचनाकार का सारा कृतित्व भी यदि एक ही जिल्द में छाप दिया जाय तो भी समग्रता हासिल नहीं की जा सकती क्योंकि रचनाकार की कृति का बड़ा हिस्सा उसकी भावकाया में छिपा पड़ा रह जाता है, बहुत-सा हिस्सा रचना-संघर्ष की भेंट चढ़ जाता है और कुछ मौखिक वाणी के लोक में बातों-बातों में भटकता रहता है। कुछ ऐसा भी होता है जो रचना में आधा ही उतर पाता है शेष आधा रचना प्रक्रिया के अधर में लटका रह जाता है— वह ऊपर से दिखने वाले अर्थ के अभ्यन्तर में अमूर्त और अदृश्य पड़ा रहता है। हाँ, उसकी झलक कभी-कभी किसी सुधी पाठक को अवगाहन के विरल क्षणों में मिल जाय तो मिल जाय...।

यह संचयन 'कई समयों' की ज़मीन पर खड़ा है। समय एक संश्लिष्ट चीज़ है— एक बटी हुई रस्सी जिसमें अनेक लटें और तन्तु होते हैं। ज़रूरी नहीं कि अभी हम जिस समय में खड़े हैं आप भी उसी समय की ज़मीन पर खड़े हों। समय से जुड़ी अनेक अवधारणाओं जैसे— इतिहास, मिथक आदि का भी यही हाल है। इतिहास को ही लें— इतिहास का बिल्डिंग मैटीरियल भूतकाल सप्लाई करता है, उसका नक्शा और डिज़ाइन भविष्य (भविष्य के स्वप्न) के यहाँ से बन कर आता है और उसके निर्माण का काम वर्तमान करता है। अब चूँकि ये तीनों चीज़ें ख़ुद बदलती रहने वाली चीज़ें हैं, व्यक्ति और समाज-सापेक्ष हैं, अत: इतिहास और मिथक भी बदलते रहते हैं। कुँवर जी के यहाँ मिथक और इतिहास लगातार उपस्थित हैं और ऊपर कही गई बातों के प्रमाण उनकी रचनाओं में देखे जा सकते हैं। सत्य तो यह है कि समय नहीं बदलता, बदलते तो हम हैं (कालो न यातो वयं हि याता:)। पदार्थ और उससे जुड़ी ऊर्जाओं का (शरीर और उससे जुड़ी भावनाओं और चेतनाओं का भी) मूल गुणधर्म है कि वह जन्म लें, फूलें-फलें, मुरझाएँ और समाप्त हो जाएँ। इस गुणधर्म के प्रवाह को समय का प्रवाह मान लिया जाता है। हम तो यह भी नहीं कह सकते कि अगर पदार्थ न हो तो क्या समय बचेगा। शायद समय किसी धरातल पर

पड़ रही पदार्थ की छाया ही है। ऐसे में ध्यान देने की बात है कि भौतिक संसार में प्रतिपल होते परिवर्तन को तात्कालिक कह कर साहित्य की दुनिया में उसे खारिज कर दिया जाता है और किन्हीं कल्पित कालातीत चीज़ों की प्रतिष्ठा पर ही ज़ोर दिया जाता है। जबकि तात्कालिकताओं की बूँद-बूँद से ही युग बनते हैं। तात्कालिकता का देश पल-पल में जीता-मरता रहता है किन्तु उसके इस जन्म-मरण में ऊर्जा के अद्‌भुत विस्फोट होते रहते हैं। यही ऊर्जा मनुष्य की जिज्ञासा और संवेदना को उत्प्रेरित करती है। यह उत्प्रेरण उस भाव-संसार की रचना करता है जिसके सूक्ष्म-स्थूल, चर-अचर, मूर्त-अमूर्त ताने-बाने में कला और कविता के वितान का निर्माण होता है। यह वह स्वयम्भू संसार है जो तात्कालिकता की नश्वर माटी से बनता है किन्तु यह वो चीज़ नहीं जो मर कर फिर उसी माटी में जा मिले। काव्य संसार का जीवन अमर है। चेतना और संवेदना की यह ऊर्जा एक तरफ़ समाज और नैतिकता का निर्माण करती है और दूसरी ओर वह उस प्रतिसंसार की भी रचना करती है जहाँ कला और कविता का निवास है। यहीं कहीं वह सन्धिस्थली भी है जहाँ कविता-कला और भौतिक-सामाजिक यथार्थ एक-दूसरे को छूते हैं, जहाँ कला जीवन का अनुकरण करती है और जीवन कला का अनुगामी बन जाता है। कुँवर जी के रचना संसार का अवगाहन करते समय ऐसी ही अनुभूति होती है मानो हम जीवन और कला की सन्धि पर चल रहे हों। उनकी खंडकाव्यात्मक रचनाओं में तो यह अनुभूति और भी मुखर और साकार हो कर हमारे सामने सशरीर आ प्रकट होती है।

कुँवर जी विविधता के कवि हैं और बहुलता के भी। चूँकि कवि की संवेदना-दृष्टि को बहुत सारा अगोचर भी गोचर हो जाता है, उसे एक रूप में कई-कई रूप छुपे दिख जाते हैं। अत: वह संसार की अनन्त विविधता को अपनी रचना में उतार लाने की सामर्थ्य रखता है। किन्तु आज की दुनिया के लिए विविधता ही पर्याप्त नहीं है— बहुलता भी चाहिए। विविधता में अलग-अलग संसार साथ-साथ अस्तित्व में बने तो रहते हैं लेकिन एक-दूसरे से अलग-थलग, सबके अपने-अपने बन्द मुहल्ले। बहुलता में विविधताएँ एक दूसरे से संवाद-रत होती हैं, आदान-प्रदान होता है, समरसता होती है, समन्वय होता है। एक आभ्यन्तरिक लय के स्पन्दन में पूरा रचनाकर्म सधे हुए राग की तरह निनादित हो उठता है। विवादी स्वर भी उस समवेत संगीत को अधिक प्राणमय बनाने लगते हैं। यह स्थिति बहुलता की स्थिति है। कुँवर नारायण के रचनाकर्म और उनके वैचारिक निबन्धों में इस बहुलता और विविधता के सुन्दरतम रूप देखने को मिलते हैं। इस रचना संसार में एक स्निग्ध सघनता है। लगातार गूँजती हुई एक आवाज़ है। यह शान्त गूँज कुँवर जी के रचनाकर्म का अनहद नाद है जो समकालीन कविता में अब कम ही सुनने को

मिलता है।

कुँवर नारायण के साहित्य का मूल स्वभाव समन्वय और समावेश का है। आज जब अस्मिताओं के नाम पर समाज को विखंडित किया जा रहा है, विश्व बाज़ार की क्रूरताओं के साथ जघन्य धर्मान्धता की आग फैलती जा रही है और पर्यावरण को नष्ट करके जीवन के समूलोच्चाटन का काम तेज़ी से चल रहा है तो ऐसे में कुँवर जी मनुष्य की स्वाभाविक अच्छाइयों का आवाहन करते हुए नैतिक साहस की याद दिलाते हैं, जिसके बिना मानव सभ्यता का अस्तित्व सम्भव ही नहीं है (यह साहस ही मनुष्य का जीवद्रव्य है) :

''कोई दुख
मनुष्य के साहस से बड़ा नहीं
वही हारा जो लड़ा नहीं''

आत्मा के साहस की यह टेक कुँवर नारायण की रचनाओं की सनातन लय है। उनके यहाँ 'संघर्ष' का प्रारम्भ 'आत्म' से ही होता है। 'आत्मजयी' और 'वाजश्रवा के बहाने' में इसी अदम्य साहस की गाथा, औपनिषदिक साहस के साथ, खड़ी बोली हिन्दी में पहली बार कही गयी है। उनकी छोटी कविताओं में भी यह लय बार-बार सुनाई दे जाती है और इस संघर्ष के अनेकानेक स्तरों को ध्वनित करती है :

''किसी ने कहा
'लड़ो। ज़िन्दगी हक़ की लड़ाई है।'
हथियार उठाया तो देखा
मेरे ख़िलाफ़ पहला आदमी मेरा भाई है।''

'सम्मेदीन की लड़ाई' जैसी अनेक कविताएँ मनुष्य के इस बहुस्तरीय संघर्ष का मार्मिक दस्तावेज़ हैं। किन्तु संघर्ष मात्र ही पर्याप्त नहीं है। 'वाजश्रवा के बहाने' की भूमिका में कुँवर नारायण ने अपने जीवन दर्शन का खुलासा करते हुए लिखा है—

''जीवन में संघर्ष भी हैं, पर संघर्ष-ही-संघर्ष नहीं है...। उसमें मार्मिक समझौते और सुन्दर सुलहें भी हैं। इस विवेक को प्रमुख रख कर भी जीवन को सोचा और चित्रित किया जा सकता है। संघर्ष और हिंसा अतिवाद में है न कि विभिन्नताओं में।''

इस संग्रह में कुँवर नारायण की चार कहानियाँ भी दी गयी हैं जिनमें उनके अनूठे कथाशिल्प की छवि देखी जा सकती है। इन कहानियों में कविता की अनुगूँजें हैं। यह कथा कहती हुई कविताएँ भी मानी जा सकती हैं। इनमें रोजमर्रा की

ज़िन्दगी के साथ-साथ अस्तित्व के कठिन प्रश्नों के स्वर भी सुनने को मिलते हैं। जीवन की गति को औपनिषदिक भाषा में न केवल कहा गया है बल्कि उद्धरण तक सीधे-सीधे उठाकर कहानियों में रख दिये गये हैं— 'सस्यमिव मार्त्यः पच्यते सस्यमिवऽजायते पुनः।' इन कहानियों में विडम्बना और विट के साथ-साथ जीवन की तरल बतकही का आस्वाद भी आप पाएँगे।

कविताएँ-कहानियों के साथ-साथ इस संग्रह में कुँवर नारायण के चिन्तन-पक्ष को प्रस्तुत करने वाले समीक्षात्मक निबन्धों, कला-विवेचनाओं और टिप्पणियों की बानगी भी देखने को मिलेगी। इससे उनकी गहरी दार्शनिक पैठ, विश्लेषण क्षमता, संवेदनात्मक विवेक, गहरी अध्ययनशीलता और मानवीय दृष्टिकोण की विचार-सरणियों में भी घूमने का मौका पाठक को मिलेगा। इन लेखों में कुँवर नारायण जी के सरोकारों के वैश्विक विस्तार के साथ-साथ उनकी गहन अन्वेषणशीलता से भी आप परिचित हो सकेंगे। यह समीक्षाएँ या विवेचनाएँ केवल दूसरों की रचनाओं की टीका भर नहीं हैं, ख़ुद में एक जीवन्त साहित्यिक कृति के रूप में भी ये देखी जा सकती हैं। इन लेखों में भाषा के पर्दे पर चलता हुआ सिनेमा, गद्य में बजता हुआ संगीत और शब्दों में स्पन्दित रंगान्दोलित चित्र आप देख-सुन सकते हैं। कुँवर जी द्वारा मृणाल सेन, भीमसेन जोशी, सत्यजित राय आदि को 'देखना' भी एक देखने की चीज़ है। कुछ वैसा ही कि— ''हम देखने वालों की नज़र देख रहे हैं।''

'कई समयों में' का रचना संसार अनेक संसारों का एक गतिमान अन्तर्गुम्फन है— कई-कई आयाम, कई-कई धरातल, कई-कई देश, कई-कई समय। आप इस किताब के रास्ते एक अनूठे काव्य स्पेस में प्रवेश पा सकते हैं। इन रचनाओं की कसी हुई क्लासिकी बुनावट में अचानक ही आपको अटपटाती हुई प्रयोगधर्मी कहन मिल जाएगी। यथार्थ की आँखों में मुस्कुराता हुआ परेशान कर देने वाला रहस्य आपको घूरता दिखेगा। पौराणिक गाथा की सघनता के अरण्य में रास्ता तलाशती आधुनिक चिन्ताओं, संवेदनाओं से आप की भेंट होगी। कठिन प्रश्न मिलेंगे। अनुत्तरित उत्तर मिलेंगे। उत्तरों में निहित कठिनतर प्रश्नों की अवलियाँ मिलेंगी। निस्पृह बौद्धिकता के अन्तस्तल में करुणा का कल-कल नाद सुनाई देगा। कुँवर नारायण जी का रचनाकर्म सत्य की तरह सरल भी है और दुस्साध्य भी। वे स्वयं हठी अपराजेय नचिकेता भी हैं और सुलह-समन्वय वाले वाजश्रवा भी। यही उनके रचना-कर्म की सिद्धि है।

— दिनेश कुमार शुक्ल

अक्षय तृतीया
3 सितम्बर, 2009

परिचय

तिनके-तिनके में खोजता रहूँ जीवन

ज्ञानपीठ पुरस्कार से पुरस्कृत वरिष्ठ कवि श्री कुँवर नारायण के अब तक के लेखन से एक आत्मीय चयन 'कई समयों में' आपके हाथों में है। मेरे लिए यह मौक़ा एक बार फिर से गौरवपूर्ण है कि कुँवर जी जैसे वरिष्ठ एवं मूर्धन्य कवि के रचना-संसार से एक नया पाठ बनाने में, मैं फिर से आपसे मुखातिब हूँ। यह मेरे लिए न केवल प्रासंगिक और प्रेरणाप्रद है, बल्कि इस मायने में भी सीख देने वाला कि कुँवर नारायण, भारतीय ज्ञानपीठ एवं पुस्तक के दूसरे सम्पादक व अग्रज कवि श्री दिनेश कुमार शुक्ल ने मेरे प्रति विश्वास जताया। मैं सभी का आभारी हूँ और इस संचयन के इस रूप में बनने व अपनी इस महत्त्वपूर्ण चयनिका में उपस्थिति को लेकर हार्दिकता महसूस कर रहा हूँ। 'कई समयों में' ढेरों समय-अन्तरालों में कुँवर नारायण जैसे सर्जक की रचनात्मक उपस्थिति का लेखा-जोखा है; साथ ही ऐसा आत्मीय संचयन भी, जिससे गुज़रकर हम जीवन और विचार, राजनीति और समाज तथा संवेदनाओं और जिजीविषा के प्रति उनकी हिस्सेदारी व ज़िम्मेदारी को एक परिपक्व चिन्तक के रूप में स्थापित होता हुआ देख सकते हैं। इस मायने में भी यह पाठ प्रासंगिक है कि 'ज्ञानपीठ पुरस्कार' के मिलने तक, अस्सी वर्ष की उम्र में सक्रिय रचनाकारों के जीवन-सरोकारों से हम अपने को कितने सार्थक ढंग से जोड़ पाते हैं।

कुँवर नारायण हिन्दी के उन गिने-चुने लेखकों में से एक हैं, जिनका लेखन भारतीय परम्परा के सर्वाधिक प्रेरित करने वाले तत्त्वों मसलन जागतिक संवेदना, आत्मसंयम एवं सौहार्द्र की केन्द्रीयभूत ज़रूरत का पर्याय बन गया है। एक हद तक उनका रचनात्मक जीवन उस जीवन विवेक की धुरी पर टिका हुआ है, जहाँ से आज भी वे यह कहते हुए मिलते हैं—

"कुछ इस तरह भी पढ़ी जा सकती है
एक जीवन दृष्टि
कि उसमें विनम्र अभिलाषाएँ हों
बर्बर महत्त्वाकांक्षाएँ नहीं
... ईर्ष्या द्वेष के बदरंग हादसे नहीं
निकट सम्बन्धों के माध्यम से
बोलता हो पास-पड़ोस
एक सुभाषित, एक श्लोक की तरह
सुगठित और अकाट्य हो
जीवन-विवेक।" (वाजश्रवा के बहाने)

कुँवर नारायण जी के बारे में सबसे आसान परिभाषा यह है कि वे कवि हैं। मगर यह उतनी आसान नहीं क्योंकि कवि होने के साथ-साथ वे एक धीर आलोचक भी हैं। यह कठिनाई तब और बढ़ जाती है, जब हम यह देखते हैं कि वे आलोचक के आलवा कला समीक्षक भी हैं, जिनकी परिधि में संस्कृति एक निकाय की तरह मौजूद रहती है। और हमें यह जानने में देर नहीं लगती कि कुँवर नारायण का कवि और आलोचक संस्कृति के विभिन्न सोपानों में एक यात्री की तरह गमन करता है। उन दोनों के मिश्रित सम्बन्ध से बनने वाली दृष्टि उनके लिए किसी विशिष्ट तर्क की स्थापना का कारण बनती है, साथ ही संस्कृति के विभिन्न अवयवों के स्वरूप, उसके स्थापत्य, उससे होने वाले सम्मोहन और उन सम्मोहनों की अर्थछवियों की महत्ता का अभिप्राय भी संकेतित करती है।

'मानवीयता', 'नैतिक आग्रह' एवं 'संघर्ष की जिजीविषा'— ये कुछ प्रत्यय ऐसे हैं, जो कुँवर नारायण की कविता का ताना-बाना तय करते रहे हैं। साथ ही, हमें आसानी से उनकी बड़ी काव्य-यात्रा में जो निर्णायक सूत्र बराबर से मिलता रहा है, वह यही है कि भाषा, शिल्प और विचार सभी के बीच में से निकलकर मनुष्य की निजता का भरा-पूरा मानवीय दायरा ही उनकी रचना का अभीष्ट बनता है। शायद इसी कारण वे साहित्य तथा अन्य कलाओं के साथ अपनी आत्मीय व वैचारिक गुफ़्तगू में बड़ी आसानी से गाँधी और ग़ालिब को, कवाफी और मलार्मे को, महाभारत और कठोपनिषद् को, ध्रुपद और भक्ति पदों को तथा बर्गमैन और कुरोसावा को भी शरीक़ कर लेते हैं।

कुँवर नारायण होना इस अर्थ में कवि होना है, जिस अर्थ में कवि जानता है कि उसका कार्य समाज के कई ऐसे बिन्दुओं को आन्दोलित करते रहना है, जिन्हें सामान्य की भाषा में वैसा पहले किसी ने नहीं किया है। विजयदेव नारायण साही ने

'कवि' के जो पच्चीस शील गिनाये हैं, उनमें से एक शील यह भी है कि 'कवि अभागा है। वह विशिष्ट अनुभूति को बदल नहीं पाता। तब तक बेचैन रहता है, जब तक परिभाषा को बदल नहीं लेता।' यह हमारे लिए एक साथ आश्चर्य और गौरव की बात है कि पिछले छः दशकों की अपनी सक्रिय रचनात्मक आवाजाही में कुँवर जी ने समय और समाज की परिभाषा को कई बार न सिर्फ़ बदला है, बल्कि बहुतेरी स्थितियों में उसे तोड़कर नयी अर्थध्वनि प्रदान की है।

जीवन में आने वाले तमाम संशयों से जूझते हुए, कुँवर नारायण संशयों से पार जाने वाले कवि हैं। बल्कि यह कहना ज़्यादा मुनासिब होगा कि वे आकांक्षाओं, विसंगतियों, ऊहापोहों एवं वर्जनाओं से लगातार प्रश्न करने वाली कवियों की वृहत् परम्परा से निहायत प्रासंगिक व ज़रूरी कवि हैं। उसी तरह, जिस तरह की लीक निराला, मुक्तिबोध, शमशेर, नागार्जुन और रघुवीर सहाय अब तक बनाते रहे हैं। यह कम लोग जानते होंगे कि कुँवर नारायण और रघुवीर सहाय एम.ए. के दिनों में सहपाठी रहे हैं और दोनों ही ने लखनऊ में अपने अध्यापन के समय से मजाज़, भगवतीचरण वर्मा, अमृतलाल नागर और यशपाल की सोहबत में अपने साहित्यिक संस्कार विकसित किये। शायद यही कारण है कि दोनों ही में एक सजग क़िस्म की वैचारिकता लगातार सक्रिय रही है। कुँवर जी में रघुवीर सहाय की सोहबत का वह आम आदमी भी बखूबी उतर आया है, जो उनके दार्शनिक कवि मन को सर्वाधिक घेरता रहा और अवध की बेलौस जीवन्त बतकही भी, जो नागर जी के दरबार से उठकर कुँवर जी के भाषा के घर के अन्दर सीधे चली आयी है।

कुँवर जी के बारे में यह जानना बड़ा सन्दर्भयुक्त और ऐतिहासिक है कि उनके लखनऊ महानगर के घर में विभिन्न कला-विभूतियों ने अपनी कला को, 'जगह' और 'समय' से बड़ा बनाया है। शायद कलाओं और उनकी प्रदीप्त दुनिया के बारे में इतनी निस्संगता से विचार करने की धारणा उनमें उसी समय आयी हो। संगीत और साहित्य का या किन्हीं दो अन्य कलाओं का अन्योन्याश्रित सम्बन्ध, दो भिन्न दुनियाओं को एक साझा दृष्टि से देखने का अवकाश देता है। यह दृष्टि उस दृष्टि से बिल्कुल भिन्न नहीं, जिससे हम अपने निजी आशयों का 'सुख' परखते हैं। इस सुख का एक व्यापक चरित्र हो सकता है। उसमें बहुत सारा समय और बहुत सारी छोटी-बड़ी उम्मीदें शामिल पाई जा सकती हैं। यह बहुत कम लोगों को मालूम है कि लखनऊ में रहते हुए कुँवर नारायण ने प्रदर्शनकारी कला के लिए ढेरों काम किये। पहली बार लखनऊ में ब.व.कारन्त के साथ श्रीलाल शुक्ल एवं सुरेश अवस्थी की मदद से गिरीश कर्नाड के नाटक 'हयवदन' की प्रस्तुति करवायी। यह लखनऊ का वह समय था जब हिन्दी नाटकों से वहाँ के दर्शक लगभग कट चुके थे

और उन्हें यह भी ठीक से पता न था कि रंगमंच पर हिन्दी की कोई सक्रिय या केन्द्रीय भूमिका हो सकती है। अपने घर में एक कमरे को स्टूडियो का रूप दिया और नरेश सक्सेना के साथ मिलकर अवधी पारम्परिक गायन की कुछ लुप्त हो रही विधाओं— मर्सिया आदि की रिकार्डिंग की व्यवस्था की। स्वयं दो नाटक लिखे, जिनका प्रदर्शन भी हुआ मगर अपनी लोकप्रसिद्ध आदत के अनुसार कभी छपवाया नहीं। उ.प्र. संगीत नाटक अकादमी में रहते हुए 'छायानट' पत्रिका का प्रकाशन शुरू कराया। यह सारे तथ्य यहाँ इसलिए रेखांकित हुए हैं कि यह उस कवि की परिभाषा के अन्दर आते दिखाई पड़े, जिसने कुँवर नारायण जैसा गम्भीर कला-समीक्षक भी हमें दिया है। यह कुँवर जी की बड़ी सफलता है कि वे अपने रचनाकर्म में शब्दों और रागों को, मानवीय सरोकारों और उनके नाटकीय प्रदर्शन को, ध्वनि और सादृश्य को परस्पर समीप ला सके। दो भिन्न कलाओं की भिन्न दुनियाओं में यात्रा करते हुए जो महत्त्वपूर्ण तथ्य हाथ लग सका, उसकी सबसे बड़ी उपलब्धि यह रही कि हमें हिन्दी में ऐसी कला-समीक्षा हासिल हुई जिसमें किसी गायक को उसके नितान्त निजी आशयों के साथ हम साहित्यिक धरातल पर भी विश्लेषित कर सकें, तो साहित्य का फैलाव हमने सेल्युलाइड की चमक में भी ढूँढ़ना चाहा। सत्यजित रे के माध्यम से हम एक ज़्यादा व्यापक प्रेमचन्द पा सके और रंगमंच पर उस परम्परा का प्रतिनिधित्व होते देखा, साहित्य और रूपंकर अभिव्यक्तियाँ जहाँ मित्रवत व्यवहार करती हैं।

कुँवर जी के लेखन में विलक्षण आत्मानुशान है, जो अधीर होने की सारी सम्भावनाओं पर पानी फेर देता है। एक ऐसी सजग दृष्टि, जो बहुत समय तक अपने अहं को तोड़ते हुए बड़े ज़िम्मेदाराना ढंग से मनुष्यता के प्रति अपनी संलग्नता को व्यक्त करती है। उनकी पिछले साठ सालों में फैली अधिसंख्य कविताएँ इस तथ्य को जानने के सन्दर्भ में एक महत्त्वपूर्ण पहल है कि हम मिथक और यथार्थ, संवेदना और इतिहासबोध तथा शिल्प और विचार की शर्तों पर किसी कविता को कितना समय निरपेक्ष बना पाते हैं! एक विशेष कालखंड में घटने के बावजूद कविताओं का कथानक यदि सार्वकालिक महत्त्व का बन पाया है, तो उसका सबसे सार्थक पहलू यही है कि वहाँ हर परिस्थिति में कवि, उस कविता की ऐतिहासिकता, राजीनति या शुद्ध भावनात्मकता से नहीं; बल्कि उसमें मौजूद उन संवेदनात्मक अवधारणाओं से सीधे वाबस्ता है, जो उसके निर्माण की नियति तय करते हैं। इसी कारण कुँवर नारायण कई बार अपने समकालीनों को पीछे छोड़ते नज़र आते हैं। कुछ-कुछ उस तरह, जैसा कि ज़िगर मुरादाबादी अपने एक शेर में यह कहते हुए मिलते हैं— *'ज़रा-सा दिल है लेकिन कम नहीं है/इसी में कौन-सा आलम नहीं है।'* ज़िगर के

इसी शेर में कुँवर जी की कविता की रूह क़ैद नज़र आती है। जो कोई भी उनकी रचनाओं के सम्पर्क में आया था उनसे व्यक्तिगत रिश्ते की डोर में बँधा, उसे बख़ूबी मालूम है कि उनके दिल की बस्ती में सारी दुनिया जहान का आलम मौजूद है। एक हद तक उनकी उदारता और निश्छलता ने रचनाओं में ऐसा सूफी रंग भरा है कि हम देर तक इस बात के सम्मोहन में पड़े रह जाते हैं कि हिन्दी का आँगन भी उर्दू की रवायत की तरह कई बार प्रेम व समर्पण में भीग-भाग जाता है। वे दंगों की विभीषिका में भी जिस बात की ओर गम्भीरता से इशारा करते हैं, वह किसी और तरह के दाग़ लगने से नहीं वरन प्रेम में मासूम घावों से अपना उत्कर्ष पाता है। 'ज़ख़्म' कविता इस सन्दर्भ में पढ़ने योग्य है :

''इन गलियों से
बेदाग़ गुज़र जाता तो अच्छा था
और अगर
दाग़ ही लगना था तो फिर
कपड़ों पर मासूम रक्त के छींटे नहीं
आत्मा पर
किसी बहुत बड़े प्यार का ज़ख़्म होता
जो कभी न भरता।''

इसी तरह नफ़रत के बरक्स प्रेम की समानानुभूति के लिए शायद ये पंक्तियाँ हम हमेशा याद रखें—

''एक अजीब-सी मुश्किल में हूँ इन दिनों
मेरी भरपूर नफ़रत कर सकने की ताक़त
दिनों दिन क्षीण पड़ती जा रही
अँग्रेज़ों से नफ़रत करना चाहता
(जिन्होंने दो सदी हम पर राज किया)
तो शेक्सपीयर आड़े आ जाते
जिनके मुझ पर न जाने कितने एहसान हैं।''

(एक अजीब-सी मुश्किल)

प्रेम और करुणा से संश्लिष्ट बोध आरम्भ से ही कुँवर जी की कविताओं का स्थायी स्वर रहा है। वह कभी छोटी कविताओं द्वारा, तो अकसर बड़ी कविताओं के बीच झलकता रहा है, मगर उसमें कोरी भावुकता और स्थूल अभिव्यक्तियाँ कभी नहीं आने पायीं। जीवन की तरह ही— उनके लेखन में गम्भीर और अगम्भीर तत्त्व

इस तरह मिले-जुले रहे, कि वे एक-दूसरे के पूरक ही प्रतीत हुए। उन तत्त्वों ने हमेशा जीवन्तता का ही आभास दिया है, विरोधाभास का नहीं। इसी कारण कविता ने गहन अन्धकार और गहरे संकट के क्षण भी अपना धैर्य और विश्वास नहीं खोया है। एक छोटी-सी कविता की अभिव्यक्ति देखने लायक़ है :

''कोई भी दुख
मनुष्य के साहस से बड़ा नहीं
वही हारा
जो लड़ा नहीं।''

कुँवर नारायण की कविता की एक ख़ासियत यह भी है, कि वर्तमान को विस्तृत करने के लिए कवि इतिहास और मिथक में जाता है और अकसर उन्हें वर्तमान में लाकर जीता है। इस तरह समय की बहुआयामी परिकल्पना रूपायित होती है। इस प्रक्रिया में 'समय' ज़्यादा गम्भीर अर्थ ध्वनित करता है। वह स्थूल रूप में 'भौतिक समय' नहीं रह पाता, बल्कि एक सभ्यता के विस्तार का रूपक बनता है और अकसर एक विचार के क्रियान्वयन के लम्बे कालखंड में परिवर्तित हो जाता है। इस कारण उसके आशय कविता को बिल्कुल नये सन्दर्भों के प्रति जागरूक बनाते हैं। एक-दो उदाहरणों से इस स्थिति को समझा जा सकता है :

''भूल जाना मेरे बच्चे कि खुसरो दरबारी था
वह एक ख़्वाब था
जो कभी संगीत
कभी कविता
कभी भाषा
कभी दर्शन से बनता था
वह एक नृशंस युग की सबसे जटिल पहेली था
जिसे सात बादशाहों ने बूझने की कोशिश की।''

(अमीर ख़ुसरो)

''किस समय में हूँ?
कहाँ से आया हूँ?
किस समय में हूँ
काफ़्का के प्राहा में
22 नम्बर 'स्वर्ण गली' के एक छोटे से कमरे में?

या वेनिस की गलियों में ?/ या बल्लीमारान में ?
हैब्सबर्गज़ के भव्य महलों में हूँ ?
या वावेल दुर्ग में ?
या लाल क़िले के दीवान-ए-ख़ास में ?'' (कुतुब का परिसर)

कुँवर जी ने कभी भी, किसी मत, वाद या विचारधारा को अपने लेखकीय कर्म का विकल्प नहीं बनाया। शायद इसी कारण उन पर यह आरोप भी लगा कि कविता में ताप की कमी है या कविता किसी राजनीतिक विचार के समर्थन में प्रत्यक्षतः नहीं खड़ी होती। मगर यह आरोप निराधार है। यह सही है कि घोषित रूप से कुँवर नारायण राजनीतिक प्रतिबद्धता के कवि नहीं हैं, लेकिन उनके पूरे काव्य-संसार को देखें तो उसका काफ़ी बड़ा हिस्सा सामाजिक और राजनीतिक वाबस्तगी को प्रतिबिम्बित करता है। जहाँ भी उन्होंने शोषण, अन्याय, उत्पीड़न आदि को देखा है वहाँ उनकी कविता चुप नहीं रही है। फिर चाहे आपातकाल का दौर रहा हो, बाबरी मस्जिद का विध्वंस या गुजरात में घटा नरसंहार। एक रचनाकार का राजनीति से क्या सम्बन्ध होना चाहिए, इस पर भी उनके विचार ध्यान देने योग्य हैं— ''साहित्य और राजनीति के बीच, मैं समझता हूँ, कभी भी गठबन्धन का रिश्ता वांछनीय नहीं है। राजनीति की पहली ज़रूरत है, सत्ता और शक्ति; इनके बिना वह कुछ नहीं कर सकती, और इनके लिए वह कुछ भी कर सकती है। ...बड़ा साहित्य न तो राजनीति का ग़ुलाम रहा है, न ही उसका दुश्मन। साहित्य-चिन्ता के मूल में रहते हैं वे जीवन-मूल्य, जो मनुष्य के हित में हों, जो उनकी रक्षा कर सकें। ...साहित्य की राजनीति को अपने लिए मैं कुछ इसी तरह समझता रहा हूँ कि वह एक दिशात्मक, बेलाग और इत्मीनानी दृष्टिकोण न अपनाकर एक निरीक्षक और विवेचक की तरह अपने समय और समाज पर चौकन्नी नज़र रखें।'' यह चौकन्नी नज़र हमें उनकी रचनात्मक यात्रा में बड़ी आसानी से मिलती रही है। सिर्फ़ एक उदाहरण से इस नज़रिये को हम परख सकते हैं :

''हे राम
इससे बड़ा क्या हो सकता है
हमारा दुर्भाग्य
एक विवादित स्थल में सिमटकर
रह गया तुम्हारा साम्राज्य।'' (अयोध्या 1992)

अपने लेखन का समय-समय पर सावधानीपूर्वक परीक्षण करते हुए कुँवरजी ने जितने तर्क दिये, उनमें से एक विलक्षण बात उन्होंने अपने कला-प्रेम व 'आइडेंटिटी'

के प्रश्न पर मुझसे कही थी, ''प्रख्यात चित्रकार पिकासो स्पेनिश था। वह फ्रांस में ही ज़्यादातर रहा। मगर उसकी कला पर अफ्रीकी लोक-कला का प्रभाव मिलता है। उसकी कला, उसे राष्ट्रीय पहचान से ऊपर उठाकर एक विशुद्ध कलाकार बनाती है, जिसका सार्वभौमिक महत्त्व है। पहचान का सवाल, उसके काम से, उसकी उपलब्धि से हुआ, उसकी राष्ट्रीयता से नहीं। जैसे पिकासो बड़ा कलाकार था उसको यह कोई नहीं मानता था कि वह स्पैनिश है। मुझे यह बात प्रभावित करती है कि एक कलाकार का व्यक्तित्व उसकी कला से ही जाना जाए, राष्ट्रीयता गौण हो जाये या उसकी जातीय पहचान लुप्त होकर, एक समग्र रूप में दिखाई दे, जो निश्चित ही उसकी कला या रचना की सफलता होगी।'' इस तरह के ढेरों तर्क और स्थापनाओं से मिलकर ही कुँवर नारायण जैसा बड़ा व्यक्तित्व बना है, जिसकी आत्मीयता के दायरे में ढेरों लोग आये हुए हैं। यह अकारण नहीं है कि कुँवर जी अपनी जातीयता या समयबद्धता से ऊपर उठकर व्यापक अर्थों में हिन्दी समाज की एक वैश्विक छवि बन गये हैं। इलाहाबाद के 'हिन्दुस्तानी अकादमी पुरस्कार' से शुरू हुई उनकी यह स्वीकार्यता इटली के 'प्रीमियो फेरोनिया' जैसे प्रतिष्ठित पुरस्कार एवं पोलैंड के वार्सा विश्वविद्यालय के सम्मान तक पहुँच गयी है।

कुँवर नारायण हमेशा एक आत्मसजग रचनाकार के रूप में अपनी शिनाख़्त कराते रहे हैं। किसी भी प्रकार के अतिवाद से भरसक बचते हुए स्वयं के लिए उन्होंने अपना साहित्य संसार कई परतों में रेशा-रेशा उघाड़कर नये सिरे से बुना है। एक तरह से हम यह कह सकते हैं कि कई समयों में विचरण करते हुए उनका रचनाकार उन समयों की प्रासंगिक और वैज्ञानिक पड़ताल करता रहा है। शायद इसी कारण उन्होंने अपने विवेक को सर्वोपरि रखते हुए मानवीयता के सरोकारों पर चलने की परिपाटी को सर्वाधिक तरजीह दी है। उनकी कविताओं या अन्य रचनात्मक उपस्थिति में हमें मानवीय मूल्यों के प्रति उनकी कोमलता, शास्त्रीय संयम और रोमांटिक ऊर्जा— तीनों का अद्‌भुत संगम देखने को मिलता है। स्मृति, ऐतिहासिकता, मिथकीय सत्य एवं जीवन के असंख्य जटिल व समावेशी परिप्रेक्ष्य कुँवर नारायण जैसे सर्जक को हिन्दी ही नहीं, भारतीय भाषाओं के एक अप्रतिम मूर्धन्य के रूप में स्थापित करते हैं। यह अकारण नहीं है कि 'आत्मजयी' यदि मृत्यु की निराशा के विरुद्ध एक मनोवैज्ञानिक मोर्चा और जीवन के प्रति आस्था का ग्रन्थ है, तो 'वाजश्रवा के बहाने' दो पीढ़ियों के बीच कहीं समावेशी जीवन-विवेक को खोजने का आश्वस्तिपूर्ण प्रयास है। 'अपने सामने', 'कोई दूसरा नहीं' तथा 'इन दिनों' जैसे संग्रह उनकी उदारचेता मानवीय भावना को मार्मिक ढंग से न सिर्फ़ व्यक्त करते हैं, बल्कि दूसरे छोर पर सारी जीवनानुभूति को सहलाते हुए यथार्थपरकता की पथरीली

ज़मीन को मजबूती से पकड़े रहते हैं। उनकी पूरी रचना-यात्रा में मानवीय संवेदना ही नहीं, उदासीनता की व्यापक स्थितियाँ भी बड़े निर्णायक ढंग से दर्ज हुई हैं। यह देखने के लिए सिर्फ़ एक बानगी भर काफ़ी है :

"फिर मेरे पाँवों तले
रख दी गयी है एक पृथ्वी
फिर मुझे थमा दी गयी है
एक ज़िन्दगी की लगाम
थरथराते पाँवों में फँसा दी गयी हैं
रक़ाबें
फिर उठता चारों ओर
वही पागल शोर
नसों पर फिर वही असह्य दबाव
'या तो सिद्ध करो दिग्विजय
या स्वीकार करो दास-भाव!" (फिर मेरे पावों तले)

कुँवर नारायण की कविता में बयान की संक्षिप्ति, भाषा-प्रौढ़ता, वक्रोक्ति का संयम और एक आत्मीय क़िस्म का सन्तुलन दिखता है, जो पूरी काव्य-प्रक्रिया को अपनी पूर्ववर्ती पीढ़ी से जोड़कर कहीं गहरे अपने काव्याभिप्राय को व्यक्त करता है, कविता में इसी कारण एक अजीब क़िस्म का बेगानापन और प्रार्थनानुमा टोन दोनों ही देखे जा सकते हैं। यह निस्संगता कुछ-कुछ फ़कीरी ठाठ या निर्गुण सन्तों की बानियों जैसा असर पैदा करती है, जहाँ सामंजस्य और स्नेह दोनों जीवन-मूल्य की तरह बरते जाते हैं। कुँवर जी की इस तरह की असंख्य कविताओं में एक क्लासिकी स्पर्श है, जो उन्हें अपनी भाषा की महान परम्परा का अनुशासित सदस्य बनाता है। यहाँ दीगर यह है कि कवि किसी बड़बोलेपन से नहीं, बल्कि अपनी सहज बानी में उस वाग्मिता की अभिव्यक्ति करता है, जिसके आदि और अनन्त दोनों छोरों पर अपनी पूर्ववर्ती कविता के साथ असीम तल्लीनता बनी हुई है। यह साहित्य की बड़ी धारा का वह अनुषंग रूपक है, जिसमें सारे कवि रचनाकार और परिदृश्य पर मौजूद समस्त कविता किसी अनजानी डोर से बँधी मिलती है। कुँवर जी स्वयं स्वीकारते हैं—" 'क्लासिक' पद से जो विशेष काव्य गुण ध्वनित होते हैं जैसे सन्तुलन, व्यवस्था, परिमार्जन, परिष्कार, संरचनात्मक दृढ़ता वग़ैरह उनके पक्ष में हूँ परन्तु उस स्वच्छन्दता, कल्पनाशीलता, भावनात्मक ऊर्जा आदि को भी उतना ही महत्त्व देता हूँ, जो कविता के रोमांटिक पक्ष माने जाते हैं, और जिनके बिना

प्राणवान मौलिक रचना सम्भव नहीं।''

कुछ वर्षों पूर्व साहित्य अकादेमी के संवत्सर व्याख्यान में कुँवर जी ने एक महत्त्वपूर्ण प्रश्न उठाया था कि बहुत सारे शब्द, जो हमारी भाषा परम्परा में किसी विशेष अर्थ के बगैर इस्तेमाल होते रहे हैं, उनके पुनर्मूल्यांकन, पुनःपाठ की ज़रूरत है। उनके अर्थों के प्रयोग का रूढ़ होते जाना, शब्द की गरिमा खो देता है। कुछ-कुछ अज्ञेय के उस प्रतीक की तरह जिसमें देवता जलहरी को घेरे बैठे हैं और जलहरी का पानी सूख चुका है। फिर यह आशय मुखर होता है कि देवता भी सूख गये हैं। हम पाते हैं कि धीरे-धीरे शब्दों की देवत्व आभा धूमिल पड़ती जाती है। कुँवर जी के यहाँ भाषा की परख दरअसल इसी दृष्टि के माध्यम से संचालित होती है। वह इस बात के लिए बराबर सचेत हैं कि शब्दों को, उनकी अर्थ व्याप्तियों को और उनकी अनुषंग वृत्तियों को उन रूढ़ अर्थों में न देखा-पढ़ा जाए, जिन अर्थों में व्यापक समाज उन्हें बरतता रहा है। संवत्सर व्याख्यान से यह अंश पढ़ना शायद इस अर्थ में प्रासंगिक हो : ''कुछ विषय जो अरसे से साहित्यिक चर्चाओं के इर्द-गिर्द रहे हैं, जैसे—अर्थशास्त्र, इतिहास संस्कृति, नैतिकता आदि उन पर एक उड़ती नज़र डालना चाहूँगा। यहाँ उनके विस्तार में जाना ज़रूरी नहीं, केवल ऐसे कुछ संकेतों को पकड़ने की कोशिश करूँगा, जो हिन्दी साहित्यिक समीक्षा के कुछ अतिपरिचित, इसलिए कुछ बेजान पड़ते, 'पदों' को नयी तरह अनुप्राणित करने में सहायक हो सकते हैं।''

एक शास्त्रीय अनुशासन में यदि कुँवर नारायण को प्रतिबिम्बित करने वाली आवाज़ का लेखा-जोखा बनाया जाये, तो उसमें हमारे समय में व्यक्ति के आत्मसंघर्ष, उसके आत्मबोध और नैतिक ज़िम्मेदारी के सूक्ष्मतम ब्योरे दर्ज़ मिलेंगे। कुँवर नारायण की कविता एक सजग और सतर्क नागरिक की कविता है; जिसमें मनुष्य की पीड़ा और उसके संघर्षों के साथ हमेशा ही एक मानवीय संवाद दिखाई पड़ता है। धीरज, विवेक, आत्मसजगता, जिजीविषा, संघर्ष और करुणा— ऐसे बीज शब्द हैं, जिनसे कवि का काव्यलोक उत्कर्ष पाता है। एक अनवरत सांगीतिक लय है इन कविताओं की आपसी समझदारी में, जिनसे यह स्पष्ट होता रहता है कि सब कुछ गवाँकर भी हमारी संवेदना का कथानक हमेशा मृत्यु से जीवन की ओर लौटता है। यह सकारात्मक जीवनदृष्टि हमें 'चक्रव्यूह' (1956) से लेकर 'हाशिए का गवाह' (2009) तक पूरी दृढ़ता के साथ उपस्थित मिलती है। संवेदनाओं की जिस ठोस ज़मीन पर कुँवर नारायण लगातार पिछले पचास वर्षों से खड़े हुए हैं, वह उनकी महाकाव्यात्मक-सी लगती रचना-यात्रा में अनायास या अकारण नहीं आया है। इसके लिए भाषा, साहित्य, कलाओं, इतिहास, दर्शन, मिथक, राजनीति, अध्यात्म, समाजशास्त्र एवं विज्ञान के प्रति उनका रचनाकार मन सदैव जिज्ञासु बना रहा है और

इन विषयों के प्रति उनकी साहित्येतर प्यास ने भी उनकी कविताओं, कहानियों एवं विचार गद्य में जिजीविषा की आग भर दी है। उनकी कविता में लगातार एक निर्णायक परिवर्तन यह हुआ है कि उसमें हमारे दारुण यथार्थ से मुठभेड़ करने की आकांक्षा बढ़ती गयी है, जिसके कारण अधिकांश रचनाओं में लोकतन्त्र और नागरिकता के संकटों तथा सत्ता के साथ साधारण मनुष्य की जवाबदेही के प्रति एक गम्भीर विमर्श की आँच महसूस की जा सकती है। 'अपने सामने', 'कोई दूसरा नहीं' और 'इन दिनों' संग्रह में इस महत्त्वपूर्ण रचनात्मक परिवर्तन को लक्ष्य किया जा सकता है। एक-दो उदाहरण से उनकी बौद्धिकता के इस दृढ़ पक्ष को समझा जा सकता है :

''दुर्गम वनों और ऊँचे पर्वतों को जीतते हुए
जब तुम अन्तिम ऊँचाई को भी जीत लोगे
तब तुम्हें लगेगा कि कोई अन्तर नहीं बचा अब
तुममें और उन पत्थरों की कठोरता में
जिन्हें तुमने जीता है
जब तुम अपने मस्तक पर बर्फ़ का पहला तूफ़ान झेलोगे
और काँपोगे नहीं
तब तुम पाओगे कि कोई फ़र्क नहीं।
सब कुछ जीत लेने में
और अन्त तक हिम्मत न हारने में।'' (अन्तिम ऊँचाई)

''रात भर नारे लगते रहे कि आज़ादी मिले
रात भर मशालें जलती रहीं कि भेड़िये भागें,
रात भर इश्तहार बँटते रहे कि सुबह क़रीब है,
रात भर जुलूस निकलते रहे कि लोग जागें।
सुबह रात भर के जागे लोग थक कर
सड़कों फुटपाथों पर सोये पड़े थे।'' (पहला सवाल)

''कुछ कम उत्पाती हो सकता था
जान पर खेलकर
धधकते सूर्य को छू लेने का बचकाना उन्माद
एक अन्धी शक्ति के उद्दंड प्रदर्शन से
कहीं अधिक सार्थक हो सकता था

एक पशु से मनुष्य हो सकने का
विनम्र पराक्रम।'' (सम्पाति का सन्ताप)

तमाम तरह के सामाजिक सरोकारों के प्रति हमेशा सतर्क रहते आये इस कवि के जीवन सन्दर्भों के दायरे में 'प्रकृति' भी बिल्कुल नये ढंग से अपना विमर्श तैयार करती है। कुँवर नारायण की प्रकृति कविताएँ, सिर्फ़ उसके निरूपण, सौन्दर्य या बखान का हिस्सा नहीं हैं, बल्कि वे सामाजिकता के दायरे में भी उसकी तरह रच-बस गयी हैं, जिस तरह उनकी जीवन सम्बन्धी कविताएँ। दरअसल वे समकालीन कविता के अकेले ऐसे कवि हैं, जिनके यहाँ प्रकृति के प्रति प्रेम भी पर्यावरण को संरक्षित करने के गोपन उद्देश्य को साथ लेकर चलता है और जीवन के विभिन्न पक्षों के साथ अपना आत्मीय तादात्म्य बनाता है। वहाँ यह अलगा पाना मुश्किल है कि सामाजिक सरोकार कहाँ तक प्रकृति-जीवन से जुड़ता है और कहाँ तक जाकर प्रकृति का सौन्दर्य, आम जीवन का महत्त्वपूर्ण हिस्सा बन जाता है। एक दो-उदाहरणों से यह समझना ज़्यादा सार्थक होगा :

''मेरा घनिष्ठ पड़ोसी है
एक पुराना पेड़...
हमारे सुख-दुख की भाषा एक ही है
जाड़ा गर्मी बरसात उसे भी उसी तरह भासते जैसे मुझे,
पतझर की उदासी
वसन्त का उल्लास
कितनी ही बार हमने साथ मनाया है
एक दूसरे के जन्मदिन की तरह।'' (एक मेरा घनिष्ठ पड़ोसी)

''मैं नहीं जानता उसका अतीत उसका राष्ट्र
वह एक झील है पहाड़ों से घिरी
उसका नाम है सबीना...
एक अपराजेय साहस है वह
लिखते नहीं बनती जो
ऐसी एक कविता का
शीर्षक है सबीना...
हमारे देश की एक ऋतु
एक बोली है सबीना।'' (सबीना)

कुँवर नारायण के यहाँ प्रकृति की तरह प्रेम भी एक मूल्य, सहेजने की एक ज़रूरी चीज़ और जीवन–परिदृश्य को बड़ा बनाने की एक कारगर युक्ति है। शायद इसी कारण वे एक प्रेमी के रूप में कम, एक दार्शनिक शायर के रूप में उन कविताओं की रूह में उतरते नज़र आते हैं, जहाँ उनका मन प्रेम में पूरी तरह डूबा हुआ मिलता है। प्रेम के प्रति भावना की इतनी उदात्तता उनको उर्दू कविता के उन महान लोगों की क़तार में पूरे इज़्ज़त से खड़ा करती है, जहाँ पहले से ही मीर, मोमिन, ज़ौक, ग़ालिब और फ़िराक अपना हसरत भरा दिल थामे मौजूद हैं। यह देखना दिलचस्प है कि कुँवर नारायण अपने लेखों, निबन्धों, साक्षात्कारों और वक्तव्यों में इन शायरों को पूरे मन से याद करते हुए अकसर उनके शेरों को पाठकों को सौगात रूप में सुनाते भी रहते हैं। इसमें उनका उर्दू कविता से प्रेम और ग़ालिब के प्रति आसक्ति भी यदि प्रेरणा की तरह काम करती आयी हो, तो कोई आश्चर्य नहीं।

कविताओं से अलग, कुँवर नारायण का नाता कहानी, साहित्यालोचना, कलाओं व फ़िल्मों के प्रति ज़िम्मेदार ढंग की टिप्पणियों से भी बना रहा है। वे उन चुनिन्दा भारतीय रचनाकारों में से एक हैं, जिनकी कहानियों पर भी उसी तरह से ध्यान दिया गया, जिस तरह अन्य बड़े कहानीकारों की रचनाओं पर। अभी तक प्रकाशित उनके एकमात्र कहानी संग्रह 'आकारों के आसपास' पर रघुवीर सहाय की बरसों पहले 'दिनमान' में 'क्या चाहे जैसे जीतना ज़रूरी है' शीर्षक के अन्तर्गत की गयी टिप्पणी, एक बार फिर से यहाँ ग़ौर करने लायक़ है, " 'आकारों के आसपास' पढ़कर ख़त्म करते–करते मन यह पूछने लगता है कि ये कहानियाँ क्यों इतनी ताज़ी और जानदार हैं। हिन्दी कहानी के विराट शामियाने की स्थापनाओं के पैबन्दों से भरी छत में से जहाँ आकाश का यह खंड दीख रहा है, वहाँ कुँवर नारायण ने एक बड़ा छेद कर दिया है। आलोचनाशास्त्र बनाने वालों को इस पर अपने मन–मुताबिक पैबन्द लगाना मुश्किल होगा।" 'गुड़ियों का खेल', 'जनमति', 'सीमा रेखाएँ' और 'मुग़ल सल्तनत और भिश्ती' जैसी कहानियों के लेखक से यह शिक़ायत बहैसियत पाठक ज़रूर दर्ज करना चाहूँगा कि उन्होंने कहानियों के आँगन को हिन्दी साहित्य के लिए और ज़्यादा विस्तृत क्यों नहीं किया? कहानियाँ कम लिखीं या कम छपवायीं? दोनों ही बातों से हिन्दी के रचना–संसार को कुछ दुर्लभ मिलने से वंचित रहना पड़ा है, इस बात में कोई सन्देह नहीं है।

अपने जीवन में गाँधी, रवीन्द्रनाथ ठाकुर, आचार्य कृपलानी, कबीर, पाब्लो नेरूदा, ग़ालिब, स्तेफान मलार्मे, काफ़्का, रिल्के, प्रेमचन्द, बोर्खेस, अभिनव गुप्त, आचार्य नरेन्द्रदेव, वासुदेव शरण अग्रवाल एवं उस्ताद अमीर ख़ाँ से प्रभावी क़िस्म

की प्रेरणाएँ लेते रहे कुँवर जी ने अपना स्थान भी कहीं-न-कहीं इसी प्रकार की सूची में पूरे सम्मान के साथ दर्ज करा लिया है। वे स्वयं मानते हैं कि प्रेरणाओं के अर्थ को संकुचित कर देना उचित नहीं। वह नक्षत्रों की तरह होते हैं, जिनसे हमें अपनी जगह और दिशा खोजने में मदद मिलती है : जैसा गणित में होता है— उन्हें स्वयंसिद्ध मानकर हम अपनी समस्याओं को सुलझाते हैं, उनमें उलझे नहीं रह जाते।

कई समयों से होकर गुजरने वाली उनकी व्यापक जनोन्मुखी दृष्टि ने जितने प्रकार की आवाज़ें और स्थापनाएँ साहित्य के पाठकों को दी हैं, वह अपने में किसी पुरस्कार से कम नहीं। कभी 'रिक्शा पर' कविता में वे ढोढ़ूँ भाई के लिए नहीं, बल्कि रिक्शावाले के प्रति सहानुभूति रखते हैं; तो कभी तट पर होकर भी तटस्थ नहीं दिखते। इतिहास की ख़ानकाह में जाकर 'अमीर ख़ुसरो' के बहाने उनका राजनीतिक समय टटोलते हैं, तो कभी निहायत निजी आशयों के साथ उस 'सबीना' से सम्बोधित होते हैं, जो पूरे देश की बोली और समस्त ऋतुओं का प्रतीक बन जाती है। वर्तमान समय की असहिष्णुता को देखते हुए 'शान्ति वार्ता' में पड़ते हैं, तो अपने चिर परिचित स्वभाव के चलते उस 'चक्रवात' से दोस्ती भी कर लेते हैं, जो उनके घोंसले को आकर उजाड़ देता है और फिर उसी में से वे तिनका-तिनका जीवन खोजते रहते हैं। कुँवर जी के बारे में कोई भी बात कभी भी पूरी तरह मुकम्मल नहीं कही जा सकती। इसलिए भी कि वह हमेशा पूर्णतर लौटने की आकांक्षा के कवि हैं। एक बात के सन्दर्भ में मैंने उनसे एक प्रश्न किया था, "आज कोई रामायण या महाभारत क्यों नहीं लिख पाता?" इस पर हमेशा ही सहज रहते आये कुँवर जी ने कुछ मुस्कराते हुए यह कहा था, "एक महाकाव्य लिखने के लिए, महाकाव्यात्मक जीवन जीना ज़रूरी है।" अस्सी वर्ष के अपने सबसे आत्मीय, आदरणीय और प्रेरक कवि को आज भी सजग व सक्रिय देखना लुभाता है। मेरे जैसे युवा लेखक को हमेशा यही लगता है कि कुँवर जी ने सही अर्थों में एक पूरा महाकाव्यात्मक जीवन जिया है। ऐसा न होता तो आज वे 'आत्मजयी' के इतने लम्बे कालक्षेप के बाद, 'वाजश्रवा के बहाने' न लिखते।

सही अर्थों में कुँवर नारायण एक अजातशत्रु सर्जक ही नहीं, बल्कि एक सर्वप्रिय सामाजिक हैं, जिनकी रचनाओं की छाँव तले एक पूरी नयी कवि पीढ़ी साँस ले रही है। यदि किसी रूपक के तौर पर परखना हो तो कुँवर नारायण की साहित्यिक यात्रा शास्त्रीय संगीत में उस मध्यतल की बन्दिश का उत्सव लगती है, जहाँ द्रुत और विलम्बित का सम्भावनापूर्ण मिलन होता रहता है। साथ ही उस लय से उठने वाली मींड़ व आलाप अपना एक नया आसमान रचती रहती है। कुँवर

नारायण की उपस्थिति इस मायने में अचरज भरी तथा ऐतिहासिक ही मानी जाएगी कि विवादों के लिए जैसे यह चेहरा बना ही न हो। हम जिस अराजक समय में जी रहे हैं, उसमें कुँवर नारायण का ऐसा व्यक्तित्व एक जीवाश्म की तरह ही माना जाएगा, जो हमारी धरती पर कभी ज़रूर था, मगर आज उसके जैविक लक्षण ढूँढ़ पाना लगभग असम्भव है। उनके समकालीन उपन्यासकार और मित्र श्रीलाल शुक्ल की यह उक्ति कुँवर नारायण के व्यक्तित्व को समग्रता में व्यंजित करने के लिए बेहद प्रासंगिक जान पड़ती हैं— "घटिया से घटिया आदमी को भी असमंजस, पराजय या धिक्कार का एहसास कराना, कुँवर की आचार-संहिता में नहीं है। प्रत्यक्षत: वे कभी-कभी मानवीय रिश्तों में तटस्थ से दिखते हैं, पर अवसर आने पर वे आपकी चिन्ता के सहभोक्ता बनने में नहीं हिचकते। उनकी मित्रता कुछ मुश्किल से बनती है, पर बनकर उसका टूटना बहुत ही मुश्किल है। उनका परिहास-बोध विलक्षण है, प्रच्छन्न होते हुए भी विकसित। वे बहुत अध्ययनशील हैं पर कमसुख़न हैं। 'भलमनसाहत' की जो सामाजिक परिभाषा है, उसके सारे सकारात्मक पक्षों पर कुँवर नारायण खरे उतरते हैं।"

ज्ञानपीठ द्वारा प्रस्तुत इस नये संचयन 'कई समयों में' की रचनाओं से गुज़रकर कुँवर नारायण जैसे मूर्धन्य कवि-आलोचक के सरोकारों का अर्थ-समृद्ध दायरा एक बार फिर से हमारी पकड़ में आएगा, साथ ही इस बात की गवाही भी हाथ लगेगी कि सच्चाई व मनुष्यता के प्रति लगातार जोख़िम उठाने वाले कवि का दिल एक ऐसे दरवेश का दिल भी है, जिसमें दुनिया ज़हान की सच्चाई का खुला व विनम्र इज़हार मौजूद है। 'वाजश्रवा के बहाने' की कुछ पंक्तियों से अपनी बात समाप्त करना चाहूँगा—

"लेकिन इस बार भी यदि
अधूरा ही छूट जाये कोई संकल्प
तो इतना विश्वास रहे
कि सही थी शुरुआत।"

—यतीन्द्र मिश्र

कविताएँ

मामूली ज़िन्दगी जीते हुए

जानता हूँ कि मैं
दुनिया को बदल नहीं सकता,
        न लड़ कर
        उससे जीत ही सकता हूँ

हाँ लड़ते-लड़ते शहीद हो सकता हूँ
और उससे आगे
एक शहीद का मक़बरा
या एक अदाकार की तरह मशहूर...

लेकिन शहीद होना
एक बिलकुल फ़र्क़ तरह का मामला है

बिलकुल मामूली ज़िन्दगी जीते हुए भी
लोग चुपचाप शहीद होते देखे गये हैं

वे जो नहीं जानते

एक ठोकर लगी
तो ठोकर-बराबर चोट लगी माथे पर
ख़ून छलक आया
आँखें भर आयीं
माथे ने डाँटा—
"तुम चुप रहो,
तुमसे क्या मतलब?"

ठोकर ने कहा—"सॉरी..."
और आगे बढ़ गयी
गुज़रते ज़माने की तेज़ रफ़्तार से।

एक बूढ़े का आहत आत्मसम्मान
लाठी टेके
कहीं छूट गया युगों पीछे

मुड़ कर देखा पीछे
वह कुछ पहचाना-सा लगा।
पूछा उससे—"कौन हो तुम?"
सिर ऊँचा कर के उसने कहा—"गाँधी!"
मैं चौंका। "लेकिन तुम तो मारे जा चुके हो, बापू।"
"नहीं," उन्होंने दृढ़ता से कहा,
"मैं हर समय मौजूद हूँ
एक ऐसा रास्ता जिस पर चल कर
दुनिया की किसी भी अत्याचारी स्थिति से।
पायी जा सकती है आज़ादी।"

क्या फ़र्क़ पड़ता है

फिर एक हादसा
क्यों हुआ? कहाँ हुआ?
क्या फ़र्क़ पड़ता कि कहाँ हुआ...

पचास बेगुनाह मारे गये
सौ से अधिक घायल हुए
घर जलाए गये
स्त्रियाँ बेइज़्ज़त की गयीं...

शाबाश दिलेरो
हम प्रभावित हुए तुम्हारी कामयाबी से!

सब पूछते कि तुम कौन हो
तो तुम अँधेरे में छिप जाते।

तुम जो बेदर्दी से हत्याएँ कर सकते हो
क्या किसी का दिल भी जीत सकते हो?

अगर 'हाँ', तो तुम हत्यारे नहीं हो सकते :
अगर 'नहीं', तो तुम आदमी नहीं हो सकते!

कौन हो तुम? सोच कर बताओ
अगर सोच सकते हो, इतनी आसान भाषा में
कि दम तोड़ता एक बच्चा भी समझ सके
तुम्हारी बहादुरी
और अपनी क़ुर्बानी का मतलब...

कैसे लोग हैं हम

उसने तो सिर्फ़ आह भरी थी
मैंने ही कुछ ज़्यादा सुना

वह थाने नहीं गयी
नहीं लिखाई प्राथमिकी
उसने तो न्याय भी नहीं माँगा था

वे ही डर गये थे
उसकी चीख़ती ख़ामोशी से

वह तो अस्पताल भी नहीं गयी थी
उसने ख़ुद ही सी लिया था अपना पेट
अपने ही हाथों से

उसे तो मृत घोषित कर चुके थे अख़बार

फिर कैसे बची रह गयी उसमें
मृत्यु के बाद भी इतनी जान

कि धरती फाड़ कर निकल पड़ा
उसकी धमनियों से रक्त का फ़व्वारा

अब वह नहीं
सब परेशान हैं कि हम कैसे लोग हैं!
कैसा वक़्त है यह!

बिजूका

बोलो—ज़रा ज़ोर से बोलो
ताकि वे भी सुन सकें
जो ज़रा ऊँचा सुनते हैं

डरो मत
अगर तुम सच कह रहे हो
तो तुम आफ़त नहीं
एक सच्ची ताक़त हो।

जानता हूँ ज़ोर से बोलोगे
तो असभ्य माने जाओगे।

यह हक़ सिर्फ़ झूठ को है
कि वह ज़ोर से बोले
और विशिष्ट बना रहे।

यह फुसफुसा कर धीरे बोलने वाली सभ्यता
बेहद फुसफुसी है।

कौव्वों का अड्डा है
यह बिजूका!

शेयर-व्यवस्था

ख़बर है कि दुनिया भर के शेयर लुढ़के :
ख़बर पढ़ के
कई ऐसे भी लुढ़के
जिन्होंने ख़रीदे थे शेयर
कभी आगे बढ़ के :

सरकार कहती
तो ठीक ही कहती होगी—
कि पुख़्ता है हमारी अर्थ-व्यवस्था

क्योंकि वह शेयरों पर नहीं
उन पर निर्भर है जिनका
कोई शेयर ही नहीं
हमारी शेयर-व्यवस्था में।

उत्तरदायित्व

जो भी रचा है मैंने
उसी का हिस्सा हूँ :
पूरी तरह मौजूद हैं उसमें
मेरे अन्तर्विरोध और मेरा अन्त:करण :
हर तरह उत्तरदायी हूँ
अपनी रची दुनिया के लिए :
अवगत हूँ उन तमाम कमियों और अतियों की
निरन्तर आवाजाही से
जिनके लिए छूट गयी हैं गुंजाइशें
मेरे अज्ञान या मेरी लापरवाही से!

मैं ईश्वर होता तो
मुक्त कर लेता अपने को
यह कह कर कि सिद्धान्तत:
मैं अपनी रचनाओं से परे हूँ।

लेकिन मैं मनुष्य हूँ,
भाग नहीं सकता एक मनुष्य होने की ज़िम्मेदारियों से

निस्संकोच कहता हूँ—
कि मेरा अध्यात्म प्रामाणिक नहीं,
मेरी कारीगरी में त्रुटियाँ हैं,
कलाओं में कामसूत्र के प्रक्षेप हैं,

मेरे आत्मबोध में स्थूल के हस्तक्षेप हैं,
मेरा सौन्दर्यबोध
सुडौल गढ़े पत्थरों के
चौरस आँगन—दृढ़ प्राचीरें—और गगनचुम्बी शिखर नहीं
मेरे आवेगों का वह गहन जंगल है
जिसमें जगह-जगह दैवी फिसलनों के
रोमांचक स्थल हैं।
भाषा में व्याकरण के ढीठ उल्लंघन हैं,
चिन्तन में कल्पना की आवारा सैरों की भटकनें हैं...

स्वीकार करता हूँ
कि मेरी ही तरह
मेरी दुनिया भी मानवीय है।

वर्षफल

जब से सुना है
कि सितारे भी शामिल हैं
हमारी क़िस्मतों के खेल में
कुछ मज़ा-सा आने लगा है
खेलने में यह खेल जिसमें
सारे सितारे उस तरफ़
और मैं अकेला इस तरफ़...

कुछ है इस बेमेल स्थिति में ही
जिसमें मेरी जीत है

जानता हूँ मारा जाऊँगा
किन्तु हारूँगा नहीं।

खेलने यही खेल
चुकाने जन्म-जन्मान्तरों का हिसाब :
खोजता हुआ आऊँगा उसी बिरहमन को
जिसने ग़ालिब को बताया था
कि ये साल अच्छा है।

द्वारिका में सुदामा

किस मायानगरी में
भटक रहे हो सुदामा?
यह द्वारिका तो दिल्ली का
एक छोटा-सा मुहल्ला है!

यहाँ ऐसा कोई नहीं
जो तुम्हें जानता हो!

जिसे तुम खोज रहे
वह अब इस दुनिया में नहीं
किसी और दुनिया में रहता है
जिसका कोई पता ठिकाना नहीं :
उसकी नगरी कहीं डूब चुकी है
समुद्र की तलहटी में,
और उसके महलों में अब
मछलियाँ विहार करती हैं!

क्या भेंट लाये हो अपने गाँव से
उसके लिए? मुट्ठी भर चावल?
...एक ठहाका लगाता है द्वारपाल...
ये तो मेरी बख़्शिश के लिए भी
काफ़ी नहीं!

कैसी बाँसुरी? कैसा नाच? कौन गिरिधारी?
जिस महल को तुम
भौचक खड़े देख रहे
वह तो उसका है
जिसकी कमर की लचकों में
हीरों की खान है!

बहुत भोले हो सुदामा,
नहीं समझोगे इस कौतुक को...
मत भूलो अपने गाँवों को
जिनके विश्वासों की धूप-छाँह में कहीं
अभी भी बची है
एक जगमगाती द्वारिका
जिसमें रहता है कहीं
तुम्हारा वह पुराना सखा
जिसके साथ तुम
बचपन में खेला करते थे, और जो
केवल एक खिलौना नहीं!

बर्बरों का आगमन[1]

अब किसी भी बात को लेकर
चिन्ता करना व्यर्थ है। वे आ गये हैं। उन्होंने
फिर एक बार हमें जीत लिया है।

उनके अफ़सर, सिपाही और कोतवाल—
उनके सलाहकार, मसखरे और नक़्क़ाल—
उनके दरबारी और उनके नमकहलाल—
उनके मुसाहिब, ख़ुशामदी और दलाल—
चारों तरफ
छा गये हैं। वे सब के सब
वापस आ गये हैं।
शहर की सभी ख़ास और आम जगहों पर उनका क़ब्ज़ा है।
उनके जत्थे अब
लूट की खुली छूट के लिए बेताब हैं।

1. कवाफ़ी की एक प्रसिद्ध कविता 'बर्बरों की प्रतीक्षा' से सन्दर्भ लेकर।

मैं कहीं और भी होता हूँ

मैं कहीं और भी होता हूँ
जब कविता लिखता हूँ

कुछ भी करते हुए
कहीं और भी होना
धीरे-धीरे मेरी आदत-सी बन चुकी है

हर वक़्त बस वहीं होना
जहाँ कुछ कर रहा हूँ
एक तरह की कम-समझी है
जो मुझे सीमित करती है।

ज़िन्दगी बेहद जगह माँगती है
फैलने के लिए

इस फैलने को ज़रूरी समझता हूँ
और अपनी मजबूरी भी
पहुँचना चाहता हूँ अन्तरिक्ष तक
फिर लौटना चाहता हूँ, सब तक
जैसे लौटती हैं
किसी उपग्रह को छू कर
जीवन की असंख्य तरंगें...

असमंजस

हो सकता है यह आज का नहीं
मुझसे बहुत पहले का कोई समय हो

और जहाँ हमें पहुँचना है कल
वहाँ छोटे-छोटे बच्चे
उत्सुकता से प्रतीक्षा कर रहे हों
कि देखें उनके लिए
क्या ले कर आता है मेरा युग

एक हाथ में लिये आज का अख़बार
दूसरे में कविताएँ
असमंजस में हूँ
कि पहले उन्हें ख़बरें सुनाऊँ
या कविताएँ...

तटस्थ नहीं

तट पर हूँ
पर तटस्थ नहीं।

देखना चाहता हूँ
एक जगमगाती दुनिया को
डूबते सूरज के आधार से।

अभी बाक़ी हैं कुछ पल,
और प्यार का एक भी पल
बहुत होता है।

इसी बहुलता को
दे जाना चाहता हूँ पूरे विश्वास से
इन विह्वल क्षणों में
कि कभी-कभी एक चमत्कार हुआ है पृथ्वी पर
जीवन के इसी गहरे स्वीकार से।

एक अजीब-सी मुश्किल*

एक अजीब-सी मुश्किल में हूँ इन दिनों—
मेरी भरपूर नफ़रत कर सकने की ताक़त
दिनोंदिन क्षीण पड़ती जा रही

अँग्रेज़ों से नफ़रत करना चाहता
जिन्होंने दो सदी हम पर राज किया
तो शेक्सपीयर आड़े आ जाते
जिनके मुझ पर न जाने कितने एहसान हैं!

मुसलमानों से नफ़रत करने चलता
तो सामने ग़ालिब आ कर खड़े हो जाते।
अब आप ही बताइए किसी की कुछ चलती है
उनके सामने?

सिखों से नफ़रत करना चाहता
तो गुरु नानक आँखों में छा जाते
और सिर अपने आप झुक जाता

और ये कंबन, त्यागराज, मुत्तुस्वामी...
लाख समझाता अपने को
कि वे मेरे नहीं

---

*यह कविता पहले 'प्रेम-रोग' शीर्षक से छपी थी

दूर कहीं दक्षिण के हैं
पर मन है कि मानता ही नहीं
बिना इन्हें अपनाये

और वह प्रेमिका
जिससे मुझे पहला धोख़ा हुआ था
मिल जाए तो उसका ख़ून कर दूँ!
मिलती भी है, मगर
कभी मित्र
कभी माँ
कभी बहन की तरह
तो प्यार का घूँट पी कर रह जाता।

हर समय
पागलों की तरह भटकता रहता
कि कहीं कोई ऐसा मिल जाए
जिससे भरपूर नफ़रत करके
अपना जी हलका कर लूँ।

पर होता है इसका ठीक उलटा
कोई-न-कोई, कहीं-न-कहीं, कभी-न-कभी
ऐसा मिल जाता
जिससे प्यार किये बिना रह ही नहीं पाता।

दिनोंदिन मेरा यह प्रेम-रोग बढ़ता ही जा रहा
और इस वहम ने पक्की जड़ पकड़ ली है
कि वह किसी दिन मुझे
स्वर्ग दिखा कर ही रहेगा।

ज़ख़्म

इन गलियों से
बेदाग़ गुज़र जाता तो अच्छा था

और अगर
दाग़ ही लगना था तो फिर
कपड़ों पर मासूम रक्त के छींटे नहीं

आत्मा पर
किसी बहुत बड़े प्यार का ज़ख़्म होता
जो कभी न भरता।

बाज़ारों की तरफ़ भी

आजकल अपना ज़्यादा समय
अपने ही साथ बिताता हूँ।

ऐसा नहीं कि उस समय भी
दूसरे नहीं होते मेरे साथ
मेरी यादों में
या मेरी चिन्ताओं में
या मेरे सपनों में

वे आमन्त्रित होते हैं
इसलिए अधिक प्रिय
और अत्यधिक अपने

वे जब तक मैं चाहूँ साथ रहते
और मुझे अनमना देख कर
चुपचाप कहीं और चले जाते।

कभी-कभी टहलते हुए निकल जाता हूँ
बाज़ारों की तरफ़ भी :
नहीं, कुछ ख़रीदने के लिए नहीं,
सिर्फ़ देखने के लिए कि इन दिनों
क्या बिक रहा है किस दाम
फ़ैशन में क्या है आजकल

वैसे सच तो यह है कि मेरे लिए
बाज़ार एक ऐसी जगह है
जहाँ मैंने हमेशा पाया है
एक ऐसा अकेलापन जैसा मुझे
बड़े-बड़े जंगलों में भी नहीं मिला,
और एक ख़ुशी
कुछ-कुछ सुकरात की तरह
कि इतनी ढेर-सी चीज़ें
जिनकी मुझे कोई ज़रूरत नहीं!

आजकल कबीरदास

आजकल
मगहर में रहते हैं कबीरदास।

कहाँ है मगहर?
उत्तर प्रदेश में छोटा-सा गाँव
न जाने किस समय में
ठहरी हुई ज़रा-सी जगह में
कुटिया डाल, करते अज्ञातवास
जीते एक निर्वासित जीवन
आजकल कबीरदास

यदा-कदा दिख जाते फ़क़ीरों के भेस में
कभी अनमने-से साहित्य-समाज में

सब कहते—
सह नहीं सके जब
जग की उलटवाँसी,
छोड़ दिया कासी

आजकल कम ही लौटते हैं वे
अपने मध्यकाल में,
रहते हैं त्रिकाल में।

एक दिन दिख गये मुझको
फ़िलहाल में
पूछ बैठा
फक्कड़-से दिखते एक व्यक्ति से
"आप श्री दास तो नहीं,
अनन्त के रिश्तेदार ?"

अक्खड़ खड़ी बोली में बोले—
"कोई फ़र्क़ नहीं इसमें
कि मैं 'दास' हूँ या 'प्रसाद'
'नाथ' हूँ या 'दीन'
'गुप्त' हूँ या 'नारायण'
या केवल एक समुदाय, हिन्दू या मुसलमान,
या मनुष्य की सामूहिक पहचान
ईश्वर-और-अल्लाह,
या केवल एक शब्द में रमण करता
पूरा ब्रह्मांड,
या सारे शब्दों से परे एक रहस्य"

स्पष्ट था कि पहचान का ही नहीं
भाषा का भी संकट था इस समय
जैसे मेरे और उनके समय को ले कर
उनका अद्वैत भाव—

"कौन कह सकता है कि जिसे
हम जी रहे आज
वह कल की मृत्यु नहीं,
और जिसे हम जी चुके कल
वह कल का भविष्य नहीं ?"
उनकी वाणी में एक राज़ था
जैसे उनकी चुप्पी में।

"अनन्त से मेरा कोई नज़दीकी रिश्ता नहीं,
वह केवल एक नाम है
जिससे मैं उसे पुकारता हूँ कभी-कभी
पर जो उसकी पहचान नहीं।
वैसे भी, रिश्तों को नाम देना
बिल्कुल फ़र्ज़ी है,
होशियारी ज़रूरी है नामों को ले कर,
लोग लड़ते-मरते हैं
जिन नामों को ले कर
झूठे पड़ जाते वे देखते-देखते,
लाशों में बदल जाते
फूलों के ढेर,
करुणा और सुन्दरता का अनाम भाव
स्वाहा हो जाता है
नामों की जात-पाँत के धधकते पड़ोस में।"

एक दिन मिल गये मुझे
लोदी बाग़ के एक शानदार मक़बरे में।
ज़मीन पर पड़े एक बेताज सिकन्दर को देख कर बोले—

"नापसन्द था मुझे
सत्ता के दरबारों में सिर झुकाना।
ज़ंजीरों की तरह लगते थे मुझे
दरबारी कपड़े
जिनमें अपने को जकड़े
पेश होना पड़े किसी को भी
भरे दरबार में
ख़ुद को एक क़ैदी की तरह पकड़े,
चेहरे पर कसे मुखौटे की पाबन्दी को
उतार कर बेचेहरा होते हुए
चाहिए एक ऐसी मुक्ति
जिसमें न प्रसन्नता हो, न उदासी

न किसी का प्रभाव हो, न दबाव
केवल एक दार्शनिक हो अपना सद्भाव
सबके बीच लेकिन सबसे
थोड़ा हट कर भी।''

देखकर अपना ज़माना
यक़ीन नहीं होता कि अब बीत गया
उनका ज़माना,
कि अब वे कहीं नहीं,
न काशी में, न मगहर में
कि अब वे केवल इसे जानने में हैं
कि वस्तुगत हो कर देखना
वस्तुवत् हो कर देखना है,
सही को जानना
सही हो जाना है,

उनका हर शब्द एक ज़रूरी भेद करता
दृष्टि और दृष्टि-दोष में

स्थूल की सीमाओं के षड्यन्त्र में
कौन रहता है आशंकित हर घड़ी
कि अब ज़्यादा देर नहीं उसकी हत्या में,
कि वे ही उसे मारेंगे
जिन्हें उसने बेहद प्यार दिया

वे हत्यारे नहीं
अज्ञानी हैं
जो उसे बार-बार मृत्युदंड देते
उसे सूली पर चढ़ाते
उसकी अपनी ही हत्या के जुर्म में।

कौन आश्वस्त है फिर भी

कि वह मरेगा नहीं,
मर सकती है वह दुनिया
जिस पर होते रहते अत्याचार।

आज भी यक़ीन नहीं होता
कि वह जीवनद्रोही नहीं
एक सच्चा गवाह था जीवन का
जिसने जाते-जाते कहा था—
कहाँ जाऊँगा छोड़ कर
इतनी बड़ी दुनिया को
जो मेरे ही अन्दर बसी है
हज़ारों वर्षों से

यहीं रहूँगा—
इसी मिट्टी में मिलूँगा
इसी पानी में बहूँगा
इसी हवा में साँस लूँगा
इसी आग से खेलूँगा
इन्हीं क्षितिजों पर होता रहूँगा
उदय-अस्त,
इसी शून्य में दिखूँगा खोजने पर

अनर्गल वस्तुओं
और आत्मरत दुनिया से विमुख
एक निरुद्वेग में
लिख कर एक अमिट हस्ताक्षर—प्रेम
उसने एक गहरी साँस ली
और भाप बन कर छिप गया
फिर एक बार बादलों के साथ
बेहद में।

एक जले हुए मकान के सामने

शायद वह जीवित है अभी, मैंने सोचा।
उसने इनकार किया—
मेरा तो क़त्ल हो चुका है कभी का!

साफ़ दिखाई दे रहे थे
उसकी खुली छाती पर
गोलियों के निशान।

तब भी—उसने कहा—
ऐसे ही लोग थे, ऐसे ही शहर,
रुकते ही नहीं किसी तरह
मेरी हत्याओं के सिलसिले।

जीते जी देख रहा हूँ एक दिन
एक आदमी को अनुपस्थित—
सुबह-सुबह निकल गया है वह
टहलने अपने बिना
लौट कर लिख रहा है
अपने पर एक कविता अपने बरसों बाद
रोज़ पढ़ता है अख़बारों में
कि वह अब नहीं रहा
अपनी शोक-सभाओं में खड़ा है वह
आँखें बन्द किये—दो मिनटों का मौन।

भूल गया है रास्ता
किसी ऐसे शहर में
जो सैकड़ों साल पहले था।

दरअसल कहीं नहीं है वह
फिर भी लगता है कि हर जगह वही है
नया-सा लगता कोई बहुत पुराना आदमी
किसी गुमनाम गली में
एक जले हुए मकान के सामने
खड़ा हैरान
कि क्या यही है उसका हिन्दुस्तान?

सोच में पड़ गया है वह
इतनी बड़ी रोशनी का गोला
जो रोज़ निकलता था पूरब से
क्या उसे भी लील गया कोई अँधेरा?

एक वृक्ष की हत्या

अबकी घर लौटा तो देखा वह नहीं था—
वही बूढ़ा चौकीदार वृक्ष
जो हमेशा मिलता था घर के दरवाज़े पर तैनात।

पुराने चमड़े का बना उसका शरीर
वही सख़्त जान
झुर्रियोंदार खुरदुरा तना मैलाकुचैला,
राइफिल-सी एक सूखी डाल,
एक पगड़ी फूल पत्तीदार,
पाँवों में फटा-पुराना जूता
चरमराता लेकिन अक्खड़ बल बूता

धूप में बारिश में
गर्मी में सर्दी में
हमेशा चौकन्ना
अपनी ख़ाकी वर्दी में

दूर से ही ललकारता, "कौन?"
मैं जवाब देता, "दोस्त!"
और पल भर को बैठ जाता
उसकी ठंडी छाँव में

दरअसल शुरू से ही था हमारे अन्देशों में
कहीं एक जानी दुश्मन
कि घर को बचाना है लुटेरों से
शहर को बचाना है नादिरों से
देश को बचाना है देश के दुश्मनों से

बचाना है—
नदियों को नाला हो जाने से
हवा को धुआँ हो जाने से
खाने को ज़हर हो जाने से :
बचाना है—जंगल को मरुथल हो जाने से,
बचाना है—मनुष्य को जंगल हो जाने से।

वे भीड़ नहीं, हम हैं

पटना के निकट दुर्घटना में
मृतकों की सूची में देखकर अपना नाम
हरदयाल चौंक पड़े-"अरे,
मैं तो अभी ज़िन्दा हूँ!"

फिर कौन था वह दूसरा, जो मारा गया?
क्या कोई और भी हो सकता है
मुझ जैसा ही?

विस्फोट असफल रहा
वे जिन्हें नहीं जीतना चाहिए था
हार गये अपने आप।

क़िले से उठता धुआँ

लगता है कोई भीषण दुर्व्यवस्था
हमारी रक्षा कर रही।

जो बच रहा उसने सोचा—
एक मौक़ा है
अब लौटना चाहिए,
मनुष्य होने का पूरा तात्पर्य
संगठित हो सकता है

एक कुटुम्ब के आसपास,
निर्वाचित हो सकता है बहुमत से
पृथ्वी पर उसका प्रतिनिधित्व।

रसोई से उठता धुआँ

आश्चर्य, बिना सुरक्षा-बलों के भी
सुरक्षित थी गृहस्थी : पत्नी बेचारी
ईमानदारी की तरह ख़ुश थी
नहीं-बराबर-जगह में भी,
साइकिल से स्कूल गया बच्चा
सकुशल लौट आया था
एक ख़ूँख़्वार ट्रैफ़िक के जबड़ों से बच कर।

पत्नी से बोले हरदयाल—
शायद मैं स्वप्न देख रहा था।
सुनो, अब हमारी ख़ैर नहीं,
एक उत्तेजित भीड़ ने हमें
ख़ुशी से गले मिलते देख लिया है,
हम चारों तरफ़ से घिर गये हैं,
कल ख़बर छपेगी कि हम
किसी मुठभेड़ में
या भेड़ियाधसान में मारे गये।

नहीं, ऐसा नहीं होगा—पत्नी ने सरलता से कहा—
तुम डर गये हो
वे हमारे पड़ोसी हैं।
उनकी आँखें हमारी ख़ुशी से नम हैं
उन्हें अपने विश्वास का चेहरा दो—
वे भीड़ नहीं, हम हैं।

दुनिया की चिन्ता

छोटी-सी दुनिया
बड़े-बड़े इलाक़े
हर इलाक़े के
बड़े-बड़े लड़ाके
हर लड़ाके की
बड़ी-बड़ी बन्दूकें
हर बन्दूक के बड़े-बड़े धड़ाके

सबको दुनिया की चिन्ता
सबसे दुनिया को चिन्ता

चक्रवात

एक चक्रवात से अब मेरी दोस्ती हो गयी है।

कभी-कभी आता है वह
न जाने कहाँ से घूमता-फिरता
और मुझे तहस-नहस कर के चला जाता है।

अचानक उजड़ने और फिर भी कुछ रचते रहने की
हिम्मत में ही है हमारी दोस्ती का सबसे पक्का आधार।

तिनके-तिनके में खोजता रहूँ जीवन—
बस, इतना ही बचता है मेरे लिए
उसके जाने के बाद

इसी उम्मीद पर बनाता हूँ
फिर एक घर-सा सुन्दर कुछ

कि जब भी वह आये
कुछ तो मिले उसे
अपनी शक्ति को आज़माने के लायक़।

अगर इनसान ही हूँ

तो फिर आप ही बताइए
अगर मेढक नहीं हूँ
तो कैसे रह रहा हूँ कुएँ में?

अगर चूहा नहीं हूँ
तो यह बिल किसका है?

अगर कुत्ते से बेहतर हूँ
तो यह दुम किसकी हिल रही?

अगर चमगादड़ नहीं हूँ
तो उलटा कौन लटका है सदियों से
अँधेरे खँडहरों में?

अगर दीमक नहीं हूँ
तो कौन चाट गया ईमान की फ़ाइलें?

अगर मच्छर नहीं हूँ
तो कौन पी रहा है देश का ख़ून?

सच बताइए
अगर इनसान ही हूँ
तो इतनी अपमानित क्यों है
इतनी बड़ी सचाई?

फिर मेरे पाँवों तले

फिर मेरे पाँवों तले
रख दी गयी है एक पृथ्वी

फिर मुझे थमा दी गयी है
एक ज़िन्दगी की लगाम

थरथराते पाँवों में
फँसा दी गयी हैं रक़ाबें

फिर उठता चारों ओर
वही पागल शोर
नसों पर फिर वही असह्य दबाव
'या तो सिद्ध करो दिग्विजय
या स्वीकार करो दास-भाव।'

फिर मुझे लड़ना है वही पुराना युद्ध
उसी नक़ाबपोश दुश्मन के विरुद्ध
जिसकी फ़ौजें
छिप कर अँधेरे में वार करतीं।

भारी मन से फिर मुझे लौटना है
उसी कुरुक्षेत्र—उसी पानीपत—उसी पलासी के
रक्त-सने धूसर मैदानों से
एक थके हुए योद्धा की तरह खाली हाथ।

शान्तिवार्ता

अल्लाहो अकबर
विनती है भगवन्
अगर दो तो अणुबम
न ये गन न वो गन

ब्रह्मास्त्र दानम्
रॉकेट महानम्
महाशून्य खड्डम्
समझ गड्ड-मड्डम्

लड़ाकू विमानम्
न अन्नम् न वस्त्रम्
करें शास्त्र-चर्चा
मगर होड़ शस्त्रम्

हलाहल पचाये
मगर मुँह पे खीसम्
करें शान्तिवार्ता
मगर दाँत पीसम्

पुराणम् कुरानम्
सभी को प्रणामम्

न साखी न सब्दम्
महायुद्ध ठानम्
ईसा न इस्लाम
मार्क्सम् न बुद्धम्
न मजहब न धम्मम्
परम सत्य युद्धम्

परमाणु बम बम
तुम तुम न हम हम
मिटाने औ' मिटने में
हम कम न तुम कम

न पश्चिम न पूर्वम्
नकारम् भविष्यम्
विस्फोट सफलम्
निराकार विश्वम्।

अपठनीय

घसीट में लिखे गये
ज़िन्दगी के अन्तिम बयान पर
थरथराते हस्ताक्षर
इतने अस्पष्ट
कि अपठनीय

प्रेम-प्रसंग
बचपन से बुढ़ापे तक
इतने पर्दों की पर्तों में लिपटे
कि अपठनीय

सचाई
विज्ञापनों के फुटनोटों में
इतनी बारीक़ और धूर्त भाषा में छपी
कि अपठनीय

सियासती मुआमलों के हवाले
ऐसे मकड़जाले
कि अपठनीय

अख़बार
वही ख़बरें बार-बार
छापों पर इतनी छापें

सबूत की इतनी ग़लतियाँ
भूल-सुधार इतने सन्दिग्ध
कि अपठनीय

हर एक के अपने-अपने ईमान धरम
इतने पारदर्शी
कि अपठनीय

जीवन-वस्तु जितनी ही भाषा-चुस्त
उतनी ही तरफ़ों से इतनी एक-तरफ़ा
कि अपठनीय

सुई की नोंक बराबर धरती पर लिखा
भगवद्‌गीता का पाठ
इतना विराट
कि अपठनीय

और अब
जबकि जाने की हड़बड़ी
आने-जाने के टाइम-टेबिल में ऐसी गड़बड़ी
कि छूटने का वक़्त
और पहुँचने की जगह
दोनों अपठनीय।

एक नक़्शा

कई समुद्रों पार
कई युगों पहले
किसी अज्ञात द्वीप का पता था उसमें
एक रहस्यकथा के रूपक में

दुर्गम पहाड़ों और बीहड़ जंगलों से होते हुए
जल-प्रपात से ढँकी
किसी ऐसी मुँहबन्द गुफ़ा का ज़िक्र था
जिसका दरवाज़ा
किसी चाभी से नहीं
केवल कुछ विचित्र शब्दों के जादू से खुलता था

बाहरी किसी ख़ज़ाने का नहीं
भीतरी एक अर्थ का
संकेत था उस नक़्शे में
जो देखने में
किसी बूढ़े दार्शनिक की शक़्ल से मिलता था।

अयोध्या, 1992

हे राम,
जीवन एक कटु यथार्थ है
और तुम एक महाकाव्य!
तुम्हारे बस की नहीं
उस अविवेक पर विजय
जिसके दस बीस नहीं
अब लाखों सिर—लाखों हाथ हैं,
और विभीषण भी अब
न जाने किसके साथ हैं।

इससे बड़ा क्या हो सकता है
हमारा दुर्भाग्य
एक विवादित स्थल में सिमट कर
रह गया तुम्हारा साम्राज्य

अयोध्या इस समय तुम्हारी अयोध्या नहीं
योद्धाओं की लंका है,
'मानस' तुम्हारा 'चरित' नहीं
चुनाव का डंका है!

हे राम, कहाँ यह समय
कहाँ तुम्हारा त्रेता युग,
कहाँ तुम मर्यादा पुरुषोत्तम

और कहाँ यह नेता युग!

सविनय निवेदन है प्रभु कि लौट जाओ
किसी पुराण—किसी धर्मग्रन्थ में
सकुशल सपत्नीक....
अबके जंगल वो जंगल नहीं
जिनमें घूमा करते थे वाल्मीक!

सम्मेदीन की लड़ाई

ख़बर है
कि भ्रष्टाचार के विरुद्ध
बिल्कुल अकेला लड़ रहा है एक युद्ध
कुराहा गाँव का ख़ब्ती सम्मेदीन

बदमाशों का दुश्मन
जान गँवा बैठेगा एक दिन
इतना अकड़ कर अपने को
समाजसेवी कहनेवाला सम्मेदीन

यह लड़ाई
ज़्यादा नहीं चलने की
क्योंकि उसके रहते
चोरों की दाल नहीं गलने की...
एक छोटे-से चक्रव्यूह में घिरा है वह
और एक महाभारत में प्रतिक्षण
लोहूलुहान हो रहा है सम्मेदीन

भरपूर उजाले में रहे उसकी हिम्मत
दुनिया को ख़बर रहे
कि एक बहुत बड़े नैतिक साहस का
नाम है सम्मेदीन

जल्दी ही वह मारा जाएगा।
सिर्फ़ उसका उजाला लड़ेगा
अँधेरों के ख़िलाफ़... ख़बर रहे
किस किस के ख़िलाफ़ लड़ते हुए
मारा गया निहत्था सम्मेदीन

बचाए रखना
उस उजाले को
जिसे अपने बाद
ज़िन्दा छोड़ जाने के लिए
जान पर खेल कर आज
एक लड़ाई लड़ रहा है
किसी गाँव का कोई ख़ब्ती सम्मेदीन।

पालकी

काँधे धरी यह पालकी
है किस कन्हैयालाल की?

इस गाँव से उस गाँव तक
नंगे बदन, फेंटा कसे,
बारात किसकी ढो रहे?
किसकी कहारी में फँसे?
यह क़र्ज़ पुश्तैनी अभी किश्तें हज़ारों साल की।
काँधे धरी यह पालकी है किस कन्हैयालाल की?

इस पाँव से उस पाँव पर,
ये पाँव बिवाई फटे :
काँधे धरा किसका महल?
हम नींव पर किसकी डटे?
यह माल ढोते थक गयी तक़दीर खच्चर-हाल की।
काँधे धरी यह पालकी है किस कन्हैयालाल की?

फिर, एक दिन आँधी चली
ऐसी कि पर्दा उड़ गया!
अन्दर न दुलहन थी न दूल्हा
एक कौव्वा उड़ गया...
तब भेद जा कर यह खुला—हमसे किसी ने चाल की।
काँधे धरी यह पालकी ला ला अशर्फ़ी लाल की!

अबकी अगर लौटा तो

अबकी अगर लौटा तो
बृहत्तर लौटूँगा

चेहरे पर लगाये नोकदार मूँछें नहीं
कमर में बाँधे लोहे की पूँछें नहीं
जगह दूँगा साथ चल रहे लोगों को
तरेर कर न देखूँगा उन्हें
भूखी शेर-आँखों से

अबकी अगर लौटा तो
मनुष्यतर लौटूँगा

घर से निकलते
सड़कों पर चलते
बसों पर चढ़ते
ट्रेनें पकड़ते
जगह-बेजगह कुचला पड़ा
पिद्दी-सा जानवर नहीं

अगर बचा रहा तो
कृतज्ञतर लौटूँगा

अबकी अगर लौटा तो
हताहत नहीं
सबके हिताहित को सोचता
पूर्णतर लौटूँगा।

एक यात्रा के दौरान

1.

सफ़र से पहले अकसर
रेल-सी लम्बी एक सरसराहट
मेरी रीढ़ पर रेंग जाया करती है।

याद आने लगते कुछ ब्रढ़ते फ़ासले—
जैसे जनता और सरकार के बीच,
जैसे उसूलों और व्यवहार के बीच,
जैसे सम्पत्ति और विपत्ति के बीच,
जैसे गति और प्रगति के बीच।

घेरने लगतीं कुछ असह्य नज़दीकियाँ—

जैसे दृढ़ता और विचलन के बीच,
जैसे तेज़ी और फिसलन के बीच,
जैसे सफ़ाई और गन्दगी के बीच,
जैसे मौत और ज़िन्दगी के बीच।

याद आते छोटे-छोटे स्टेशनों पर फैले
बीमार रोशनी के मैले मरियल उजाले,
गाड़ी छूटने का बौखलाहट-भरा वक़्त,
आरक्षण-चार्ट की अन्तिम कार्बन-कापी,

याद आती ट्रेन के इस छोर से उस छोर तक
बदहवास दौड़ती जनता अपने बीवी, बच्चों,
सामान, कुली और जेब को एक साथ सँभाले...

2.

सुबह चार बजे मुझे एक ट्रेन पकड़ना है।
मुझे एक यात्रा पर जाना है।
मुझे काम पर जाना है।

मुझे कहाँ जाना है
दशरथ की पत्नियों के प्रपंच से बच कर?
मुझे तरह तरह के कामों के पीछे
कहाँ कहाँ जाना है?
कहाँ नहीं जाना है?

3.

एक गहरे विवाद में
फँस गया है मेरा कर्तव्य-बोध :

ट्रेन ही नहीं एक रॉकेट भी
पकड़ना है मुझे अन्तरिक्ष के लिए
ताकि एक डब्बे में ठसाठस भरा
मेरा ग़रीब देश भी
कह सके सगर्व कि देखो
हम एक साधारण आदमी भी
पहुँचा दिये गये चाँद पर!

पृथ्वी के आकर्षण के विरुद्ध
आकाश की ओर ले जानेवाले ज्ञान के
हम आदिम आचार्य हैं।
न जाने कितनी बार उतरे हैं
हमारी पवित्र धरती पर

आमन्त्रित देवताओं के विमान :

न जाने कितनी बार हमने
स्थापित किये हैं गगनचुम्बी ऊँचाइयों के कीर्तिमान!

पर आज
गृहदशा और ग्रहदशा दोनों
कुछ ऐसे प्रतिकूल
कि सातों दिन दिशाशूल :
करते प्रस्थान
रख कर हथेली पर जान :
चलते ज़मीन पर देखते आसमान,
काल-तत्त्व खींचातान : एक आँख
हाथ की घड़ी पर
दूसरी आँख संकट की घड़ी पर।
न पकड़ से छूटता पुराना सामान,
न पकड़ में आता छूटता वर्तमान।

4.

...घटनाचक्र की तरह घूमते पहिये :
वह भी एक नाटकीय प्रवेश होता है
चलती ट्रेन पकड़ते वक़्त, जब एक पाँव
छूटती ट्रेन पर और दूसरा
छूटते प्लेटफ़ार्म पर होता है :
सरकते साँप-सी एक गति
दो क़दमों के बीच की फिसलती जगह में,
जब मौत को एक ही झटके में लाँघ कर
हम डब्बे में निरापद हो जाना चाहते हैं :

वह एक नया शुभारम्भ होता है किसी यात्रा का
भागती ट्रेन में दोनों पाँव जब

एक ही समय में एक ही जगह होते हैं,
जब कोई ख़तरा नहीं नज़र आता
दो गतियों के बीच एक तीसरी सम्भावना का।
भविष्य के प्रति आश्वस्त
एक बार फिर जब हम
दुश्चिन्तामुक्त समय में—स्थिर चित्त—
केवल जेब में रक्खे टिकट को सोचते हैं,
उसके या अपने कहीं गिर जाने को नहीं।

5.

कभी कभी दूसरों का साथ होना मात्र
हमें कृतज्ञ करता
दूसरों के साथ होने मात्र के प्रति,
किसी का सीट-बराबर-जगह दे देना भी
हमें विश्वास दिलाता कि दुनिया बहुत बड़ी है,
जब अटैची पर एक हल्की-सी पकड़ भी
ज़िन्दगी पर पकड़ मालूम होती है,
और दूसरों के लिए चिन्ता
अपने लिए चिन्ताओं से मुक्ति...

6.

कुछ आवाज़ें।
कोई किसी को लेने आया है।

कुछ और आवाज़ें।
कोई किसी को छोड़ने आया है।
किसी का कुछ छूट गया है।
छूटते स्टेशन पर
छूटे वक़्त की हड़बड़ी में।

अब एक बज रहा स्टेशन की घड़ी में।

7.

क्यों किसी की सन्दूक का कोना
अचानक मेरी पिंडली में गड़ने लगा?
क्यों मेरे सिर के ठीक ऊपर टिका
गिरने-गिरने को वह बिस्तर अखरने लगा?
कौन हैं वे?
क्यों मेरी चिन्ताओं का एक कोना
उनसे भरने लगा?—

मेरी एक ओर बैठा वह
विक्षिप्त-सा युवक,
मेरी दूसरी ओर वह चिन्तित स्त्री,
अपने बच्चे को छाती से चिपकाये
दोनों के बीच मैं कौन हूँ—
केवल एक आरक्षित जगह का दावेदार?
वह स्त्री और वह बच्चा
क्यों नहीं दो मनुष्यों के बीच
एक पूर्णतः सुरक्षित संसार?

क्यों यह निरन्तर आने जाने का क्रम
अनाश्वस्त करता
और उस पूरी व्यवस्था को ध्वस्त
जिसे हम किसी तरह
दो स्टेशनों के बीच मान लेते हैं?
जो अनायास मिलता और छूट जाता
क्यों ऐसा
मानो कुछ बनता और टूट जाता?

8.

शायद मैं ऊँघ कर
लुढ़क गया था एक स्वप्न में—

एक प्राचीन शिलालेख के अधमिटे अक्षर
पढ़ते हुए चकित हूँ कि इतना सब समय
कैसे समा गया दो ही तारीख़ों के बीच!
कैसे अट गया एक ही पट पर
एक जन्म
एक विवरण
एक मृत्यु
और वह एक उपदेश-से दिखते
अमूर्त अछोर आकाश का अटूट विस्तार
जिसमें न कहीं किसी तरफ़
ले जाते रास्ते
न कहीं किसी तरफ़ बुलाते संकेत,
केवल एक अदृश्य हाथ
अपने ही लिखे को कभी कहता स्वप्न
कभी कहता संसार...

अचानक वह ट्रेन जिसमें रखा हुआ था मैं
एक खिलौने की तरह छोटी हो गयी,
और एक बच्चे की हथेलियाँ इतनी बड़ी
कि उस पर रेल-रेल खेलने लगे फ़ासले
बना कर छोटे बड़े घर, पहाड़, मैदान, नदी, नाले...
उसकी क़लाई में बँधी पृथ्वी
अकस्मात् बज उठी जैसे घुँघरू
रेल की सीटी...

9.

शायद उसी वक़्त मैंने
गिरते देखा था ट्रेन से दो पाँवों को
और चौंक कर उठ बैठा था।
पैताने दो पाँव—

क्यों हैं यहाँ? क्या करूँ इनका?

सोचा रात है अभी,
सुबह उतार लूँगा इन्हें
अपने सामान के साथ!
सुबह हुई तो देखा
कन्धों पर ढो रहे थे मुझे
किसी और के पाँव।

हफ़्ते... महीने... साल...
बीत गये पल भर में,
"पिता? तुम? यहाँ?"

"मुझे चाहिए मेरे पाँव, ...वापस करो उन्हें।"
"नहीं, वे मेरे हैं : मैं
उन पर आश्रित हूँ—
और मेरा परिवार :
मैं उन्हें नहीं दे सकता तुम्हें!"

वे हँसने लगे, एक बेजान असंगत हँसी।
कभी कभी किसी विषम घड़ी में हम
जी डालते हैं एक पूरा जीवन—एक पूरी मृत्यु—
एक पूरा सन्देह कि कौन चल रहा है
किसके पाँवों पर?

10.

नींद खुल गयी थी
शायद किसी बच्चे के रोने से
या किसी माँ के परेशान होने से
या किसी के अपनी जगह से उठने से
या ट्रेन की गति के धीमी पड़ने से

या शायद उस हड़कम्प से जो
स्टेशन पास आने पर मचता है...

बाहर अँधेरा।
भीतर इतना सब
एक मामूली-सी रोशनी में भी जगमग
जागता और जगाता हुआ।

एक छोटा-सा प्लेटफ़ॉर्म सरक कर पास आता
सुबह की रोशनी में,
डब्बे में चढ़ते उतरते लोगों का ताँता

कोई जगह ख़ाली करता
कोई जगह बनाता।

11.

बाहर किसी घसीट लिखावट में
लिखे गये परिचित यात्रा-वृत्तान्त के
फरफराते दृश्यों को बिना पढ़े
पन्नों पर पन्ने उलटती चली जाती रफ़्तार :
विवरण कहीं कहीं रोचक
प्लॉट अव्यवस्थित, उथले विचार, उबाऊ विस्तार!

भीतर एक डब्बे में खचाखच भरा
एक टुकड़ा भारतीय समाज
मानो कहानियों, फ़िल्मों, कॉमिक्स, अख़बार आदि से
ले कर बनाये गये चरित्रों का कोलाज।

12.

यहाँ और वहाँ के बीच
कहीं किसी उजाड़ जगह

अनिश्चित काल के लिए
खड़ी हो गयी है ट्रेन।
दूर तक फैली ऊबड़खाबड़ पहाड़ियाँ,
जगह जगह टेसू और बबूल की झाड़ियाँ,
काँस और जंगली घास के झाड़झंखाड़,
जहाँ तहाँ बरसाती पानी के तालाब...
वह सब जो चल रहा था
अचानक अकारण असमय कहीं रुक गया है
आशंका और उतावली के किसी असह्य बिन्दु पर।

कुछ हुआ है जो नहीं होना चाहिए था
जो अक्सर होता रहता है जीवन में।
कौन थे वे जो हो कर भी नहीं होते?
ऐसा क्यों हुआ? वैसा क्यों नहीं हुआ
जैसा होना चाहिए था?...
सवालों के एक उफान के बाद
अलग अलग अनुमानों में निथर कर
बैठ गयी हैं उत्सुकताएँ।

फिर चल पड़ती है ट्रेन एक धक्के से
घसीटती हुई अपने साथ
उस शेष को भी जो घटित होगा
कुछ समय बाद
कहीं और
किसी अन्य यहाँ और वहाँ के बीच।

13.

धीमी पड़ती चाल।
अगले ठहराव पर
उतर जाना है मुझे।
एक सिहरन-सी दौड़ जाती नसों में।

पहली बार वहाँ जा रहा हूँ।
हो सकता है कोई लेने आये, या कोई नहीं;
केवल एक सपाट प्लेटफ़ॉर्म मिले,
बर्फ़ीली ठंढक, अँधेरे और अनिश्चय का
घना कोहरा : इतनी रात गये
एक बिल्कुल नयी जगह से नयी तरह
सम्बन्ध बनाता हुआ एक अजनबी।
एक ख़ामोश-सी तैयारी है मेरे आसपास
जैसे यह मेरा घर था
और अब मैं उसे छोड़ कर कहीं और जा रहा हूँ।

14.

कुछ लोग मुझे लेने आये हैं।
मैं उन्हें नहीं जानता :
जैसे कुछ लोग मुझे छोड़ने आये थे
जिन्हें मैं जानता था।

ट्रेन जा चुकी है
एक अस्थायी भागदौड़ और अव्यवस्था बाद
प्लेटफ़ॉर्म फिर एक सन्नाटे में जम गया है।

15.

आश्चर्य! वह स्त्री और बच्चा भी
अकेले खड़े हैं उधर।

क्या मैं कुछ कर सकता हूँ उनके लिए?
स्त्री मुझे निरीह आँखों से देखती है—
"वो आते होंगे, मेरे लिए भी..."
कुछ दूर चल कर
ठहर गया हूँ—

उसके लिए?
या अपने लिए?

देखता हूँ उसकी आँखों में
जो घिर आयी थी एक दुश्चिन्ता-सी
एक सरल कृतज्ञता में बदल जाती।

हँसी

धीरे धीरे टूटता जाता
मेरी ही हँसी से मेरा हर नाता
अक्सर वह सही जगहों पर नहीं आती
अक्सर वह ग़लत जगहों पर आ जाती
मानो कोई फ़र्क़ ही न हो सही और ग़लत में,
मानो हँसी मेरी हँसी नहीं अपनी मर्ज़ी हो—
चेहरे पर अपने ढंग से चढ़ा हुआ एक रंग
जो किसी ख़ुशी का द्योतक न हो कर
एक विदूषक की भूमिका हो किसी प्रहसन में।

कभी कभी एक अधूरी हँसी
या बनावटी हँसी
या विक्षिप्त हँसी
विकृत कर जाती है
चेहरे की दरकती हुई जटिल नक़्क़ाशी को...
सिर्फ़ आँखें हँसतीं
या सिर्फ़ होंठ
बाक़ी चेहरा किसी अन्य तल के प्रशान्त में
अधडूबी चट्टान-सा झलकता जिसे
हज़ारों वर्षों में लहरों और तूफ़ानों ने
तराश कर एक मनुष्य-चेहरे का आकार दिया हो।

गले तक धरती में

गले तक धरती में गड़े हुए भी
सोच रहा हूँ
कि बँधे हों हाथ और पाँव
तो आकाश हो जाती है उड़ने की ताक़त

जितना बचा हूँ
उससे भी बचाए रख सकता हूँ यह अभिमान
कि अगर नाक हूँ
तो वहाँ तक हूँ जहाँ तक हवा
मिट्टी की महक को
हलकोर कर बाँधती
फूलों की सूक्तियों में
और फिर खोल देती
सुगन्धि के न जाने कितने अर्थों को
हज़ारों मुक्तियों में

कि अगर कान हूँ
तो एक धारावाहिक कथानक की
सूक्ष्मतम प्रतिध्वनियों में
सुन सकने का वह पूरा सन्दर्भ हूँ
जिसमें अनेक प्रार्थनाएँ और संगीत
चीखें और हाहाकार
आश्रित हैं एक केन्द्रीय ग्राह्यता पर

अगर ज़बान हूँ
तो दे सकता हूँ ज़बान
ज़बान के लिए तरसती ख़ामोशियों को—
शब्द रख सकता हूँ वहाँ
जहाँ केवल निःशब्द बेचैनी है

अगर ओंठ हूँ
तो रख सकता हूँ मुर्झाते ओठों पर भी
क्रूरताओं को लज्जित करती
एक बच्चे की विश्वासी हँसी का बयान

अगर आँखें हूँ
तो तिल-भर जगह में भी
वह सम्पूर्ण विस्तार हूँ
जिसमें जगमगा सकती हैं असंख्य सृष्टियाँ...

गले तक धरती में गड़े हुए भी
जितनी देर बचा रह पाता है सिर
उतने समय को ही अगर
दे सकूँ एक वैकल्पिक शरीर
तो दुनिया से करोड़ों गुना बड़ा हो सकता है
एक आदमक़द विचार।

घर पहुँचना

हम सब एक सीधी ट्रेन पकड़ कर
अपने अपने घर पहुँचना चाहते

हम सब ट्रेनें बदलने की
झंझटों से बचना चाहते

हम सब चाहते एक चरम यात्रा
और एक परम धाम

हम सोच लेते कि यात्राएँ दुखद हैं
और घर उनसे मुक्ति

सचाई यूँ भी हो सकती है
कि यात्रा एक अवसर हो
और घर एक सम्भावना

ट्रेनें बदलना
विचार बदलने की तरह हो
और हम जब जहाँ जिनके बीच हों
वही हो
घर पहुँचना।

विलक्षण सन्तुलन में

विलक्षण सन्तुलन में एक कण
शायद कहीं पड़ गया झूठा,
पूरे आकाश को खरोंचता
एक तारा अभी-अभी टूटा।

मानो एक अग्नि-लीक
अँधेरी सदियों के आरपार
खिंची और निरस्त करती चली गयी
न जाने कितने ही संसार...

पोंछो सब : फिर लिखो शुरू से
उन्हीं उपादानों से—मनुष्य,
सही समत्व-बिन्दु से अभी और
विस्तृत करो जीवन-परिदृश्य।

एक सिफ़र—फिर बनता एक सिर
आँख, नाक, कान, मुँह...चेहरा :
नयी क्षितिज-रेखा पर लिख रहा
कोई बच्चा अ आ ई ऊ सवेरा।

उत्केन्द्रित ?

मैं ज़िन्दगी से भागना नहीं
उससे जुड़ना चाहता हूँ।—
उसे झकझोरना चाहता हूँ
उसके काल्पनिक अक्ष पर
ठीक उस जगह जहाँ वह
सबसे अधिक बेध्य हो कविता द्वारा।

उस आच्छादित शक्ति-स्रोत को
सधे हुए प्रहारों द्वारा
पहले तो विचलित कर
फिर उसे कीलित कर जाना चाहता हूँ
नियतिबद्ध परिक्रमा से मोड़ कर
पराक्रम की धुरी पर
एक प्रगति-बिन्दु
यान्त्रिकता की अपेक्षा
मनुष्यता की ओर ज़्यादा सरका हुआ...

भूल-चूक लेनी-देनी

कहीं कुछ भूल हो
कहीं कुछ चूक हो कुल लेनी देनी में
तो कभी भी इस तरफ़ आते जाते
अपना हिसाब कर लेना साफ़
ग़लती को कर देना मुआफ़
विश्वास बनाए रखना
कभी बन्द नहीं होंगे दुनिया में
ईमान के खाते।

सरकस

दर्शकों से खचाखच भरी हुई दुनिया में
पूरी ईमानदारी से
जोकर का पार्ट अदा करते
सन्तुलन बनाए रखना
सबसे बड़ा कमाल था।

पसीना पोंछो
मेकअप धो डालो
तुम पहले आदमी नहीं
जिस पर बिरादरी को नाज़ है
न तुम अन्तिम आदमी हो
जिसकी कामयाबियों पर
पेट भर हँसी आती।

जन्म-कुंडली

फूलों पर पड़े पड़े अकसर मैंने
ओस के बारे में सोचा है—
किरणों की नोकों से ठहराकर
ज्योति-बिन्दु फूलों पर
किस ज्योतिर्विद् ने
इस जगमग खगोल की
जटिल जन्म-कुंडली बनायी है?
फिर क्यों निःश्लेष किया
अलंकरण पल भर में?
एक से शून्य तक
किसकी वह ज्यामितिक सनकी जमुहाई है?

और फिर उनको भी सोचा है—
वृक्षों के तले पड़े
फटे-चिटे पत्ते...
उनकी अंकगणित में
कैसी यह उधेड़बुन?
हवा कुछ गिनती है :
गिरे हुए पत्तों को कहीं से उठाती
और कहीं पर रखती है।
कभी कुछ पत्तों को डालों से तोड़ कर
यों ही फेंक देती है मरोड़ कर...।

कभी-कभी फैला कर नया पृष्ठ—अन्तरिक्ष—
गोदती चली जाती... वृक्ष... वृक्ष... वृक्ष...

रिक्शा पर

रिक्शा पर ढोंढू भाई :
रिक्शा औ' रिक्शावाले के कुल जोड़ वज़न के ढाई!

आगे थी कठिन चढ़ाई :
देखा रिक्शावाले ने तो ताक़त भर एड़ लगायी :

लेकिन ग़रीब की हिम्मत
हद भर मोटे के आगे कुछ ज़्यादा काम न आयी।

लद कर वो बैठे रहे वहीं,
कुछ करें मदद बेचारे की, यह समझ न उनको आयी :

रिक्शावाले का मतलब
रिक्शा का हिस्सा नहीं, आदमी होता, ढोंढू भाई!

ये जुल्म देख कर रिक्शा
दो पहियों पर हो गयी खड़ी जैसे घोड़ी बौरायी!

फिर सरपट पीछे भागी
हो एक तरफ़ से लोटपोट जा पुलिया से टकरायी।

यह देख भीड़ घबरायी
समझी कोई आफ़त सिर पर उसके ही ढहने आयी।

पटकी खा ढोंढू भाई
रिक्शा के नीचे चित् पड़े—रिक्शा मन मन मुस्कायी!

बेहाल देख कर उनको
पहले तो सभी सन्न फिर असली बात समझ में आयी—

रिक्शावाले को ज़्यादा चोट न आयी,
दुबला-पतला था झाड़पोंछ उठ बैठा :
पर ऐम्बुलेन्स में भरे गये
बेचारे ढोंढू भाई।

मालती

कितनी ढिठाई से बढ़ती
और कैसा ठठा कर खिलती है मालती

वह एक भीनी-सी ख़ुशबू की कड़ी कार्रवाई है
पछुवा के निर्मम थपेड़ों के ख़िलाफ़
घर की पच्छिम की दीवार को यत्न से घेरे
एक अल्हड़ खिलखिलाहट है मालती

आज अचानक क्या हो गया तुझे?
क्या तेरा बच्चा बीमार है?
क्यों इस तरह सिर झुकाये
गुमसुभ खड़ी है मालती?

माली कहता—
राकस होती है मालती की बेल
मर मर कर जी उठनेवाली
देसी हिम्मत है मालती
कैसे ही उसे काटो छाँटो
कभी नहीं सूखती है जड़ों से मालती।

स्पष्टीकरण

ग़लत से ग़लत वक़्त में भी
सही से सही बात कही जा सकती है।
हम थोड़ी देर के लिए
स्थगित कर सकते हैं युद्ध,
महत्त्व दे सकते हैं अपने भयभीत होने को,
स्वीकार कर सकते हैं
अपनी बदहवासी
एक बार, कम से कम एक बार तो
काँप सकते हैं हमारे हाथ,
हम चीख़ सकते हैं कि 'नहीं...
ये सब पराये नहीं मेरे हैं,
मैं इन्हें नहीं मार सकता,
मैं युद्ध नहीं करूँगा...'

ऐसी विषम घड़ी में हमारे अन्तःकरण
कम-से-कम एक बार तो
बना सकते हैं ईश्वर को साक्षी—
माँग सकते हैं उससे भी स्पष्टीकरण...

अन्तिम ऊँचाई

कितना स्पष्ट होता आगे बढ़ते जाने का मतलब
अगर दसों दिशाएँ हमारे सामने होतीं,
हमारे चारों ओर नहीं।
कितना आसान होता चलते चले जाना
यदि केवल हम चलते होते
बाक़ी सब रुका होता।

मैंने अक्सर इस ऊलजलूल दुनिया को
दस सिरों से सोचने और बीस हाथों से पाने की कोशिश में
अपने लिए बेहद मुश्किल बना लिया है।

शुरू-शुरू में सब यही चाहते हैं
कि सब कुछ शुरू से शुरू हो,
लेकिन अन्त तक पहुँचते-पहुँचते हिम्मत हार जाते हैं।
हमें कोई दिलचस्पी नहीं रहती
कि वह सब कैसे समाप्त होता है
जो इतनी धूमधाम से शुरू हुआ था
हमारे चाहने पर।

दुर्गम वनों और ऊँचे पर्वतों को जीतते हुए
जब तुम अन्तिम ऊँचाई को भी जीत लोगे—
जब तुम्हें लगेगा कि कोई अन्तर नहीं बचा अब

तुममें और उन पत्थरों की कठोरता में
        जिन्हें तुमने जीता है—
जब तुम अपने मस्तक पर बर्फ़ का पहला
        तूफ़ान झेलोगे
        और काँपोगे नहीं—
तब तुम पाओगे कि कोई फ़र्क़ नहीं
सब कुछ जीत लेने में
और अन्त तक हिम्मत न हारने में।

लापता का हुलिया

रंग गेहुँआ ढंग खेतिहर,
उसके माथे पर चोट का निशान
क़द पाँच फुट से कम नहीं
ऐसी बात करता है कि उसे कोई ग़म नहीं।
तुतलाता है।
उम्र पूछो तो हज़ारों साल से कुछ ज़्यादा बतलाता है।
देखने में पागल-सा लगता—है नहीं।
कई बार ऊँचाइयों से गिर कर टूट चुका है

इसलिए देखने पर जुड़ा हुआ लगेगा
हिन्दुस्तान के नक़्शे की तरह।

वह कभी नहीं सोया

वह जगह
जहाँ से मेरे मन में यह द्विविधा आयी
कि अब यह खोज हमें आगे नहीं बढ़ा पा रही
मेरे घर के बिल्कुल पास ही थी।

वह घाटी नहीं तलहटी थी
जिसे हमने खोद निकाला था—
और जिसे खोद निकालने की धुन में
हम सैकड़ों साल पीछे गड़ते चले जा रहे थे
इतनी दूर और इतने गहरे
कि अब हमारी खोज में हमें ही खोज पाना मुश्किल था।

शायद वहीं एक सभ्यता का अतीत हमसे विदा हुआ था
जहाँ साँस लेने में पहली बार मुझे
दिक़्क़त महसूस हुई थी
और मैं बेतहाशा भागा था
उस ज़रा-से दिखते आसमान, वर्तमान और खुली हवा की ओर
जो धीरे-धीरे मुँदते चले जा रहे थे।

एक खोज कहाँ से शुरू होती और कहाँ समाप्त
इतना जान लेने के बाद क्या है और क्या नहीं
यहीं से शुरू होती आदमी की खोज,

उसकी रोज़मर्रा कोशिश
कि वह कैसे ज़िन्दा रहे उन तमाम लड़ाइयों के बीच
जो उसकी नहीं—जो उसके लिए भी नहीं—जिनमें
वह न योद्धा कहलाए न कायर,
केवल अपना फ़र्ज़ अदा करता चला जाए
ईमानदारी से
और फिर भी अपने ही घर की दीवारों में वह
ज़िन्दा न चुनवा दिया जाए।

वह अचानक ही मिल गया।
कुछ निजी कारणों से उसने
अपना नाम नहीं केवल नम्बर बताया।
इतिहास देख कर जब वह वर्षों ऊब गया
उसने अपने लिए क़ब्रनुमा एक कमरा बनाया
और एक बहुत भारी पत्थर को ओढ़ कर सो गया।

वह फिर कभी नहीं जागा, यद्यपि उसे देख कर लगता था
कि वह कभी नहीं सोया था। उस ठंडी सीली जगह में
उसकी अपलक आँखों का अमानुषिक दबाव, उसकी आकृति,
उसकी व्यवहारहीन भाषा—कुछ संकेत भर शेष थे
कि वह पत्थर नहीं आदमी था
और हज़ारों साल से
आदमी की तरह ज़िन्दा रहने की कोशिश कर रहा था।

सन्नाटा या शोर

कितना अजीब है
अपने ही सिरहाने बैठ कर
अपने को गहरी नींद में सोते हुए देखना।
यह रोशनी नहीं
मेरा घर जल रहा है।
मेरे ज़ख़्मी पाँवों को एक लम्बा रास्ता
निगल रहा है।
मेरी आँखें नावों की तरह
एक अँधेरे महासागर को पार कर रही हैं।
यह पत्थर नहीं
मेरी चकनाचूर शक़्ल का एक टुकड़ा है।
मेरे धड़ का पदस्थल
उसके नीचे गड़ा है।
मेरा मुँह एक बन्द तहख़ाना है। मेरे अन्दर
शब्दों का एक गुम ख़ज़ाना है। बाहर
एक भारी पत्थर के नीचे दबे पड़े
किसी वैतालिक अक़्लदान में चाभियों की तरह
मेरी कटी उँगलियों के टुकड़े।
क्या मैं अपना मुँह खोल पा रहा हूँ?
क्या मैं कुछ भी बोल पा रहा हूँ?
लगातार साँय... साँय... मुझमें यह
सन्नाटा गूँजता है कि शोर?

इन आहटों और घबराहटों के पीछे
कोई हमदर्द है कि चोर?
लगता है मेरे कानों के बीच एक पाताल है
जिसमें मैं लगातार गिरता चला जा रहा हूँ
मेरी बायीं तरफ़
क्या मेरा बायाँ हाथ है?
मेरा दाहिना हाथ
क्या मेरे ही साथ है?
या मेरे हाथों के बल्लों से
मेरे ही सिर को
गेंद की तरह खेला जा रहा है?
मैं जो कुछ भी कर पा रहा हूँ
वह विष्ठा है या विचार?
मैं दो पाँवों पर खड़ा हूँ या चार?
क्या मैं ख़ुशबू और बदबू में फ़र्क़ कर पा रहा हूँ?
क्या वह सबसे ऊँची नाक मेरी ही है
जिसकी सीध में
मैं सीधा चला जा रहा हूँ?

इन्तिज़ाम

कल फिर एक हत्या हुई
अजीब परिस्थितियों में।

मैं अस्पताल गया
लेकिन वह जगह अस्पताल नहीं थी
वहाँ मैं डाक्टर से मिला
लेकिन वह आदमी डाक्टर नहीं था।
उसने नर्स ने कुछ कहा
लेकिन वह स्त्री नर्स नहीं थी।
फिर वे आपरेशन-रूम में गये
लेकिन वह जगह आपरेशन-रूम नहीं थी।
वहाँ बेहोश करनेवाला डाक्टर
पहले ही से मौजूद था—मगर वह भी
दरअसल कोई और था।

फिर वहाँ एक अधमरा बच्चा लाया गया
जो बीमार नहीं, भूखा था।

डाक्टर ने मेज़ पर से
आपरेशन का चाकू उठाया
मगर वह चाकू नहीं
ज़ंग लगा भयानक छुरा था।

छुरे को बच्चे के पेट में भोंकते हुए उसने कहा—
अब वह बिलकुल ठीक हो जाएगा।

अपने बजाय

रफ़्तार से जीते
दृश्यों की लीलाप्रद दूरी को लाँघते हुए : या
एक ही कमरे में उड़ते-टूटते लथपथ
दीवारों के बीच
अपने को रोक कर सोचता जब

तेज़ से तेज़तर के बीच समय में
किसी दुनियादार आदमी की दुनिया से
हटा कर ध्यान
किसी ध्यान देनेवाली बात को,
तब ज़रूरी लगता है ज़िन्दा रखना
उस नैतिक अकेलेपन को
जिसमें बन्द हो कर
प्रार्थना की जाती है
या अपने से सच कहा जाता है
अपने से भागते रहने के बजाय।

मैं जानता हूँ किसी को कानोंकान ख़बर
न होगी
यदि टूट जाने दूँ उस नाज़ुक रिश्ते को
जिसने मुझे मेरी ही गवाही से बाँध रखा है,
और किसी बातूनी मौक़े का फ़ायदा उठा कर

लगभग दस बजे रोज़

लगभग दस बजे रोज़
वही घटना
फिर घटती है।
वही लोग
उसी तरह
अपने बीवी-बच्चों को अकेला छोड़ कर
घरों से बाहर निकल आते हैं। मगर
भूकम्प नहीं आता।
शाम होते-होते
वही लोग
उन्हीं घरों में
वापस लौट आते हैं,
शामत के मारे
थके-हारे।

मैं जानता हूँ
भूकम्प इस तरह नहीं आएगा। इस तरह
कुछ नहीं होगा।
ये लोग किसी और वजह से डरे हुए हैं।
ये सब बार-बार
उसी एक पहुँचे हुए नतीजे पर पहुँच कर
रह जाएँगे कि झूठ एक कला है, और
हर आदमी कलाकार है जो यथार्थ को नहीं

अपने यथार्थ को
कोई न कोई अर्थ देने की कोशिश में पागल है!

कभी-कभी शाम को घर लौटते समय
मेरे मन में एक अमूर्त कला के भयानक संकेत
आसमान से फट पड़ते हैं—जैसे किसी ने
तमाम बदरंग लोगों और चीज़ों को इकट्ठा पीस कर
किसी सपाट जगह पर लीप दिया हो
और रक्त के सरासर जोख़िम के विरुद्ध
आदमी के तमाम दबे हुए रंग
ख़ुद-ब-ख़ुद उभर आये हों।

जब आदमी 'आदमी' नहीं रह पाता

दरअसल मैं वह आदमी नहीं हूँ जिसे आपने
ज़मीन पर छटपटाते हुए देखा था।
आपने मुझे भागते हुए देखा होगा
दर्द से हमदर्द की ओर।
वक़्त बुरा हो तो आदमी आदमी नहीं रह पाता। वह भी
मेरी ही और आपकी तरह आदमी रहा होगा। लेकिन
आपको यक़ीन दिलाता हूँ
वह मेरा कोई नहीं था, जिसे आपने भी
अँधेरे में मदद के लिए चिल्ला-चिल्ला कर
दम तोड़ते सुना था।

शायद उसी मुश्किल वक़्त में
जब मैं एक डरे हुए जानवर की तरह
उसे अकेला छोड़ कर बच निकला था ख़तरे से सुरक्षा की ओर,
वह एक फँसे हुए जानवर की तरह
ख़ूँख़्वार हो गया था।

फ़ौजी तैयारी

हज़ारों साल से उसी एक पिटते हुए आदमी को
उसी एक पिटे हुए सवाल की तरह
उसी से पूछा जा रहा है
"तुम कौन हो?
कहाँ रहते हो?
तुम्हारा नाम क्या है?"

किसी आठ अचल कोनोंवाली कोठरी में
गश्त लगाता क़ैदी
एक साथ तीन पहरेदारों को क़ैद किये है।

बाहर
चुम्बक की अदृश्य रेखाओं की तरह फैला है
सींकचों का पकड़िया जंगल।

और यह एक ज़बरदस्त फौजी इन्तज़ाम की
क़ामयाबी का पक्का सबूत है
कि बन्दूक हाथ में लेते ही
हमें चारों तरफ़ दुश्मनों के सिर
अपने आप नज़र आने लगते।

समुद्र की मछली

बस वहीं से लौट आया हूँ हमेशा
अपने को अधूरा छोड़ कर
जहाँ झूठ है, अन्याय है, कायरता है, मूर्खता है—
प्रत्येक वाक्य को बीच ही में तोड़-मरोड़ कर,
प्रत्येक शब्द को अकेला छोड़कर,
वापस अपनी ही बेमुरौव्वत पीड़ा के
एकांगी अनुशासन में
किसी तरह पुनः आरम्भ होने के लिए

अख़बारी अक्षरों के बीच छपे
अनेक चेहरों में एक फक् चेहरा
अपराधी की तरह पकड़ा जाता रहा बार-बार
अद्‌भुत कुछ जीने की चोर-कोशिश में :

लेकिन हर सज़ा के बाद वह कुछ और पोढ़ा होता गया,
वहीं से उगता रहा जहाँ से तोड़ा गया,
उसी बेरहम दुनिया की गड़बड़ रौनक में
गुंजाइश ढूँढ़ता रहा बेहयाई से जीने की। किसी तरह
बची उम्र खींच कर दोहरा ले
एक से दो और दो से कई गुना, या फिर
घेर कर अपने को किसी नये विस्तार से
इतना छोटा कर ले जैसे मछली
और इस तरह शुरू हो फिर कोई दूसरा समुद्र....

आदमी अध्यवसायी था

'आदमी अध्यवसायी था' अगर
इतने ही की जयन्ती मनाकर
सी दी गयी उसकी दृष्टि
उसके ही स्वप्न की जड़ों से। न उगने पायीं
उसकी कोशिशें। बेलोच पत्थरों के मुक़ाबले
कटकर रह गये उसके हाथ

तो कौन संस्कार देगा
उन सारे औज़ारों को
जो पत्थरों से ज़्यादा उसको तराशते रहे।
चोटें जिनकी पाशविक खरोंच और घावों को
अपने ऊपर झेलता
और वापस करता विनम्र कर
ताकि एक रूखी कठोरता की
भीतरी सुन्दरता किसी तरह बाहर आये।

उसको छूती आँखों का अधैर्य कि वह पारस क्यों नहीं
जो छूते ही चीज़ों को सोना कर दे? क्यों खोजना पड़ता है
मिथकों में, वक्रोक्तियों में, श्लेषों में, रूपकों में
झूठ के उलटी तरफ़ क्यों इतना रास्ता चलना पड़ता है
एक साधारण सचाई तक भी पहुँच पाने के लिए?

एक अजीब दिन

आज सारे दिन बाहर घूमता रहा
और कोई दुर्घटना नहीं हुई।
आज सारे दिन लोगों से मिलता रहा
और कहीं अपमानित नहीं हुआ।
आज सारे दिन सच बोलता रहा
और किसी ने बुरा न माना।
आज सबका यक़ीन किया
और कहीं धोखा नहीं खाया।

और सबसे बड़ा चमत्कार तो यह
कि घर लौट कर मैंने किसी और को नहीं
अपने ही को लौटा हुआ पाया।

घबराहट

आसमान चट्टान-सा बोझिल,
जगह जगह रोशनी के बिल,
और एक धड़कता हुआ छोटा-सा दिल...

फ़र्श पर ख़ून के ताज़े निशान
खिड़की पर मुँह रख कर झाँक रहा बियाबान
आँखों पर पड़ी हुई अँधेरे की सिल्लियाँ
बाहर बरामदे में लड़ती हुई बिल्लियाँ।

पूर्व से हवा का एक तेज़ झोंका।
सहमा हुआ आसपास चौंका।
हवा घर से होकर कुछ इस तरह निकली
गोया कि पूरे मकान ने एक गहरी साँस ली।

साँपों की तरह काले बादल छाने लगे,
तारों को बीन कर खाने लगे।

बिजली की एक चमक
फिर एक धमक
इतनी भयानक
जैसे मीलों तक
बादल नहीं शीशे का एक समुद्र लटका हो
जो किसी पहाड़ से टकरा कर अभी अभी चिटका हो।

बेतहाशा चारों ओर
पानी गिरने का शोर।
एकाएक मुझे कुछ ऐसा एहसास हुआ
जैसे किसी ने आहिस्ता से साँकल को छुआ :
और एक अपरिचित आवाज़ ने पुकारा...

मैं चुप रहा।
दुबारा
तिबारा
एक अज्ञात भय यह कहता रहा कि दरवाज़ा न खोलूँ :
इसी में ख़ैरियत है कि चुप पड़ा रहूँ—न बोलूँ।
क्या पता आदमी ऊपर से ठीक-ठाक हो
लेकिन अन्दर से भेड़िये-सा ख़तरनाक हो!

मैं दम साधे पड़ा रहा :
आगन्तुक पानी में खड़ा रहा।
मैं चाहता था वह हार कर चला जाय :
दरवाज़े से किसी तरह आयी हुई बला जाय!

अब बिल्कुल शान्ति थी
लेकिन, मन में एक अजीब क्रान्ति थी!
आदमी के वेश में जानवर
इससे ज़्यादा घातक—यह डर!!

सारी परिस्थिति की एक और भी सूरत थी—
शायद उस आदमी को मदद की ज़रूरत थी।

एक स्थापना

आज नहीं,
अपने वर्षों बाद शायद पा सकूँ
वह विशेष संवेदना जिसमें उचित हूँ।
मुझे सोचता हुआ कोई इनसान,
मुझे प्यार करती हुई कोई स्त्री,
जब मुझे समझेंगे—ताना नहीं देंगे;
जब मैं उन्हें नहीं—वे मुझे पाएँगे,
तब मुझे जीवन मिलेगा...
तब तक अपरिचित हूँ।

जब मैं नहीं
यह सब जो लिख रहा हूँ—
होगा—साक्षी—
कि मैंने जीने का प्रयत्न किया,
अजीब लोगों के बीच
जो मुझे अजीब समझते रहे,
लांछित और अपमानित लोग
जो मुझे ग़रीब समझते रहे,
मैंने अनष्ट रखा—
अपने को पाया, सिद्ध किया और दे गया।
जब मैं नहीं
मेरी ओर से कोई स्थापित करेगा मेरे वर्षों बाद
कि आज भी कहीं जीवन था—

क्योंकि केवल पहियों और पंखों वाली इस बे-सिर-पैर
की सभ्यता में
दफ़्तरों, दुकानों और कारख़ानों से अस्वीकृत हो कर भी
मैंने जीना पसन्द किया!

विरासत

कौन कब तक बन सकेगा कवच मेरा?
युद्ध मेरा, मुझे लड़ना
इस महाजीवन समर में अन्त तक कटि-बद्ध :

मेरे ही लिए यह व्यूह घेरा,
मुझे हर आघात सहना,
गर्भ-निश्चित मैं नया अभिमन्यु, पैतृक-युद्ध!

गंगाजल

फूट कर समृद्धि की स्रोत स्वर्णधारा से
छलकी
गंगा बही धर्मशील,
सूर्य स्थान था
जहाँ से मानव स्वरूप
कोई धर्मावतार
रत्नजटित, आभूषित, स्वयं घटित,
हिम के धवल शृंगों पर
आदिम आश्चर्य बना :

जनता का शक्ति धन
साधन धनवानों का...
उसी चकाचौंध में सज्जनता छली गयी,
धर्म धाक,
भोला गजराज चतुर अंकुश से आतंकित
अहंहीन दास बना,
शक्ति के ज्ञान की क्षमता भी चली गयी :

ऐ मुक्त वन-विहारी!
गर्दन ऊँची करो,
गंगा का दानी जल
लोक हित बहता है,
वंशज भगीरथ के,

उसका कल-कल निनाद
जन-वाणी कहता है,
आओ, शक्ति बाँध
कमल वन के इसी क्रीड़ा-जल में...
अछूती गहराइयों में उतरें...
अवगुंठित बल से इस धाराप्रवाह में
भयविहीन
विहरें,
देखें तो जीवन की दुर्दम दुखकारा में
सचमुच ही कौन दैत्य
सदियों से रहता है।

स्वयं की अभिव्यक्तियाँ

क्या यही हूँ मैं!
अँधेरे में किसी संकेत को पहिचानता-सा?
चेतना के पूर्व सम्बन्धित किसी उद्‌देश्य को
भावी किसी सम्भावना से बाँधता-सा?

स्याह अम्बर में छिपी आलोक की गंगा कहीं
हर रात तारों से टपकती अनवरत,
नींद के परिवेश में भी सजग रहती
चेतना की, स्वप्न बन, कोई परत :

कौन तमग्राही कठिन बेहोशियों में
भोर का सन्देश भर जाता?
कौन मिट्टी का अँधेरा गुदगुदा कर
फूल के दीपक जलाता?

क्या यही हूँ मैं!
उजागर इस क्षितिज से उस क्षितिज तक जागता-सा?
एक क्षण की सिद्ध, प्रामाणिक, परिष्कृत चेतना से
युग युगों को माँजता-सा?

चक्रव्यूह

युद्ध की प्रतिध्वनि जगा कर
जो हज़ारों बार दुहराई गयी,
रक्त की विरुदावली कुछ और रँग कर
लोरियों के संग जो गाई गयी,—
उसी इतिहास की स्मृति,
उसी संसार में लौटे हुए,
ओ योद्धा, तुम कौन हो?

मैं नवागत वह अजित अभिमन्यु हूँ
प्रारब्ध जिसका गर्भ ही से हो चुका निश्चित,
अपरिचित ज़िन्दगी के व्यूह में फेंका हुआ उन्माद,
बाँधी पंक्तियों को तोड़
क्रमशः लक्ष्य तक बढ़ता हुआ जयनाद :

मेरे हाथ में टूटा हुआ पहिया,
पिघलती आग-सी सन्ध्या,
बदन पर एक फूटा कवच,
सारी देह क्षत-विक्षत,
धरती—ख़ून में ज्यों सनी लथपथ लाश,
सिर पर गिद्ध-सा मँडला रहा आकाश...

मैं बलिदान इस संघर्ष में
कटु व्यंग्य हूँ उस तर्क पर

जो ज़िन्दगी के नाम पर हारा गया,
आहूत हर युद्धाग्नि में
वह जीव हूँ निष्पाप
जिसको पूज कर मारा गया,
वह शीश जिसका रक्त सदियों तक बहा,
वह दर्द जिसको बेगुनाहों ने सहा।

यह महासंग्राम,
युग-युग से चला आता महाभारत,
हज़ारों युद्ध, उपदेशों, उपाख्यानों, कथाओं में
छिपा वह पृष्ठ मेरा है
जहाँ सदियों पुराना व्यूह, जो दुर्भेद्य था, टूटा,
जहाँ अभिमन्यु कोई भयों के आतंक से छूटा :
जहाँ उसने विजय के चन्द घातक पलों में जाना
कि छल के लिए उद्यत व्यूह-रक्षक वीर कायर हैं,
—जिन्होंने पक्ष अपना सत्य से ज़्यादा बड़ा माना—
जहाँ तक पहुँच उसने मृत्यु के निष्पक्ष, समयातीत घेरे में
घिरे अस्तित्व का हर पक्ष पहिचाना।

नाज़िम हिकमत के साथ—1955

वे मास्को से वारसा आये थे
तुर्की के कठोर जेल-जीवन की थकान
अभी ताज़ा थी उनके चेहरे पर

याद आता एक रेस्त्राँ
किसी गिरजाघर के नज़दीक जो अब
एक रहस्य की तरह चुप है,
लेखकों का जमावड़ा
जहाँ पहली बार और फिर कई बार
हिकमत से मिला था :

याद है उनके भारी, खुरदुरे, किसानी हाथ
मेरे घुटनों पर—हाथों पर—
जब वे उत्साहित हो कर
समझाते थे कोई बात...

सारी बातें याद नहीं
लेकिन अच्छी तरह याद है
एक कवि का व्यक्तित्व
जिसने अपनी अदम्य जिजीविषा से
भर दिया था कभी
एक कवि का शुरुआती जीवन।

वक़्त बदलता—दृश्य बदलते—जगहें बदलतीं—

लेकिन बहुत नहीं बदलतीं
एक कवि होने की वजहें
उसकी चिन्ताएँ,
किसी अधूरी-सी भेंट की याद
जीवन को अधिक सम्पूर्ण बनाती हुई...।

पाब्लो नेरूदा से एक भेंट— वारसा-1955

ध्यान से देख रहा हूँ
वारसा के ब्रिस्टल होटल में उस जगह को
जो अब पचास वर्षों बाद
बिलकुल बदल गयी है।

तब वह होटल
एक तबाह नगर का
बचा-खुचा वैभव था।

सामने कुर्सी पर बैठा
चाय पी रहा वह व्यक्ति
कहीं वही तो नहीं?

हिम्मत की,
पास जा कर हिचकते हुए पूछा—
"आप वही तो नहीं?
जो चाहता है कि पूरी पृथ्वी
एक आवास हो सबका
जिसमें हर कोई रह सके
सकुशल और निशंक?"

एक दबी मुस्कान से
चमक उठा था नेरूदा का चेहरा—

"बैठो, एक प्याला चाय पियो मेरे साथ :
क्या करते हो? कौन हो? कहाँ रहते हो?"

"पढ़ता लिखता हूँ :
भारतीय हूँ...।"

कुछ देर के लिए वे
डूब गये थे अपने में।
क्या सोच रहे थे वे—
'फ़क़ीर दार्शनिकों का देश?...'
बोले—"ओह, गाँधी का देश!"

हमारे बीच एक मेज़ थी
और चाय के दो प्याले

बहुत-सी बातें हुईं...

उन्हें घर लौटने के लिए
एक उड़ान पकड़नी थी।

भारत लौटते हुए
एक उड़ान की ऊँचाई से
देख रहा था मैं भी
नीचे बिछी पृथ्वी पर छोटे-छोटे घरों को
दूर-दूर तक फैले
एक-से यथार्थ को...

मैं नेरूदा से मिला था
आधी सदी पहले
एक युद्धाहत नगर में
जो तेज़ी से लौट रहा था
जीवन की ओर।

एक चीनी कवि-मित्र द्वारा बनाये अपने रेखाचित्र को सोचते हुए

यह मेरे एक चीनी कवि-मित्र का
झटपट बनाया हुआ
रेखाचित्र है

मुझे नहीं मालूम था कि मैं
रेखांकित किया जा रहा हूँ

मैं कुछ सुन रहा था
कुछ देख रहा था
कुछ सोच रहा था

उसी समय में
रेखाओं के माध्यम से
मुझे भी कोई
देख सुन और सोच रहा था।
रेखाओं में एक कौतुक है
जिससे एक काग़ज़ी व्योम खेल रहा है।

उसमें कल्पना का रंग भरते ही
चित्र बदल जाता है
किसी अनाम यात्री की

ऊबड़-खाबड़ यात्राओं में।

शायद मैं विभिन्न देशों को जोड़नेवाले
किसी 'रेशम-मार्ग' पर भटक रहा था।

सन्दर्भ : 'गुएर्निका'

("मैं जो सोचता हूँ उसे चित्रित करता हूँ,
केवल उसे नहीं जो देखता हूँ।"—पिकासो)

मुश्किल होता है
एक कुचली हुई शक़्ल का
चित्र में पुनर्वास ठीक वैसा ही
जैसा वह पहले था,
टूटे-फूटे को टुकड़ा-टुकड़ा जोड़ कर
फिर वैसा ही रचना जैसा वह था।

इससे बेहतर है ध्वस्त को ढहा कर
उसके मलबे से
नया कुछ बनाना...

एक आँख बची थी
उसमें कुछ रोशनी
रोशनी में कुछ जीवन-संकेत,

होठों से चिपके दाँतों में
चिपकी थी अभी तक एक हँसी
बच्चे-सी
चेहरे के चिथड़ा भूगोल में
खिड़कियों की तरह खुले

दो कानों के बीच
दस फ़ीसदी मस्तिष्क की स्थिति
चिन्ताजनक थी,

नाक को खींच कर सीधा किया जा सकता था
जीभ की लम्बाई तक
लेकिन ऊँचा नहीं,

बाक़ी जिस्म
सिर के नीचे का वह तहस-नहस ढाँचा था
जिसे वहीं-का-वहीं लगाने के बजाय
कहीं-का-कहीं लगाया जा सकता था।

कुल मिला कर
जो एक अन्देशे का चित्र उभरता
वह एक आदमी का भी हो सकता है
और दुनिया का भी।

नीरो का संगीत-प्रेम

कहते हैं कि रोमन सम्राट नीरो
संगीत का प्रेमी था

बेला बजाता था
और अपने को दुनिया का
बेजोड़ बेलाकार समझता था।

एक दिन उसके सिपाही
एक ऐसे गायक को पकड़ कर
उसके सामने लाये
जिसे लोग देश का
सब से बड़ा गायक मानते थे।

सिपाहियों ने भाले से
उसे कुरेदते हुए सम्राट के सामने गाने को कहा
लेकिन गायक इतना भयभीत था
कि उसके गले से आवाज़ ही न निकली

इस पर उसे यातना दी जाने लगी
और वह दर्द से चीख़ने लगा।

सम्राट को उसका चीख़ना सुरीला लगा,
अपनी बेला पर वह

ऐसा एक भी आर्तनाद कभी नहीं निकाल सका था!

हुक़्म हुआ कि उसे क़ैद में रखा जाए
ताकि वह भाग न जाए,

और रोज़ उसे
उस समय नीरो के सामने ला कर
यातना दी जाए
जब वह अपनी बेला पर अभ्यास करता हो।

धीरे-धीरे गायक अपना गायन भूल गया,
उसे केवल रुदन याद रहा।

बादशाह को ख़ुश करने के लिए
उसके सिपाही गायक को
रोज़ नयी-नयी यातनाओं से तड़पाते...

कला और दर्द के बीच रिश्ते को
समझने का
नीरो का यह अपना तरीक़ा था!

शाहनामा

बादशाह का हुक़्म था
कि शाहनामा लिख,
वरना ख़ैरियत इसी में है
कि इब्ने-सिना की तरह
महमूद की ग़ज़नी में न दिख!

खुशक़िस्मत था फ़िरदौसी
कि बादशाह को
पसन्द न आया उसका 'शाहनामा'

वरना मुमकिन है क़लम कर दिये जाते
उसके हाथ ताकि वह
दूसरा शाहनामा न लिख सके...

अतीत के गली-कूचों में

शाही महलों से दूर
इतिहास के गली-कूचों में भटकती है
एक आवारा सनक
कि इन्हीं में कहीं रहते हैं आज भी
ग़ालिब और मीर,
कि हाथ में लिए लकुटिया
बीच बजार में खड़ा वह अधनंगा फ़क़ीर
हो सकता है कबीर,
कि सीकरी से दूर
किसी नदी के घाट पर
हो सकती है किसी
तुलसी या सूर की कुटिया...

ऊँची-ऊँची अट्टालिकाओं
और लक़दक़ शहरों के ऊपर से
अचानक गुज़र जाता है
एक लश्कर
हवाई जहाज़ की तेज़ी से।

ट्यूनीशिया का कुआँ

ट्यूनीशिया में एक कुआँ है
कहते हैं उसका पानी
धरती के अन्दर-ही-अन्दर
उस पवित्र कुएँ से जुड़ा है
जो मक्का में है।

मैंने तो यह भी सुना है
कि धरती के अन्दर-ही-अन्दर
हर कुएँ का पानी
हर कुएँ से जुड़ा है।

तुलसीदास–रत्नावली प्रसंग

अच्छा किया तुमने
अन्दर से बन्द कर लिये किवाड़
और मुझे निकल जाने दिया था
बन्द दरवाज़ों की अवज्ञा से
बहुत आगे

बेहद उदास और थकानेवाला था
विरक्ति का वह लम्बा रास्ता
जिस पर चलते हुए अकेले
एक दिन पाया था मैंने
उस अकेलेपन का वह दूसरा अर्थ
जिसमें इतना कवित्व था!

क़ुतुब का परिसर

वैसे तो बिल्कुल स्पष्ट और क्रमानुसार थीं
सारी बातें मेरे दिमाग़ में
कि हर शहर की होती हैं
अपनी प्राचीनताएँ और आधुनिकताएँ
अपने चौक-चौराहे आमोख़ास सड़कें
लड़कियाँ और लड़के
नदी पुल बाग़ बगीचे
दिक़्क़तें और सुविधाएँ
सामान्यताएँ और विशेषताएँ
उसके क़िले महल
अजायबघर कलाभवन प्रेक्षालय
उसके लेखकों कलाकारों महानायकों
और शहीदों की अमरकथाएँ
उनके महाकाव्य, फ़ौजें, जहाज़ी और हवाई बेड़े।

बिल्कुल साफ़ था मेरे दिमाग़ में
हर शहर के भूगोल और इतिहास का नक़्शा

कि एक दिन
लखनऊ या शायद क्राकाउ के चिड़ियाघर में
घूमते हुए घूमने लगा मेरे दिमाग़ में
पूरी दुनिया का नक़्शा
और आदमी का पूरा इतिहास...

किस समय में हूँ?
कहाँ से आया हूँ? किस शहर में हूँ?

काफ़्का के प्राहा में
22 नम्बर 'स्वर्ण-गली' के एक छोटे-से कमरे में?
या वेनिस की गलियों में?
या बल्लीमारान में?
हैब्सबर्ग्ज़ के भव्य महलों में हूँ?
या वावेल-दुर्ग में? या लाल क़िले के दीवाने-ख़ास में?

वापस लौटा तो देखा
हुमायूँ के मक़बरे या शायद क़ुतुब के परिसर में खड़ी
अमीर ख़ुसरो की एक नयी पहेली
जोड़ रही थी
कलाओं की वंशावली में एक और कड़ी।

काफ़्का के प्राहा में

एक उपस्थिति से कहीं ज़्यादा उपस्थित
हो सकती है कभी-कभी उसकी अनुपस्थिति

एक वर्तमान से ज़्यादा जानदार
और शानदार हो सकता है उसका अतीत

एक शहर की व्यस्त दैनन्दिनी से
अधिक पठनीय हो सकते हैं
उसकी डायरी के पुराने पन्ने

एक अपरिचित भीड़ में भटकने से
ज़्यादा रोमांचक हो सकती है
उसकी प्राचीनताओं में बसी
सदियों पुरानी आत्माओं की आवभगत

बाज़ार की चौंधिया देनेवाली जगमगाहट के बीच
अचानक संगीत की एक उदास ध्वनि में
हम पा सकते हैं
उसके वैभव की एक ज़्यादा सच्ची पहचान

कभी-कभी एक ज़िन्दगी से
ज़्यादा अर्थपूर्ण हो सकती हैं
उस पर टिप्पणियाँ

एक प्रेम से ज़्यादा मधुर हो सकती हैं
उसकी स्मृतियाँ

एक पूरी सभ्यता की वीरगाथाओं से
कहीं अधिक सारगर्भित हो सकती है
एक स्मारक की संक्षिप्त भाषा।

क्राकाउ के चिड़ियाघर में

वैसे तो वह एक शानदार
विदेशी चिड़ियाघर में रहता है

लेकिन बिल्कुल अकेला हो गया है इन दिनों
जब से उसकी हथिनी नहीं रही

दिन-दिन भर चक्कर लगाता रहता
पागलों की तरह अपने बाड़े में।

उत्सुकता होती कि जानूँ
क्या कुछ चल रहा है उसके अन्दर-अन्दर।

उसकी गीली आँखों से लगता
वह एक कवि है,
सूँड़ से लगता कि वैज्ञानिक है,
माथे से लगता कि विचारक है,
कानों से लगता कि ज्ञानी है,

इतना ही होता
तो वह लिपिक होता महाभारत का

लेकिन एक उदासी में डूबा
कितना मनुष्य लगता है
एक हाथी भी।

समय संगतराश

हम यहाँ तक पहुँचे कहते हैं मील के पत्थर।
हम यहाँ तक पहुँचे कहती हैं स्मृति-शिलाएँ।
हम यहाँ तक पहुँचे कहते हैं शिलालेख।
हम यहाँ तक पहुँचे कहतीं देव-प्रतिमाएँ।

क़िलों में गढ़े
मक़बरों में चुने
महलों में ढले
मन्दिरों में सजे
कारागृहों में क़ैद

हम पीछे मुड़ कर देखते
पत्थर हो गयी रहस्य-कथाएँ

हम आगे बढ़ कर देखते समय की मेज़ पर
रखी हुईं अनगढ़ शिलाएँ।

जिसे बहुत पहले आना था

न जाने कब से बन्द
एक दिन इस तरह खुला घर का दरवाज़ा
जैसे गर्द से ढँकी
एक पुरानी किताब

प्रवेश किया घर में
जैसे अपने पन्नों में लौटी हो
एक कहानी अपने नायक के साथ
छान कर दुनिया भर की ख़ाक

घर की दीवारों को दी नयी व्यवस्था
इससे शायद बदले कुछ
हमारी कहानी
या कहानियाँ कहने का अन्दाज़

सोचते-सोचते सो गया था एक गहरी नींद
जैसे अब सुबह न होगी
कि एक आहट से खुल गयीं आँखें,
जैसे वही हो दरवाज़े पर
बरसों बाद
जिसे बहुत पहले आना था।

अमीर ख़ुसरो

हाँ ग़यास, दिल्ली के इसी डगमगाते तख़्त पर
एक नहीं ग्यारह बादशाहों को
बनते और उजड़ते देखा है।
ऊब गया हूँ इस शाही खेल तमाशे से
यह 'तुग़लकनामा'—बस, अब और नहीं।
बाकी ज़िन्दगी मुझे जीने दो
सुल्तानों के हुक़्म की तरह नहीं
एक कवि के ख़यालात की तरह आज़ाद
एक पद्मिनी के सौन्दर्य की तरह स्वाभिमानी
एक देवलरानी के प्यार की तरह मासूम
एक गोपालनायक के संगीत की तरह उदात्त
और एक निज़ामुद्दीन औलिया की तरह पाक।

ग़यास एक स्वप्न देखता है, "अब्बाजान
उस संगीत में तो आपकी जीत हुई थी?"

"नहीं बेटा, हम दोनों हार गये थे।
दरबार जीता था।
मैंने बनाये थे जो क़ानून
उसमें सिर्फ़ मेरी ही जीत की गुंजाइश थी।
मैं ही जीतूँ
यह मेरी नहीं आलमपनाह की ख़्वाहिश थी"
ख़ुसरो जानता है अपने दिल में

उस दिन भी सुल्तानी आतंक ही जीता था
अपनी महफ़िल में।

भूल जाना मेरे बच्चे कि ख़ुसरो दरबारी था।
वह एक ख़्वाब था—
जो कभी संगीत
कभी कविता
कभी भाषा
कभी दर्शन से बनता था
वह एक नृशंस युग की सबसे जटिल पहेली था
जिसे सात बादशाहों ने बूझने की कोशिश की!

ख़ुसरो एक रहस्य था
जो एक गीत गुनगुनाते हुए
इतिहास की एक बहुत कठिन डगर से गुज़र गया था।

चन्द्रगुप्त मौर्य

अब सुलह कर लो
उस पारदर्शी दुश्मन की सीमाहीनता से
जिसने तुम्हें
तुम्हारे ही गढ़ में घेर लिया है

कहाँ तक लड़ोगे
ऐश्वर्य की उस धँसती हुई
विवादास्पद ज़मीन के लिए
जो तुम्हारे पाँवों के नीचे से खिसक रही?

अपनी स्वायत्तता के अधिकारों को त्यागते ही
तुम्हारे शरीर पर जकड़ी ज़ंजीरें
शिथिल पड़ जाएँगी। तुम अनुभव करोगे
एक अजीब-सा हल्कापन।
उस शक्ति-अधिग्रहण को स्वीकार करते ही
तुम्हें प्रदान किया जाएगा
मैत्री का एक ढीला चोला
एक कुशा-मुकुट
सहारे के लिए एक काष्ठ-कोदंड
और तुम्हारे ही साम्राज्य में दूर कहीं
एक छोटा-सा क़िला
जिसके अन्दर ही अन्दर तुम
धीरे-धीरे इस संसार से विरक्त होते चले जाओगे

तुम्हारा पुनर्जन्म होगा सदियों बाद
किसी अनुश्रुति में एक शिलालेख के रूप में

अबकी वर्तमान में नहीं, अतीत में—
जहाँ तुम विदग्ध सम्राटों की सूची में
स्वयं को अंकित पाओगे।

उसे ख़ाली हाथ लौटाने से पहले

क्यों उसे लौट कर आना पड़ता है
बार-बार उसी दुनिया में
लिये वही ख़ाली पात्र?

क्यों उसे लौट जाना पड़ता है
हर बार उसी तरह ख़ाली हाथ?

मुट्ठी भर अन्न डालते हुए
उसके कटोरे में देखें
हमारा दिया
उसकी विनय से छोटा तो नहीं।

मिट्टी के ख़ाली पात्र को नहीं
करुणा से भरी उसकी आँखों को देखें
कि हमारे द्वार पर आया भिक्षुक
कहीं बुद्ध तो नहीं?

एक जन्मदिन जन्मस्थान पर...

क़स्बे की साँझ, बुझे कंडों का धुआँ,
बल्बों की फुन्सियाँ जल उठीं यहाँ वहाँ।
अभी गये साल यहाँ आयी है बिजली—
लेकिन बस एक सड़क छूते हुए निकली :
कुत्ता-लोट सड़कें और कौव्वों की काँव-काँव,
धूल भरे चौराहे पूछ रहे नाम गाँव...

घोड़ी बेच घिर्राऊ रिक्शा ले आये,
इक्का-दिन बीते अब रिक्शा-दिन आये :
एक जून दाल भात, एक जून चना,
भरते पेट घोड़ी का कि भरते पेट अपना :
जान लिये लेती है रिक्शा की खिंचाई,
बाक़ी कमर तोड़ रही बढ़ती महँगाई।

यादों की पगडंडी, खेतों की मेड़-मेड़
कुएँ की जगत पर पीपल का वही पेड़...
पेड़ तले पंडित सियाराम का मदरसा
लगता था तब भी पंडिताइन के घर-सा :
वही अंकगणित और वही वर्णमाला—
चलती है सृष्टिवत् उनकी कार्यशाला :
वह सादा जीवन जो अनायास बीत गया
कितने निर्द्वन्द्व भाव एक युद्ध जीत गया :

रुधे कंठ, भरी आँख, उनका आशीर्वाद—
'कैसे हो बेटे तुम? दिखे बहुत दिनों बाद...'

वही तो चौक है—वही तो बजाजा है—
वैसे ही भीड़भाड़, वैसी ही आ जा है :
गेहूँ की बोरी से टेक लगाये, अधलेटा,
भज्जामल अढ़तिये का सिड़बिल्ला बेटा,
वैसे तो जनमजात तुतला और बैला था
पर इससे क्या होता—रुपयों का थैला था!
नुक्कड़ पर दीख गये बूढ़े इरफ़ान मियाँ,
सब उनको प्यार से कहते हैं, 'बड़े मियाँ'
बाबा के जिगरी दोस्त, गाँव के बुज़ुर्गवार,
झगड़ों मुक़द्दमों में सबके सलाहकार...
मेरे आदाब पर दिल से दुआएँ दीं,
सेहत के बारे में एक दो सलाहें दीं।

बापू की 'बेटा' सुन आँखें भर आयीं
नीम के झरोखों में सिसकी पुरवाई :
'बेटा घर आया है', कहने को होंठ हिले
पर शायद इतना भी कहने को न शब्द मिले!
एक वृक्ष वंचित ज्यों अपनी ही छाया से—
उदासीन होता मन अपनी ही काया से।
ताड़ों पर झूलते पतंग-दिन बचपन के;
बीत रहे बुआ के विधवा-दिन पचपन के।
अम्मा की ऐनक पर बरसों की जमी धूल,
रक्खा रामायण पर गुड़हल का एक फूल :
दोने से निकाल कर प्रसाद दिया मंगल का,
आँखों से प्यार लगा अब छलका तब छलका :
आँचल क्यों बार बार आँखों तक जाता है?
आँसू का खुशियों से यह कैसा नाता है :
कभी उसे वही, कभी बदल गया लगता हूँ,
कभी कुछ दुबला तो कभी थका लगता हूँ—

"ज़रा देर लेट ले—सफ़र की थकान है—"
"ठीक हूँ अम्मा, तू नाहक परेशान है..."
बहन को देख कर अम्मा ने आह भरी—
"छब्बिस की हो गयी इस असाढ़ माधुरी,"
कहने लगीं, आले पर रखते हुए लालटेन,
"दस बीघा खेती है, थोड़ी-बहुत लेनदेन,
तीस की माँग थी, पच्चिस पर माने हैं,
बाक़ी हाल घर का तू खुद ही सब जाने है।
लड़की का भाग्य—कौन जाने क्या होना है—
भरेगी माँग या अभी और रोना है..."

"मुझे नहीं करना है उस घुघ्घू से शादी,
कुछ माने रखती है मेरी भी आज़ादी!
सबको बस एक फ़िक्र रात-दिन सुबह-शाम,
लड़की सयानी हुई, शादी का इन्तज़ाम—
एक रस्म जल्दी-से-जल्दी निबाह दो
लड़की का मतलब है किसी तरह ब्याह दो :
मुझ पर ही रहने दो तुम सब मेरा ज़िम्मा,
पढ़ी-लिखी हूँ मैं भी, कुछ कर सकती हूँ अम्मा..."
कहने को कह डाला, फिर सहसा फूट पड़ी,
बिजली-सी कड़की और वर्षा-सी टूट पड़ी,
सबको डरा कर फिर ख़ुद ही से डर गयी,
घबरायी बिल्ली-सी इधर गयी उधर गयी...

मैंने कहा हँसते हुए, "लगता ये सिरफ़िरी
सचमुच अब छब्बिस की हो गयी माधुरी—
जल्दी यदि तूने कुछ किया नहीं तो अम्मा
अपने सिर ले लेगी दुनिया भर का ज़िम्मा!"

मुझे देख आँखों की बुझती गोधूली में
बाबा ने टटोला कुछ यादों की झोली में—

"हम में से एक को अकेले भी रहना था,
अच्छा है इस दुख को उसे नहीं सहना था..."
और फिर घिर आयी पूर्ववत् उदासी...
बाबा ने इसी साल पूरे किये इक्यासी।

बच्चा अधनींद में 'अम्मा' चिल्ला पड़ता,
अपने ही सपनों से अपना ही भय लड़ता :
सोते में लाँघ गयी शायद बिस्तुइया,
असगुन सोच सिहर गयी भीरुचित्त मैया!

दौड़ रहे भइया किसी डाके की गवाही में,
लेना न देना कुछ, ख़ामख़्वाह तबाही में।
भइया को पुलिस ने बुलाया है थाने,
क्या दुर्गति हो उनकी राम जी जानें!

बोले दरोगा जी, "सोच लो रमेश्वर
दुनिया नहीं चलती है ख़ाली ईमान पर,
होते दो-चार ही गाँधी-से मानव
बाक़ी आम लोग तो न देवता न दानव,
मामूली लोग हम, छोटी-सी ज़िन्दगी,
क्या हमें सफ़ाई और क्या हमें गन्दगी,
हमको तो किसी तरह पापी पेट भरना है
थाने और घर के बीच गुज़र बसर करना है।"

सिर पकड़े सोच रहे हम भी और भइया भी
इस जीवन-दर्शन की यह कैसी चाभी!
थाने से लगा एक घोसी का अहाता
दूध और पानी का सदियों से नाता।
ज्यों ही कमरे से बाहर मुँह निकाला
लिपट गया मुँह भर पर मकड़ी का जाला!
आपे से बाहर हो भइया चिल्लाये—
"ऐसी गवाही से बेहतर है मर जाए!"

"भइया, इस गुस्से की नैतिक औक़ात से
कहाँ-कहाँ भिड़िएगा? किस-किस की बात से?
आँखें मूँद सो रहिए, ऐसी ही दुनिया है,
अपना भी कुटुम्ब है—मुन्ना है, मुनिया है..."
"मेरे ही दुर्दिन हैं, उनका तो क्या होना,
लेकिन मुँह ढाँक कर ऐसा भी क्या सोना!
आज नहीं कल सही—लड़ना तो होगा ही—
कहाँ तक न बोलेगी आख़िर बेगुनाही?"...

दिल्ली में दो कमरे : सपनों में गाँव :
कभी इस पाँव खड़े कभी उस पाँव :
यह कैसा दिशा-बोध घबराया घबराया—
यह चेहरा बदहवास, वह चेहरा कुम्हलाया...

नीम के फूल

एक कड़वी-मीठी औषधीय गन्ध से
भर उठता था घर
जब आँगन के नीम में फूल आते।

साबुन के बुलबुलों-से
हवा में उड़ते सफ़ेद छोटे-छोटे फूल
दो-एक माँ के बालों में उलझे रह जाते
जब वो तुलसी पर जल चढ़ा कर
आँगन से लौटतीं।

अजीब बात है मैंने उन फूलों को जब भी सोचा
बहुवचन में सोचा।
उन्हें कुम्हलाते कभी नहीं देखा—उस तरह
रंगारंग खिलते भी नहीं देखा
जैसे गुलमुहर या कचनार—पर कुछ था
उनके झरने में, खिलने से भी अधिक
शालीन और गरिमामय, जो न हर्ष था
न विषाद।
जब भी याद आता वह विशाल दीर्घायु वृक्ष
याद आते उपनिषद् : याद आती
एक स्वच्छ सरल जीवन-शैली : उसकी
सदा शान्त छाया में वह एक विचित्र-सी
उदार गुणवत्ता जो गर्मी में शीतलता देती

और जाड़ों में गर्माहट। याद आती एक तीखी
पर मित्र-सी सोंधी ख़ुशबू, जैसे बाबा का स्वभाव।

याद आतीं पेड़ के नीचे सबके लिए
हमेशा पड़ी रहनेवाली
बाध की दो-चार खाटें,
निबौलियों से खेलता एक बचपन...

याद आता नीम के नीचे रखे
पिता के पार्थिव शरीर पर
सकुचाते फूलों का वह वीतराग झरना
—जैसे माँ के बालों से झर रहे हों—
नन्हें-नन्हें फूल जो आँसू नहीं
सान्त्वना लगते थे।

सुनयना

1.

कई बार ऐसा हुआ
कि वैसा नहीं हुआ
जैसा होना चाहिए था...

कैसा होना चाहिए था
फूल-सी सुनयना की आँखों में
अपने प्रेम में विश्वास का रंग?

वैसा नहीं मिला मौसम
जिसमें खिलते हैं फूल
अपनी समस्तता में
निश्छल और चंचल एक साथ...

2.

कुछ लोग उसे देखने आये
देखने की तारीख़ से पहले,
ख़रीद की तर्ज़ पर पक्की कर गये उसे
पकने की तारीख़ से पहले।

3.

तूफ़ानों से लड़ती
एक अकेली पत्ती
दरख़्त की उँगली पकड़े

उसके विश्वास का रंग
अब वैसा था जैसा होता है
डाल से तोड़े हुए फूलों का रंग।

4.

...पिछली बार अयोध्या में
कनकभवन की सीढ़ियों से उतरते देखा उसे—
भस्म अंगों में वैसा न था यौवन
जैसा होना चाहिए था
ऐसे भरे फागुन में टेसू का रंग!

अब वह
सूर्यास्त समय
जैसे नदी पार के घिरते अँधेरे में
घुलता चला जाए एक बजरे का रंग
ऐसा था ऐसे समय
हाथों में फूल लिये
उसका चुपचाप कहीं
ओझल हो जाने का ढंग।

नालन्दा और बख़्तियार

वह बौना था मगर बाहें इतनी लम्बी
कि घुटनों के नीचे तक पहुँचते थे उसके हाथ
हौसले इतने उक़ाबी कि एक ही झपट्टे में
बिहार, बंगाल, तिब्बत को हड़प गया एक साथ

हैरत से देखता रह गया था ख़लजी दरबार—
एक पागल हाथी को गदा से ज़ख़्मी कर
क़ाबू में कर लेनेवाला दुस्साहसी बख़्तियार
ललचाई नज़रें डाल रहा था हिन्दुस्तान पर...

हत्याओं, लूटपाट और आगज़नी के इतिहास में
नालन्दा, एक जलता हुआ पन्ना, यूँ भी मिला—
"सोना चाहिए था, बिरहमन, सोना : ये क़िताबें नहीं
अफ़सोस, यह तो 'मदरसा' निकला, हम समझे 'क़िला'!"

लड़ाई से मुँह फेर कर भाग गये थे कुछ विचारक
घने जंगलों की ओर—केवल कुछ ग्रन्थ बचा कर;
वे आज भी भाग रहे उसी तरह, 'मदरसे' और 'क़िले' में
फ़र्क़ न कर सकनेवाले विजेताओं से घबरा कर!...

हिमालय को जीत कर 'अकेला' लौटा है बख़्तियार
लखनौती के बज़ारों में स्वागत करतीं छाती पीट पीट कर बेवाएँ!
आत्मग्लानि की अँधेरी कोठरी में बन्द, शर्म से
दम तोड़तीं एक विजेता की महत्त्वाकांक्षाएँ...

लखनऊ

किसी नौजवान के जवान तरीक़ों पर त्योरियाँ चढ़ाये
एक टूटी आरामकुर्सी पर
अधलेटे
अधमरे बूढ़े-सा खाँसता हुआ लखनऊ।
कॉफी-हाउस, हज़रतगंज, अमीनाबाद और चौक तक
चार तहज़ीबों में बँटा हुआ लखनऊ।

बिना बात बात-बात पर बहस करते हुए—
एक-दूसरे से ऊबे हुए मगर एक-दूसरे को सहते हुए—
एक-दूसरे से बचते हुए पर एक-दूसरे से टकराते हुए—
ग़म पीते हुए और ग़म खाते हुए—
ज़िन्दगी के लिए तरसते कुछ मरे हुए नौजवानों वाला लखनऊ।

नयी शामे-अवध—
दस सेकेंड में समझाने-समझने वाली किसी बात को
क़रीब दो घंटे की बहस के बाद समझा-समझाया,
अपनी सरपट दौड़ती अक़्ल को
किसी बे-अक़्ल की समझ के छकड़े में जोत कर
हज़रतगंज की सड़क पर दौड़ा-दौड़ा कर थकाया,
ख़्वाहिशों की जगह बहसों से काम चलाया,
और शामे-अवध को शामते-अवध की तरह बिताया।

बाज़ार—

जहाँ ज़रूरतों का दम घुटता है,
बाज़ार—
जहाँ भीड़ का एक युग चलता है,
सड़कें—
जिन पर जगह नहीं,
भागाभाग—
जिसकी वजह नहीं,
महज़ एक बे-रौनक़ आना-जाना,
यह है—शहर का बिसातख़ाना।

किसी मुर्दा शानोशौकत की क़ब्र-सा,
किसी बेवा के सब्र-सा,
जर्जर गुम्बदों के ऊपर
अवध की उदास शामों का शामियाना थामे,
किसी तवाइफ़ की ग़ज़ल-सा
हर आनेवाला दिन किसी बीते हुए कल-सा,
कमान-कमर नवाब के झुके हुए
शरीफ़ आदाब-सा लखनऊ,
खँडहरों में सिसकते किसी बेग़म के शबाब-सा लखनऊ।

बारीक़ मलमल पर कढ़ी हुई बारीक़ियों की तरह
इस शहर की कमज़ोर नफ़ासत,
नवाबी ज़माने की ज़नानी अदाओं में
किसी मनचले को रिझाने के लिए
क़व्वालियाँ गाती हुई नज़ाकत :
किसी मरीज़ की तरह नयी ज़िन्दगी के लिए तरसता,
सरशार और मजाज़ का लखनऊ,
किसी शौक़ीन और हाय किसी बेनियाज़ का लखनऊ :

यही है क़िब्ला
हमारा और आपका लखनऊ।

विभक्त व्यक्तित्व ?*

वह थक कर बैठ गया जिस जगह
वह न पहली, न अन्तिम,
न नीचे, न ऊपर,
न यहाँ, न वहाँ...

कभी लगता—एक कदम आगे सफलता।
कभी लगता—पाँवों के आसपास जल भरता।

सोचता हूँ उससे विदा ले लूँ
वह जो बुद्ध-सा चिन्तामग्न हिलता न डुलता।
वह शायद अन्य है क्योंकि अन्यतम है।

वैसे जीना किस जीने से कम है
जबकि वह कहीं से भी अपने को लौटा ले सकता था
शिखर से साधारण तक,
शब्दों के अर्थजाल से केवल उनके उच्चारण तक।

सिद्धि के रास्ते जब दुनिया घटती
और व्यक्ति बढ़ता है,
कितनी अजीब तरह
अपने-आपसे अलग होना पड़ता है।

---

* मुक्तिबोध के निधन पर।

इब्नेबतूता

माबर के जंगलों में
सोचता इब्नेबतूता—पैने बाँसों की सूलियों में बिंधे
कौन हैं ये जिनके शरीर से रक्त चूता?

दिन में भी इतना अँधेरा
या सुल्तान अन्धा है
जिसकी अन्धी आँखों से मैं देख रहा हूँ
मशाल की फीकी रोशनी में छटपटाता
तवारीख़ का एक पन्ना?—
इस बर्बर समारोह में
कौन हैं ये अधमरे बच्चे, औरतें जिनके बेदम शरीरों से
हाथ पाँव एक एक कर अलग किये जा रहे हैं?
काफिर? या मनुष्य? कौन हैं ये
मेरे इर्द गिर्द जो
शरीअत के ख़िलाफ़
शराब पिये जा रहे हैं?

कोई नहीं। कुछ नहीं। यह सब
एक गन्दा ख़्वाब है
यह सब आज का नहीं
आज से बहुत पहले का इतिहास है
आदिम दरिन्दों का
जिसका मैं साक्षी नहीं...। सुल्तान,
मुझे इजाज़त दो,
मेरी नमाज़ का वक़्त है।

दिल्ली की तरफ़

जिधर घुड़सवारों का रुख़ हो
उसी ओर घिसट कर जाते हुए
मैंने उसे कई बार पहले भी देखा है।

दोनों हाथ बँधे, मजबूरी में, फिर एक बार
कौन था वह? कह नहीं सकता
क्योंकि केवल दो बँधे हुए हाथ ही
दिल्ली पहुँचे थे।

उस टीले तक

जेबों में कुछ पुराने सिक्के,
हाथों में लगाम,
लँगड़ाते टट्टुओं पर सवार,
ऊबड़ खाबड़ सफ़र तय करते
हमने जिस टीले पर पहुँच कर पड़ाव किया
कहते हैं वहीं से सिकन्दर ने अपने घर वापस
लौटने की कोशिश की थी!

'घर' —मैंने इस शब्द की व्याकुल गूँज को
अकसर ऐसी जगहों पर सुना है
जो कभी किसी विजेता के जीतों की अन्तिम हद रही है।

लेकिन हम वहाँ बिलकुल उल्टे रास्ते से पहुँचे थे
और बिलकुल अकस्मात्। यानी कोई इरादा न था
कि हम वहाँ खड़े हो कर, भूखे प्यासे बच्चों से घिरे,
उस उजाड़ जगह का मुआयना करते हुए
सिकन्दर के भूत या भविष्य के बारे में अनुमान लगाते।
"नहीं, हम अब और आगे नहीं जा सकते,
हम बेहद थक चुके हैं, हम घर पहुँचना चाहते हैं"
उन सब ने मिल कर
लगभग बग़ावत कर दी थी। अगर मैं सिकन्दर होता
तो मुमकिन है उस रात उन तेरहों का ख़ून कर देता
जो पीछे लौटनेवालों के अगुवा थे। हमने
वह सीमा क़रीब क़रीब ढूँढ़ ही निकाली थी
जहाँ तक सिकन्दर पहुँचा था।

पहले भी आया हूँ

जैसे इन जगहों में पहले भी आया हूँ
बीता हूँ।
जैसे इन महलों में कोई आने को था
मन अपनी मनमानी ख़ुशियाँ पाने को था।
लगता है
इन बनती-मिटती छायाओं में तड़पा हूँ
किया है इन्तज़ार
दी हैं सदियाँ गुज़ार
बार-बार
इन ख़ाली जगहों में भर-भर कर रीता हूँ
रह-रह पछताया हूँ
पहले भी आया हूँ
बीता हूँ।

अनात्मा देह (फ़तेहपुर सीकरी)

इन परछाइयों के अलावा भी कोई साथ है।
सीढ़ियों पर चढ़ते हुए लगता है
कि वहाँ कोई है, जहाँ पहुँचूँगा।

मुँडेरों के कन्धे हिलते हैं,
झरोखे झाँकते हैं,
दीवारें सुनती हैं,
मेहराबें जमुहाई लेतीं,
गुम्बद, ताज़ियों के गुम्बद की तरह
हवा में काँपते हैं।

तालाब के सेवार-वन में जल की परछाइयाँ चंचल हैं,
हरी काई के कालीन पर एक अनात्मा देह लेटी है
और मीनारें चाहती हैं
कि लुढ़क कर उसके उरोजों को चूम लें।

रास्ते (फ़तेहपुर सीकरी)

वे लोग कहाँ जाने की जल्दी में थे
जो अपना सामान बीच रास्तों में रख कर भूल गये हैं?
नहीं, यह मत कहो कि इन्हीं रास्तों से
हज़ारों-हज़ारों फूल गये हैं...
वह आकस्मिक विदा (कदाचित व्यक्तिगत!)
जो शायद जाने की जल्दी में फिर आने की बात थी।

ये रास्ते, जो कभी ख़ास रास्ते थे,
अब आम रास्ते नहीं।
ये महल, जो बादशाहों के लिए थे
अब किसी के वास्ते नहीं।

आश्चर्य, कि उन बेताब ज़िन्दगियों में
सब्र की गुंजाइश थी! ...
और ऐसा सब्र कि अब ये पत्थर भी ऊब रहे हैं।

श्रावस्ती

समय के समतल उतर कर
हाथ जोड़े-सी गुज़रती
एक नतमस्तक अपरिचित शाम।

यूँ ही याद आतीं
वे खँगाली सभ्यताएँ खंडहरों की तूँबियों में...
नहीं,
कुछ अब भी बची है कीर्ति-गाथा,
जिस तरह आक्षितिज सहसा गूँज कर
गूँजता रह जाए कोई चक्रवर्ती नाम।

जेतवन की परिव्राजक हवाओं में
आह, उन अनुपस्थितियों का स्पर्श,
जिनके बाद भी अस्तित्व में कुछ अर्थ बाक़ी है।

प्यार की भाषाएँ

मैंने कई भाषाओं में प्यार किया है

पहला प्यार
ममत्व की तुतलाती मातृभाषा में...
कुछ ही वर्ष रही वह जीवन में :

दूसरा प्यार
बहन की कोमल छाया में
एक सेनेटोरियम की उदासी तक :

फिर नासमझी की भाषा में
एक लौ को पकड़ने की कोशिश में
जला बैठा था अपनी उँगलियाँ :

एक पर्दे के दूसरी तरफ़
खिली धूप में खिलता गुलाब
बेचैन शब्द
जिन्हें ओठों पर लाना भी गुनाह था
धीरे-धीरे जाना
प्यार की और भी भाषाएँ हैं दुनिया में
देशी-विदेशी
और विश्वास किया कि प्यार की भाषा
सब जगह एक ही है

लेकिन जल्दी ही जाना
कि वर्जनाओं की भाषा भी एक ही है :

एक-से घरों में रहते हैं
तरह-तरह के लोग
जिनसे बनते हैं
दूरियों के भूगोल...

अगला प्यार
भूली बिसरी यादों की
ऐसी भाषा में जिसमें शब्द नहीं होते
केवल कुछ अधमिटे अक्षर
कुछ अस्फुट ध्वनियाँ भर बचती हैं
जिन्हें किसी तरह जोड़ कर
हम बनाते हैं
प्यार की भाषा।

ऐतिहासिक फ़ासले

अच्छी तरह याद है
तब तेरह दिन लगे थे ट्रेन से
साइबेरिया के मैदानों को पार करके
मास्को से बाइजिंग तक पहुँचने में।

अब केवल सात दिन लगते हैं
उसी फ़ासले को तय करने में—
हवाई-जहाज़ से सात घंटे भी नहीं लगते।

पुराने ज़मानों में बरसों लगते थे
उसी दूरी को तय करने में।

दूरियों का भूगोल नहीं
उनका समय बदलता है।

कितना ऐतिहासिक लगता है आज
तुमसे उस दिन मिलना!

बारिश में भीगने से पहले

वह मुझे
मेरी किसी कविता में नहीं
अपनी कहानी में मिली—

वह भी शुरू में नहीं,
एक औसत पारिवारिक कहानी के
बीच में कहीं... अकस्मात्...

तब तक आधी से ज़्यादा
उसकी सुन्दरता ख़त्म हो चुकी थी
और उसका अधेड़ जीवन
ज़मीन जायदाद की तरह पंजीकृत हो चुका था
उसके पति और बच्चों के नाम।

हम दोनों हाथ में हाथ डाले
एक घुमावदार पहाड़ी ढलान से
नीचे उतर रहे थे

बरसने को उतावले घने काले बादलों से
ढक गयी थीं—शिखर से आकाश तक—
उड़ान की हदें

बारिश में भीगने से पहले
उसे घर लौटने की जल्दी थी...।

इतना कुछ था दुनिया में

इतना कुछ था इस दुनिया में
लड़ने झगड़ने को
मारने मरने को

पर ऐसा मन मिला
कि ज़रा-से प्यार में डूबा रहा
और जीवन बीतता रहा।

रामगढ़

1. शान्त स्थली

रूखेपन से बिलकुल अछूती
दूर-दूर तक फैली हरियाली
वह शान्त स्थली

मैंने उसे एक शब्दरहित कविता सुनायी

वह सुनती रही चुपचाप
मन्त्र-मुग्ध

2. 'राइटर्स होम'

कमरे ख़ाली थे।
यहाँ ठहर सकता हूँ कुछ दिन—मैंने सोचा

तो उसके खालीपन ने कहा—
यहाँ 'कोई' या शायद 'कुछ'
पहले ही से ठहरा है
इतना अ-स्थानिक
और इतना अव्यक्त
कि उसके आरपार
साफ़ दिखाई दे रही थीं

एक विश्राम की इच्छुक
पहाड़-चढ़ती आकांक्षाओं की थकानें।

3. नौकुचिया ताल

पहाड़ी जंगलों से लगभग ढँकी हुई
उस झील का निचाट अकेलापन
कहने को नौ कोने
पर एक भी कोना
पूरी तरह उसका अपना नहीं।

मैं जा कर उसके अकेलेपन में
अनायास शामिल हो गया
और उसी की तरह अकेला हो गया

वह अकेलापन
आज भी मुझे
जब तब घेर लेता है।

उसी तरह जैसे पिछले साल

जो बदल गया शहर
या आदमी
कुछ इस तरह बदला
कि जो नहीं बदला
कभी-कभी वह ज़्यादा नया लगता है।

एक युवती में
बदल जाने की हड़बड़ी में है
एक लड़की,
एक बाज़ार में
तब्दील हो जाने की होड़ में है
एक लड़का।

ऋतुक्रम में लौटती है
एक ऋतु गर्भवती

—लौटता है एक मौसम
फूलता फलता
उसी तरह जैसे पिछले साल।

उदासी के रंग

उदासी भी
एक पक्का रंग है जीवन का

उदासी के भी तमाम रंग होते हैं
जैसे
फक्कड़ जोगिया
पतझरी भूरा
फीका मटमैला
आसमानी नीला
वीरान हरा
बर्फीला सफेद
बुझता लाल
बीमार पीला

कभी-कभी धोखा होता
उल्लास के इन्द्रधनुषी रंगों से खेलते वक़्त
कि कहीं वे
किन्हीं उदासियों से ही
छीने हुए रंग तो नहीं?

सरहपा

अकेला कवि सरहपा
भटकता है राज्ञी से श्रीपर्वत तक
खोजता मुक्ति का अर्थ

विद्वत्-समाज में
सभा गोष्ठियों में
सुन्दर विदुषी
कनखियों से देखती उसे
शबर-कन्या

कुशल सन्धान!
एक ही शर से बींध देती
असावधान कवि का हृदय और बुद्धि

निषेधों को पार करता
एक दुस्साहस

डूब कर नहाता आँखों की नीली झील में
धूप में सीपी-से चमकते कानों में पढ़ता एक मन्त्र
चिकने कपोलों पर लिखता प्यार के मनमाने छन्द
लहराते केशों की सुगन्ध में ऊँघती एक मदहोशी
चूमता नाभि-कमल
तितली हो जाता एक मन

जैसे चाँद तारे आकाश में
वैसे ही इन्द्रियाँ विभिन्न स्थान शरीर में
दुर्लभ संयोग से
झरते बीज-बिन्दु फूलों से
काया से उगता वसन्त।

दोनों मिल कर खेलते एक खेल
जिसमें दोनों जीतते हैं एक साथ।
बचा रह जाता
उस खेल का कवित्व,
और स्त्री-पुरुष, ऊँच-नीच के अभेद में
मनुष्य के मुक्त होने का अर्थ।

मद्धिम उजाले में

कभी-कभी एक फूल के खिलते ही
उस पर मुग्ध हो जाता है पूरा जंगल
देखते-देखते फूल-ही-फूल हो जाता है
उसका तन-मन, उसका जल-थल, उसका पल-पल

यह जिस आरण्यक का दूसरा हिस्सा है
उसके पहले हिस्से में फूल नहीं था
न उस पर कोई विमर्श
केवल एक प्रश्न था
कि जिस बीज में निबद्ध है
पूरे वृक्ष की वंशावली
उसके विकास की तमाम शाखाओं प्रशाखाओं,
जातियों प्रजातियों, चक्रों कुचक्रों, क्रमों उपक्रमों से
होते हुए कैसे उसके सर्वोच्च शिखर तक पहुँच कर
बची रह पाती है
एक विनम्र सुन्दरता!

किसी दिन
कुम्हलाती-सी आवाज़ में
उसने कहा होगा—अब मुझे जाना है...

विदा कहते ही
अंग-अंग अनेक उपमानों में बदल गयी होगी

उसके जाने की एक-एक भंगिमा
पहले वह गयी होगी जैसे सुगन्ध
फिर जैसे रूप
जैसे रस जैसे रंग
फिर पंखुरी-पंखुरी बिखर गयी होगी
जैसे एक साम्राज्य।

लेकिन जाते-जाते एक बार
उसने पीछे मुड़ कर देखा होगा
किसी की कल्पनाओं में छूट गयी
अपनी ही एक अलौकिक छवि,
और अपने से भी अधिक सुन्दर कुछ देख कर
ठगी-सी खड़ी रह गयी होगी
कहीं धरती और आकाश के बीच
एक अस्त-व्यस्त छाया-चित्र
किसी पुराकथा के मद्धिम उजाले में।

एक अधूरी रचना
लौटती है पृथ्वी पर बार-बार
खोजती हुई उन्हीं अनमनी आँखों को
जो देखती हैं जीवन को जैसे एक मिटता सपना,
और सपनों में रख जाती हैं एक अमिट जीवन।

आना किन्तु इस तरह

आना किन्तु इस तरह
कि अबकी पहचान में न आना

जैसे तुम नहीं
तुम्हारी जगह
एक धुन्ध
एक कुहासा
डूबते सूरज की धूसर रोशनी को ओढ़े हुए

आना जब कि समय बहुत कम हो
और अनन्त पड़ा हो पाने को
मुझे बेहद जल्दी हो कहीं जाने की
और एक अजनबी रास्ता
बेताब हो मुझे ले जाने को

उस वक़्त आना ऐसे कि लगे
किसी ने द्वार खटखटाया
कोई न हो
पर लगे कि कोई आया
इतना आत्मीय
इतना अशरीर
जैसे हवा का एक झोंका
और मुझमें समा कर निकल जाना
जैसे निकल गयी
एक पूरी उम्र।

पानी की प्यास

धरती में प्रवेश करती
पानी की प्यास
पाना चाहती जिस गहराई को
वह पहुँच से दूर थी,

कई तहों को पार करती
एक पारदर्शी तरलता को
मिट्टी के रन्ध्र
धीरे-धीरे सोख रहे थे।

देवदार की जड़ों से
अभी और बहुत नीचे तक जाना था पानी को
कि सहसा खिंच कर
उसकी जड़ों में समा गया वह
और तेज़ी से ऊपर उठने लगा।

जिस शिखर तक पहुँचा
वह बेशक़ बादलों को छू रहा था,
पर था वह अब भी
एक वृक्ष का ही शरीर—
वही मरमर
वही हवा में साँस लेने का स्वर
चिड़ियों का घर

वही वसन्त, वही वर्षा, वही पतझर
वहाँ से फिर ऊपर उठ कर
आकाश हो जाने की सम्भावना
अभी ओझल थी।

नहीं—उसने सोचा—फिर नहीं लोटना है उसे
धूल में
झरते फूल पत्तों के संग

उसने एक लम्बी साँस ली हवा में
और बादलों के साथ हो लिया

अद्‌भुत था पृथ्वी का दृश्य
उस ऊँचाई से
अपनी ओर खींचता
उसका प्रबल आकर्षण
उसकी सोंधी उसाँस।

वही था इस रोमांस का
सबसे नाज़ुक क्षण
उत्कर्ष के चरमबिन्दु पर थरथराती
एक बूँद की अदम्य अभिलाषा
कि लुढ़क कर बादलों से
चूम ले अपनी मिट्टी को फिर एक बार
भर कर अपने प्रगाढ़ आलिंगन में।

एक शाम

एक शाम
अपने में डूबता चला जा रहा हूँ।

मुझमें घर लौटती चिड़ियों का शोर
मुझमें शान्त जल पर पड़ती परछाइयों की स्थिरता
अपने ही दरवाज़े पर अपनी ही आहट
दूर से आती अपनी ही आवाज़ में सुना हुआ एक नाम
अपने ही कन्धों पर उगता खर-पतवार

यह कैसी है शाम
जो इतनी तरह से मेरी होती जा रही!

मेरा घनिष्ठ पड़ोसी

मेरा घनिष्ठ पड़ोसी है
एक पुराना पेड़
—न जाने क्या तो है उसका नाम, क्या उसकी जात—
पर इतनी निकट हैं उसकी डालें
कि हमेशा बनी ही रहती हैं
मेरे घर के वरांडे में
कुछ इस तरह कि जब चाहता
हाथ बढ़ा कर सहला सकता उसका माथा
और वह गऊ-सा
मुझे निहारता रहता निरीह आँखों से

मेरी उससे गाढ़ी दोस्ती हो गयी है
इतनी कि जब हवा चलती
तो लगता वह मेरा नाम लेकर
मुझे बुला रहा,
सुबह की धूप जब उसे जगाती
वह बाबा की तरह खखारते हुए उठता
और मुझे भी जगा देता।

अकसर हम घंटों बातें करते
इधर-उधर की बातें
अपनी-अपनी भाषा में
लेकिन भाषा से कोई फ़र्क़ नहीं पड़ता—वह कहता

हमारे सुख-दुख की भाषा एक ही है,
जाड़ा गर्मी बरसात उसे भी उसी तरह भासते जैसे मुझे,
पतझर की उदासी
वसन्त का उल्लास
कितनी ही बार हमने साथ मनाया है
एक दूसरे के जन्मदिन की तरह

जब भी बैठ जाता हूँ थक कर
उसकी बग़ल में
चाहे दिन हो चाहे रात
वह ध्यान से सुनता है मेरी बातों को,
कहता कुछ नहीं
बस, एक नया सवेरा देता है मेरी बेचैन रातों को।

उसकी बाँहों में चिड़ियों का बसेरा है,
हर घड़ी लगा रहता उनका आना-जाना

कभी-कभी जब अपना ही घर समझ कर
मेरे घर में आ कर ठहर जाते हैं
उसके मेहमान
तो लगता चिड़ियों का घोंसला है मेरा मकान,
और एक भागती ऋतु भर की सजावट है मेरा सामान।

अद्यापि...

(सन्दर्भ : चौर-पंचाशिका)

आज भी
कदली के गहन झुरमुटों में
एक संकेत की प्रतीक्षा करता हुआ कवि
देखता है किसी अँधेरी शताब्दी में
तुम्हारा सौन्दर्य
एक दीये-सा जगमगाता है।

आज भी तुम्हारे कौमार्य का कंचन-वैभव
कड़े पहरों में
एक राजमहल की तरह
दूर से झिलमिलाता है।

आज भी
तुम्हारे यौवन के एक गुलाबी मौसम से उड़ कर
बेचैन कर जानेवाली हवाओं का
लड़खड़ाता झोंका
फूलों के रंगीन गवाक्षों से आता है।

आज भी
हमारी ढीठ वासनाओं के चोर-दरवाज़ों से होता हुआ
एक सँकरा रास्ता

लुकता छिपता
तुम्हारे शयनकक्ष तक जाता है।

आज भी
नंगी पीठ से चिपकी तुम्हारी कामातुर हथेलियाँ
तुम्हारे बेसब्र समर्पण को स्वीकारता पौरुष
तुम्हें एक छन्द की तरह रचता
और एक उत्सव की तरह मनाता है।

आज भी
तुम एक गीत हो सूनी घाटियों में गूँजता हुआ
जो रात के तीसरे पहर
अपने पंखुरी-से ओठों को कानों पर रख कर
धीरे से जगाता है।

आज भी
किसी प्राचीन अनुशासन की ऊँची अटारी पर क़ैद
राजकन्या-सा प्यार
एक सामान्य कवि को
स्वीकार करने का साहस दिखाता है।

आज भी
उसकी आँखें तुम्हें एक नींद की तरह सोतीं—
एक स्वप्न की तरह देखतीं—
एक याद की तरह जीती हुई रातों का
वह अन्तराल है
जो कभी नहीं भर पाता है।

आज भी
तुम्हारे साथ जी गयी पचास रातों का एक वसन्त
प्रतिवर्ष जीवन का कोना कोना
अपनी सम्पूर्ण कलाओं से भर जाता है।

आज भी
एक कवि काल को सम्मुख रख
कठोरतम राजाज्ञा की अन्तिम अवज्ञा में
'विद्या' और 'सुन्दर' की वर्जित प्रेमलीलाओं को
शब्दों की मनमानी ऋतुओं से सजाता है।

आज भी
एक दरबार का पराजित अहं
क्षमा का ढोंग रचता
और विजयी प्यार के सामने
अपना सिर झुकाता है।

नदी बूढ़ी नहीं होती

बहुतों को पसन्द करती है वह।
उसकी पसन्दें मुझे भयभीत नहीं करतीं।

बहुतों से अलग
कभी कभी बिल्कुल अपनी तरह
उसके साथ होने की इच्छा को
मैंने खुद से भी छिपाया है :

अज्ञात जगहों में
लम्बी यात्राओं में
उसके और अपने बीच
अनेक काल्पनिक प्रसंगों को
इस तरह रचा है
मानो वह मीनाक्षी नहीं
मेरी कविता या कहानी हो
जिसे जब जैसे चाहूँ
लिख या पढ़ सकता हूँ :

मानो वह अधिकार देती है
कि उसके हँसने को
ऐसा कोई अर्थ दूँ
जैसा देती है कभी कभी धूप
ऊँचाइयों से गिरते झरनों को,
या हवा

लोटपोट फूलों को,
या उसके बोलने को कहूँ
कि वह एक छन्द है जिसके अन्दर
मेरी एक अटपटी इच्छा बन्द है,
या उसके साथ
किसी मामूली-सी चहलक़दमी के किनारे
एक नदी बना दूँ या माँडू का क़िला
और कहूँ कि रूपमती
इस क्षण मैं सैकड़ों वर्षों को जीना चाहता हूँ
तुम्हारे साथ—

और अचानक उसे बाहों में भर कर चौंका दूँ
एक ऐसे वक़्त
जब वह सचमुच परेशान हो
अपने चेहरे पर गाढ़ी होती झुर्रियों को लेकर
या आँखों पर जल्द चढ़नेवाले चश्मों की चिन्ता से!

हवा से खेलते उसके केश,
एक ख़ुशबू उसे छूते हुए
ठहर गयी है स्मृति में उकेरती हुई
एक इच्छा-मूर्ति।

किसी मन्दिर की निचली सीढ़ियों को
छूती कावेरी या तुंगभद्रा—
लहरों को छूते उसके हाथ
पिछली सदियों का प्रमाद
जब यक्षिणी के पाषाण-वक्षों तक
उठ आया था बाढ़ का जल
और ठहरा रह गया था वहीं
उसका एक दुस्साहसी पल।

आओ, इस भागते उजास को जिएँ
डूब कर उस एक नाज़ुक क्षण में
जब सब कुछ होता है हमसे

उदास या प्रसन्न,

एक अपवाद से ज़्यादा लम्बी हो
तुम्हारी आयु
उन शब्दों में
जो तुमसे मिलता जुलता
एक सपना देखते हैं—
कि उस सूर्य-बिन्दु तक उठें
जहाँ से साफ़ देखा जा सके
इस मटमैली सतह को
जिसे हम बार बार सजा कर
धारण करते हैं एक मुकुट की तरह,

एक नये सन्धि-तट से देखें—
उस अरूप शिलावत् चमक को
चिटक कर स्वयं से अलग होते,
तडित्-गति से कौंध कर
पृथ्वी में प्रवेश करते,
और एक अमिट अनुभव के सौन्दर्य को
किसी भविष्य में घनीभूत होते।

साथ बहें :
जिन तटों को हम छुएँगे बसा जाएँगे।
हज़ारों नाम देंगे
इस उन्माद के वशीभूत होने को,
एक आवेग में बह जाने को कहेंगे जीवन,
अपने ही प्रवाह में नहा उठने को
एक अलौकिक संज्ञा में बाँधेंगे,

और एक दिन
इसी तरह बहते हुए
कभी जंगल, कभी गाँव, कभी नगर से होते हुए
सागर में समा जाने को
ढिठाई से कहेंगे
कि नदी बूढ़ी नहीं होती।

वह जो

वह जो मुँहअँधेरे उठ कर
घर के कामकाज में लग गयी
एक बहुत बड़ी छाया है
जो इस समय दुनिया पर छाई है।

एक सूर्योदय हो रहा।
उसकी कोमल टहनियों से झाँकती धूप।
देखते-देखते
सुलगती अँगीठी पर
दूध की तरह उफ़नते
सवेरे की ताज़ी गन्ध से
भर उठेगा पूरा घर।

चहचहाती चिड़ियों की तरह
वह अभी मुझसे झगड़ने लगेगी
कि मैं इतनी देर तक क्यों सोता हूँ,
बिना उस सपने की परवाह किये
जिसे मैं देख रहा हूँ।

वह हवा की तरह बहेगी घर में :
मेरे लाख कहने पर भी कि ज़रा ठहरो
—कभी झल्लाती, कभी खिलखिलाती

इस दरवाज़े से उस दरवाज़े
ठहरेगी नहीं
उसकी लगातार आवाजाही।

वह जो नाश्ता बना कर
साड़ी का पल्ला कमर में लपेटे
अब ऊनी कपड़ों को धूप दिखाने जा रही—
क्या वह जानती है कि उसके हाथों में
इस समय अरगनी नहीं
एक कविता की बागडोर है?

अब उसे कौन समझाये
कि आमदनी और ख़र्च का
सही सही हिसाब मिलाना
उसके क्या किसी के भी बूते से बाहर है :
दाँतों तले पेन्सिल दबाये
मुझसे मेरे अनापशनाप ख़र्चों का हिसाब माँगती
वह समझ रही कि ज़िन्दगी की गणित में
रोज़मर्रा का नहीं
उम्र भर का घपला है।

सब के लिए
एक बड़े-से-बड़े अपनत्व की सृष्टि...

धन्यवाद उस तक पहुँचता इससे पहले ही
मैं सुन रहा किसी को सीढ़ियाँ उतरते
मैं देख रहा उसको बाहर निकलते...

अचानक एक जादू-सा टूटता
जो मुझे बाँधे हुए था।

वर्षों इसी तरह

कितनी सस्वर होती है
प्रतिवर्ष
ऋतुओं के साथ
एक वृक्ष की जीवनी में
उसकी उत्सवी बनावट

उसका आरोह और अवरोह
एक विराट आयोजन में
उसका अवसर के संग
लयात्मक जुड़ाव—

वसन्त के साथ
विलम्बित में खिलती हुई
किसी लजाती डाल पर
कोपलों की धीमी-सी "अरे सुन...",
और देखते देखते उसके आसपास
रंगों और सुरभि का द्रुत भराव,

मन्द से तीव्रतर होती हुई
अछोर चहल-पहल इच्छा-तरंगों की बढ़त

फिर क्रमशः पतझर के साथ
एक अनन्त उदासी से भरा

उसका जोगिया तराना

वर्षों इसी तरह
अथक लय विलय में
अन्तिम साँस तक जीवन-राग को
किसी तरह न टूटने देने की
उसकी पागल धुन!

एक हरा जंगल

एक हरा जंगल धमनियों में जलता है।
तुम्हारे आँचल में आग...
चाहता हूँ झपटकर अलग कर दूँ तुम्हें
उन तमाम सन्दर्भों से जिनमें तुम बेचैन हो
और राख हो जाने से पहले ही
उस सारे दृश्य को बचा कर
किसी दूसरी दुनिया के अपने आविष्कार में शामिल कर लूँ।
लपटें
एक नये तट की शीतल सदाशयता को छू कर लौट जाएँ।

तुम मेरे हर तरफ़

और तुम मेरे हर तरफ़
हर वक़्त
इतनी मौजूद :
मेरी दुनिया में
तुम्हारा बराबर आना-जाना
फिर भी ठीक से पहचान में न आना
कि कह सकूँ
देखो, यह रही मेरी पहचान
मेरी अपनी बिल्कुल अपनी
सबसे पहलेवाली
या सबसे बादवाली
किसी भी चीज़ की तरह
बिल्कुल स्पष्ट और निश्चित।
अब उसे चित्रित करते मेरी उँगलियों के बीच से
निचुड़ कर बह जाते दृश्यों के रंग,
लोगों और चीज़ों के वर्णन
भाषा के बीच की ख़ाली जगहों में गिर जाते।
ठहरे पानी के गहरे डुबाव में
एक परछाईं एक परत और सिकुड़ती।
शाम के अँधेरे ठंडे हाथ।
मेरे कन्धों पर बर्फ़ की तरह ठंडे हाथ
मुझे महसूस करते हैं।

अकेली ख़ुशी

लगता है प्रकृति नहीं यह
कोई आदिम महोत्सव है आज
जिसके किसी जादू-टोने के असर से मैं
ख़ुश नहीं, ख़ुश-सा पड़ गया हूँ, दो क्षण

जी चाहता है तुम मेरे पास होतीं,
मेरे सिरहाने एक सह-अनुभूति—एक पहचानी हुई आवाज़
और हम स्वीकारते अनुगृहीत
इस प्रसन्न वनश्री का खुला हुआ आमन्त्रण।

ये झरनों का खेल-कूद,
ये हर्ष से महकता हुआ वन,
ये ठंडी हवाओं के साथ
चीड़ के जंगलों में भटकता हुआ मन,
ये बूँदों के घुँघरू—उमंग भरे बादल,
ये रिमझिम का राग गुनगुनाता हुआ जंगल...

क्या तुम्हें मालूम है, मेरे प्यार,
कि दर्द के अकेलेपन से कहीं अधिक
असह्य हो सकता है कभी-कभी
ख़ुशी का अकेलापन?

पूरा जंगल

पूरा जंगल उसकी नींद की शान्ति है।
एक जनते जन्मते क्षण में द्विविधाग्रस्त हूँ—
किसे रोशनी कहूँ? किसे अँधेरा?
किसे शिकार कहूँ? किसे शिकारी?
किसे शिखर कहूँ? किसे धरातल?

अँधेरे को काटती उसकी आँखों की लौ
छाया है? या उसकी छाया में उजाला
उसका बदन? हाँफता
पूरा वज़न। जागता जम्हाई ले कर
सतर्क पूरा वन
उसकी गति है, छलाँग है, महक है
और कितनी तरह है वह और उसकी पहचान का जोख़िम
आग और पानी में दमक दाँतों की
लपलपाती एक साथ शुष्क तरल रक्त-बुझी
उसकी जीभ।

पेड़ों झुरमुटों में बहती
हवा। धीरे-धीरे गुज़रती देह
ऊँघती उसकी आँखें—
निमग्नता है,
शान्ति है,
दया है,

क्रूरता है,
उपेक्षा है, वह
भयानक है। वह
सुन्दर है। वह
तटस्थ है।

उसकी तटस्थता। उसका पूरा जंगल है।

पहाड़ी झील

जैसे डबडबाते पर्वती बादल
पहाड़ी झील के मरकत-हरे जल पर...

तुम्हारी देह के प्रति
अंगता महसूस करता हूँ—

कि उन अन्धी अतल ऊँचाइयों से फिसल
रुई की तरह
आराम से उस नर्म कुहरे पर उतर आऊँ :
और—
बन कर इन्द्रधनुषी बिम्ब
चंचल डुबानों में खिलखिला कर हँस पडूँ।

तुमने देखा

तुमने देखा,
कि हँसती बहारों ने?
तुमने देखा,
कि लाखों सितारों ने?

कि जैसे सुबह
धूप का एक सुनहरा बादल छा जाए,
और अनायास
दुनिया की हर चीज़ भा जाए :
कि जैसे सफ़ेद और लाल गुलाबों का
एक शरारती गुच्छा
चुपके से खिड़की के अन्दर झाँके
और फिर हवा से खेलने लग जाए
शरमा के
मगर बुलाने पर
एक भीनी-सी नाज़ुक ख़ुशबू
पास खड़ी हो जाए आ के।

तुमने कुछ कहा,
कि जाग रही चिड़ियों ने?
तुमने कुछ कहा,
कि गीत की लड़ियों ने?

तुमने सिर्फ़ पूछा था—
"तुम कैसे हो?"
लगा वह उलाहना था—
"तुम बड़े वैसे हो! ..."
मैंने चाहा
तुमसे भी अधिक सुन्दर कुछ कहूँ,
उस विरल क्षण की अद्वितीय व्याख्या में
सदियों तक रहूँ,
लेकिन अव्यक्त
लिये मीठा-सा दर्द,
बिखर गये इधर-उधर
मोहताज शब्द...।

दो नीली आँखें

दो नीली आँखें, परदेशी,
मगर कुछ इस तरह याद हैं
जैसे अपना घर, अपना शहर,
जैसे फूल ही फूल दुनिया भर :
जैसे एक बड़े कमरे में किसी के जन्म-दिन पर
बच्चे, मिठाइयाँ, गुब्बारे...
और अबाध हँसी के फ़ौव्वारे—
किसी हँसानेवाली कहानी के बाद :
कुछ इसी तरह आज भी
दो नीली आँखें याद।

सुबह दस बजे मिलना,
दिन भर साथ-साथ रहना,
सुबह की आशा में
शाम को बिछुड़ना,
स्वप्न में वही आँखें—
कुछ इसी तरह याद हैं
सोना-जागना, खोना-मिलना।

उसके स्कर्ट से जूझती हुई शरारती हवा,
उसकी आँखों में एक मासूम परेशानी
कि 'ये मानती क्यों नहीं?'
मेरा केवल उन आँखों में हँसना रह-रह,

याद हैं दो नीली आँखें कुछ इसी तरह।

निश्चय।
पक्का निश्चय।
"सुनो, कल से मैं नहीं आऊँगा!"

दो उदास प्यारी आँखों का भर आना,
दो काँपते ओठों का निकट—और निकट—आते जाना
दो विह्वल बाँहों का सहसा गले से लिपट जाना,
और मेरे निश्चय का उन सब में डूब जाना :

दूसरे दिन, हर दिन, उसी तरह, उसी ओर
भटक जाना :
दो ख़ुश नीली आँखों में
एक अजीब चहल-पहल, उत्सव—
जैसे सवेरे-सवेरे नीलाकाश में
झुंड की झुंड चिड़ियों का कलरव...
बस, इसी तरह याद है
दो नीली आँखों का अथाह वैभव।

सवेरे-सवेरे

कार्तिक की एक हँसमुख सुबह।
नदी-तट से लौटतीं गंगा नहा कर
सुवासित भीगी हवाएँ
सदापावन
माँ सरीखी
अभी जैसे मन्दिरों में चढ़ा कर खुशरंग फूल
ठंढ से सीत्कारती घर में घुसी हों,
और सोते देख मुझको जगाती हों—
सिरहाने रख एक अंजलि फूल हरसिंगार के,
नर्म ठंढी उँगलियों से गाल छू कर प्यार से,
बाल बिखरे हुए तनिक सँवार के...

कार्निस पर

कार्निस पर
एक नटखट किरण बच्चे-सी
खड़ी जँगला पकड़ कर,
किलकती है—"मुझे देखो!"

साँस रोके—
बाँह फैलाए खड़ा गुलमुहर...
कब वह कूद कर आ जाय उसकी गोद में!

कमरे में धूप

हवा और दरवाज़ों में बहस होती रही,
दीवारें सुनती रहीं।
धूप चुपचाप एक कुरसी पर बैठी
किरणों के ऊन का स्वेटर बुनती रही।

सहसा किसी बात पर बिगड़ कर
हवा ने दरवाज़े को तड़ से
एक थप्पड़ जड़ दिया!

खिड़कियाँ गरज उठीं,
अख़बार उठ कर खड़ा हो गया,
किताबें मुँह बाये देखती रहीं,
पानी से भरी सुराही फर्श पर टूट पड़ी,
मेज़ के हाथ से क़लम छूट पड़ी।

धूप उठी और बिना कुछ कहे
कमरे से बाहर चली गयी।

शाम को लौटी तो देखा
एक कुहराम के बाद घर में ख़ामोशी थी।
अँगड़ाई ले कर पलँग पर पड़ गयी,
पड़े-पड़े कुछ सोचती रही,
सोचते-सोचते न जाने कब सो गयी,
आँख खुली तो देखा सुबह हो गयी।

एक पहाड़ी शाम

अपूर्ण दिन और अधूरे काम,
पाप के पश्चात् पश्चात्ताप-सी यह शाम।
एक दुखता राग, तम से पूर्व,
मिटती रोशनी में छलक आता,
    छटपटाता,
    पेड़-पेड़... ज़ख़्म-ज़ख़्म...
    किसी अन्धी कंदरा में समा जाता।
    सुलभ नहीं
    केवल परेशान।

भूख से जैसे बिलखता हुआ बालक
सिरहाने रक्खे दीये की रोशनी में
अभी थक कर सो गया हो—
सो गया वह एक छोटा-सा पहाड़ी ग्राम।
केवल जागती हैं
प्यार करती-सी हवाएँ
दौड़ कर जो लिपट जाती हैं गले से,
और पथरीले पथों पर बड़बड़ाती हुई पागल नदी
ले-ले कर किसी का नाम।

बसन्त आ...

फूलों के चेहरे और तथाकथित चेहरे :
दौड़ कर किसी ने बाँह गर्दन में डाल दी...
छू गया बसन्त की बयार का महक-दुकूल।

ये मकान भी अजीब आदमी!
बने-ठने
तने-तने
न फूल हैं न पत्तियाँ :
बेज़बान मुँह असंख्य
खिड़कियाँ खुली हुई पुकारतीं—
'बस अन्त आ, बस अन्त आ!'

धूल उड़ रही उधर
जिधर तमाम भीड़ से लदी-फँदी सवारियाँ
गुज़र रहीं,
उधर नहीं..
तू उसी प्रसूनयुत छबीलकुंज मार्ग से
बसन्त आ।

समीप से सुगन्धि-रथ गुज़र गये :
मन उचाट इस तरह
कि हम अतिथि शुभागमन भुला गये!

यह बहार
एक ज्वार फूल फिर उलीच कर चली गयी,
कोकिला-कंठ से पुकारती—
'बसन्त
आ गया।
बसन्त आ गया :
बसन्त आ,
गया...!'

सागर के किनारे

इस रात
सागर के किनारे
हम इसी विश्वास से चल रहे हैं
कि वहाँ
चाँदनी में विहार करती
जल-परियों को देखेंगे :

उस भुरभुरी बालू पर
जहाँ लहरों की तरलता नाच चुकी होगी
हम बैठेंगे
गुमसुम
चुपचाप
उसी सुकुमार दृश्य से घुले-मिले :

और तभी सागर की रहस्य-क्रोड़ से निकलेगी
नीली रुपहली परियों की झिलमिलाती माया,
विलासी रंगरलियाँ,
उनकी दिव्य वासनाओं का अशरीर सम्भोग,
जिन्हें हम आज देखेंगे,
और जिस सौन्दर्य-समर्पण की एक निष्काम स्मृति-जगमगाहट
एक मीठा स्वप्न बोझ ही रह जाएगी...
कल
इनके मन पर

जब ये मिचमिचाती लहरें चकित-सी जागेंगी...
जब इनके गुलाबी चेहरों की चटखती ताज़गी में
मुस्करायेंगी छिपी प्रेम-लीलाएँ :
और जिसका राज़
केवल हम तुम जानेंगे।

ओस–नहाई रात

ओस–नहाई रात
गीली सकुचती आशंक,
अपने अंग पर शशि–ज्योति की सन्दिग्ध चादर डाल,
देखो
आ रही है व्योमगंगा से निकल
इस ओर
झुरमुट में सँवरने को... दबे पाँवों
कि उसको यों
अव्यवस्थित ही
कहीं आँखें न मग में घेर लें
लोलुप सितारों की।

प्रथम बरसात का निथरा खुला आकाश,
पावस के पवन में डगमगाता
टहनियों का संयमित वीरान,
गूँजती सहसा किसी बेनींद पक्षी की कुहुक
इस सनसनी को बेधती निर्बाध,
दूर तिरते छिन्न बादल...
स्वप्न के ज्यों मिट रहे आकार
सहसा चेतना में अधमिटे ही थम गये हों :

कामना,
कुछ व्यथा,

भावों की सुनहली उमस,
चंचल कल्पना,
यह रात और एकान्त...

छन्द की निश्चित गठन-से जब सभी सामान जुट आये
फिर भला उस याद ही ने क्या बिगाड़ा था
...कि वो न आती?

सवेरा

करोड़ों आँख वाली रात पर,
दानव सरीखी रात पर,
ताज़ा सवेरा :

पूर्व में आलोक...
पहला पाँव...
थोड़ा काँप कर :

रात चौंकी इस तरह
ज्यों छिप रही हो
कहीं कोई पुण्य-नाशक पाप कर :

ज्योति के पंजे ठहरते रात पर पैने,
घेर कर तम को उतरते आग के डैने,
चमकता सोनापंखी गरुड काले साँप पर :

वन्दना के स्वर उभरते,
हर्ष से पक्षी चहकते,
एक बावन किरण बढ़ कर छा गयी आक्षितिज,
तीनों लोक पग से नाप कर :

कई यादों सत..ई बात पर,
अब तक अखरती बात पर,
ताज़ा सवेरा।

भाषा के ध्रुवान्तों पर

तपती भूमध्यरेखा पर ही नहीं
भाषा के ठिठुरते ध्रुवान्तों पर भी
सम्भव है कविता।

एक ओर छूते
आकाश की ऊँचाइयाँ
दूसरी ओर थाहते
अपनी गहराइयाँ
चमकते पानी के पहाड़।

शब्दों की ध्वनियाँ

अर्थ से अर्थात् में बदलती जा रही हैं
शब्दों की ध्वनियाँ

जब कहता 'चौखट' तो लगता
खट् से कुछ बन्द होने का सन्नाटा
और गहरा हो गया

"मैं अन्दर हूँ"—कहता तो लगता
बाहर से ताला लगा कर
कहीं और जा रहा हूँ।

कुछ सोचता तो लगता
यहाँ क्यों हूँ जब कि मुझे
वहाँ होना चाहिए जहाँ नहीं हूँ।

ये कैसी सकपकाई भाषा बोल रहा हूँ
जो न व्यावसायिक न कामकाजी
न संसदीय न अख़बारी
न सार्वजनिक न सरकारी
—इतनी विस्थापित कि लगता...
फीके आसमानी नीले में
घुल गये जीवन के बयानी रंग...

और वह क्षितिज-रेखा भी
जो पहले छत क़ी तरह
अक्षरों के ऊपर रहा करती थी
सरक कर उनके नीचे आ गयी है।

मानो उनके पतन को
रेखांकित करता हुआ
एक लज्जित-सा ध्यानाकर्षण।

कविताओं का मन

आसमान में तारे ही तारे...
उसी तरह कविता में।

तारों को दुहराते
न थकता है आसमान

न भरता है
कविताओं का मन।

कई संसार थे
उनमें से एक को चुनना था

सब से दूर वाले को क्यों चुना
इससे जुड़ी एक कहानी है

जिस आकर्षण पर निर्भर था
उसका दिशा-बोध
वह अदृश्य था

जिस तट तक पहुँचना था उसे
वह एक काल्पनिक रेखा थी

जिस धुरी पर कीलित

उसे घूमते रहना था एक परिधि में
वह उसकी नियति थी

जिस लक्ष्य को पाना था
वह अनिश्चित था

जिस आकाश से उसे पृथ्वी पर
चमकते रहना था
अपनी जगह से
विलुप्त हो जाने के हज़ारों प्रकाश-वर्षों बाद तक

वही उसका आने वाला समय था...

नयी किताबें

नयी नयी किताबें पहले तो
दूर से देखती हैं मुझे
शरमाती हुई

फिर संकोच छोड़ कर
बैठ जाती हैं फैल कर
मेरे सामने मेरी पढ़ने की मेज़ पर

उनसे पहला परिचय... स्पर्श
हाथ मिलाने जैसी रोमांचक
एक शुरूआत...

धीरे-धीरे खुलती हैं वे
पृष्ठ-दर-पृष्ठ
घनिष्ठतर निकटता
कुछ से मित्रता
कुछ से गहरी मित्रता
कुछ अनायास ही छू लेतीं मेरे मन को
कुछ मेरे चिन्तन का अंग बन जातीं
कुछ पूरे परिवार की पसन्द

ज़्यादातर ऐसी जिन से कुछ-न-कुछ मिल जाता
फिर भी

अपने लिए हमेशा खोजता रहता हूँ
किताबों की इतनी बड़ी दुनिया में
एक जीवन-संगिनी
थोड़ी अल्हड़—चुलबुली—सुन्दर
आत्मीय किताब
जिसके सामने मैं भी खुल सकूँ
एक किताब की तरह पन्ना पन्ना
और वह मुझे भी
प्यार से मन लगा कर पढ़े...

काला और सफ़ेद

सिर्फ़ दो ही रंग होते हैं
शब्दों की दुनिया में
काला और सफ़ेद।

दरअसल काला तो कोई रंग ही नहीं
और सफ़ेद भी
होता है कई रंगों से मिल कर बना
एक तटस्थ रंग
लेकिन काले का घोर प्रतिवादी
और यही उसकी ताक़त है

काला जिस सचाई को ढँकता
सफ़ेद उसके बीच से बोलता रहता
दबी ज़बान—कभी खुल कर
मानो गवाही दे रहा हो
भरी अदालत में
काले के ख़िलाफ़।

सफ़ेद स्वभाव से विनम्र
लेकिन प्रभाव में तीखा है।
उसकी निडर सादगी
खादी की तरह
कपट को ओढ़ने से इनकार करती

कभी-कभी तो लगभग पारदर्शी हो जाती है
नंगई के ख़िलाफ़
और चीखने लगती उसकी उज्ज्वलता
जैसे सूरज की रोशनी।

सभी चाहते कि शब्दों के बीच
सचाई को ज़्यादा से ज़्यादा जगह मिले

लेकिन परेशान हैं इन दिनों
काले की जगह
सफ़ेद नामक झूठ ने ले ली है
और दोनों ने मिल कर
एक बहुत बड़ी दूकान खोल ली है।

रोज़ धड़ल्ले से उनके रंगबिरंगे विज्ञापन छपते
कि झूठ कुछ नहीं
सिर्फ़ सच को ढँकने की कला है :
ज़िन्दगी का कारोबार
झूठ-सच की लीपापोती पर चला है।

कविता के बहाने

कविता एक उड़ान है चिड़िया के बहाने
कविता की उड़ान भला चिड़िया क्या जाने
बाहर भीतर
इस घर, उस घर
कविता के पंख लगा उड़ने के माने
चिड़िया क्या जाने!

कविता एक खिलना है फूलों के बहाने
कविता का खिलना भला फूल क्या जाने!
बाहर भीतर
इस घर, उस घर
बिना मुरझाये महकने के माने
फूल क्या जाने!

कविता एक खेल है बच्चों के बहाने
बाहर भीतर
यह घर, वह घर
सब घर एक कर देने के माने
बच्चा ही जाने।

दूसरों की ख़ुशी के लिए

बीमार नहीं है वह,
कभी-कभी बीमार-सा पड़ जाता है
उनकी ख़ुशी के लिए
जो सचमुच बीमार रहते हैं।

किसी दिन मर भी सकता है वह
उनकी ख़ुशी के लिए
जो मरे-से रहते हैं।

कवियों का कोई ठिकाना नहीं,
न जाने कितनी बार वे
अपनी कविताओं में जीते और मरते हैं।

उनके कभी न मरने के भी उदाहरण हैं
उनकी ख़ुशी के लिए
जो कभी नहीं मरते हैं।

वाहवाहों पर

कुछ लिखता
कुछ लिख जाता

जो लिख जाता
उसे जब लिखा हुआ पाता

सबको सुनाता
कि मैंने लिखा है

सुन कर
मेरे अन्दर छिप कर बैठा कोई
वाह-वाह नहीं करता

वाहवाहों पर मुस्कुराता है

कविता की ज़रूरत

बहुत कुछ दे सकती है कविता
क्योंकि बहुत कुछ हो सकती है कविता
ज़िन्दगी में
अगर हम जगह दें उसे
जैसे फूलों को जगह देते हैं पेड़
जैसे तारों को जगह देती है रात

हम बचाए रख सकते हैं उसके लिए
अपने अन्दर कहीं
ऐसा एक कोना
जहाँ ज़मीन और आसमान
जहाँ आदमी और भगवान के बीच दूरी
कम से कम हो।

वैसे कोई चाहे तो जी सकता है
एक नितान्त कवितारहित ज़िन्दगी
कर सकता है
कवितारहित प्रेम।

बात सीधी थी, पर

बात सीधी थी, पर एक बार
भाषा के चक्कर में
ज़रा टेढ़ी फँस गयी।

उसे पाने की कोशिश में
भाषा को उलटा पलटा
तोड़ा मरोड़ा
घुमाया फिराया
कि बात या तो बने
या फिर भाषा से बाहर आये—
लेकिन इससे भाषा के साथ साथ
बात और भी पेचीदा होती चली गयी।

सारी मुश्किल को धैर्य से समझे बिना
मैं पेंच को खोलने के बजाय
उसे बेतरह कसता चला जा रहा था
क्योंकि इस करतब पर मुझे
साफ़ सुनाई दे रही थी
तमाशबीनों की शाबाशी और वाह वाह।

आख़िरकार वही हुआ जिसका मुझे डर था—
ज़ोर ज़बरदस्ती से
बात की चूड़ी मर गयी

और वह भाषा में बेकार घूमने लगी!

हार कर मैंने उसे कील की तरह
उसी जगह ठोंक दिया।
ऊपर से ठीक-ठाक
पर अन्दर से
न तो उसमें कसाव था
न ताक़त!

बात ने, जो एक शरारती बच्चे की तरह
मुझसे खेल रही थी,
मुझे पसीना पोंछते देख कर पूछा—
"क्या तुमने भाषा को
सहूलियत से बरतना कभी नहीं सीखा?"

कविता

कविता वक्तव्य नहीं गवाह है
कभी हमारे सामने
कभी हमसे पहले
कभी हमारे बाद

कोई चाहे भी तो रोक नहीं सकता
भाषा में उसका बयान
जिसका पूरा मतलब है सचाई
जिसकी पूरी कोशिश है बेहतर इनसान

उसे कोई हड़बड़ी नहीं
कि वह इश्तहारों की तरह चिपके
जुलूसों की तरह निकले
नारों की तरह लगे
और चुनावों की तरह जीते

वह आदमी की भाषा में
कहीं किसी तरह ज़िन्दा रहे, बस...

खोज में

कल दलालों की अदालत में
मैं एक गवाह शब्द की जाँच में फँसा रहा।
फिर घर आकर एक बड़े ही महात्मा शब्द की
तलाश में वेदों-पुराणों में चला गया।
एक व्यापारी शब्द की पुकार पर
मैं अपने गाँव से निकला
और सीधा बम्बई की ओर भागा।
अन्त में कौड़ी कौड़ी को मुहताज
—अपने सपने तक गँवा—
मैंने एक हताश शब्द के लिए
अपने देश के भूखे चेहरे पर
सदियों से जमी ख़ाक छानी...

आज मैं शब्द नहीं
किसी ऐसे विश्वास की खोज में हूँ
जिसे आदमी में पा सकूँ।

भाषा की ध्वस्त पारिस्थितिकी में

प्लास्टिक के पेड़
नाइलॉन के फूल
रबर की चिड़ियाँ

टेप पर भूले बिसरे
लोकगीतों की
उदास लड़ियाँ...

एक पेड़ जब सूखता
सबसे पहले सूखते
उसके सबसे कोमल हिस्से—
उसके फूल
उसकी पत्तियाँ।

एक भाषा जब सूखती
शब्द खोने लगते अपना कवित्व
भावों की ताज़गी
विचारों की सत्यता—
बढ़ने लगते लोगों के बीच
अपरिचय के उजाड़ और खाइयाँ...

सोच में हूँ कि सोच के प्रकरण में
किस तरह कुछ कहा जाए

कि सबका ध्यान उनकी ओर हो
जिनका ध्यान सबकी ओर है—
कि भाषा की ध्वस्त पारिस्थितिकी में
आग यदि लगी तो पहले वहाँ लगेगी
जहाँ ठूँठ हो चुकी होंगी
अपनी ज़मीन से रस खींच सकने वाली शक्तियाँ।

बाक़ी कविता

पत्तों पर पानी गिरने का अर्थ
पानी पर पत्ते गिरने के अर्थ से भिन्न है।

जीवन को पूरी तरह पाने
और पूरी तरह दे जाने के बीच
एक पूरा मृत्यु-चिह्न है।

बाक़ी कविता
शब्दों से नहीं लिखी जाती,
पूरे अस्तित्व को खींच कर एक विराम की तरह
कहीं भी छोड़ दी जाती है...

माध्यम

वस्तु और वस्तु के बीच भाषा है
जो हमें अलग करती है,
मेरे और तुम्हारे बीच एक मौन है
जो किसी अखंडता में हमको मिलाता है :
एक दृष्टि है जो संसार से अलग
असंख्य सपनों को झेलती है,
एक असन्तुष्ट चेतना है जो आवेश में पागलों की तरह
भाषा को वस्तु मान, तोड़-फोड़ कर
अपने एकान्त में बिखरा लेती है
और फिर किसी सिसकते बालक की तरह कातर हो
भाषा के उन्हीं टुकड़ों को पुनः
अपने स्खलित मन में समेटती है, सँजोती है,
और जीवन को किसी नये अर्थ में प्रतिष्ठित करती है।

जीवन में वही मेल रोज़-रोज़ धीरे-धीरे,
कर न दे मलिन
आत्मदर्पण अति परिचय से;
ऊब से, थकन से, बचा रहे...
रहने दो अविज्ञात बहुत कुछ...

चाँद और सूनी रातों का बूढ़ा कंकाल,
कुछ मुर्दा लकीरें

कुछ गिनी-चुनी तसवीरें,
जो मैं तुम्हें देता हूँ
पुरानी चौहद्दी की सीमा-रेखाएँ हैं,
पर मैं प्रकाश का वह अन्त:केन्द्र हूँ
जिससे गिरने वाली वस्तुओं की छायाएँ बदल सकती हैं!
हाड़-सी बिजलियों की तरह अकस्मात्
अपनी पंक्तियों में भभककर
मैं संसार को नंगा ही नहीं करता,
बल्कि अस्तित्व को दूसरे अर्थों में भी प्रकाशित करता हूँ

मेरे काव्य के इन मानस परोक्षों से
एक अपना आकाश रचो,
मेरे असन्तुष्ट शब्दों को लो
और कला के इस विदीर्ण पूर्वग्रह मात्र को
सौन्दर्य का कोई नया कलेवर दो,
(क्योंकि यही एक माध्यम है जो सदा अक्षुण्ण है)
शब्दों से घनिष्टता बढ़ने दो
कि उनकी एक अस्फुट लहक तुम्हारे सौम्य को छू ले
और तुम्हारी विशालता मेरे अदेय को समझे :

स्वयंसिद्ध आनन्द के प्रौढ़ आलिंगन में
समा जाए ऋचाओं की गूँज-सा आर्यलोक
पूजा के दूब-सी कोमल नीहार-धुली
दुधमुँही नयी नयी संसृति को
बाल-मानवता के स्वाभाविक सपनों तक आने दो...
एक सात्विक शान्ति
प्रभात के सहज वैभव में थम जाए,
असह्य सौन्दर्य विस्मय की परिधि में
अकुला दे प्राणों को मीठे मीठे...
ऐ अजान,
तुम तक यदि मेरा भावोद्वेल पहुँचे,

तो इस कोलाहल को अपने आकाशों में भरसक अपनाना;
तुम्हें आश्चर्य होगा यह जान कर
कि कवि तुम हो...
और मैं केवल कुछ निस्पृह तत्त्वों का एक नया समावेश,
तुम्हारी कल्पना के आसपास मँडलाता हुआ
जीवन की सम्भावनाओं का एक दृढ़ संकेत...

कहानियाँ

गुड़ियों का खेल

आधार हटा लिये जाने पर वह गुड़िया गिरी नहीं—लगा कि हवा में टिकी हुई हाथ-पैर फेंक रही है। इस कमाल पर दर्शकों को आश्चर्य से दंग रह जाना चाहिए था, पर दो-एक बच्चों को और बच्चेनुमा बुज़ुर्गों को छोड़कर, बाक़ी लोगों ने इस कमाल पर ऊपरी सराहना दिखाकर अपना रास्ता पकड़ा। गुड़िया का सरकस दिखाने वाले लड़के को इससे शायद हार्दिक कष्ट हुआ, किन्तु लोग यदि बड़े-से-बड़े कमाल में दिलचस्पी नहीं ही लेना चाहें, तो कमाल दिखानेवाला बेचारा आख़िर कर भी क्या सकता है। दूसरे, यह जानते हुए भी कि वे तमाशा देखने रुके हैं और हर तमाशे की कहीं-न-कहीं अपनी चालाकी होती है, लोग एक कच्ची उम्रवाले लड़के की चालाकी का शिकार होना सहन नहीं कर सकते थे। उस लड़के के पास रखे गुड़ियों के बंडल से गुड़िया ख़रीदना, या उस तमाशे पर इनाम देना, यह स्वीकार करना होता कि लड़का हुनर रखता है, जबकि किसी भी बुज़ुर्ग के सामने स्पष्ट था कि उस लड़के की उम्र अभी इतनी नहीं थी कि वह होशियार लोगों के स्तर का मान लिया जाए।

मैं चुपचाप उस सारी भीड़ से अलग खड़ा लड़के के चेहरे का भाव पढ़ने की कोशिश कर रहा था। न जाने क्यों मुझे उस गुड़िया के सरकस से अधिक गुड़िया की सुन्दरता आकृष्ट कर रही थी। सरकस में कोई ख़ास बात न थी। इस तरह का तमाशा पहले भी देख चुका हूँ, जिसमें एक गुड़िया, या जोकर, बिना आधार के हवा में कलाबाज़ी खाते हैं। उसमें अधिकतर नज़र का धोख़ा होता है। आधार रहता अवश्य है, पर देखनेवाले की नज़रों से छिपा रहता है। यदि कोई सचमुच जानना ही चाहे, तो पता लगा लेना ऐसा कठिन नहीं। इस लड़के के तमाशे को पूरी तरह तो अभी नहीं समझ सका था, लेकिन इतना निश्चित हो गया था कि असली राज़ उस काले कपड़े में छिपा है जिसकी पृष्ठभूमि बनाई गयी थी और जिसके बावजूद कभी-कभी काले धागे हिलते हुए दीख जाते थे। लड़के को बिलकुल शर्मिन्दा किया जा सकता था, यदि कोई बढ़कर उन धागों को पकड़

लेता...सारे खेल का भंडाफोड़ हो जाता। लड़का, गुड़िया, दर्शक—सबका सम्बन्ध आमूल बदल जाता उस परदाफ़ाश के अटपटे क्षण में। पर ऐसा करना शायद उस मासूम लड़के के प्रति अनावश्यक निष्ठुरता होती, जबकि उसके खेल से अधिक उसकी कोशिश के प्रति उदारता दिखाने की ज़रूरत थी। मुझे लोगों के रूखे व्यवहार से घृणा हुई, पर किया भी क्या जा सकता था। रुखाई ज़्यादा-से-ज़्यादा अभद्रता की कोटि का अपराध है, जिसके विरुद्ध कोई कार्रवाई नहीं की जा सकती, वरना उन लोगों को उतनी सज़ा तो मिलनी ही चाहिए, जितना कष्ट उन्होंने उस नादान लड़के को अपनी रुखाई से दिया था। अनायास ही मुझे लगा कि मैं उन सब लोगों की ओर से उस लड़के के सामने अपराधी हूँ...और मुझे किसी-न-किसी रूप में उस अकारण निष्ठुरता का प्रतिकार करना चाहिए।

एक बिलकुल फूहड़-सा सुझाव मन में आया : उस लड़के की सब गुड़ियाँ खरीद लूँ। दूसरे ही क्षण—क्या करूँगा इतनी सारी गुड़ियाँ लेकर? इससे अच्छा तो यह होगा कि उस लड़के को कुछ रुपये दे दूँ और गुड़ियाँ उसी के पास रहने दूँ : शान से कह सकता हूँ कि मुझे यह सरकस पसन्द आया, यह रहा तुम्हारा इनाम। अगले साल फिर आना और इससे बेहतर सरकस दिखाने की कोशिश करना। उफ़, हद है दम्भ की! मैं कौन होता हूँ इसे इनाम देनेवाला? यह भी कोई पुराना बादशाही ज़माना है कि ख़ुश हुए तो एक दिन को सल्तनत बख़्श दी, नाराज़ हुए तो सिर उतरवा लिया। इस लड़के को यह एहसास क्यों होने दिया जाए कि वह उन्हें ख़ुश करने के लिए तमाशा दिखाए। जो इनाम दे सकते हैं...नहीं, नहीं, यह इनामवाली बात ग़लत है—इससे तो अच्छा इसकी सारी गुड़ियाँ ख़रीद लूँ, चाहे वे घर में पड़ी-पड़ी सड़ जाएँ, चाहे कल से इस लड़के की जगह मुझे गुड़ियों की दुकान लगाकर बैठना पड़े।...क्यों नहीं?

लेकिन मैंने उससे एक बिलकुल अप्रत्याशित सवाल किया—"ये गुड़ियाँ बहुत सुन्दर हैं, ऐसे ही बिक सकती हैं, इनसे सरकस क्यों करवाते हो?"

"सुन्दरता के ख़रीदार कम हैं, सरकस के ज़्यादा, और सुन्दरता के सरकस के सबसे ज़्यादा...इसलिए।"

"तुम बनाते हो इन गुड़ियों को?"

"नहीं...मेरी बहन। मैं सिर्फ़ इनका सरकस दिखाकर इन्हें बेचता हूँ।" फिर कुछ रुककर बोला, "ख़रीदेंगे आप एक गुड़िया?"

"एक? मैं ये सब गुड़ियाँ ख़रीद सकता हूँ।"

उसकी आँखें कुछ ख़ुशी, कुछ अविश्वास से फैल गयीं और उसने बिलकुल

नये सिरे से, बल्कि निराले दृष्टिकोण से मुझमें दिलचस्पी लेना शुरू किया। "सच?..ये सारी गुड़ियाँ?"

मुझे इस उत्तर से थोड़ी निराशा हुई। उसे मुझमें कोई दिचलस्पी नहीं थी, सिर्फ़ अपनी गुड़ियों में दिलचस्पी थी...वरना वह पूछता कि मैं इतनी गुड़ियाँ लेकर क्या करूँगा? अपनी निराशा को पूरी सफलता से छिपाते हुए मैंने उसी के हित को आगे बढ़ने दिया—

"कितनी गुड़ियाँ हैं तुम्हारे पास?"

"यहाँ तो बीस ही हैं।"

"घर पर?"

"घर पर बहुत-सी हैं..जितनी आप चाहें। और बन भी सकती हैं, अगर आप एडवांस देकर आर्डर बुक कराएँ...।"

लड़का बातचीत से व्यापार-कुशल लगा। उसकी ज़रूरतों ने ही उसे व्यापार-कुशल बनाया हो ऐसा नहीं, सम्भवत: वह स्वभाव से ही व्यापार-कुशल था और उसी के अनुसार उसने अपनी ज़रूरतें बनायीं, या दूसरों ने बनायीं।

घर पर उसकी बहन अकेली थी। उसके घर में लगी गुड़ियों की क़तार देखी तो दंग रह गया। बाज़ारवाली गुड़ियों की अपेक्षा उसकी निजी गुड़ियों की शोभा ही अलग थी। मुझे उसका छोटा-सा व्यस्त कारख़ाना बहुत प्यारा लगा। उस समय भी वह किसी गुड़िया का चेहरा बनाने में व्यस्त थी। मुझे उसने शायद कनखियों से देखा और अपने काम में लगी रही। उसके कन्धों पर पड़ा साड़ी का पल्ला सरक कर आगे खिसक आया और उसके सुडौल वक्ष पर टिक गया। उसने मुझे फिर देखा और एक हाथ से पल्ले को कन्धों पर सरका दिया। मैंने अनुभव किया, साड़ी का रंग बेहद चटख़ है। यह भी कि वह लड़की सिर्फ़ अपनी गुड़ियों के प्रति ही पूर्णत: ज़िम्मेदार हो सकती है, बाक़ी मामलों में या तो कम ज़िम्मेदार या ग़ैरज़िम्मेदार। मसलन, सेक्स के मामले में वह बिलकुल ग़ैरज़िम्मेदार हो सकती है। दुष्ट नहीं हो सकती। वह एक बुनियादी भोलापन थी, जिसके लिए शरीर की हर ज़रूरत जायज़ थी।

मैंने अपनी मनपसन्द कुछ गुड़ियों का चुनाव कर लिया और उस लड़के को अपनी दुकान का पता बता दिया। लड़के को इसमें कोई आपत्ति न थी कि उसकी गुड़ियाँ कोई और अधिक दामों पर बेचे। उसे ख़ुशी थी कि अब उसकी गुड़ियाँ घर बैठे बिका करेंगी।

मेरी दुकान के शो-केस में सजी अपनी गुड़ियों को उसने लापरवाही से देखा और कुछ क्षण के लिए अन्यमनस्क हो गयी। मेरा अनुमान ग़लत था कि वह अपनी गुड़ियों के भविष्य के बारे में सोच रही है। वह मेरे बारे में सोच रही थी।

आधा रास्ता तय कर लेने के बाद मानो गन्तव्य में अचानक कोई आकर्षण न रह जाए—न पहुँचने को जी चाहे, न लौटने को। वह इत्मिनान से सड़क के किनारे एक पुलिया पर बैठ गयी। उसके ठीक सामने गुलमोहर के भभकते गुच्छे। उन्हें देखती रही...या शायद उनके पार। मैं उसके सामने चुपचाप खड़ा रहूँ, चाहे उसकी बग़ल बैठ जाऊँ, उसके लिए कोई अन्तर नहीं पड़ेगा।

"क्या बात है? क्या आप मेरा घर देखना नहीं चाहतीं?"

"नहीं।"

"तो चलिए, आपको वापस आपके घर पहुँचा दूँ।"

"क्या किसी-न-किसी के घर पहुँचना ज़रूरी है?"

"जैसी आपकी इच्छा। तो मैं जाऊँ?"

"ठहरिए। मैं आपसे कुछ पूछना चाहती हूँ।"

"कहिए...।" वह चुप रही, फिर बोली, "क्या बजा है?"

"छः।"

"सात बज जाने दीजिए, तब।" आश्चर्य हुआ। अजीब लड़की है। मज़ाक़ तो नहीं कर रही।

"सात क्यों?"

"तब तक अँधेरा हो जाएगा। हम एक-दूसरे को देख न सकेंगे, केवल सुन सकेंगे। शायद छू सकेंगे। और तब पहचानने में आसानी होगी। रोशनी में हम एक-दूसरे के सिर्फ़ उस चेहरे को देखेंगे, जो हम सबके सामने इस्तेमाल करते हैं।"

"तब क्या करेंगे?"

"यहीं बैठेंगे, किसी ऐसी चीज़ को देखते या सोचते हुए, जिसका ताल्लुक़ सुन्दरता से हो। जहाँ तक मेरा सवाल है, मैं कोरे आसमान को भी सोचती रह सकती हूँ। आप...।"

"मैं आपकी बनायी गुड़ियों को...सोचने की कोशिश करूँगा।"

वह पुलिया पर थोड़ा खिसक कर किनारे हो गयी। मुझे पहली बार लगा कि वह स्पष्ट संकेत है कि मैं उसके निकट बैठूँ। उससे थोड़ा हट कर बैठ गया।

वह हँसी और मेरे पास खिसक आयी, और हम दोनों चुपचाप सात बजने की प्रतीक्षा करने लगे। वह लड़की असाधारण थी, जो एक क्षण में सात बजने मात्र को इतना महत्त्वपूर्ण बना सकती थी।

वह अब मेरे बिलकुल पास सरक आयी थी और मेरी बाँह से लिपट कर बैठ गयी। सारपूर्ण...सरल और उदात्त। यह क्या है, जिसे अनुभव कर रहा हूँ, पर समझ नहीं रहा। निर्व्याख्या निकटता।

निष्कर्ष : ईश्वर न तो संज्ञा है, न सर्वनाम। वह विशेषण है, क्रिया विशेषण, या केवल क्रिया। यानी यह लड़की ईश्वर को नहीं, केवल ईश्वरता को समझ सकती है।

"तुम्हें कुछ पूछना था?"

"पूछ तो लिया।"

"उत्तर से सन्तुष्ट हो?"

"अभी नहीं।"

उसके धैर्य ने मुझे विवश कर दिया। उसने कहीं विरोध नहीं किया और मेरी ढुलमुल इच्छा-शक्ति को अपने पक्ष में कर लिया। सारे तर्क के बावजूद मैं उसके इस सरल यक़ीन को नहीं समझ सका कि सवाल मेरे ही नहीं उसके अपने पर नियन्त्रण का भी है। वह पहले ही से जान जाती कि मैं कोई सशक्त तर्क प्रस्तुत करने जा रहा हूँ। चुपचाप मुझे भोली निगाहों से देखती रहती और आधे तर्क पर ही मेरे ओठों को इस तरह चूम लेती कि आगे की बात बेकार हो जाती।

"ऐसे कब तक चलेगा?" मैंने चिन्तित होकर पूछा।

"क्यों, इसमें क्या ख़राबी है?"

"इसमें सब नहीं है, केवल हम हैं।"

"सब ज़रूरी हैं?"

"क्यों नहीं? सबकी दुनिया है जिसमें हम हैं। और हमें यह सुख ही नहीं जीना है, इस सुख के बाद भी जीना है।"

"इस सुख के बाद जो है, वह भी जीना है?"

"वह क्या है फिर?"

"वही सब है, और सबकी दुनिया है। इसके लिए मैं गुड़ियाँ बनाऊँगी और तुम उन्हें बेचोगे। इससे ज़्यादा और कुछ उन्हें देने के लिए मैं तैयार नहीं।"

"तुम्हें अपने पर बहुत भरोसा है। मुझे अपने पर इतना नहीं...।"

"मैं जानती हूँ कि तुम अपने सारे तर्क के बाद जिस नेकी पर पहुँचोगे, मैं वहीं अपनी भावनाओं द्वारा पहुँचूँगी।"

"यह तुम्हें कैसे मालूम कि मैं तर्क द्वारा किसी बद-नतीजे पर नहीं पहुँच सकता?"

"वही तो मेरी भावना सही है, जो तुम्हारे तर्क नहीं, तुम्हारे स्वभाव को पहचानती है। तुम सही काम करके, ग़लत तर्क ढूँढ़ सकते हो पर सही तर्क के लिए ग़लत काम नहीं कर सकते।"

"सही क्या है, ग़लत क्या है—तर्क तो इसी का है। इसके फ़ैसले के बिना कर्म कैसा?"

"कर्म इस फ़ैसले पर निर्भर नहीं, वैसे ही जैसे हमारा होना हमारी इच्छा पर निर्भर नहीं। बहुत-कुछ पहले से ही हो रहा है जिसमें हम डाल दिये गये हैं। कर्म हमारी स्वेच्छा नहीं, विवशता भी है, और हम अपने ही नहीं, दूसरों के कर्मों से भी बँधते हैं। सारे फ़ैसले और नतीजे इस नियति के अन्दर हैं। उसके बाहर हम सब निर्दोष हैं।" वह रुकी, मानो किसी गहरे सोच में पड़ गयी हो। फिर सहसा बोली, "मैं उन गुड़ियों की सीमा जानती हूँ, जिन्हें बनाती हूँ और जिनसे सरकस करवाती हूँ। जब वे हवा में झूलती और उलटती-पलटती हैं, तो अक्सर निर्वसन हो जाती हैं, बल्कि उन्हें निवर्सन होना पड़ता है।" उसके चेहरे पर एक शरारत-भरी मुसकान आ गयी थी। कहती रही, "मैं भी तुम्हारे समाज की ही तरह नग्नता को अश्लील मानती हूँ। इसीलिए इन गुड़ियों के शरीर में स्त्रीत्व के चिह्न बनाती ही नहीं। सरकस के लिए मजबूर, ये बेचारी बिना दिमाग़ अपनी नग्नता के लिए उचित तर्क कहाँ खोज पातीं? हूँ न मैं उस ईश्वर से ज़्यादा दयालु, जिसने हमें बिल्कुल नंगा करके इस दुनिया में भेज दिया? या हो सकता है, उसे नग्नता से परहेज़ न हो?"

"परहेज़ ज़रूर होगा, वरना हमें भी तुम्हारी गुड़ियों की तरह बिना दिमाग़ का बनाता। हमारे ऊपर भला वह ज़िम्मेदारी क्यों लादता कि हम अपनी नग्नता को छिपाने के लिए तर्क ढूँढ़े? एक बात और, यदि सचमुच तुम्हारी गुड़ियाँ नग्न नहीं हो सकतीं, तो फिर इन्हें सुन्दर कपड़ों से क्यों सजाया है?"

"ताकि ये देखने में शरीफ़ लगें और कोई इस राज़ को जान न सके कि वे अन्दर से क्या हैं।"

"जानती हो, तुम्हें लोग पागल भी कह सकते हैं?"

"लोग बिना सोचे कुछ भी कह सकते हैं। सोचें तो सिर्फ़ उसे पागल कहेंगे, जिसने हमें बनाया।"

उसकी बातें व्यावहारिक नहीं लगतीं, क्योंकि वे हमें दूसरों से बहुत दूर, एक-दूसरे के बहुत निकट लिये जा रही थीं। उसका ध्यान उस पुलिया पर नहीं था, जिस पर वह बैठी थी। लेकिन भविष्य में वह जगह शायद महत्त्वपूर्ण हो

सकती थी। मेरे सुनने और उसके कहने के बीच एक गहरी खाई थी...नहीं, नहीं, शायद एक दरार-भर थी, जिसमें दुनिया-भर के कनखजूरे रेंग रहे थे। हमारे चारों ओर या हमारे आसपास कोई ऐसी चीज़ नहीं थी, जिसे गहरी कहा जा सके। सबसे महत्त्वपूर्ण चीज़ वह पुलिया थी, जिस पर हम साथ बैठे थे।

आज वह बहुत खुश नज़र आ रही थी। मिलते ही चहक कर बोली, "आज मैंने विवाह कर डाला, सवेरे।"

"...!!!"

"तूम्हें इतना ताज्जुब क्यों?"

"किसके साथ?"

"है एक मूर्ख।"

"क्यों?"

"मैं माँ बननेवाली थी, मेरे बच्चे के लिए एक पिता की ज़रूरत थी।"

"लेकिन वह कौन था?"

नाराज़गी से बोली, "तुमसे मतलब?"

"मैं?"

"कोई हो। जब तुमसे पिता बनने को नहीं कह रही हूँ तो तुम्हें चिन्ता कैसी?"

"मैंने पिता बनने से कब इनकार किया..यदि मेरा बच्चा है तो...।"

"यही तो। हो सकता है तुम्हारा न हो। उसी का हो, जो पिता बनने जा रहा है, या उसका भी न हो, या...।"

"हे ईश्वर! तुम मनुष्य हो...?"

"ईश्वर मनुष्य नहीं है, और जो भी हो। मैं मनुष्य हूँ, और कुछ नहीं। न ईश्वर, न...।"

"क्या तुम्हें मुझ पर विश्वास नहीं था?"

"विश्वास? तुम पर था, तुम्हारी परिस्थितियों पर नहीं।"

"अन्याय मत करो। मैं तुमसे विवाह कर सकता था...हर दशा में...।"

"सच?"

"सच!"

"क्यों?"

"क्योंकि मैं तुमसे प्यार करता हूँ।"

"प्यार...बहुत बड़ा कारण तो नहीं। इससे बड़ी तो बहुत-सी साधारण बातें

होती हैं, जिनकी वहजह से प्यार नहीं हो पाता, या विवाह नहीं हो पाता...।"

"मुझे दुख है कि तुम एक मामूली-सी बात को मानना नहीं चाह रही हो...।"

"मामूली-सी बात है तो मान सकती हूँ, क्योंकि तब वह घटित भी हो सकती है। बड़ी बात से डरती हूँ। तो क्या तुम सचमुच मुझसे विवाह करने को तैयार हो?"

"हाँ, लेकिन तुम तो...।"

"मैंने अभी शादी नहीं की है।"

"और...?"

"न माँ बनने जा रही हूँ।"

"तो यह सब झूठ था?"

"झूठ नहीं, सच था, जो अभी घटित नहीं हुआ। इच्छा हुई कि कुछ क्षण एक घटना को किसी अत्यन्त मूर्खतापूर्ण परिणाम की ओर से उलटकर किसी सुन्दर कारण की दिशा से जिऊँ। इसमें तुम्हें नहीं, मैंने केवल अपने को धोखा दिया है। तुम मुझे प्यार करते हो और मुझसे विवाह के लिए तैयार हो...इससे अधिक सुन्दर और क्या हो सकता है! क्या यह झूठ है?"

"नहीं।"

"घबराओ मत। मैं तुमसे विवाह नहीं करूँगी...।"

"ठहरो। इतने सुन्दर कारण तक पहुँचकर उसे किसी भद्दे नतीजे पर मत पहुँचा दो...।"

"नतीजा मेरे हाथ में नहीं, लेकिन उसकी व्याख्या मेरे ही हाथ में है। अगर गुड़ियाँ रच सकती हूँ, तो ख़ुशी भी।"

"क्या तुम अपने जीवन में ख़ुश हो?"

"ख़ुशी होती नहीं, वह बनाई जाती है। जब चाहती हूँ ज़िन्दगी के किसी भी कच्चे माल से एक गुड़िया-सी ख़ुशी रच लेती हूँ। उससे ऊब जाती हूँ तो उसे छोड़कर नया कुछ रचती हूँ। जब उससे भी ऊब जाती हूँ तो कुछ नहीं करती—एक लम्बी, बेवकूफ़ उदासी से अपने को घेर कर किसी बेमतलब चीज़ को एकदम शुरू से सोचने लगती हूँ।"

"उससे क्या होता है?"

"यह एहसास कि ख़ुशियों से भी बड़ी कोई चीज़ है, जो इस दुनिया में नहीं।"

"ईश्वर?"

"ईश्वर...ईश्वर...ईश्वर...तुम बार-बार इस महाविराम को उठा कर क्यों रख

देते हो सामने? ईश्वर इसी दुनिया की चीज़ है। मैं कुछ और कह रही थी। इस दुनिया की अपेक्षा न होने की बात।''

''इतने बारीक स्तर पर ज़िन्दगी को नहीं जिया जा सकता।''

''मेरे लिए अगर ज़िन्दगी के कोई मानी हैं, तो बारीक स्तर पर ही, वरना दो-एक क़हक़हों और आँसुओं के बाद समाप्त हो जाना चाहिए इसे...।''

''ज़िन्दगी की ज़रूरतें स्थूल हैं, सूक्ष्म नहीं।''

उसके घर के सामने चार-पाँच आदमियों की परेशान भीड़-सी इकट्ठा थी। ख़बर मिली कि उसका भाई किसी मोटर के नीचे आ गया था, अस्पताल में है।

जिस समय हम लोग अस्पताल पहुँचे, उसे ख़ून दिया जा रहा था। लड़के ने शायद बहन के कोमल स्पर्श को पहचान कर आँखें खोलीं। उसकी आँखें मानो बहन के चेहरे पर कुछ खोजती रहीं, फिर उसने आँखें बन्द कर लीं। वह उठ कर बाहर बरामदे में मेरे पास आ गयी।

''तुम्हें उसके पास रहना चाहिए।''

''वह बेहोश है।''

''फिर भी...।''

''तुम्हारे सन्तोष के लिए उसके सिरहाने बैठी रह सकती हूँ।''

''क्यों...तुम्हें इसमें कोई सन्तोष नहीं होगा?''

''मेरे सन्तोष की बात नहीं। सवाल है उसके सन्तोष का, जिसके सिरहाने बैठूँगी।''

वह होश में नहीं आया। दूसरे दिन उसके घर पहुँचा, तो देखा कि वह अपने भाई के कमरे में बिलकुल निश्चेष्ट बैठी थी। मैं बिना कुछ कहे उसके पास चुपचाप बैठ गया। थोड़ी देर बाद उसे मानो मेरे वहाँ होने का ध्यान आया। बोली, ''यह जो कुछ हुआ, इसे तुम जीवन की स्थूल क्षति समझते हो या सूक्ष्म?''

''देखने पर निर्भर करता है। बहुत नज़दीक से देखा जाए तो स्थूल, बहुत दूर से देखा जाए तो सूक्ष्म।''

''मैं उसे भूल नहीं पा रही हूँ। कोई स्थूल उपाय बताओ...।'' कुछ रुक कर वह मेरे बिलकुल समीप खिसक आयी। मेरे चेहरे पर हाथ फेरती हुई बोली, ''तुम...तुम प्यार कर सकते हो? अभी....इसी समय...यहीं...!''

''उफ़! बीस्ट...!''

''बीस्ट! मुझे भी स्थूल भयानक लगता है। जैसे बेवक़्त उसकी मौत, और बेवक़्त तुमसे प्यार। उससे भी अधिक भयानक है यह सम्भावना कि प्यार भी

घटित हो सकता है, उसी मौत की तरह, बिना मेरे चाहे। मेरी नहीं, दूसरों की स्थूल ज़रूरतें मुझे मजबूर कर सकती हैं!''

आज कई दिनों बाद उसके घर गया। वह गुमसुम बैठी थी। दुकान में गुड़ियाँ समाप्त हो गयी थीं। चाहता था कि वह फिर से अपने काम में दिलचस्पी ले, पर कुछ कह न सका। उसने ही कहा, ''कल से काम शुरू करूँगी।''

''आज से क्यों नहीं?''

''क्योंकि कल कभी नहीं आता।''

''इस तरह से कैसे काम चलेगा?'' वह चुप रही। मैंने फिर कहा, ''मेरे साथ चल कर रहो।''

''तुम्हारे साथ और बहुत-से लोग हैं, वे क्या कहेंगे?''

''वे चाहे जो कहें। मैं तुम्हें इस तरह अकेला नहीं छोड़ सकता।''

''मैं अकेली नहीं हूँ। मेरे दो हाथ और दिमाग़ मेरे पास हैं, जिनसे जब चाहूँ गुड़ियाँ बना सकती हूँ।''

''मान लो इन हाथों को या दिमाग़ को कुछ हो गया तो?''

''अगर मेरे हाथ और दिमाग़ भी भरोसे लायक़ नहीं, तो तुम पर ही कितना भरोसा कर सकती हूँ!'' उसकी बातों से कभी-कभी सख़्त उलझन होती है। ज़िन्दगी के मामले में इतना तर्क नहीं चलता। मैं उस दिन बिना कुछ कहे चला आया। सोचा, चार-छह दिन बाद जाऊँगा, तब तक शायद उसका मन बदल जाए।

एक हफ़्ते बाद उसके घर गया। सुनकर अवाक् रह गया कि उसने शहर छोड़ दिया है। किसी को कुछ पता न था कि वह कहाँ गयी। ग्लानि से मन भर आया। उस बेचारी असहाय लड़की के प्रति और सहानुभूति दिखाई जानी चाहिए थी। हफ़्ते-भर उसे बिल्कुल अकेला छोड़ कर मैंने शायद अपने जीवन की सबसे बड़ी निर्दयता दिखायी थी।

उस दिन अपनी पत्नी तथा बच्चों के साथ मोटर से घर लौट रहा था। रास्ते में मेला लगा हुआ था। बचा-बचाकर मोटर निकाल रहा था, कि एकाएक गुड़ियों की एक दुकान देख कर ठिठक गया। उनकी आकृति कुछ परिचित लगी। सहसा

बीस वर्ष पहले की घटनाएँ दिमाग़ में घूम गयीं। लड़की चहक उठी, ''हाय कैसी प्यारी गुड़ियाँ...लेंगे...पापा रोकिए।''

एक लड़का गुड़ियाँ बेच रहा था। उसका भाई?

''ये गुड़ियाँ तुमने बनायी हैं?''

''जी नहीं, मेरी माँ ने।''

कुछ सोचकर फिर पूछा, ''क्या ये सरकस कर सकती हैं?''

उसने मुझे ऐसे देखा मानो किसी सिरफ़िरे को देख रहा हो। मैंने अपने सवाल की बेवकूफ़ी महसूस की। गुड़ियों को ध्यान से देखता रहा। वे काफ़ी बदल चुकी थीं, पर अत्यन्त सुन्दर थीं आज भी, और उसी कलाकार की याद दिलाती थीं, जिसकी गुड़ियाँ कभी सरकस करती थीं। पर अब उनके चेहरे पर वह चंचलता न थी। लगता था किसी बेवकूफ़ उदासी से अपने को घेरे हुए किसी बेमतलब बात को एकदम शुरू से सोच रही हैं...।

जनमति

सादिक मियाँ की नीयत कुछ देर तो सँभली रही, फिर बिगड़ गयी। बिलकुल नयी साइकिल, बिलकुल लावारिस खड़ी थी, ताला तक बन्द नहीं। एक बार उन्होंने अपने चारों ओर देखा और फिर साइकिल के चमकते हुए हैंडिल पर इस तरह हाथ फेरा मानो किसी लाजवाब अरबी घोड़े की गरदन सहला रहे हों। न रहा गया उनसे, बैठ भी गये। किसी ने न टोका, न ध्यान दिया, साइकिल तो ख़ैर कह ही क्या सकती थी? पैडिल पर हलका दबाव डाला। जवान साइकिल सरासर भाग चलने को तैयार थी। आसपास लोग उसी तरह आते-जाते रहे, जैसे पहले।

सादिक मियाँ ने एड़ लगायी; साइकिल हवा से बातें करने लगी। चीज़ उनकी थी।

लेकिन, हाय री बदक़िस्मती! बीचोबीच सड़क पर भैंसों का एक अथाह झुंड चला आ रहा था। हड़बड़ी में सादिक मियाँ एक ज़बरदस्त भैंस से टकरा गये—आमने-सामने। क्या करते बेचारे, गिर पड़े, खुद को कम चोट आयी, साइकिल को ज़्यादा। पहिया मुड़-तुड़कर गोल से गोल-माल हो गया; हैंडिल घूम कर गद्दी की तरफ़ देखने लगा और मडगार्ड ने ऐसी सूरत बना ली मानो वह साइकिल नहीं, भैंस का ही कोई हिस्सा हो। भैंस चुप खड़ी थी : सादिक मियाँ घबराये हुए अपाहिज साइकिल को देख रहे थे। क्या करें? अजीब मुसीबत में फँस गये थे। एक बार सोचा साइकिल छोड़ कर भागें, आख़िर साइकिल ही तो टूटी थी, पाँव तो अभी सलामत थे!

लेकिन इसी बीच उनके चारों ओर भीड़ इकट्ठा होने लगी, जो कि स्वाभाविक था। उस वक़्त भागने के मतलब होते अपने को और मुसीबत में डालना। दो, चार, छः...दर्ज़नों औरत, मर्द, बच्चे उन्हें घेरकर खड़े होने लगे। बीच में बुरी तरह घायल साइकिल पड़ी थी जिसके एक ओर भैंस पगुरा रही थी और दूसरी ओर सादिक मियाँ खड़े चकरा रहे थे।

लोगों को सबसे पहले नयी साइकिल की दुर्दशा पर दया आयी, फिर सादिक

मियाँ के प्रति करुणा उपजी; और अन्त में भैंस के प्रति क्रोध; क्योंकि भैंस के मुँह लगने का प्रत्यक्ष परिणाम लोगों के सामने था, इसलिए भैंस से न उलझकर लोगों ने उस ग्वाले को पकड़ा जिसके कारण बीच सड़क पर भैंस जैसी चीज़ का ख़तरा उत्पन्न हुआ और सादिक मियाँ जैसी शरीफ़ चीज़ उस ख़तरे का शिकार हुई।

सर्वसम्मति से तय हुआ कि ग्वाले की अच्छी तरह मरम्मत हो। सादिक मियाँ ने एतराज़ किया। उनके ख़याल से साइकिल की मरम्मत ज़्यादा ज़रूरी थी, ग्वाले के द्वारा। यही बात मानी गयी।

बड़े दर्द और सहानुभूति से साइकिल उठाकर पास के एक साइकिल अस्पताल में पहुँचाई गयी, जहाँ उसकी मरहमपट्टी में दस रुपये लगे। ग्वाले से जब ख़र्च अदा करने को कहा गया तो उसने अपनी असमर्थता प्रकट करते हुए कहा कि दस रुपये क्या, दस पैसे भी उस समय उसके पास नहीं थे।

यह नयी समस्या जब सर्वसाधारण के सामने आयी तो असाधारण बहस के स्वर सुनाई दिये, एक साथ इतनी बहस कि एक भी बहस ठीक से समझ सकना कठिन था। फिर भी एक बात किसी तरह बचकर सामने आयी..ग्वाला जो कुछ पहने था उसे बिकवा कर जुर्माने की रक़म अदा करवाई जाए।

यह भी मुश्किल था क्योंकि ग्वाले के शरीर पर सिवा एक धोती और हाथ में एक लाठी के और कुछ न था। उतना सब यदि ले भी लिया जाता तो काफ़ी नहीं था।

बहरहाल, साइकिल ठीक हो जाने के बाद सादिक मियाँ और साइकिल उस सारे झगड़े से निवृत्त हो गये माने जाएँ—इस परिस्थिति को न केवल जनता ने निर्विवाद माना बल्कि उस अभागे साइकिलवाले ने भी जो अब दस रुपये में सादिक मियाँ की सारी बला अपने सिर ओढ़ गुनहगार ग्वाले के सामने ख़ुशी-ख़ुशी मुद्दई था। लोगों के पक्ष में भी यह बात सराहनीय कही जाएगी कि किसी भी हालत में, न्याय को बिना किसी अन्तिम निर्णय तक पहुँचाए, एक भी आदमी पीछे हटने को तैयार न था।

किसी समझदार ने यह सुझाव फिर दुहराया कि यदि साइकिलवाला सन्तुष्ट हो तो दस रुपये की ही ग्वाले की भी मरम्मत हो जाए, लेकिन इस फ़िज़ूल बात पर किसी ने ज़्यादा ध्यान नहीं दिया, यद्यपि ग्वाला इसके लिए सरासर तैयार था। सबका ध्यान इस पेचीदा समस्या पर अटका था कि ग्वाले की मौजूदा हैसियत से दस रुपया किस तरह निचोड़ा जाए?

एक साहब ने, जो मुमकिन है वकील रहे हों, या वकील होने लायक़ रहे

हों, एक मौलिक सलाह दी कि ग्वाले की वही भैंस बिकवा कर, जिसके कारण इतना बवाल खड़ा हुआ, जुर्माने की रक़म अदा की जाए। ख़याल बेजा नहीं था। बात मानी गयी।

भैंस फिर बीच में आयी। पाँच मिनट तक इन्तज़ार किया गया। लेकिन इतनी बड़ी भैंस जैसी चीज़ का तुरन्त ख़रीदार कहाँ मिलता? भैंस कोई पान, बीड़ी, सिगरेट तो नहीं है कि रास्ता चलते ख़रीदा, जेब में डाला और घर आकर जेब समेत खूँटी पर टाँग दिया। एक ऐसी ज़िम्मेदारी का सवाल था जिससे बाल-बच्चों तक का फ़ायदा या नुक़सान हो सकता था। दूसरे, भैंस बराबर रक़म उस समय थी किसके पास? लिहाज़ा वह न्याय भी नाकामयाब रहा।

हर आदमी इस समय किसी लालबुझक्कड़ की कमी बुरी तरह महसूस कर रहा था। एक विशेष सज्जन पर कुछ लोगों की निगाहें टिकीं, टिकी रहीं। लगते तो थे वे लालबुझक्कड़; हालाँकि कुछ लोगों को वे शेखचिल्ली मालूम दिये। वोटिंग हुई और नतीजा यह निकला कि वे शेखचिल्ली नहीं लालबुझक्कड़ ही हैं, यद्यपि वे ख़ुद अपने को बराबर कोई पैग़म्बर बताते रहे। ख़ुद वे अपने को चाहे जो समझते रहे हों, पर लोगों की समझ के आगे उनकी एक न चली और उन्हें वही बनना पड़ा जो लोगों ने उन्हें बनाया।

उनकी राय यह हुई कि ग्वाले की भैंसों से दस रुपये की क़ीमत का दूध दुहकर वहीं बेच दिया जाए। दूध ऐसी चीज़ थी कि थोड़ा-थोड़ा हर आदमी तुरन्त ख़रीद सकता था और वहीं इस्तेमाल कर सकता था। फ़ैसला निःसन्देह इतना लाजवाब था कि लोगों ने बिना किसी दबाव के ज़ोर से तालियाँ बजायीं और उस फ़ैसले का ज़ोरदार स्वागत किया।

दूध दुहा गया। कई जानकार लोगों ने बड़े उत्साह से इस काम को कुशलता से सम्पन्न किया। किसी ने पाव भर, किसी ने डेढ़ पाव, किसी ने आधा सेर ख़रीदा और वहीं पिया। ताज़ा बिना पानी मिले दूध जैसी दुर्लभ-सी चीज़ इस भाव मिल जाए तो भला ख़रीदने में किसे आपत्ति हो सकती थी? बल्कि लोगों को इस बात का कुछ अफ़सोस ही था कि जुर्माने की रक़म दस रुपये से और ज़्यादा क्यों न हुई।

जुर्माना तो अदा हो गया लेकिन इसी बीच एक ऐसी अप्रत्याशित घटना घटी कि लोगों को अपने न्याय पर फिर से विचार करने के लिए बाध्य होना पड़ा।

जितने समय में दूध दुहा गया, ग्वाले की दशा दयनीय हो गयी। कुछ लोगों को लगा कि उसके साथ न्याय की झोंक में थोड़ा अन्याय हो गया। उतना गुनहगार वह न था जितनी सज़ा भुगत गया। आख़िर तो ग़लती भैंस की ही थी, ग्वाले

की ग़लती तो इतनी ही थी कि भैंस उसकी थी। किसी बुज़ुर्ग ने इस मौक़े का बेजा फ़ायदा उठाकर एक कहावत बिलकुल बेतुकी चिपका दी—'धोबी से जीत न पाये, गधे के कान ऐंठे...।' लेकिन बावजूद इसके कि कहावत का इस्तेमाल बिलकुल उलटा हुआ था, बात लोगों के बिलकुल सीधी समझ में आयी। कहावतों की शायद सबसे बड़ी ख़ूबी ही यह है कि उन्हें चाहे सीधा इस्तेमाल कीजिए, चाहे उलटा, मतलब वही निकलता है जो आप निकालना चाहें।

ग्वाले की दशा—या दुर्दशा—का भरपूर असर पड़ा एक महिला पर, जो इस समय भीड़ का सबसे सुन्दर और मार्मिक हिस्सा थीं। उन्हें शुरू से ही ग्वाले पर तरस आ रहा था, लेकिन न्याय के आगे क्या बोलतीं? अपने को किसी तरह सँभाले रहीं, परन्तु जब लोगों की सहानुभूति भी कुछ-कुछ ग्वाले के पक्ष में हुई तो उनके धीरज का बाँध टूट गया। ग्वाले की न जाने किस व्यथित मुद्रा ने उनकी हृत्तन्त्री के अत्यन्त कोमल तारों को छू दिया और वे सूक्ष्म सिसकियों की मर्मस्पर्शी मीड़ों में बजने लगे। लोगों के हृदय, जो पत्थर के नहीं बने थे, कुछ उनके आँसुओं से लेकिन ज़्यादा उनकी सुन्दरता से पिघल गये। चारों तरफ़ से करुणा का सागर उमड़ने लगा। लोग अपने किये पर पछता-पछताकर ग्वाले के प्रति किए गये अन्याय का प्रतिकार करने लगे।

अपनी-अपनी अनुभूति के अनुसार उस पर चवन्नियाँ, अठन्नियाँ, रुपया तक इस तरह न्यौछावर होने लगा मानो लोग अपने जीवनभर के पापों का वहीं प्रायश्चित कर डालेंगे। इस समय लोगों की शक्ति-भावना नहीं, धर्म-भावना ज़ोरों पर थी जिसका पूरा लाभ ग्वाले को पहुँचना निश्चित था। धार्मिक आवेश के आगे यदि ग्वाला नहीं, ग्वाले की मूर्ति भी होती तो कोई अन्तर न पड़ता। दस रुपये की जगह बीस रुपये से ऊपर पाकर उसने मन-ही-मन पहले अपनी भैंस को सराहा, फिर ईश्वर को धन्यवाद दिया और अन्त में लोगों की ओर गद्गद भाव से देखा। भैंस को छोड़ कर इस समय सबकी आँखों में उदारता के आँसू थे। लोगों का मन इतनी महान श्रद्धा बरसा कर फूल की तरह हलका हो गया था। सादिक मियाँ ख़ुश, साइकिलवाला ख़ुश, ग्वाला उन दोनों से अधिक ख़ुश, और लोग सबसे ज़्यादा ख़ुश—इसे कहते हैं सच्चा न्याय!

उसी दिन लगभग उसी समय जब यह सब हो रहा था, कुछ ही दूर पर एक और साधारण-सी घटना घटी। सोचता हूँ, लगे हाथों उसकी भी चर्चा कर दूँ।

कोई साहब किसी दुकान से कुछ सामान ख़रीदकर बाहर निकले तो देखा

उनकी बिलकुल नयी साइकिल नदारद। एक बार तो तालू सूख गया, माथे पर पसीना आ गया। नयी साइकिल, अभी कुल पैसे तक नहीं चुकाये थे।

पास ही एक पानवाले की दुकान थी। पूछा, "मेरी साइकिल यहाँ खड़ी थी, न मालूम कहाँ गयी?"

"क्या ताला नहीं बन्द था?" पानवाले ने लाज़िम सवाल किया।

"न।"

"तो हवा खाने गयी होगी!" व्यंग्य करते हुए पानवाले ने उन्हें ऐसे देखा मानो किसी सिरफ़िरे को देख रहा हो।

"फिर काहे की शिकायत, साहब! साइकिल उठवाने का सारा प्रबन्ध तो आप ख़ुद ही कर चुके थे।" दूसरे साहब बोले।

"न उठती तो ताज्जुब था।" किसी और ने फ़रमाया।

"हद है मूर्खता की...!" तीसरे ने राय ज़ाहिर की।

"बिना ताले की साइकिल...शिकायत दूसरों से!" चौथे साहब से भी न रहा गया।

"जाइए साहब, अब घर जाइए। जो बेवकूफ़ी की आपने, उसकी सज़ा भुगतिए।" पाँचवें साहब ने केस क्लोज़ कर दिया।

सन्धि

अबकी गाँव गया तो पक्का इरादा करके गया था कि कुछ भी हो जाए, बाबा से किसी भी बहस में नहीं पड़ूँगा। अस्सी बरस के बाबा पुराने ज़माने के ही आदमी नहीं थे, ठेठ गाँव के भी आदमी थे। ठेठ गाँव का आदमी होना ग़लत नहीं, मगर वो अपने को आधुनिक और उन्नतिशील विचारों का आदमी भी मानते थे और आधुनिक चिन्तन पर ख़ासा ज़ोर देते थे। उनकी दृढ़ मान्यता थी कि विज्ञान की जड़ें भी भारतवर्ष में ही थीं, जहाँ से विदेशी उसे लूट ले गये। उनकी तर्क क्षमता की पूरे गाँव में धाक थी। पंचायत कोई भी फ़ैसला देने से पहले बाबा का मुँह देखती थी।

मुझको बाबा सिर्फ़ इसलिए एक चुनौती मानते थे, क्योंकि मैं बचपन से शहर में रहा था, वहीं पढ़ा-लिखा था और उनके विचार से मेरे तथा उनके बीच शहर बनाम गाँव वाली असहज स्थिति बनती थी। वैसे तो बाबा मिडिल पास ही थे, मगर घर पर संस्कृत, उर्दू, अँग्रेज़ी और थोड़ी बहुत फ़ारसी भी पढ़े थे। ब्रज-भाषा काव्य के रसिक थे, और मानते अपने को उसका मर्मज्ञ थे, बाबू जगन्नाथदास रत्नाकार का 'गंगावतरण' उन्हीं से सुन चुके थे। उर्दू का सबसे बड़ा कवि नज़ीर अकबराबादी और फिर अनीस को मानते थे। मैंने एक बार मीर, ग़ालिब और इक़बाल का नाम लिया तो मुझ पर टूट पड़े, ''तुम न हिन्दी समझो, न उर्दू; और अँग्रेज़ी, जिस पर इतना नाज है, उसका एक भी वाक्य सही लिख नहीं सकते। तुम लोग साहित्य की बारीकियाँ क्या समझोगे!'' 'तुम' की बजाय 'तुम लोग' महत्त्वपूर्ण बहुवचन था, बाबा के लिए मैं केवल एकवचन 'मैं' नहीं था, उस पूरे वर्ग का प्रतिनिधि था, जिसकी शिक्षा-दीक्षा को मैकाले ने चौपट कर दिया था। बाबा का कहना था कि सैकड़ों अँग्रेज़ शासक हिन्दुस्तान को उतना नुकसान नहीं पहुँचा पाये थे, जितना अकेले मैकाले पहुँचा गया।

बहरहाल, गाँव पहुँचकर तीन दिन तक जिस सावधानी से मैं बाबा के प्रिय आध्यात्मिक विषयों से कतराता रहा, वे दमआलू के रूप में भी प्रकट हो सकते

हैं, इसकी मैंने कभी कल्पना न की थी।

मैंने देखा कि मेरी बहस की सबसे बड़ी कमज़ोरी यह होती थी कि वह लामहाला बहु-आयामी हो जाती थी, जबकि बाबा अपनी बहस को एक-आयामी रखने के मामले में एक आर्यसमाजी की तरह कट्टर थे। यही उनकी तथा उनके बहस की वह ताक़त थी, जिसके सामने मैं हमेशा किंकर्त्तव्यविमूढ़ होकर रह जाता।

उस दिन बात 'दमालू' से शुरू हुई। बाबा ने छूटते ही मुझे सही किया, 'दम-आलू।' साधारण उच्चारण-भेद से ही कैसे आलू और दम का लोप तथा 'दमा' और 'लू' का प्रकोप सम्भव है, इस पर बाबा ने एक छोटा-सा लेक्चर दे डाला। मेरे मनोबल को ज़बरदस्त धक्का लगा, पर सम्हलते हुए मैंने अपनी आदत के मुताबिक बहस को दूसरे आयामों की ओर ले जाना चाहा कि दमआलू में मुख्य चीज 'दम' है न कि 'आलू'।

'आलू' कहने में बाबा को एक सेकेंड भी नहीं लगा होगा। उन्होंने दम-आलू के ठोस आधार को चुन लिया था। दर्जनों मसालोंवाला 'दम' मेरे ज़िम्मे रहा। मैं समझ गया, एक बार फिर एकआयामी आलू बाबा की तरफ और बहुआयामी मसाले मेरी तरफ थे। द्वन्द्व शुरू हुआ। बाबा बोले, "आलू के बिना दमआलू कहाँ से आएगा?"

मैंने कहा, "दमआलू को दम आलू तो तभी कहा जाएगा, जब उसमें मसाला का दम हो, वरना हो वह ठेठ आलू।"

"तो जाइए आप बिना आलू के अपने मसाले भून लाइए, मैं बिना मसालों के अपने आलू भून लाता हूँ। देखें, दोनों में कौन चीज़ खाने लायक़ ठहरती है!" 'कैसी-रही बेटा' वाले विनोदी भाव से बाबा मुस्कराए जा रहे थे।

"आप तो एकदम दमआलू खाने पर पहुँच गये। यह तो बहस करना नहीं, बहस का खा जाना हुआ। बहस तो यह है कि दरअसल दम-आलू कहेंगे किसे?"

"ग़लत! बहस यह है कि दम और आलू में ख़ास चीज़ कौन-सी है—आलू या दम! मैं समझता हूँ, मसालों के बिना भी आलू में ख़ासा दम है—मसाले इसी दम को और ज़्यादा दमदार बनाते हैं। आलू में यह क़ुदरती दम न होता तो मसाले किसी भी सब्ज़ी का दमआलू बना देते।"

"मगर मसाले किसी भी सब्ज़ी के दम को और ज़्यादा दमदार बनाने की क़ुव्वत तो रखते ही हैं। यह क़ुव्वत आलू में कहाँ?"

"है क्यों नहीं, किसी भी सब्ज़ी में आलू डाल दीजिए और फ़र्क़ देखिए..."

बाबा की बहस में दम था। फिर भी, बहस के एक और आयाम को खोलते हुए मैंने कहा, "आलू भून-भूनकर खाने से दमआलू पकाने तक आदमी ने जो लम्बी सभ्यता-यात्रा की है, क्या वह महत्त्वहीन है?"

"हरगिज़ नहीं, मगर इस यात्रा में तवज्जोह अगर आलू से हटकर मसालों पर टिक जाए—यानी असल से हटकर उसकी बनावट-सजावट में उलझती चली जाए तो यह ज़रूर एक ख़तरनाक बात होगी।"

"और अगर आलू पर ही टिकी रह जाए तो?"

"दमआलू नहीं मिलेगा, मगर ऐसा नहीं होगा कि आलू की जगह सिर्फ़ मसाले हाथ लगें।"

"यह तो आप बड़ी ज़बरदस्ती की बात कर रहे हैं बाबा। आख़िर जब आदमी दमआलू की दिशा में आगे बढ़ेगा तो आलू के बिना कैसे आगे बढ़ेगा। वह तो रहेगा ही।"

"रहेगा, पर यह तो हो ही सकता है कि मसालों की लज़्ज़त से आदमी इतना चौंधिया जाए कि आलू से ज़्यादा मसाले पैदा करने लगे, यहाँ तक कि आलू जैसी असल चीज़ कम पड़ जाए और मसालों जैसी सजावटी चीज़ें ज़रूरत से ज़्यादा पैदा की जाने लगें। इसीलिए मैं आलू जैसी मुख्य चीज़ का पक्ष ले रहा हूँ।"

"और मसालों की ख़िलाफ़त।" मैंने बहस को थोड़ी और गहराई में ले जाने की कोशिश की, "आप दमआलू में दम और आलू की स्थितियों को परस्पर सहयोगी न मानकर परस्पर विरोधी क्यों मानते हैं। यह क्यों मानते हैं कि दोनों में से एक-न-एक दूसरे को खा ही जाएगा? आदमी दमआलू खाएगा, यह मानकर चलिए तो आदमी के पास सिर्फ़ आलू या सिर्फ़ दम नहीं, दोनों चीज़ें रह सकती हैं। यह भी मुमकिन है कि जो आदमी मसालों की दिशा में इतनी दूर तक पहुँचा है, ज़्यादा आलू पैदा करने की दिशा में और भी दूर तक पहुँचे।"

बाबा इस तर्क के ख़तरनाक पहलू को भाँप रहे थे, जो उन्हें सिर्फ़ मसालों की ओर से ही नहीं, अब आलुओं की तरफ से भी घेर रही थी—ज़रा चूके कि दोनों हाथ से गये। यह बहु-आयामी बहस का चक्रव्यूह बन रहा था, जिसे एकतरफ़ा दबाव से ही बेधा जा सकता था।

"मैं हवा में बहस नहीं करता। आदमी क्या करेगा, क्या नहीं, इसे ख़ुद नहीं जानता, शायद भगवान भी नहीं जानता। मैं तो भइया, प्रत्यक्षवादी हूँ। गाँव का आदमी, धरती से जुड़ा हुआ आदमी, मिट्टी की गन्ध से जुड़ा हुआ आदमी..." मैंने देखा, बाबा एकदम भावुक हो गये थे—उनकी आँखें छलछला आयी थीं। आलू को लेकर नहीं, मिट्टी की गन्ध की कल्पना को लेकर। कल्पना इसलिए क्योंकि बरसों से बाबा की सूँघने की ताक़त बुढ़ापे के कारण जाती रही थी। उन्हें ख़ुशबू और बदबू में फ़र्क़ नहीं पता चलता था। मुझे यह भी पता था कि बाबा को भुने आलू और उबले सिंघाड़े बेहद पसन्द थे, लहसुन-प्याज से परहेज़ था।

मसालेदार सब्ज़ियाँ हज़म नहीं कर पाते थे तो वैसे भी दमआलू का पक्ष लेना उनके लिए नामुमकिन था। मगर बहस को उनके चरित्र या बुढ़ापे से जोड़ना बेईमानी होगी, क्योंकि तब उतनी ही बेईमानी से सारी बहस को मेरे अन्ततः दमआलू जैसी चीज़ को शहराती वर्ग में रख कर लताड़ा जा सकता था...। और तब सारी बहस मुख्य विषय व्यंजन से हटकर हमारे चरित्रों पर उतर आती और कोई भी बहस जब चरित्रों पर उतर आती है तो उसमें केवल चरित्रों का हनन होता है, विषय पर मनन नहीं।

बाबा जब स्वस्थ हुए, उस समय तक वह सारी मिट्टी उनके आँसुओं से भीग चुकी थी, जिसे हम अपने देश की, बल्कि अपने प्रदेश की, बल्कि अपने घर की, बल्कि अपने पाँवों तले की मिट्टी कहते हैं।

"आलू इसी मिट्टी की उपज है। आलू में इस मिट्टी की सहज सोंधी गन्ध है।"

"मसाले भी तो इसी मिट्टी से...," मैंने बहुत सँभलकर कहा।

"मसालों में इस मिट्टी की सोंधी गन्ध, नहीं ज़रा टेढ़ी गन्ध है..."

"एक बात कहूँ बाबा, आलू भी इस देश की चीज़ नहीं। सैकड़ों साल पहले कहीं बाहर से लाकर इस देश की मिट्टी में बैठाए गये थे, तब से यहीं के होकर रह गए।"

बाबा मुझे अविश्वास से देख रहे थे, "बिल्कुल ग़लत, सरासर झूठ। मैं जानता हूँ, अब तुम यही कहोगे कि आलू अमरीका से यहाँ लाए गये थे।"

"और अमरीका वे योरोप से गये थे..."

बहस का इस तरह इतिहास में चले जाना बाबा के लिए असह्य था। बमक कर बोले, "किस स्साले ने यह सब झूठ लिखा है?"

"मगर बाबा, यह तो ऐतिहासिक सत्य है..."

"चुप रहो, बड़े कहीं के ऐतिहासिक सत्य के नाती बने हो। यह सब अँग्रेज़ों का फ़रेब है। यहाँ राज किया तो किया, साले हमारे इतिहास को भी नष्ट कर गये। सब अंट-शंट लिख मारा। खुद तो हमारे वेद-पुराण उठा ले गये। उन्हें पढ़-पढ़कर हवाई जहाज़ बना डाला—और अब हमीं उनके आलू चुराने गये... ख़ूब! टिकिया चोर साले! इतिहास बहुत बड़ा है, सिर्फ़ उतना ही नहीं है, जितना अँग्रेज़ लिख गये। सच पूछो तो उन्हें आलू भी कहीं हमारे वेद-पुराणों में ही मिला होगा। और अब तो बेईमान हवाई जहाज़ की तरह आलू को भी अपनी चीज़ बताते हैं।"

"तो फिर दम और आलू भी कहीं न कहीं ज़रूर हमारे वेद-पुराणों में रहा होगा, जैसे हवाई और जहाज़। फिर इन्हें आप अलग-अलग और एक दूसरे का

विरोधी क्यों मानते हैं बाबा? हवा पुरानी चीज़ और जहाज़ नयी चीज़ मिलकर अगर एक बहुत नयी चीज़ बन सकते हैं तो इससे तो यही सिद्ध होता है कि हवाई जहाज़ में हवा और जहाज़ की स्थितियाँ परस्पर विरोधी नहीं, सहयोगी हैं।''

''अगर तुम बहस को (दमआलू से) हवाई-जहाज़ पर ले जाना चाहते हो तो मुझे कोई आपत्ति नहीं, पर इतना याद रखो कि अगर दम और आलू के बीच सन्तुलन बिगड़ा तो दमआलू खाने लायक़ नहीं बचेगा, मगर हवा और जहाज़ के बीच सन्तुलन बिगड़ा तो समझ लो सीधे 'क्रैश,' जान पर बन आएगी। तुम्हारी यह सभ्यता-यात्रा सीधे रसातल पहुँचेगी। मैं तो फिर भी अपने आलुओं पर ज़िन्दा रह लूँगा, पर तुम न हवा के रहोगे, न ज़मीन के।''

''अगर सन्तुलन बिगड़ा! अगर सन्तुलन बिगाड़िए तो बहुत-सी चीज़ें कहीं की न रहेंगी। यह शरीर, यह ज़िन्दगी भी जो एक बहुत नाजुक तनाव में क़ायम हैं, नहीं रहेगी। पदार्थ का एक अणु, सोचिए बाबा, कितने नाज़ुक तनाव पर टिका, ऊर्जा से झनझनाता रहता है। एलेक्ट्रान, प्रोटॉन, न्यूट्रान लगातार गतिशील—एक पटरी से कूदकर दूसरी पर दौड़ते रहते हैं, ठीक उसी तरह, जैसे इतने बड़े ब्रह्मांड में पृथ्वी, सूर्य, चन्द्र, ग्रहों, नक्षत्रों का यह विराट मेला! एक अदृश्य लय, एक नाजुक सन्तुलन। कभी-कभी ये टकरा जाते हैं तो अनेक सृष्टियाँ नष्ट हो जाती हैं—भयानक! पर ये सब अगर रुक जाएँ बाबा, तब? न चलें, न टकराएँ, तब आप उसे सावधानी कहेंगे शायद, पर मैं उसे मृत्यु कहूँगा। जीवन है तो तनाव भी होगा, गति भी होगी, संघर्ष और अन्तर्विरोध भी होगा, तभी शक्ति और ऊर्जा होगी। तनाव और अन्तर्विरोध केवल नष्ट करते होते तो मनुष्य-जाति अब तक नष्ट हो गयी होती, लेकिन हम अभी हैं और आगे भी रहेंगे—आलू भी उगाएँगे और मसाले भी, क्योंकि अभी हमें बेहतर दमआलू बनाना है—बेहतर हवाई जहाज़ बनाना है, जिसकी उड़ानें सिर्फ़ अन्तर्राष्ट्रीय नहीं, अन्तरसौरमंडलीय हों। मेरे लिए सिर्फ़ आलू काफ़ी नहीं, क्योंकि मैं जानता हूँ, क्योंकि कभी हमने महसूस किया था कि हमारे लिए सिर्फ़ अपने आप उगने वाले कन्द-मूल फल काफ़ी नहीं।''

''आधी छोड़ पूरी पे धावै, आधी रहै न पूरी पावै। बहस के लिए बहस एक बात है, पर तुम्हारी बहस व्यावहारिक नहीं, निरी सैद्धान्तिक है। दिमाग़ी है, हृदय की बात नहीं। सीधा रास्ता छोड़कर भटकने-भटकानेवाला रास्ता है।''

फिर वही बेहूदा तरीक़ा बहस का—मैं सोच रहा था—दो प्रस्तावों को आमने-सामने रखकर लड़ा दो। व्यावहारिक बनाम सैद्धान्तिक, दिमाग़ी बनाम दिली, ज़मीनी बनाम आकाशीय, अजीब मुश्किल है। सीधा रास्ता! ज़िन्दगी का सबसे सीधा रास्ता है मृत्यु—फिर इतना चक्कर क्यों, जब अन्त में मरना ही है?

मैंने कहा, "पेड़ की जड़ें ज़मीन में होती हैं, मगर पेड़ ज़मीन की ओर नहीं, आसमान की ओर बढ़ता है तो इसका यह मतलब नहीं कि पत्ते, फूल, फल, जड़ों की ख़िलाफ़त कर रहे हैं। वे सब पेड़ हैं, और पेड़ का पेड़ होना उन सबका उसी तरह स्थित होना है अन्यथा पेड़ का अस्तित्व नहीं रहेगा।"

"तुम्हारी बहस अपनी जगह सही हो सकती है, मगर जड़ भी अपनी जगह सही है।"

"मैं कब कहता हूँ कि वह सही नहीं है। मैं तो सिर्फ़ कह रहा हूँ कि पेड़ का मतलब सिर्फ़ जड़ नहीं, और बहुत कुछ भी है।"

"लेकिन जड़ सूख रही हो तो कुछ भी नहीं है। मुझे लगता है—कि कभी-कभी हमारा ध्यान पेड़ की फुनगियों पर तो होता है, जो सामने दिखाई देती है, पर उन जड़ों पर नहीं, जो छिपी हैं।" मैं समझ गया—'छिपी' बात करके बाबा ने अपनी बहस को अचानक एकदम कमज़ोर कर लिया था!

"बाबा, पहले यह बताइए कि आप प्रत्यक्ष पर बहस कर रहे हैं या परोक्ष पर?"

"दोनों पर।"

"तो इसका मतलब आप दोनों में विरोध नहीं मानते? आप दोनों तरफ़ हैं?"

बाबा चुप रहे। फिर थोड़ी देर बाद ज़रा कष्ट में बोले, "जब यह बहस शुरू हुई, तभी मुझे लगा था कि मामला सिर्फ़ दमआलू तक नहीं रुकेगा—यह तो सिर्फ़ सुई की नोक बराबर ज़मीन है। इसीलिए जब तुमने ब्रह्मांड और अणु का विराट रूप दिखाया तो मैं समझ गया, यह तो पूरा महाभारत है, जिसके अन्दर हमारे तर्कों का व्यूह एक लघु प्रसंग है। तमाम युद्ध, महायुद्ध, तर्क, वितर्क, कुतर्क; विचार, दर्शन अपनी जगह पर, असली जड़ वही सुई की नोक बराबर ज़मीन...बहस करो तो भी, न करो तो भी, वह कुरुक्षेत्र बनेगी।"

बाबा महाभारत में चले गए थे। अपनी ज़मीन पर डटे हुए थे। बहुत ग़लत भी नहीं थी। ज़मीन और मिट्टी के ग़लत होने का सवाल भी कहाँ उठता है। सबकी जड़ें वहीं हैं और एक-न-एक दिन सबको वहीं लौटना है...बाबा का स्वाभाविक झुकाव मिट्टी की ओर था। बाबा की उम्र पर यही स्वाभाविक भी था।

"सस्यमिव मार्त्यः पच्यते सस्यमिवऽजायते पुनः"

एक अंकुर की तरह मनुष्य जन्मता है तो सारे आकाश में छा जाना चाहता है। फिर बूढ़ा होता, धरती की ओर झुकता, उसके गर्भ में पुनः समा जाना चाहता है।

मैं बाबा की झुर्रियों भरे चेहरे को देख रहा था, जैसे वह उनका चेहरा नहीं, बुढ़ापे का सनातन चेहरा हो, कटी हुई फ़सल के बाद एक खेत की तरह धूप में सूखता हुआ।

उनसे विदा लेते समय आँखें अचानक भर आयीं; (गाँव के खंडहर जैसे घर में बाबा बिलकुल अकेले रह रहे थे। उन्हें न जाने कौन-सा मोह उस खाली घर से बाँधे हुए था। कई बार कोशिश की हमारे साथ चलकर शहर में रहें। हर बार टाल जाते, "यहाँ रहा हूँ, यहीं मरूँगा। मेरी देखभाल के लिए पूरा गाँव तो है।" जिसका मतलब था, पूरा गाँव उनकी देखभाल में था!) अबकी फिर दबाव डाला कि बाबा मेरे साथ चलें तो बिलकुल उदास हो गये। चुपचाप मेरी बात सुनते रहे, फिर न जाने क्या सोचकर चलने को तैयार हो गये। अन्यमनस्क-से सामान बाँधते रहे। खूँटी पर टँगा कुरता उठाया तो लगा मानो खूँटी अकेली हो गयी। सहसा उनके हाथ रुक गये, जैसे किसी ने हाथ पकड़ लिया हो। आकर पास बैठ गये। फिर कुछ सोचते हुए बोले, "यहाँ, घर में मैं राजा हूँ, वहाँ तुम्हारी प्रजा..."

"कैसी बातें कर रहे हैं बाबा? वहाँ भी आप ही..." पर बीच में ही मेरी बात काटते हुए वो बोले, "नहीं, तुम्हें पराया नहीं मानता, लेकिन एक अशक्त और बूढ़ा आदमी धीरे-धीरे ख़ुद के लिए भी पराया होता जाता है।"

"आप घर के पितामह..."

"तो पितामह की ही तरह मुझे बिलकुल अकेले अपनी इसी शैया पर मरने दो। अन्तिम समय ईश्वर से मैं भी अब वही माँगता हूँ, जो भीष्म ने कृष्ण से माँगा था— अनायास-मरणं, बिना दैन्येन जीवनं, देहान्त तव सान्निध्यं देहि मे परमेश्वर!"

मैंने बाबा के पाँव छुए, मानो धरती के पाँव छुए। शहर लौट आया।

सुबह से बादल घिरे हुए थे। हल्की बूँदाबाँदी से सड़क गीली हो गयी थी। जाड़ों की हवा में बारिश की ठिठुरन थी। शायद फिर एक झोंक वर्षा होनेवाली थी। अपने घर के ऊपरवाले कमरे से खिड़की के बाहर देख रहा था। सहसा आँखों पर विश्वास नहीं हुआ—घर के सामने बाबा रिक्शे से उतर रहे थे। जब तक मैं उन तक पहुँचता, वे ड्राइंगरूम में आ गये थे। दरवाज़े के अन्दर जूते उतारे, छाता दरवाज़े से टिका कर खड़ा कर दिया, टोपी और चादर सोफ़े पर डालते हुए बैठ गये, बस, इतना ही सामान था उनके साथ, पर लगा जैसे मेरा ड्राइंगरूम उसे सह नहीं पा रहा था। मुझे याद आया, गाँव में बाबा का छोटा-सा घर—कितने तरह

के सामान थे मेरे साथ, जो उस घर की खुरदुरी सादगी का बाल भी बाँका नहीं कर सके थे।

बाबा अब आ गये हैं तो मेरे ही साथ रहेंगे, उनके रहने का मुनासिब इन्तज़ाम...शायद मेरे मन की बात के उत्तर में ही वे बोले, "ज़्यादा दिन नहीं रहूँगा।" वे मेरे या किसी के भी घर में रहने की बात नहीं कह रहे थे, "सोचा, चलकर एक बार तुम सबको देख आऊँ।" मैंने शर्मिन्दगी-सी महसूस की। दूसरे दिन वे चले गये। उन्होंने ठीक ही कहा था, वे ज़्यादा दिन नहीं रहे।

गाँव गया तो देर तक डबडबाई आँखों से देखता रहा उनके उस घर को, जिसे वे ख़ाली कर गये थे। बाबा की बहुत थोड़ी-सी चीज़ें मानो अब भी एक बहस थीं मेरी बहुत-सी चीज़ों के ख़िलाफ़। बाहर निकला तो देखा, गाँव के सारे लोग इकट्ठा थे, जिनके सुख-दुख के बीच बाबा पूरी तरह डूब कर जिये थे।

सीमारेखाएँ

एक बार ऐसा हुआ कि दो देशों के बीच सीमारेखा, यानी विभाजन रेखा, अचानक कहीं खो गयी। ख़ासा वाद विवाद, लड़ाई झगड़ा, मारामार थी उसको लेकर। सब यकायक थम गया। दोनों लड़ना छोड़कर खोजने में लग गये अपनी अपनी सीमारेखाएँ, बल्कि अपनी सीमारेखा जो दोनों की होते हुए भी किसी एक की ही नहीं थी।

क्योंकि सीमारेखा खो गयी थी इसलिए सबसे बड़ी मुश्किल दोनों देशों के बीच फ़र्क़ करने में हो रही थी। दोनों का रंग-रूप एक, रहन-सहन एक, ज़मीन-आसमान एक, पहाड़—नदियाँ—जंगल एक, वेशभूषा तक एक। रक्त का रंग एक, शरीर की बनावट भी एक।...

सीमारेखा के खो जाने वाला हादसा उस समय हुआ जब उसी सीमारेखा को लेकर दोनों देशों के बीच घमासान लड़ाई चल रही थी। उसके ग़ायब होते ही लड़ाई रोकनी पड़ी और दोनों ही देश लड़ना छोड़कर लड़ाई की जड़ यानी सीमारेखा को खोजने में जुट गये।

इतिहास से शुरू किया तो पता चला कि अभी कुछ ही वर्षों पहले तक वह कहीं थी ही नहीं! कुछ लोगों को शक़ हुआ कि भीषण गोलाबारी में कहीं वह नाज़ुक-सी सीमारेखा ही तो नहीं हलाल हो गयी। लेकिन ऐसा अगर हुआ होता तो कहीं उसकी लाश तो मिलती। एक लाश मिली तो ज़रूर पर इतनी क्षत-विक्षत हालत में कि उसे पहचानना ही मुश्किल हो गया।

कुछ उत्साही और जानकार लोग सीमारेखा की तलाश में पुरातत्त्व में भी गये। वहाँ हाल और भी बुरा था : दो देशों के बीच तो क्या वहाँ किन्हीं भी देशों के बीच कोई भी सीमारेखा नज़र नहीं आ रही थी। उनमें से कुछ लोग यह अटकल लगा रहे थे कि शायद आधुनिक समय में एक सीमारेखा उसी तरह पाताल में चली गयी थी, जैसे वैदिक काल में सरस्वती नदी विलुप्त हो गयी थी...।

फ़िलहाल, समस्या का कोई हल नज़र नहीं आ रहा था—न वर्तमान में, न इतिहास में, न भविष्य में, न आदमी की नस्ल में, न उसकी शक़्ल में, न साहित्य में, न कलाओं में, न भूगोल में...सीमारेखा न रहने से सब एक-सा लगने लगा था, मानो अलग-अलग देश न होकर एक ही दुनिया हो। सबसे बड़ी दिक़्क़त यह थी कि साफ़-साफ़ पता ही नहीं चल रहा था कि कौन किसके विरुद्ध है : सब एक दूसरे के पक्ष में लगते थे। और जब तक यह न पता चले कि कौन किसके ख़िलाफ़ है, मानव जाति की सबसे बड़ी पहचान, उसके हज़ारों साल पुराने योद्धारूप का ही लोप होता जा रहा था : युद्ध और संघर्ष जैसे महाकर्म का अभिप्राय ही घपले में पड़ गया लगता था। बिना संघर्ष के प्रगति कैसे हो? संघर्ष क्या रुका कि मानव जाति की प्रगति ही रुक गयी थी। विकास के अनवरत क्रम में दिल दहला देने वाली बाधा उत्पन्न हो गयी थी। संघर्ष और संहार के अपार और अपराजेय साधनों का आविष्कार, निर्माण और वितरण करने वाले तमाम संस्थानों और कारख़ानों के लिए संकट पैदा हो गया था। जिसका विपरीत प्रभाव उन्नत और अनुन्नत देशों पर एक साथ पड़ रहा था। उनकी आर्थिक व्यवस्था डाँवाडोल होने लगी। लड़ाइयाँ अगर किसी भी वजह से रुक गयीं तो मनुष्य जाति का विनाश अवश्यम्भावी था। पृथ्वी अगर बच भी गयी, तो किस काम की।

जिन घने जंगलों, वीरानों और दुर्गम पहाड़ों वगैरह से होकर सीमारेखा गुज़रती थी वहाँ उसे हर वक़्त दृष्टि में रखना वैसे भी हमेशा ही मुश्किल रहा था—अब जब वह खो गयी थी, यहाँ दिखाई नहीं दे रही थी, उसे ढूँढ़ पाना लगभग असम्भव था। सबसे बड़ी मुश्किल पैदा हो गयी थी उसे ढूँढ़ने वालों की भीड़ भब्भड़ की वजह से जो (सीमारेखा के न रहने से) दोनों देशों के बीच इतनी आज़ादी से आ जा रहे थे कि मानो अब दो नहीं दोनों मिल कर एक ही देश हो गये हों। यहाँ तक कि दोनों के बीच मेल-मुहब्बत और शादी-ब्याह तक का सिलसिला शुरू हो गया।

इसके पहले कि मुआमला एक बिलकुल स्वाभाविक सरलीकृत समाधान में ठहर कर हमेशा के लिए शान्त हो जाता और दो महान देशों के बीच फ़र्क़ कर सकने वाले लड़ाई झगड़े की कोई बुनियाद ही न बचती, कुछ पेशेवर देशभक्त राजनीतिज्ञों और कूटनीतिज्ञों ने मामले को आगे बढ़ कर हाथ में ले लिया, और सार्वजनिक रूप से अत्यन्त समारोही ढंग से शपथ खाई कि देश के हित में हम मामले को उलझा कर ही रहेंगे, और पक्का संकल्प लिया कि अगर पुरानी सीमारेखा किसी कारण से ढूँढ़ने से न भी मिली तो हम नयी सीमारेखा बनाएँगे, चाहे इस महान् प्रयास में दोनों देशों को मर मिटना ही क्यों न पड़े।

इस 'मर मिटने' वाले नारे का लोगों पर कमाल का प्रभाव पड़ा।

तमाम ऐसे लोग सामने आने लगे, और नये-नये लोग पैदा भी होने लगे, जिन्होंने इस 'मर मिटने' वाले धर्म को ख़ुशी-ख़ुशी स्वीकार कर लिया और उसे देश-विदेश में मुस्तैदी से फैलाने लगे। उनके विश्वव्यापी सम्प्रदाय बनने लगे जिनके लिए दूसरों को मार कर मर मिटने का धर्म किसी भी धर्म से ज़्यादा महत्त्व रखता था। देश-देश में वह धर्म तेज़ी से फैलने लगा और उसके अनुयायी उसी तरह फैलने लगे जैसे महामारी फैलती है।

एक कट्टर अनुयायी से किसी नाबालिग नामसझ ने नादानी में पूछा, "ज़रा विस्तार से समझाइए इस "मर मिटने— या 'मार कर मिटा देने वाले' इस धर्म की बारीकियों को?"

वह विस्तार में नहीं गया, ज़रा जल्दी में था। विस्तार में जाने का न तो उसके पास समय था न ही धीरज। नाबालिग की बचकानी उत्सुकता को बीच ही में काटते हुए उसने कहा, "इसमें विस्तार है ही नहीं, केवल संक्षेप में मर मिटना है।"

"समझा नहीं, ज़रा और..."

"समझाता हूँ।" कहकर, उसने बात की एक गोली बना कर नाबालिग के उलझे हुए दिमाग़ में ठोंक दी। इससे सन्देह उठाने वाला तो हमेशा के लिए शान्त हो गया, लेकिन दूसरे नाबालिग भी इसके सार तत्त्व को तुरन्त और बख़ूबी समझ गये। बात जब 'मर मिटने' वाले ज़्यादा बड़े मुद्दे पर जा टिकी, तो सीमारेखा वाला तनाव कुछ कम हुआ मगर स्थिति गम्भीर बनी रही। मामले को उलझाने और फिर उलझाए रखने में मीडिया की ओर से भी राजनीति को पूरा सहयोग मिल रहा था। माहौल किसी भी सरल और सीधे समाधान के बिलकुल ख़िलाफ़ था। महायुद्ध तक हो सकता था क्योंकि मर मिटने वाले धर्म को जड़ से मिटाना ज़रूरी था। सारी दुनिया विस्फोट के एक नाज़ुक बिन्दु पर बैठी सोच रही थी कि अचानक ख़बर उड़ी, "खोई हुई सीमारेखा मिल गयी! वह ज़मीन पर नहीं, एक नक्शे में छिपी बैठी थी, जैसे बिल में, साँप।"

अब सीमारेखा नहीं, वह नक्शा, विवाद का विषय था जिसमें वह मिली थी।

एक बहुत बड़ी मेज़, दुनिया से भी ज़्यादा बड़ी मेज़, पर एक छोटा-सा नक्शा फैला कर मेज़ को घेर कर नक्शे के चारों ओर तमाम विशेषज्ञ बैठ गये। नक्शे में तमाम सीमारेखाओं की इतनी ज़बरदस्त गिचपिच थी कि पता नहीं चलता था कौन-सी रेखा देश की या किसी जाति की सीमा थी। एक साधारण व्यक्ति

से लेकर पूरी मानव जाति तक की सीमारेखाओं का एक ऐसा महाजटिल महाजाल फैला हुआ था कि उसके नीचे पूरी पृथ्वी लगभग ढँक गयी-सी लगती थी। देशों में ही नहीं, अब तो घर-घर में हर व्यक्ति परेशान था दो के बीच एक सही सीमारेखा की तलाश में...।

सिर्फ़ बच्चे ख़ुश थे, जो नहीं मानते किसी भी सीमारेखा क़ो। वे उड़ रहे थे हवा में, असीम में रंगबिरंगे गुब्बारों की तरह अपने पीछे सीमारेखाओं को टूटे हुए धागों की तरह लहराते।

एक बिलकुल अनर्गल, असम्भव सपना न जाने किस धमाके की आवाज़ से टूट गया था बीच में ही। ख़ैर, सपनों का क्या...उनका बनना और बादलों की तरह हवा में उड़ जाना उनकी नियति है।

डर तो उस धमाके का है कि कहीं वह सच न निकले, जिससे लोगों की नीदें उड़ जाया करती हैं!

खंड-काव्य

‘आत्मजयी’

एवं

‘वाजश्रवा के बहाने’

के कुछ अंश

'आत्मजयी' से

पूर्वाभास

...तुम्हारे शब्दों में यदि न कह सकूँ अपनी बात,
विधि-विहीन प्रार्थना
यदि तुम तक न पहुँचे तो
क्षमा कर देना,
मेरे उपहार—मेरे नैवेद्य—
समृद्धियों को छूते हुए
अर्पित होते रहे जिस ईश्वर को
वह यदि अस्पष्ट भी हो
तो ये प्रार्थनाएँ सच्ची हैं... इन्हें
अपनी पवित्रताओं से ठुकराना मत,
चुपचाप विसर्जित हो जाने देना
समय पर...सूर्य पर...

भूख के अनुपयुक्त इस किंचित् प्रसाद को
फिर जूठा मत करना अपनी श्रद्धाओं से,
इनके विधर्म को बचाना अपने शाप से,
इनकी भिक्षुक विनय को छोटा मत करना
अपनी भिक्षा की नाप से :
उपेक्षित छोड़ देना
हवाओं पर, सागर पर...

*** *** ***

वाजश्रवा

ग़लत जीने से
सही बातें ग़लत हो जाती हैं—
सचाइयाँ झूठ लगतीं,
अच्छाइयाँ गुनाह,
धर्म पाप हो जाता,
ईश्वर आततायी
प्यार रोग बन जाता,
लोग भयावह...

यह भी सम्भव है कि एक पशु दूसरे को खा जाय
यह भी सम्भव है कि एक मनुष्य...।
अस्तित्व एक घातक तर्क भी हो सकता है।
एक पाशविक भावना भी—इस तरह
कि युद्ध और कलह ज़रूरी लगे,
स्वार्थ और छल से जीना मजबूरी लगे।
यदि यथार्थ है मृत्यु भी
तो मृत्यु ही यथार्थ हो जा सकती है
इस तरह कि वह जीवन पर छा जाए—
एक सम्भावना से बढ़ कर आवश्यकता बन जाए
और हम रोज़ के व्यवहार में बोलें, दिखाएँ, फैलाएँ...।
एक स्तर पर
विद्वेष, क्रूरता, हिंसा, बेईमानी
सब कुछ इतना सम्भव है कि स्वाभाविक लगे,—
और उसी स्तर पर हममें से हर एक जी सकता है
पागलों की तरह
एक दूसरे से त्रस्त, पीड़ित और अपमानित।

तुम्हारे इरादों में हिंसा,
खंग पर रक्त—
तुम्हारे इच्छा करते ही हत्या होती है!

तुम समृद्ध होगे
लेकिन उससे पहले
समझाओ मुझे अपने कल्याण का आधार
ये निरीह आहुतियाँ। यह रक्त। यह हिंसा।
ये अबोध तड़पनें। बीमार गायों-सा जन-समूह।

"मेरी आस्था को बल दो"—कहते ही
तुम्हारा हाथ ऊपर उठता है—एक वध और,
यह अन्तिम है। इसके बाद वरदान।...

मेरी आस्था काँप उठती है।
मैं उसे वापस लेता हूँ।
नहीं चाहिए तुम्हारा यह आश्वासन
जो केवल हिंसा से अपने को सिद्ध कर सकता है।
नहीं चाहिए वह विश्वास, जिसकी चरम परिणति हत्या हो।
मैं अपनी अनास्था में अधिक सहिष्णु हूँ,
अपनी नास्तिकता में अधिक धार्मिक,
अपने अकेलेपन में अधिक मुक्त,
अपनी उदासी में अधिक उदार।...

नचिकेता

असहमति को अवसर दो। सहिष्णुता को आचरण दो
कि बुद्धि सिर ऊँचा रख सके...
उसे हताश मत करो काइयाँ स्वार्थों से हरा-हरा कर।
अविनय को स्थापित मत करो,
उपेक्षा से खिन्न न हो जाय कहीं
मनुष्य की साहसिकता।
अमूल्य थाती है यह सबकी,
इसे स्वर्ग के लालच में छीन लेने का
किसी को अधिकार नहीं।...

आह, तुम नहीं समझते पिता, नहीं समझना चाह रहे,
कि एक-एक शील पाने के लिए
कितनी महान आत्माओं ने कितना कष्ट सहा है...
सत्य, जिसे हम सब इतनी आसानी से
अपनी-अपनी तरफ़ मान लेते हैं, सदैव
विद्रोही-सा रहा है।...

***　　***　　***

नचिकेता का विषाद

एक आँख और कई भुजाओंवाली चतुर माया
उसे कुछ पूछने नहीं देती :
किसी आकर्षक जन्तु की तरह रोज़
उसे अपने पंजों में कसती
और चूस कर छोड़ देती।

उसकी निरपराध आँखों के अवसान में प्रति दिन
एक सूर्य की बलि दी जाती,
और वह उस व्यर्थ वेदना की
छटपटाती पराकाष्ठा से गुज़रता—
बिना अस्त हुए
बिना शान्ति पाये।

एक अन्तिम साँझ अभी शेष है
साक्षी उन दिनों की जिन्हें उसने
किसी तरह जीवित रखा
निरन्तर सींच कर आत्मा के रक्त से।
समिधा में किरणों की चमचमाती बर्छियाँ
उसे सैकड़ों निरीह टुकड़ों में काट कर
स्वाहा कर देती हैं...

किन्तु वह मरता नहीं,
गृहीत हो कर
अतल जल के धधकते हुए दीर्घ सायंकाल में
असंख्य मछलियाँ बन जाता है—
और वध किया हुआ सूर्य डूब कर
पुनः उसकी ही दुनिया में उदय होता है।...

प्रलोभन

पूर्वाभास—प्रीति। यह किन अकुलाहटों से
जन्मता अस्फुट अस्ति-बोध
कि मैं फिर नया हुआ हूँ?
क्या तुमने मुझे इतने आदिम आधार से चाहा?—
इतने आरम्भ से अपनाया
कि पशुत्व भी प्रीतिकर लगता?
तुम्हारी वासना से कुछ इस तरह इच्छित होता हूँ
मानो प्रकृति मेरा नहीं
तुम्हारा प्रतिरूप है
विपरीत दिशाओं में एक साथ
सुन्दर और असुन्दर
जिसे नियम देने का हठ ही अनुचित है!

कई पहचानों के बीच भूल गया था
उस एक पहचान को
जिसकी तुम मुझे याद दिलाती हो...
प्यार करते
इस तरह अपनाती हो
कि जैसे मैं वापस मिला हूँ
तुम्हें ही नहीं अपने को भी बहुत दिनों बाद,
किसी परित्यक्त क्षण से
पुनः एक अमूल्य अनुभव में परिणत हुआ...

दुलार कर मेरी वासनाओं को
तुमने कहा था—
"सो रहो चुपचाप मुझसे लग कर,
अँधेरा बदल जाएगा। सवेरे
मूझे भूल जाना, या
इस तरह सोचना
जैसे मैं स्वप्न में चाही गयी थी—
यह तुम्हें मुक्ति देगा।
मैं तुम्हारी माया बनूँ
मुझे बस इतना ही सम्मान देकर भूल जाना।
मैं शायद फिर भी उग सकूँ
मिट्टी से रसत्व की ओर..."

"कौन हो तुम? तुम्हारी अकुलाहट
मुझमें कहीं बेचैन है।
तुम चेहरा नहीं हो, केवल एक भूख हो
जिससे एक चेहरा बनता है
और मेरी पहचानने की शक्ति को
आश्वस्त-सा करता। भूख और चेहरा
मिल कर मेरे चारों ओर कोई जंगली उत्सव मनाते हैं
रक्त के साक्ष्य में!"...

...आह, इतने पाशविक हो कर न चाहो कुछ
कि मानव-प्रीति जैसी शक्ति भी
संकुचित हो जाये,
हमारा प्यार
केवल वासना जी कर
सदा को रिक्त हो जाये।

इस अनुभूति को
कोई बृहत्तर नाम दो,—
कि हमने नष्ट होने से बचाया उसे

जिससे कभी हमने अर्थ पाया।...
...लगता है जैसे मैं यहाँ नहीं
कहीं और जिया गया हूँ।
अपने लिए व्यय होने से पहले ही
किसी और हित माँग लिया गया हूँ।
सुखी जी कर ही सन्तुष्ट नहीं होता।
बाँध सकने वाली कड़ियाँ बिखर गयीं।
एक भटकती चिन्तनशीलता
जिसके लिए आजीवन कारावास तक की सुरक्षा नष्ट हो चुकी
अब मुक्त है किसी भयानक बाह्यता में,
क्योंकि अब वह जिसके बाहर है
वह बाहर भी मृत्यु की ही तरह
अन्तिम कुछ लगता है! ...

***   ***   ***

आत्महत्या का प्रयत्न

सहसा नचिकेता को
समय का आभास जाता रहा।
अन्तिम क्षणों में, बस,
जल का हलका-सा कोलाहल
कानों में आता रहा...

टूट पड़ा कुलिश कठिन अन्धकार।
एक और सूर्य अंश अस्त हुआ।
लुढ़क गया एक शीश क्षितिज पार—
सारा जल रक्त हुआ।...

वाजश्रवा

...दृश्याक्षेप,
जैसे चल-चित्रों भरा हुआ पट सरक पड़े,
कमरे-भर में निरपेक्ष अँधेरा भर जाय।
कोई घोर आकृति आस-पास
मानो पैशाचिक अशुभ मन्त्र-सा पढ़ जाय।
जैसे आत्मा तड़पे—शरीर से निचुड़े—आगे बढ़ जाय—
लेकिन टकरा-टकरा कर अपने ही दुःख से
बस, उसी देह के आस-पास ही मँडराय।

जैसे मर्मान्तक एक चीख़ दीवारों तक में गड़ जाय।
जैसे सदैव के लिए स्याह परदा दर्पण पर पड़ जाय। ...

अचेतावस्था में

...आह, हत मन पुनः सो जा
नींद यदि आये।
विश्व का वह रूप सुन्दर
छेक लेता जो तचित मन,
हो सके तो पुनः खो जा किसी छल में।
स्वप्न से बाहर न आ,
मत उतर गहरे,
वहाँ केवल मृत्यु-भय से ढके चेहरे।
दूर तक, बस, दीख पड़ती
एक धुँधली लीक छूटे चरण-चिह्नों की—
और हारी हुई हाँकें
माँझियों की
थरथरा कर जो अचानक विकट चुप में
डूब जातीं नाचती गहराइयों में...

***		***		***

अतीत-बोध

मैं जिनका भविष्य
और समय अपने बिन उनका था।
आज नहीं। आज सिर्फ़
एक हठी प्रश्न मात्र
व्यथा-अन्ध चिल्लाता
वादी-प्रतिवादी सन्नाटों के
आरपार—अभ्यन्तर—"कोई नहीं? कोई नहीं?"

वह हो, या वे सब हों।
यह हो, या ये सब हों।
लाखों यत्न मेरे हैं : मेरे प्रयत्न
और मुझको ही घेरे हैं।
इस घेरे का बाहर— कोई नहीं।...

भविष्य-बोध

...कहीं जाते हुए चरणों का कोलाहल,
एक दूसरे को टटोलते हाथों का दीन-स्पर्श,
शोर में तैरती बातें,
बच्चों की चिल्लाहटें—
मुझे हाथ चाहिए—वत्सल।
नेत्र—ममता से छलछल।
आत्मीयता—जिसकी छाँह में चल सकूँ।
सुरक्षा—जिसकी बाँह में पल सकूँ।
अमरत्व—जो इन विध्वंस-यात्राओं का
साक्षी हो।
इस रचना के लिए उत्तरदायी एक ईश्वर दो!

पत्थरों की शक्ल ओढ़े सो रही
कुछ परी-छवियाँ मुस्कराती हैं।

ईश्वर के जन्म-दिन पर पृथ्वी
फूलों की लोरियाँ गाती है।
पृथ्वी की अथाह सम्पदा
मनुष्य का प्यार माँगती।
किन्तु वह
आकाश से बिजली को उतार लाता,
पृथ्वी के ऊपर से उसे वज्र-सा लहराता।...

***　　　　***　　　　***

...मेरा हाथ पकड़े एक बालक साथ।
मेरी उँगलियों में किसी नन्हे स्नेह का संस्पर्श—
"अब घर चलो..."
मेरे लिए ज़िम्मेदार उसका प्यार,
उसके नेत्रों की सरल जिज्ञासा,
जहाँ मैं पुन: अपने भविष्यों में दीखता हूँ—
उपस्थित,
उपलब्ध,
पूर्ण आश्वस्त।

क्षण-भर ममत्व की स्मृतियों में
विश्राम मुझे कर लेने दो।
कण-कण की पीड़ा से मेरी
कातर आत्मा को लिपट-लिपट रो लेने दो।

ये रज-कण अब भी मरे नहीं
इनमें जी उठने की मानो क्षमता गहरी :
इस मिट्टी में
अब भी जीवन की गन्ध भरी।
इसमें अगणित संसारों का अवसान उदय,
स्पर्श पुलक यह अमृतमय
क्षण-भर मुझको—

पर, आह
नहीं थम पाते मेरे तरल पाँव।

जल का झोंका...
पीछा करती आवाज़ों का रोना-धोना,
हत्यारे हाथों का समीप-बिल्कुल समीप—
आते जाना। बेदम पाँवों का घुटनों पर से टूटापन :
बढ़ने की कोशिश करना
पर धँसते जाना।
दलदल की तरह धसकती धरती
छूते ही लगता
मानो उठती कराह।
छाया है चारों ओर विषैला लाल धुआँ।
पानी पर बहता कुहरे का
ढीला प्रवाह

यह किसी गुफा का मुँह।
बजती-सी सन्नाहट, "अन्दर आओ—
अन्दर आओ—"
यह किसका यन्त्र-स्वर
अनन्त आदेश कहीं रटता है?

दस्तकें... और दस्तकें...
किन्तु लोहे का जड़ा कपाट
नहीं हिलता है।
पत्थर के दानव-सा डटा
नहीं हटता है...

"अन्दर आओ—अन्दर आओ—"
यह ज़िद्दी स्वर
क्यों बार-बार
इतना अधीर हो उठता है?...

यम

यह कैसी खंडित छाया
मेरे साथ-साथ चलती है?
ये आँखें हैं या अग्नि-कुंड?
या आधी रात कछारों पर
दो साथ चिताएँ जलती हैं?...

...क्या वन की हरियाली पर यह
सन्ध्या का ताज़ा रक्त
लाल अंशुक-सा मुझको दिखता है?—
या किसी महादानव का शव है हरा-हरा
जो नहीं जलाए जलता है?[1]...

***   ***   ***

...वे ओठ हिले
मानो कुछ कहना चाह रहे,
पर बोल न पाते हैं सहसा, निःशब्द
बोलते लगते-से।
ठहरी आँखों में कभी-कभी
गति के आभास छलक आते :
निश्चेष्ट पुतलियों के वीरान हाशियों में
डरते-डरते
जीवन के चिह्न झलक जाते।...

***   ***   ***

मानो शताब्दियाँ बीती हों
जिस मुँह को केवल चुप रहते—

---

1. यम का शरीर हरा और वस्त्र लाल माना गया है।

पाषाण–मूर्ति
केवल निरीह जीवन की
प्रतिक्षण बलि लेते—
सहसा विचलित हो उठे। लगा ऐसा मानो
उस काई–जमी शिला ने
अपने जकड़े मुँह को खोला हो :
कल्पों का गहरा मौन तोड़ उस पल
अस्ताचल बोला हो...
मानो
सहसा आक्षितिज कड़क कर
बिजली ने छू लिये प्राण...।
खड़का ढीले दर्पण–सा—
डर कर समा गया
प्राणों में चिटका आसमान।...

***   ***   ***

लेकिन मैं केवल घात नहीं :
वह तो जीवन ही से पैदा
कोई जीवन–नाशक विकार!
प्रत्येक पुराने पर विराम,
मैं प्रारम्भिक रचना–क्रम भी...

सारथी बुद्धि

जीवन सम्बन्धित शरीर से
पर शरीर–सापेक्ष नहीं है।
जैसे गतिमय वस्तु
गति नहीं,
किसी अपरिमित के अनुभव का
परिमित में संयोग मात्र है।...

***　　　　***　　　　***

व्यक्ति दास ही नहीं देह का
स्वामी भी है।
अनुशासित ही नहीं
मुक्त अनुशासक भी है इच्छाओं का।
लक्ष्यहीन ऐन्द्रिय विचरण तो
साधन का उपयोग नहीं—उपभोग मात्र है।...

***　　　　***　　　　***

विश्वासों से
या किसी विचित्र तर्क से ही
जीने को कोई अर्थ दिया जा सकता है
इतना विराट्
इतना सुन्दर
इतना असह्य
जो शायद केवल मृत्यु तले
सन्दिग्ध क्षणों के बीच जिया जा सकता है!
जो बाधित नहीं मृत्यु से
बल्कि आकलित हो।
यदि पीना ही हो ज़हर
उसे दो तरह पिया जा सकता है—
डरते-डरते
मरने से पहले ही मर कर :
या उसी चरम भय से
कोई अन्धा बल पा,
जीवन से भी ऊपर उठ कर...।

तुझको अपनी
घोरतम निराशा से ही बल लेना होगा।

मृत संस्कारों से अपना जीवन ख़ाली कर
उस ख़ाली-पन को नया मर्म देना होगा।

केवल शरीर के लिए नही
तुझको शरीर के बावजूद जीना होगा! ...

‘वाजश्रवा के बहाने’ से

आह्वान

यह ‘आज’ भी वैसा ही है
जैसा कोई ‘आज’ रहा होगा
इस आज से कहीं बहुत पहले।

तब भी पूरी दुनिया को
जीत लेने की हड़बड़ियों से लैस
निकलते होंगे
सजे-धजे सूरमाओं के झुंड
और शाम को घर लौटते होंगे पस्त
दिन भर की धूल चाट कर
थकी-माँदी हताशाओं के बूढ़े सिपाही!

याद आतीं वे सुबहें भी
इसी तरह आँखें खोलतीं
ऐसी ही किसी उदासीन पृथ्वी पर

आह्वान करता हूँ
उस अपराजेय जीवनशक्ति का
उसकी प्रकट अप्रकट प्रतीतियों को
साक्षी बना कर

धारण करता हूँ मस्तक पर
एक धधकता तिलक।

और फैल जाता है
दसों दिशाओं में
भस्म हो कर मेरा अहंकार।

लौट आओ प्राण
पुनः हम प्राणियों के बीच
तुम जहाँ कहीं भी चले गये हो
हम से बहुत दूर—
लोक में परलोक में
तम में आलोक में
शोक में अशोक में :

लौट आओ प्राण
पुनः हम प्राणियों के बीच
तुम जहाँ कहीं भी चले गये हो
हम से बहुत दूर—
तल में अतल में
जल में अनल में
चल में अचल में :

लौट आओ प्राण
पुनः हम प्राणियों के बीच
तुम जहाँ कहीं भी चले गये हो
हम से बहुत दूर—
क्षितिज में व्योम में
तारों के स्तोम में
प्रकट में विलोम में :

लौट आओ प्राण
पुनः हम प्राणियों के बीच
तुम जहाँ कहीं भी चले गये हो
हम से बहुत दूर—

फूलों में पत्तियों में
मरु में वनस्पतियों में
अभावों में पूर्तियों में :

लौट आओ प्राण
पुनः हम प्राणियों के बीच
तुम जहाँ कहीं भी चले गये हो
हम से बहुत दूर—
जलधि की गहराइयों में
ठिठुरती ऊँचाइयों में
पर्वतों में खाइयों में :

लौट आओ प्राण
पुनः हम प्राणियों के बीच
तुम जहाँ कहीं भी चले गये हो
हम से बहुत दूर—
वात में निर्वात में
निर्झर में निपात में
व्याप्ति में समाप्ति में :

लौट आओ प्राण
पुनः हम प्राणियों के बीच
तुम जहाँ कहीं भी चले गये हो
हम से बहुत दूर—
रसों में नीरस में
पृथ्वी में द्यौस् में
सन्ध्या में उषस् में
लौट आओ प्राण....

यह कैसा विभ्रम?
सुनाई देती हैं
कुछ देर तक

कुछ दूर तक अपनी ही आवाज़ें,
फिर या तो आगे निकल जाती हैं
या पीछे छूट जाती हैं!

एक पुकार की कातरता से
गूँजती हैं दिशाएँ

रात का चौथा पहर है
सुबह से ज़रा पहले का अँधेरा उजाला
द्विविधा का समय
कि वह था?
या अब होने जा रहा है?

कवयो मनीषा

अपनी ही एक रचना को
सन्देह से देखते हुए पूछता है रचनाकार
"क्या तुम पहले कभी प्रकाशित हो चुकी हो?"

रचना ने पहले अपनी ओर
फिर अपने चारों ओर प्रकाशित
प्रभा-मंडल की ओर देखा; फिर
अपने चारों ओर फैले अँधेरों के पार
दूर पास चमकते
एक से अधिक संसारों की सम्भावनाओं को

यत् ते यमं वैवस्वतं मनो जगाम दूरकम्।
तत् त आ वर्तयामसीह क्षयाय जीवसे॥
यत् ते दिवं यत् पृथ्वीं मनो जगाम दूरकम्।
तत् त आ वर्तयामसीह क्षयाय जीवसे॥

—ऋग्वेद (मानस) 10/58

देख कर उत्तर दिया—

"मैं संगृहीत हूँ अब
रचनाओं के महाकोश में,
मुझे 'कवि' या 'कविता' के
प्रथम अक्षर 'क' से
कहीं भी खोजा जा सकता है।"

जो था किन्तु प्रकट न था
प्रकाशित हुआ

मन-और-बुद्धि के संयोग से
रूपायित होती एक कृति,
फैलती जीवन की शाखाएँ प्रशाखाएँ
अपने वैभिन्न्य
और एकत्व में।

यह सब कैसे हुआ—
अनायास?
सायास?
अकारण?
सकारण?

क्या यह सब अभी भी हो रहा है
उसी तरह निरन्तर-अनन्तर-आभ्यन्तर—
अपने पूर्वार्द्ध
या उत्तरार्द्ध में?

कुछ भी हो सकता है
उन गाढ़े रंगों की चौंध के पीछे

एक उड़ते हुए बहुरंगी पक्षी की आत्मा

या एक बेचैन पल में
फड़फड़ाता नीलाकाश

या कुछ भी नहीं,
केवल एक विरोधाभास
कि नीला नहीं
पारदर्शी है आकाश,
और घासफूस के पक्षी पर
मढ़ा है
उड़ते रंगों का मोहक लिबास।
तत्त्वदर्शी देखता है एक मरीचिका की अवधि में
प्यास को अथाह हो जाते एक बूँद की परिधि में

जीवित था   एक स्पन्द
जिसके साँस लेते ही
साँस लेने लगी है सम्पूर्ण प्रकृति

उसका रुदन   जैसे एक स्तवन से
गूँज उठा हो भुवन का कोना-कोना

वह छा गया है आक्षितिज
व्योम से भी परे तक
प्रदीप्त हैं
लोक परलोक

देखने लगा है संसार
हज़ारों आँखों से,
सोचने लगा है मनुष्य
हज़ारों सिरों से,
काम से लग गये हैं हज़ारों हाथ,
चलने लगा है जीवन हज़ारों पाँवों से,
उड़ने लगी हैं आकांक्षाएँ

हज़ारों पंखों से

कोई तो है
जिसकी हलचलों से भर उठा है
इस खालीपन का कोना-कोना

उसका देखना निमन्त्रित करता है
एक निश्चेष्ट जगत को।

एक आह्लाद की ऊर्जा दौड़ जाती है नसों में
एक नयी उमंग से
झंकृत हो उठता है तन मन

...वह लौट आया है, आज
जो चला गया था कल
वही दिन नहा धोकर
फिर से शुरू हो रहा है
सृष्टि का पहला-पहला दिन

वह जो था—है
अहर्निश
न प्राचीन न अद्यतन
केवल सोता जागता।

शायद नहीं जानता था विधाता भी
अपने विधान से पहले
कि वह एक निर्माता है

एक संयोग में बन्द
जीवन-मकरन्द
एक स्पन्द मात्र
जब फूट कर

प्रस्फुटित हुआ होगा एक बीज से

प्रकट होते ही उसने पूछा होगा
आश्चर्यचकित
अपनी ही सृष्टि से
कौन था वह सर्वप्रथम
अपने उजाले से भी कहीं अधिक उज्ज्वल?
कौन था उसका रक्षक?
कौन था सुरक्षित?—एक जीवाश्म में
सूत्रबद्ध सम्पूर्ण जीव-जगत की लीला में
शब्दों और अंकों की
अक्षय सांकेतिका का अभियन्ता?

वह प्रथम पुरुष—एक अविभक्त 'मैं'
विभाजित हुआ होगा स्वेच्छा से
'स्व' और 'अन्य' में, कर्ता और कर्म में,
प्रकट हुआ होगा दो अर्धांगों में—
अपने पूर्व वैविध्य और सामाजिकता में
पुरुष और स्त्री

वह जितना अपनी ओर खिंचा हुआ
उतना ही
पृथ्वी पर झुका हुआ,
अपने चारों ओर घूमता
एक ही समय में
आधा दिन आधी रात
एक विशाल हिम-पर्वत की तरह
जितना दिखाई देता जल के बाहर
उससे कहीं अधिक निमग्न
जल में

जितना प्रत्यक्ष उससे कहीं अधिक परोक्ष

प्रमाणित से कहीं अधिक अनुमानित
कौन है वह?

असंख्य नामों के ढेर में

असंख्य नामों के ढेर में
क्या है उसका नाम?
क्या है उसका पता?
क्या है उसका समय?

उसका नाम एक मौन है
जो उच्चारित नहीं किया जा सकता :
उसका पता
एक मन की दिशाहीन यात्रा है :
और उसका समय एक अनुपस्थिति
जिसका कोई आयाम नहीं।

यह केवल एक-पृष्ठ की किताब है
दोनों ओर से काली ज़िल्दों से बँधी,
वह बीच ही से खुलती
और बीच ही में बन्द हो जाती।

उसके मुख-पृष्ठ पर
सुनहले अक्षरों से लिखा है पहला प्रभात!
यही उसका पूरा नाम
पता
और समय है!

अपरिचय की
एक पारदर्शी दीवार
तब भी थी उनके बीच

जो समय के साथ धीरे-धीरे
बदलती चली गयी दोनों तरफ से
एक ठोस अपारदर्शी दर्पण में,

पहले वे देख रहे थे एक दूसरे को
अब केवल अपने को देख पा रहे थे
दूर तक अपने अतीत में
जो एक ऊबड़-खाबड़ पठार की तरह
फैला था।

तब भी उन तक
उनके शब्दों की ध्वनियाँ और अन्तर्ध्वनियाँ नहीं
केवल उनकी आकृतियाँ पहुँचा पा रही थीं
संकेत-चिह्न
जिन्हें वे   ग़लत पढ़ते रहे।

टकराहटें भी वहीं हैं
जहाँ निकटताएँ हैं :
जहाँ कन्धे मिला कर दौड़ती
स्पर्धाओं   की रगड़ है
संघर्ष भी   वहीं है

जैसे-जैसे बड़े होने लगते पंख
छोटे पड़ने लगते घोंसले,
उन्हें पूरा आकाश चाहिए
फैलने के लिए
और पूरी छूट   उड़ने की।

निकटताओं के बीच भी
ज़रूरी हैं   दूरियों के अन्तराल
चमकने के लिए
जैसे दो शब्दों को जोड़ती हुई

ख़ामोश जगहों से भी
बनता है भाषा का पूरा अर्थ
बनता है तारों-भरा आकाश।

बचना होता है ऐसे सामीप्य से
जो नष्ट कर दे दो संसारों को,
जो बदल दे निकटता के अर्थ को
एक घातक विस्फोट में!

इससे अच्छा है   रागानुराग की दुनिया से
प्रकाश-वर्षों दूर
किसी विरागी की कुटिया में टिमटिमाता अकेला चिराग़।

बजाने से बजता है शून्य भी
जैसे ढोल में बन्द नाद
ब्रह्म हो जाता है,

जैसे वीणा के मूक तन्तु
जीवन का स्पर्श पाते ही
बोलने लगते हैं
राग विराग के बोल,
जैसे शब्दों में सुषुप्त स्मृतियाँ
जाग उठती हैं ध्वनियों   प्रतिध्वनियों की भाषा में
जब हम अपने अतीत को
सम्बोधित करते। दूर की आवाज़ें
सम्मिलित हो जातीं
हमारे अन्तर्मन के
अस्फुट मर्मरों में,

और हम आश्चर्य करते
कहीं कुछ भी तो मरा नहीं!

एक विलुप्त सभ्यता के
विदग्ध आत्म-चिन्तन को
उसके अवशेषों में फैली-बिखरी
शब्द-सम्पदा को
ईंट-ईंट जोड़ कर भी पढ़ा जा सकता है
एक नया पाठ।

उसे याद आया एक जीवन

एक बार एक व्यक्ति
हँसते-हँसते दुहरा हो गया
और देखते-देखते चौहरा

वर्षों बाद जब फिर
इकहरा होने का समय आया
उसे लगा वह ठीक उन्हीं परतों से
टूट कर टुकड़े-टुकड़े हो जाएगा
जहाँ से वह पहले दुहरा
और फिर चौहरा हुआ था।

वर्षों तक
तह करके रखे हुए काग़ज़ की तरह
वह बिल्कुल शुष्क, बेलोच
और बेजान पड़ चुका था

जिन ख़ुशियों के बाद
उसकी यह दशा हुई
उनकी मिठास भी अब
एक कड़वाहट में बदलने लगी थी

आज के बजाय न जाने कब के गये—बीते दिन

उसकी याद में ताज़ा होने लगे
लेकिन उस ताज़गी में
न कोई स्पर्श था, न रस, न गन्ध, न कोई अनुभूति
केवल एक खखारती-सी लाचारी
और अकारण बेचैनी थी

ताज़गी के नाम पर
ताज़ा दिन बिना उसे छुए ही
व्यतीत हो जाता,

ताज़ी हवा
उसके फेफड़ों में खिंचने के बजाय
सूखे पत्तों की तरह खरखराती और उसके विचारों को
जहाँ-तहाँ उड़ा ले जाती;
ताज़े पानी का बहना या बरसना
एक ऐसा दर्द था जिसमें भीगना
रहे-सहे दिनों को
रेशा रेशा गलते हुए देखना था;

समझौते के लिए काफ़ी था
एक पारिवारिक वसीयत पर
घसीट कर अपने लड़खड़ाते हस्ताक्षर
सौंप जाना निकटतम हाथों में
अपने हुए होने के अन्तिम प्रमाण को,

फिर किसी दिन
किसी दर्पण की सतह से
अपने दूसरी तरफ़ लौट जाना।

यह सब कुछ ऐसा ही था
जैसे पहली बार अपने ही को
अपने प्रतिबिम्ब की आँखों से देख पाना

वहाँ न कोई जलसा था   न जुलूस   न जलवा
सिर्फ़ एक गोल-सा
या शायद भूगोल-सा बचाखुचा चेहरा था
जैसे किसी उजड़े हुए नगर का नक्शा
उलझी हुई सड़कों की झुर्रियों से भरा :
दिन भर की दुकानी रौनक़ उतार कर
घर लौटती दैनिकताओं की शाम :
बचे अवकाश में जोड़-घटा
जीते कुछ बासी सफलताएँ :
काम-धन्धे से लगे लड़के
बड़े घर ब्याही लड़कियाँ
शिक्षा पाते नाती-पोते—
औसत सन्तुष्टियों की झालरें लटकाये
सारी खिड़कियाँ खोल कर
दूर तक देखा—
उम्र भर की कमाई में
कहीं कोई भारी घाटा था!

इससे भिन्न कुछ होना
एक घबराहट थी
कहीं का न रहना

अब तक वह जिसे कई-तरफ़ा समझता रहा
एकतरफ़ा दावा था
ख़ुद से एक बिगड़ी बहस,
ऊबड़-खाबड़ सतहों पर
विद्रूप रेखांकन
कच्चे रंगों का भराव,

हाथ बदलते रिश्ते
रगड़ खाते सिक्कों की तरह

घिस जाती उनकी चमक-दमक देखते-देखते
रह जाता हाथों का मैल

माता-पिता, बेटी-बेटी, सगे सम्बन्धी
सबका अपना अपना जीना-मरना
मृत्यु से भी कहीं अधिक निर्मम हो सकता है अक्सर
जीवन का तर्क

किसी घूरती हुई सर्प-दृष्टि पर
खींचा हुआ एक मोहक आवरण,
एक धोखे को उतार कर
दूसरे को ओढ़ती कंगाली :

टेढ़े-मेढ़े दर्पणों के
अन्तहीन अन्धे गलियारों में
टकराता डोलता टटोलता
अपनी पहचान
अपने हमसूरतों के हंगामे में

कोई और नहीं था।
कोई और नहीं थे।

केवल वही था
जो बाहर निकलने की उतावली में
बाहर की ओर ढकेलता रहा उस दरवाज़े को
जो अन्दर की ओर खुलता है।

वे दो लगते हुए भी एक ही थे

वे दो लगते हुए भी एक ही थे
भिन्न दिखते हुए भी अभिन्न

जन्म से ही,
प्रथमपुरुष एकवचन में भी वही
जो द्वितीय, तृतीय, बहु और अन्य में

कोई अन्तर न था उनकी आत्मकथा
और उनकी कथाओं में

उवाच अलग अलग
सार-वस्तु एक ही,

ऊपर से बहुरूपी
अन्तरंग एक ही।

चालीस का हुआ। एक स्त्री मिली—
वास्तविक स्त्री—एक पत्नी, माँ,
बहन और गृहिणी से निर्मित
सम्पूर्ण पृथ्वी!

प्रकाश का एक नीला बिन्दु
नीलमणि-सा
कभी-कभी आँखों में झलक कर,
ओझल हो जाता
वह
कहीं तुम ही तो नहीं?

जो उसे बचाती रहती
उसकी कल्पनाओं की अतियों से।

उसने सोचा शायद यही हो
उसकी कहानी का 'सुखान्त', लेकिन नहीं :

कोई कहानी सुखान्त नहीं होती,

क्योंकि एक सुखद कहानी का अन्त ही
दुखान्त होता है।

आशय एक ही था
क्योंकि आधार एक ही था।

एक आदर्श जीवन की कल्पना थी दोनों के मन में
और जो कल्पना में होता है
कभी-कभी वह
यथार्थ से भी बड़ा सच बन जाता है।

क्या है वह जीवन?
कहाँ है वह? कहाँ खोजें उसे
किस देश—किस काल में?

फिर भी एक शक्ति थी
उसे पाने की धुन में—एक विक्षिप्त भटकाव
अनेक संसारों में—भाषाओं में
कलाओं में—
कुरूपताओं से दूर भागते
देखते दिवास्वप्न
सहते ताने

कई बार लगता
वह दुनिया मिल गयी
पर जल्दी ही एक भ्रम टूटता
और टूटता अन्दर-ही-अन्दर कुछ
किसी बच्चे के विश्वास-सा नाज़ुक।

पिता से गले मिलते

पिता से गले मिलते
आश्वस्त होता नचिकेता कि
उनका संसार अभी जीवित है।

उसे अच्छे लगते वे घर
जिनमें एक आँगन हो
वे दीवारें अच्छी लगतीं
जिन पर गुदे हों
किसी बच्चे के तुतलाते हस्ताक्षर,
यह अनुभूति अच्छी लगती
कि 'माँ' केवल एक शब्द नहीं
एक सम्पूर्ण भाषा है,

अच्छा लगता
बार-बार कहीं दूर से लौटना
अपनों के पास;

उसकी इच्छा होती
कि यात्राओं के लिए
असंख्य जगहें और अनन्त समय हो
और लौटने के लिए
हर समय हर जगह अपना एक घर

एक व्यामोह का अन्त

गयी रात की बात है—
वह अपने पदस्थल से गिरा
और चूर-चूर हो गया

अँधेरे में कोई उससे टकरा गया था
या शायद
अन्धड़ का एक ज़बरदस्त थपेड़ा
सीधा उसके मुँह पर पड़ा था
जिसे वह सह नहीं सका

एक बार मदद के लिए चीख़ा था वह
लेकिन कोई पास में न था

दूसरी कोशिश गले में ही फँस कर रह गयी
और वह
ख़ामोश हो गया

आँखों के आगे से
अँधेरा कुछ कम हुआ तो उसने देखा
वह अपने चारों ओर बिखरा पड़ा है

"चलो छुट्टी मिली"—उसने सोचा,
"हाड़-मांस का पुतला
मिट्टी का निकला
मिट्टी में मिल गया..."

उसने अपने एक टूटे हाथ को देखा
जो अभी भी एक क़लम पकड़े था,
उससे लिखना चाहा एक अन्तिम सन्देश

पर लिखता भी क्या
और किसे?

चलो, ऐसे ही सही—सोच कर उसने
राहत की एक गहरी साँस लेनी चाही
लेकिन वहाँ तो फेफड़े ही न थे

जहाँ उन्हें होना चाहिए था

बेहद घुटन है यहाँ
और वहाँ से बाहर जाने के लिए
पाँवों को खोजने लगा

वे रहे
पर बुरी तरह टूटे-फूटे।

शायद अब भी उन्हें
बैसाखियों की तरह इस्तेमाल किया जा सके,
या कम-से-कम एक को ही
छड़ी की तरह

कोशिश की
और तभी वह फिर गिरा
मुँह के बल,
दाँत छिटक कर दूर जा पड़े
और लगे उस पर हँसने—उसी के दाँत
एक भी पाँव के बिना
बैसाखियाँ भी किस काम की

सुबह हो रही थी
कि एक चमत्कार हुआ

आशा की एक किरण ने किसी बच्चे की तरह
कमरे में झाँका

कमरा जगमगा उठा।

"आओ, अन्दर आओ, मुझे उठाओ"
शायद मेरी ख़ामोशी गूँज उठी थी!

"मैं तुमसे खेलूँगा," बच्चे ने कहा
और उसके टुकड़ों के साथ खेलने लगा

चमकते उजले टुकड़ों को
उसने ख़ुद लिया,
स्याह टुकड़े पड़े रहने दिये यूँ ही
या शायद उसके लिए

और इस तरह शुरू हुआ
सामनेवाली दीवार पर
काले-सफ़ेद का एक विचित्र छाया-नाट्य।

"मैं हार गया," अचानक उसने हताशा से कहा।
"नहीं हम बराबर रहे," बच्चे ने उम्मीद दिलायी।

उसकी आँखों में
एक कृतज्ञता की चमक थी।

तभी किसी ने दरवाज़ा खोल कर अन्दर झाँका।
पूरा घर उसकी चीख़ से काँप गया—
"हे ईश्वर, यह क्या हो गया?"

ईश्वर चुप रहा।

अंग-अंग
उसे लौटाया जा रहा था
अग्नि को
जल को
पृथ्वी को
पवन को
शून्य को...

केवल एक पुस्तक बच गयी थी
उन खेलों की जिन्हें वह बचपन से
अब तक खेलता आया था

उस पुस्तक को रख दिया गया था।
ख़ाली पदस्थल पर
उसकी जगह...

उपरान्त जीवन

मृत्यु इस पृथ्वी पर
जीवन का अन्तिम वक्तव्य नहीं है

किसी अन्य मिथक में प्रवेश करती
स्मृतियों अनुमानों और प्रमाणों का
लेखागार हैं हमारे जीवाश्म।

परलोक इसी दुनिया का मामला है।

जो सब पीछे छूट जाता
उसी सब का
उसी माला से किंवदन्ती-पाठ

एक अथक कथावाचक है समय
ढीठ उपदेशक है कालचक्र
दुहराता   पिछले पाठ
लिखता   कुछ नये पृष्ठ
जीवन का महाग्रन्थ
एक संकलन के प्रारूप में नत्थी
पिता-पुत्र दृष्टान्त की
असंख्य चित्रावलियाँ।

एक सच्चा पश्चाताप—एक प्रायश्चित
एक हार्दिक क्षमायाचना से भी
परिशुद्ध की जा सकती है
भूलचूक की पिछली ज़मीन,

एक वापसी के सौभाग्य से भी
मनाया जा सकता है
एक नये संवत्सर का शुभ पर्व,

एक सुलह की शपथ
हो सकती है पर्याप्त संजीवनी
कि आँखें मलते हुए उठ बैठे
एक नया जीवन-संकल्प
और लिपट जाए गले से
एक दुर्लभ अपनत्व की पुनःप्राप्ति

यहाँ से भी शुरू हो सकता है
एक उपरान्त जीवन—
पूर्णाहुति के बिल्कुल समीप
बची रह गयी
किंचित् श्लोक-बराबर जगह में भी
पढ़ा जा सकता है

एक जीवन-सन्देश
कि समय हमें कुछ भी
अपने साथ ले जाने की अनुमति नहीं देता,
पर अपने बाद
अमूल्य कुछ छोड़ जाने का
पूरा अवसर देता है।

*** *** ***

कभी-कभी शाम का भूला
सुबह घर लौटता है
एक सपने से!
कहीं न गया न कहीं से आया
फिर भी आश्चर्य करता—
''कहाँ था वह? किस दुनिया में?''

पूछता है
स्वयं से
''कहीं यह जागना भी
कोई सपना ही तो नहीं?''

अगर यह जागृति भी एक भ्रम है
तो मेरी जीवनी बिल्कुल झूठ
उसमें मेरी मृत्यु
दूसरा झूठ!

इस जन्म-मरण आवागमन पाने-खोने के चक्कर में
कौन लौटता है बार-बार
उसी जीवन में
आश्चर्य करता कि कुछ भी तो मरा नहीं

यह जो जुड़ता-सा लगता है
जीवन में एक नया परिच्छेद
पिछली किसी विच्छिन्न कड़ी का ही
दूसरा अनुच्छेद है

ज्ञात और अज्ञात के बीच
लगातार चलती प्रश्नोत्तरी—
अनारम्भ से निकल कर
अनन्त से भी आगे तक निकल जाती
जीवन की अथक अन्त्याक्षरी

मुझे ही लक्ष्य करके
मेरे माध्यम से बोलते
कभी मेरी सुकृतियों के सहभागी,
कभी मेरी त्रुटियों के साये।

अच्छा हुआ तुम लौट आये

कैसी विडम्बना है
कि जो भी मिलता
बहुत जल्दी में होता है—
कहीं दूर से आया हुआ
कहीं दूर जाने की जल्दी में,

और इससे पहले कि
उससे मिलने का संयोग
कोई निश्चित स्वरूप ले सके
उससे मिलना अ-रूप हो जाता है स्मृति में

अच्छा हुआ तुम लौट आये
मेरे जीवन में,
लेकिन जानता हूँ
नहीं आ सकोगे
—चाह कर भी नहीं—
वापस मेरे युग में!

नहीं लाँघ पाओगे
प्रतिपल चौड़ी होती जाती उस खाई को
जो अलग करती है
तुम्हारे आज से
मेरे कल को
जानता हूँ

दीमक-लगी चौखटों की
बासी नक़्क़ाशियों को पार कर
भुतही हवेलियों में पाँव रखते
झिझकेगा एक नवागत पुत्र का भविष्य-बोध :

आगन्तुक पैरों की आहट पा
अतीत के तलघर में चौंक कर
भूँकने लगेंगे सकपकाये कुत्ते,
कँगूरों, कार्निसों में बसे चमगादड़ों में
दौड़ जाएगी एक खलबली,
एक मौन पूछेगा—"कौन?"
और स्वयं ही उत्तर देगा—"कोई नहीं!"

तुमसे फिर मिलना
एक नया अवसर है
कि जारी रहे वह संवाद
जो बीच ही में छूट गया था अधूरा

उसे इस शीघ्र-विराम तक
नहीं पहुँचाना है
कि जो होना था हो चुका
और अब जो हो रहा
उससे हम बाहर हैं!

मैं एक चुनौती था या अवरोध
स्पष्ट नहीं है यह स्थिति,

जो था
उसकी उदास परछाइयों के झुरमुट से
बाहर निकल कर आना होगा तुम्हें
आज की प्रखर धूप में

स्मृतियों के कुहासे से ऊपर उठ कर
खड़ा होना होगा अपने पैरों पर

अतीत की अपेक्षा नहीं
उसके बावजूद उसके बजाय
जीना होगा   दूसरा एक जीवन
उससे अधिक समर्थ
उससे अधिक सार्थक

जम्हाई लेकर आँखें खोलता है   जैसे एक अंकुर
पृथ्वी को कहता माँ
आकाश को पिता
और निकल कर एक वृक्ष से दूसरा वृक्ष
जड़ें जमाता है अपने समय, अपनी मिट्टी में!

गूँजते हैं मेरे कानों में भी
मेरे पिता के वे थके हुए
स्वाभिमानी शब्द,
दिखाई देती है—
दूर एक नदी की
डूबती, पथराई कगारों पर
एक बूँद
गीली शाम-पलकों पर
टपकने से पहले की स्थिरता,
आँखों की सब से समर्थ
सब से प्रकट
और सब से करुण भाषा

''अपनी दया से
अपमानित मत करना मेरे अन्तिम पुरुषार्थ को।
मेरे पास जो भी बचा है
बहुत है मेरे लिए। ईर्ष्या करो

एक चौरासी साल का अपराजेय साहस
किसी तरह एक हाथ से
अपने जीवन को सँभाले
दूसरे हाथ से लड़ता है मृत्यु से!

इस बेमेल संघर्ष के निरर्थकता-बोध को
उसकी सम्पूर्ण विडम्बना में परखना चाहता हूँ
जैसे परखा जाता है
एक विश्वास की चुनौती को

अन्त से भी आगे तक जा कर, और सौंप दिया जाता है
अपने को अन्ततः आँखें मूँद कर
उसे जो अपरिहार्य है!

मुझे दया से नफ़रत है
दे सको तो बराबर की मैत्री दो,
पर अपनी दया दे कर
दयनीय मत बनाओ मुझे।
सम्मानित जीवन दो,
या फिर एक सम्मानित मृत्यु
मरने दो मुझे...''

आज भी गूँजते हैं मेरे कानों में
उनके वे थके हुए शब्द—
''मेरी आकांक्षाओं में
न थी विश्वविजय, न टकराहटें,
गले में 'बिकाऊ है' कि तख़्ती लटका कर
बाज़ारों में घूमना भी नहीं था
मेरी प्रतिज्ञाओं में,

मैंने सुरक्षित रखा
एक साधारण मनुष्य की तरह

जीने के अपने अधिकार को,

बिलकुल अपनी तरह परिभाषित किया
दुनिया और सुख के अर्थ को,
और उसे जिया   सिर ऊँचा रख कर।

कठिन होता है समझ पाना जीने का अर्थ
आयु के चौथे पहर में
जब बदल जाते हैं
युद्ध और शान्ति के अर्थ!

तब हम जीतने के लिए नहीं
केवल न हारने की लड़ाई लड़ते हैं

शान्ति की निस्तब्धता त्रस्त करती है
उस समय चाहिए प्रतिपल
अपने चारों ओर एक हलचल,
एक प्रपंच की रौनक़
जो ललकारती रहे मृत्यु को,
एक अकारण घमासान आश्वस्त करता
कि अभी जीवित हूँ—और जूझ रहा हूँ।''

कहा था उन्होंने,
''घिरते अँधेरे की कछार पर
यह मेरे अन्तिम पराक्रम का दृश्य है—
एक घिरे हुए   बौखलाये पशु का चूहा-युद्ध,
जिसने जीवन को बुद्धि-जटिल नहीं
इच्छा-सहज जिया है।''

''अच्छा लगता था मुझे भी वह सब
जो सब को अच्छा लगता है,
किन्तु क्षुद्रता न थी

दूसरों से लेन-देन में।"

क्रमशः दूर जाते
पिता के ये शब्द आज भी सुनाई देते हैं :
"मत भूलना—
एक तो यह कि मैं सन्त हूँ
सन्त की तरह नंगा और बेलौस,
दुनिया की रायों की
मेरे लिए कोई बाध्यता नहीं।
दूसरा यह कि मैं सम्राट हूँ
मेरी यह खाट
छः फुट लम्बी, तीन फुट चौड़ी,
मेरा पूरा राजपाट—
मेरा साम्राज्य है। इसका विस्तार
किसी भी सिंहासन से कम नहीं,
और मेरा यह घर
पूरी दुनिया से बड़ा है
यह खटोला
जिसे उड़नखटोला बना कर
बचपन में उड़ा करता था
आकाश में,
अब घर लौट आया है

देश-विदेश घूम कर
मैंने नाप कर देखा है
किसी भी सिंहासन की नाप
एक खाट की नाप से
ज़्यादा बड़ी नहीं होती—
और इस आसन से भी
दुनिया पर शासन का
ठीक वही कोण बनता है
जिससे ईश्वर

अपने साम्राज्य को देखता है!

और तीसरी बात
कभी मत भूलना कि मैं तुम्हारा पिता हूँ,
तुम्हारा भविष्य नहीं—
तुम्हारा वर्तमान भी नहीं—
लेकिन तुम्हारा अतीत हूँ
जिसे तुम कभी भी
पूरी तरह अस्वीकार नहीं कर सकोगे

जब भी तुम ताबूत की तरह बन्द
किसी प्राचीन हस्तलिपि को खोलोगे
मैं उन्हीं में कहीं
अन्दर जागता दीख जाऊँगा
एक धुआँई छाया-सा

क्योंकि जो था वह अब भी
पूरी तरह मरा नहीं
कहीं तुम में जीवित है
बिलकुल मेरी तरह

मैं तुम्हें हमेशा ही
कुछ जीता हुआ
कुछ बीता हुआ दिखूँगा
किसी भी वर्तमान की सचाइयों में
एक सत्यापित दस्तावेज़-सा उद्धृत

लाखों व्याख्याएँ सम्भव हैं पुरानों की।
असंख्य दावे और मुक़द्दमे
चलते रहेंगे अनन्त-काल तक :
और अन्त में
(विचित्र विरोधाभास है इस अन्त में)

फ़ैसला तुम्हें छोड़ना होगा
फ़िर किसी अज्ञात नवागन्तुक पर
जो अभी जनमा नहीं।"
समय कम नहीं
बहुत है जितना भी है,
एक विषम पल में जाना है मैंने
उसकी प्रलयंकर प्रगल्भता को
जब तुम्हें खोया,
और एक पल में जाना है उसकी उदारता को
जब तुम्हें वापस पाया।

पुनः एक की गिनती से

सोचता है एक मस्तिष्क
चौबीस घंटों के अन्तरों पर
हो रहे अपनी पृथ्वी के युगान्तर,

फिर किसी अनाम पुच्छल-ग्रह से पढ़ता
प्रतिपल हो रहे
ऐसे ही न जाने कितने कल्पान्तरों के
अग्रिम प्रारूप,
अविचल व्याकरण में निबद्ध
परिवर्तनों के दिशा-संकेत
जो एक अशुद्ध उच्चारण मात्र से
बदल जा सकते हैं
अर्थ से अनर्थ में।

यह सब केवल आकस्मिक?
मात्र एक संयोग?
अथवा इन असंख्य ब्रह्मांडों से परे
किसी परा-बुद्धि के चेतन-प्रयोग?

क्या जिया जा सकता है
इस विरल संयोग को
उसकी सम्पूर्ण विडम्बना में
जीवन की हदों से बाहर जा कर
जैसे जिया जाता है
एक विश्वास की पराकाष्ठा को?

***   ***   ***

...कुछ इस तरह भी पढ़ी जा सकती है
एक जीवन-दृष्टि—
कि उसमें विनम्र अभिलाषाएँ हों
बर्बर महत्त्वाकांक्षाएँ नहीं,
वाणी में कवित्व हो
कर्कश तर्क-वितर्क का घमासान नहीं,
कल्पना में इन्द्रधनुषों के रंग हों
ईर्ष्या द्वेष के बदरंग हादसे नहीं,
निकट सम्बन्धों के माध्यम से
बोलता हो पास-पड़ोस,
और एक सुभाषित, एक श्लोक की तरह
सुगठित और अकाट्य हो
जीवन-विवेक।

दाँतों और पंजों के
निशान खोजते हुए नहीं
केवल कुछ अलौकिक ध्वनियों के सहारे
आकार ले
यह निश्चय

कि जहाँ पहुँचा जा सकता है
आकाश-मार्ग से—जीवन को लाँघ कर,
वहीं पहुँचा जा सकता है थल मार्ग से भी
जीवन को जीते हुए

बिलकुल ऐहिक हो अध्यात्म
साधारण मिट्टी के बने खिलौने—
जीवन शक्तियों के प्रतीक

तपश्चर्या नहीं
सम्पन्न दिनचर्या हो
जीवन की पूजा का अर्थ।

अपने सोच को सोचता है एक 'मैं'

अपने सोच को सोचता है एक 'मैं'
अपने को अनेक साक्ष्यों में वितरित करके

वह एक 'लघु अहं' में सीमित
बचकाना अहंकार मात्र?
या एक जटिल माध्यम
लाखों वर्षों में विकसित
असंख्य ब्रह्मांडों से निर्मित
महाप्राण
समस्त प्राणि-जगत में व्याप्त?

समयातीत और स्थानातीत
सूक्ष्म और अत्यन्त जटिल
स्नायु-तन्तुओं से बुनी
एक ऐसी स्वैच्छिक व्यवस्था
जिसमें संरचित हैं
वह भी
और वे भी

जो अर्द्धाक्षर भी है और पूर्ण भी,
जो एक वार्तालाप भी है
और आत्मालाप भी।

इस 'सन्धि' का विच्छेद
उसे विस्फोटक बना सकता है!

*** *** ***

विचाराधीन था
जीवन का रहस्य।

काल का यथार्थ
तत्काल स्थगित था।

पाँच तत्त्वों के बहुमत से निर्मित
स्थूल के घनत्व का दावा ,
स्पष्ट और प्रत्यक्षदर्शी था।

"भ्रामक है यह दबाव,"
एक निष्पक्ष तत्त्वदर्शी ने कहा,
"यह दबाव तात्त्विक नहीं
केवल सांयोगिक है!"

आपत्ति इतनी सूक्ष्म थी
कि लगभग अदृश्य,
हर ठोस सवाल के आरपार निकल जाती।

कोई बोल रहा था
नपी-तुली तर्कसंगत भाषा में
पैतृक-दाय और वाणिज्य पर

एक पुत्र के जन्मसिद्ध अधिकार को लेकर
कि बात 'जन्म' पर अटक गयी।

हर तत्त्व को अमान्य था

धरती, पानी, हवा, आकाश पर
किसी भी जीव का एकाधिकार
एकाधिकार के दावेदार के आरोप थे—
कई हत्याओं के आरोप थे—

पारिवारिक
सामाजिक
नैतिक
राजनैतिक

आरोपियों को सिद्ध करना था
कि उनके भविष्य ख़तरे में है,
दावेदार को सिद्ध करना था
कि आरोपी सुरक्षित हैं।

वह हार गया
क्योंकि उसके दावे
सन्देहास्पद थे :

आरोपियों को सन्देह-लाभ मिला
क्योंकि उनके प्रमाण-पत्र उनके साथ थे।

'अन्तों' से नहीं
'मध्यान्तरों' से
बदलते हैं दृश्य।

ओस की बूँदों में टँकी
बूँद-बूँद रोशनी! उठता
तारों का वितान।
निकलती एक दूसरी पृथ्वी,
जगमगाता एक दूसरा आसमान

शब्दों का परिसर

मेरे हाथों में
एक भारी-भरकम सूची ग्रन्थ है
विश्व की तमाम
सुप्रसिद्ध और कुप्रसिद्ध जीवनियों का :
कोष्ठक में जन्म-मृत्यु की तिथियाँ हैं।

वे सब उदाहरण बन चुके हैं।

कुछ नामों के साथ
केवल जन्म की तिथियाँ हैं।
उनकी अन्तिम परीक्षा
अभी बाक़ी है।

जो बाक़ी है
वह कितना बाक़ी रहने के योग्य है
एक ऐसा सवाल है
जिसके सही उत्तर पर निर्भर है
केवल एक व्यक्ति की नहीं
बल्कि व्यक्तियों के पूरे समाज की
सफलता या असफलता।

पढ़ते-पढ़ते एक दिन मुझे लगा
एक ही जीवनी को बार-बार पढ़ रहा हूँ
कभी एक ही अनुभव के विभिन्न पाठ,
कभी विभिन्न अनुभवों का एक ही पाठ!

अन्तिम समाधान के नाम पर
उतने ही विराम
जितने वाक्य,
और जितने वाक्य

उससे कहीं अधिक विन्यास।

शब्दों का विशाल परिसर—
मानो एक-दूसरे से लगे हुए
छोटे-छोटे अनेक गुहा-द्वार,

भीतर न जाने कितने
विविध अर्थों को
आपस में जोड़ता हुआ
भाषाओं का मानस-परिवार।

अचानक ही घोषित होता—"समाप्त!"
हम चौंक पड़ते
अमूल्य सामग्री, साज-सज्जा,
सारा किया-धरा
तितर-बितर।

विषय
और वस्तु
वही रहते।
'समाप्ति' को उलट कर
रेतघड़ी की तरह
फिर रख दिया जाता आरम्भ में :
और फिर शुरू होती
धूमधाम से
किसी नये अभियान की
उलटी गिनती

ढिंढोरा पिटता—
इस बार बिल्कुल मौलिक!
लेकिन इस बार भी यदि

अधूरा ही छूट जाए कोई संकल्प
तो इतना विश्वास रहे
कि सही थी शुरुआत।

साहित्य और विचार

'आज और आज से पहले' की भूमिका

कुछ बातें

लगभग एक किताब की तरह समाप्ति पर है अब बीसवीं सदी। इसके अन्तिम दशक को हम किसी महागाथा के अन्तिम परिच्छेद की तरह पढ़ सकते हैं। उत्तर-उपनिवेशवाद, उत्तर-संरचनावाद, उत्तर-आधुनिकतावाद, उत्तर-मार्क्सवाद—मानो एक 'उत्तर-कथन' में पूरी सदी अपना सार-संक्षेप दे रही हो। एक बार तो ऐसा लगता है गोया बीसवीं सदी ने हमें अपने इतिहास से ही मुक्त कर दिया हो : पुराने अनुबन्धों से छूटकर हम अब एक ऐसी जगह खड़े हैं जहाँ से कई नयी राहें फूटती हैं, और हम सहसा तय नहीं कर पा रहे कि हमारे लिए कौन-सा रास्ता ठीक होगा। संकट, दिशाहीनता का उतना नहीं, जितना शायद ढेरों विकल्पों में से किसी एक या दो को चुनने का है। आसान फ़ैसला तो यही जान पड़ता है कि जिधर सब जा रहे हम भी उसी तरफ़ चलें! सब अगर पश्चिम के पीछे-पीछे या इर्द-गिर्द चल रहे तो सबके साथ चलने का सीधा मतलब निकलता है दुनिया के साथ चलना। लेकिन दुनिया का मतलब अब न तो सिर्फ़ पश्चिम रह गया है, न सबके साथ चलने का अर्थ सबकी तरह हो जाना है। साहित्य की चिन्ता, वैसे भी, सही फ़ैसले की चिन्ता है जो हमें एक ज़्यादा बड़े चिन्तन क्षेत्र में ले जाती है : जहाँ हम मनुष्य के कल्याण और समृद्धि के अर्थ को केवल भौतिक नहीं उससे ज़्यादा बड़े परिप्रेक्ष्य में सोचते हैं।

कलाएँ और साहित्य हमारे जीवन को जिस स्तर पर एकता और पूर्णता का आभास कराते हैं उसे मात्र रोज़मर्रा की ज़रूरतों की भाषा में नहीं व्याख्यायित किया जा सकता। आपसी सम्बन्धों के गहरे जैविक स्रोतों को हम उस तरह नहीं समझ सकते जैसे हम चीज़ों के साथ आदमी के रिश्तों को सोचते-समझते हैं। जीवन-बोध, केवल वस्तुगत नहीं, चेतना-सापेक्ष होता है, और साहित्य की निगाह दोनों पर रहती है।

भारत की आज़ादी का यह पचासवाँ वर्ष है—और साहित्य के भी ये अत्यन्त सक्रिय पचास वर्ष रहे हैं, विदेशी साहित्यों के भी और भारतीय साहित्यों के भी, ख़ासकर हिन्दी खड़ी बोली के, जो इसी अल्पावधि में एक पूर्णतः विकसित साहित्यिक भाषा के रूप में प्रौढ़ हुई है। साहित्यिक, सामाजिक, राजनीतिक और आर्थिक परिवर्तनों का एक अत्यन्त वैविध्यपूर्ण परिदृश्य हमारे सामने है : उसे समझने की कोशिश इतिहास की एक बहुत ही जटिल सदी के अध्ययन द्वारा मनुष्य और उसके कर्म के उन तमाम अन्तर्द्वन्द्वों, प्रेरणाओं और बाध्यताओं को भी समझना है जो साहित्यों में तरह-तरह प्रतिध्वनित होते रहे हैं।

इन लेखों में पिछले चार-पाँच दशकों के हिन्दी साहित्य का क्रमबद्ध इतिहास नहीं है : उस इतिहास में एक सजग मौजूदगी का एहसास है। कई गण्य साहित्यकारों और प्रमुख विषयों की चर्चा इन लेखों में नहीं आ पायी है : इस दृष्टि से यह पुस्तक बिलकुल अपूर्ण है। फिर भी, इसमें अगर किसी तरह की एकता है तो वह मात्र उस दृष्टि की है जिससे इस विविध और दीर्घ काल-खंड को देखा गया है— प्रमुखतः एक रचनाकार के दृष्टिकोण से। वैसे तो इन निबन्धों को बहुत पहले ही पुस्तक रूप में छप जाना चाहिए था, पर वैसा नहीं हो सका। अब इतनी देर से छपने का अगर कोई औचित्य बनता है तो इतना ही कि समग्रता में इनका सामने आना शायद एक दूसरी तरह का दस्तावेज़ी महत्त्व रखता है।

ये कुछ लेख अलग-अलग मौकों पर लिखे गये लेखों में से हैं। इनमें से कई कल्पना, युग चेतना, कृति, आलोचना, पूर्वग्रह आदि पत्रिकाओं में छप चुके हैं : कुछेक विभिन्न विचार-गोष्ठियों और साहित्यिक आयोजनों में पढ़े गये। एकविषयनिष्ठ पुस्तक में जो प्रबन्ध, केन्द्रीयता और व्यवस्था होनी चाहिए उसे इस 'संग्रह' में ढूँढ़ना व्यर्थ होगा। कई लेखों में मेरे कुछ मूलाग्रहों और शब्दावली का दुहराव भी है। उन्हें काट-छाँट कर दुरुस्त किया जा सकता था। पर अतीत इतिहास की तरह होता है, चाहे वह निजी ही क्यों न हो। उसे सुधार कर प्रस्तुत करना मुझे ठीक न लगा। लेखों में जो भी त्रुटियाँ हैं उन्हें वैसे ही छोड़ दिया गया है, यह मानते हुए कि अगर दृष्टि कमियों पर ही हो तो कोई भी प्रयास बेदाग़ नहीं। अन्यथा, इन फैले बिखरे पन्नों में भी ऐसा कुछ मिल सकता है जिनमें साहित्य के प्रति निष्ठा से समर्पित एक रचनाकार की सोच-समझ का छोटा-सा किन्तु प्रामाणिक जीवन है।

इस बात को लेकर पूरी तरह सचेत हूँ कि हमारा परिवेश अब काफ़ी कुछ बदल चुका है, लेकिन यह भी जानता हूँ कि कुछ सच्चाइयों के केवल बाहरी रूप बदलते हैं जबकि साहित्य की प्रमुख चिन्ता इसमें है कि उन

स्थायी सच्चाइयों पर भी हमारी पकड़ को ढीली न होने दे जिन पर एक उदार और मानवीय संस्कृति की नींव पड़नी चाहिए।

इस सदी में हमारे जीवन, विचारों और धारणाओं पर विज्ञानसम्मत शब्दावली और उसकी चिन्तन-पद्धति का व्यापक असर रहा है। कुछ शब्द हैं जिनका जादुई प्रभाव हमारे सोचने के ढंग को निर्देशित करता रहा। 'आधुनिकता', 'तकनीक', 'प्रगति', 'प्रयोग', 'क्रान्ति', 'संघर्ष' 'बहिर्मुखता (Objectivity) जैसे शब्दों में विज्ञान की स्पष्ट ध्वनियाँ हैं, और साहित्य ही नहीं तमाम अन्य विषयों की भाषा में भी घुली-मिली हैं। इनके बिना किसी भी 'नये' विचार को परिभाषित करना मुश्किल हो जाता है। यह दिलचस्प बात है कि इस सदी के दो सबसे प्रभावशाली आन्दोलन—'आधुनिकता' (या 'आधुनिकतावाद') और 'मार्क्सवाद'—सारे मतभेदों के बावजूद, इस माने में एक हैं कि बिना 'वैज्ञानिक दृष्टिकोण' की दुहाई दिये वे अपनी-अपनी वैधता सिद्ध नहीं कर पाते। ये शब्द, या इसी तरह के विज्ञान-प्रेरित शब्द, हमारी बुद्धि और कल्पना पर लगभग एक अन्धविश्वास की सीमा तक हावी रहे हैं। विज्ञान और तकनीक की नयी-नयी उपलब्धियाँ मानो, तुरत फल देनेवाले देवताओं की तरह पूजित रहीं! इस धुन के पीछे, निस्सन्देह, एक बेहतर जीवन जीने, या जी पाने की, चिरन्तन लालसाएँ और आशाएँ रहती हैं जिनके बहुरूपी, रंगारंग, मिथकों को आदमी स्वयं ही रचता और स्वयं ही उनके पीछे भागता है। 'प्रगति', 'प्रयोग', या इनसे अलग 'उपभोक्ता' के जो भी 'वाद' या 'मिथक' बने उनके साथ 'वैज्ञानिक' का दबदबा कुछ इस शान से जुड़ा रहा मानो वह साधन नहीं अपने आप में साध्य हो। यह सोचना भी पिछड़ापन लगता था कि 'क्रान्ति' या 'प्रगति' के कोई दूसरे वस्तु-निरपेक्ष अर्थ भी हो सकते हैं। मध्ययुगों में, कुछ इसी तरह, धार्मिक शब्दावली का आतंक रहा जिसे ख़ारिज करते हुए पन्द्रहवीं सदी में योरपीय नवजागरण (रिनेसान्स) ने मनुष्यता के अर्थ को धार्मिक अन्धविश्वासों में नहीं उसके आत्मविश्वास में खोजा। विज्ञान का उदय अगर अन्धविश्वासों से मुक्ति की दिशा में एक सही कदम था तो अणु-युग में उसका प्रवेश, तो स्वयं को समझने की दृष्टि से, एक दूसरे 'अन्ध-युग' में प्रवेश था! आज अगर पृथ्वी और उस पर बसे प्राणियों की सुरक्षा को लेकर हम चिन्तित हैं तो इसका कारण वैज्ञानिक प्रगति नहीं, हममें उस दूरदृष्टि का अभाव है जो प्रगति को केवल भौतिक अर्थों में परिभाषित करती है। इसका मतलब है हम आपसी सम्बन्धों के आधार को आदमी में नहीं, चीज़ों में ढूँढ़ रहे हैं।

हमारे जीवन में भौतिक-विज्ञान की चिन्तन-पद्धति का प्रभाव एक हद तक

ज़रूरी था : इससे हमारी जानकारियों और सोचने के ढंग में व्यवस्था और तर्क-संगति आयी। लेकिन इसका एक दुष्परिणाम भी हुआ कि पूरे जीवन को ही हम यान्त्रिक ढंग से सोचने लगे। वैज्ञानिक दृष्टिकोण मूलतः तथ्यपरक और वस्तुनिष्ठ है। निजी भावनाओं, प्रेम, आस्था, अनुभूति आदि को लेकर वह बिलकुल तटस्थ है। धार्मिक, दार्शनिक और आध्यात्मिक ढंग की चिन्ताओं में उसकी कोई दिलचस्पी नहीं। उसके लिए आदमी भी भौतिक पदार्थों की तरह ही के अध्ययन, विश्लेषण और विवेचन की 'वस्तु' है। एक जटिल कम्प्यूटर। एक स्वचालित यन्त्र।

यह मनुष्य के स्वत्व, उसके व्यक्तित्व का अगर सर्वथा अस्वीकार नहीं तो उसकी उपेक्षा अवश्य है। यह अवहेलना केवल विज्ञान-सम्बन्धी विषयों तक सीमित नहीं : उन सभी विषयों, विचारों और गतिविधियों में व्याप्त है जो अपने को वैज्ञानिक ढंग का चिन्तन मानती हैं। मार्क्सवाद में व्यक्ति, 'व्यक्तिवाद' के रूप में तिरस्कृत है और उसका व्यक्तित्व मात्र आर्थिक-सामाजिक तथ्यों का नतीजा है। आज की पूँजीवादी बाज़ार-संस्कृति में वह उपभोग सामग्री ख़रीदार वस्तु में बदल गयी है। आधुनिकीकरण की अन्धी दौड़ में हमने 'आगे बढ़ने' के पूरे मतलब को इस धारणा में सीमित कर लिया है कि उपभोक्ता सामग्री के उत्पादन और बिक्री की होड़ में कहीं हम दूसरों से पीछे न रह जाएँ!

यह सही है कि हम विज्ञान द्वारा की गयी अब तक सारी उन्नति को नकार नहीं सकते, लेकिन यह इससे ज़्यादा सही है कि यह सब अगर हमारी आन्तरिक उन्नति की क़ीमत पर हुआ है तो नतीजा आत्मघाती भी हो सकता है।

इस प्रसंग में उत्तर-आधुनिक 'स्थिति' की ओर ध्यान जाता है—कि वह स्वयं एक 'वाद' या 'विचारधारा' से अधिक उन पर सोचने का एक फ़र्क़ तरीक़ा है। लगभग उस पिछली परम्परा का निषेध है जो किसी 'वाद' को लेकर बलपूर्वक दावे के साथ बोलती और सोचती है। पहली बार यह वाद-विवाद, पक्ष-विपक्ष की दुर्धर्ष भाषा न होकर आत्म-परीक्षण की ठंडी, बेलौस और मोहभंग की भाषा है—और यही शायद इसका सबसे सकारात्मक पहलू भी है। यह समीक्षा का क्रमशः अभिव्यक्ति के माध्यम (मानो ख़ुद की) की गहरी छानबीन की ओर लौटना है। चरित्रहीन राजनीति, भ्रष्ट समाज, अप-संस्कृति... सभी अपनी-अपनी तरह भाषा को प्रदूषित करते हैं। विकृत भाषा मिथ्या भाषा है जो स्वस्थ विचारों और उदात्त जीवनमूल्यों को पूरी तरह वहन और सम्प्रेषित नहीं कर पाती। उसके लिए एक नयी भाषा चाहिए। भाषा का अपनी ओर लौटना एक तरह से बाह्य यथार्थ

से असन्तोष का द्योतक भी है। कबीर जब झूठ और पाखंड के इस (मिथ्या) जगत को ही झूठ कहकर ख़ारिज करते हैं तो सबसे पहले वे उसके व्यवहार-जगत की भाषा का विखंडन करते हैं। उनकी 'उलटवाँसी' उस भाषा का, और प्रतीकरूप से उस यथार्थ का, आमूल विध्वंस है। लेकिन यह अस्वीकार न तो नकारात्मक है, न ही पलायनवादी। इस व्यावहारिक भाषा से परे हटकर—लगभग बेहद की हद पर—कबीर एक समानान्तर 'परा-भाषा' (मेटा-लैंगुएज) में एक सन्त-भाव का प्रति-यथार्थ रचते हैं—रचते ही नहीं, उसे जीकर उसकी प्रामाणिकता को सिद्ध भी करते हैं। जीवन की विसंगतियों (ऐबसर्डिटीज़) का हल कबीर मनुष्य की तर्कबुद्धि में नहीं उसकी रहस्यभावना, उसके श्रद्धा और विश्वासों में देखते हैं।

यह यथार्थ की विकृतियों की एक ऐसे रहस्यलोक (अति-यथार्थ) में परिणति है जिस पर वे नैतिक आध्यात्मिक मूल्यों की नींव रखना ज़्यादा सुरक्षित समझते हैं। यह जीवन को एक ऐसे लगभग असम्भव बिन्दु पर जीने की कोशिश है जिसका जादू इस विश्वास में है कि नैतिक वैभव का दर्जा सांसारिक वैभव से कहीं ऊँचा है। वे हमारा ध्यान बाहरी 'सम्पत्ति' से हटाकर भीतरी 'सम्पदा' पर केन्द्रित करते हैं। उनका कवि-कर्म भी मानो इसी अन्तर्दृष्टि का निर्वाह है—एक स्तर पर जीवन की कठोर वास्तविकता से निर्भीक सामना, तो दूसरे पर एक पराभौतिक मूल्य-स्रोत का स्पर्श!

गाँधी जी ने जब देश की आजादी की 'लड़ाई' (घोर यथार्थ) के साथ अहिंसा, सत्याग्रह, ईश्वर, चरित्र, जैसे आदर्शों को जोड़ा तो बहुतों को, ख़ासकर उनके विरोधियों को उनकी यह 'उलटवाँसी' तब समझ में आयी जब ब्रिटिश साम्राज्यवाद की नींवें हिल गयीं! यह उनकी राजनीति का सबसे दूरदर्शी पक्ष था कि जीवन की किसी भी महत्त्वपूर्ण 'लड़ाई' को हम बिना नैतिक औचित्य और आत्मबल के नहीं जीत सकते। नेता के अर्थ को उन्होंने राजनीति से पहले नैतिकता से जोड़ना, और उसे चरितार्थ करना, ज़रूरी समझा।

हम आज एक नयी शताब्दी की चौखट पर खड़े हैं। भारतीय राजनीति आज अगर बिल्कुल भ्रष्ट और चरित्रहीन दिखाई दे रही है तो उसके पीछे चीज़ों का अभाव नहीं, अभाव अगर है तो उस आत्मबल और आत्मसम्मान का जो नैतिकता को दृढ़ आधार दे सके। साहित्य और राजनीति के बीच, मैं समझता हूँ, कभी भी गठबन्धन का रिश्ता वांछनीय नहीं। राजनीति की पहली ज़रूरत है सत्ता और शक्ति : इसके बिना वह कुछ नहीं कर सकती, और इसके लिए वह कुछ भी कर सकती

है उन्हीं लोगों के साथ धोखा तक जिनका समर्थन उसे सत्ता देती है। यह सिर्फ़ आज की बात नहीं, हमेशा की बात है। हम चाहे अख़बार पढ़ें, चाहे इतिहास की किताबें, इसी अप्रिय नतीजे पर बार-बार पहुँचते हैं।

बड़ा साहित्य न तो राजनीति का ग़ुलाम रहा है, न ही उसका दुश्मन। साहित्य-चिन्ता के मूल में रहते हैं वे जीवनमूल्य जो मनुष्य के हित में हों—जो उसकी रक्षा कर सकें उसकी अपनी ज़्यादतियों से, और दूसरों की ज़्यादतियों से भी। सन्तुलित बुद्धि और उदार संवदेनशीलता से साहित्य अपने चारों तरफ़ देखता है, केवल राजनीति की ही तरफ नहीं न किसी एक ही जगह खड़े होकर। यह चौतरफ़ा दृष्टि तभी सम्भव है जब एक पर्यवेक्षक की तरह वह अपनी जगह बदलने के अधिकार को प्राथमिक महत्त्व दे। साहित्य की राजनीति को अपने लिए मैं कुछ इसी तरह समझता रहा हूँ कि वह एकदिशात्मक, बेलोच और इत्मिनानी दृष्टिकोण न अपनाकर एक निरीक्षक और विवेचक की तरह अपने समय और समाज पर चौकन्नी नज़र रखे।

अपनी 'पहचान', 'अस्मिता', 'स्थानीयता' और इन्हीं के बरक्स 'वैश्वीकरण' (ग्लोबलाइजेशन) आदि से जुड़े तमाम प्रश्न पिछले दो दशकों की प्रमुख चिन्ताओं में से रहे हैं : केवल भारत में ही नहीं, लगभग हर देश में अलग-अलग तरह, पर उपनिवेशवाद की कटु यादों से ग्रस्त देशों में ख़ासकर 'पहचान' या 'अस्मिता' की समस्या को जब हम अपने ही राष्ट्र, राज्य, देश, प्रदेश, जाति, धर्म, समाज, संस्कृति, भाषा, साहित्य, परम्परा, राजनीति, स्थानीयता, परिवार आदि जैसे स्थूल आधारों को सबसे आगे रखकर सोचते हैं तो वह सुलझने के बजाय और भी उलझती चली जाती है। हमारे आपसी सम्बन्धों में दरारें और दूरियाँ बढ़ने लगती हैं। लेकिन जब हम इस सवाल को उनसे ऊपर उठकर सोचते हैं और यह मानकर चलते हैं कि 'मैं क्या हूँ?' जैसी जिज्ञासाएँ सिर्फ़ हमारे बाहरी स्वरूप-निर्धारण और वर्गीकरण के लिए नहीं बल्कि एक कहीं ज़्यादा बड़ी विकलता और खोज का हिस्सा हैं तो सबके प्रति हमारी दृष्टि अधिक उदार और मूल्यपरक होने लगती है। (इस अर्थ में मनोविज्ञान और आत्मज्ञान के बीच बहुत बड़ी दूरी नहीं है : खुद को जानने-समझने के दोनों ही के क्रियाशील सन्दर्भ-पद आश्चर्यजनक रूप से परस्पर-व्यापी हैं।)

वैसे, इधर स्थूल 'पहचान' के आधारों में भी तेजी से बदलाव आया है। राष्ट्र-भावना के इधर कमजोर पड़ने से जातियों, धर्मों, भाषाओं और स्थानीय संस्कृतियों से सम्बन्धित आग्रह और पूर्वग्रह अधिक प्रबल हुए हैं। पर भारत जैसे

देश में जहाँ सदियों से अनेक जातियाँ, अनेक धर्म, अनेक भाषाएँ, अनेक संस्कृतियाँ, अनेक परम्पराएँ साथ रहते आये हैं, और आगे भी साथ ही रहेंगे, वहाँ अलगाववाद को रेखांकित करनेवाला कोई भी प्रचार ख़तरनाक है। पहचान के सवाल को अगर हम अपनी भौगोलिक और ऐतिहासिक सामग्री से ज़्यादा बड़ा कोई जैविक आधार नहीं दे पाते तो देश की अखंडता और समता की किसी भी दलील में प्राण नहीं डाल सकेंगे—न भारतीय स्तर पर, न ही वैश्विक स्तर पर। एडवर्ड सईद ने अपनी कई पुस्तकों में 'उत्तर-उपनिवेशीय स्थितियों' पर गहराई से विचार किया है : उन्हीं की 'कल्चर एण्ड इम्पीरियलिज़्म' पुस्तक का यह अन्तिम पैरा दृष्टव्य है :

''कोई भी आज केवल एक ही चीज़ नहीं बचा है। जैसे भारतीय, या स्त्री, या मुस्लिम, या अमरीकी जैसे ठप्पों से शुरू तो कर सकते हैं, लेकिन आगे बढ़ते ही हमारे अनुभव उन्हें एकदम खारिज कर देते हैं। साम्राज्यवाद ने संस्कृतियों और पहचानों को एक-दूसरे में घोल दिया। लेकिन इसका सबसे बड़ा और बुरा विरोधाभास यह था कि हम अपने को मुख्यतः, और सर्वप्रथम गोरे, या काले, या पश्चिमी या पूर्वी मानकर सोचने लगे। दरअसल, जैसे आदमी अपना इतिहास बनाता है, उसी तरह अपनी संस्कृतियों और पहचानों को भी। इसमें सन्देह नहीं कि लम्बी परम्पराओं, रहन-सहन के स्थायी तौर-तरीकों, राष्ट्र-भाषाओं और सांस्कृतिक भूगोलों की अटूट धाराएँ होती हैं; लेकिन इसमें सिवाय शक़ और सन्देह के दूसरा कोई कारण नहीं दिखता कि उन्हें एक-दूसरे से अलग और विशिष्ट मानकर इस तरह बरता जाए मानो मनुष्य के जीवन का इससे बड़ा कोई उद्देश्य ही न हो। जीवन का अर्थ है चीज़ों के बीच सम्बन्ध परिलक्षित कर सकना : जैसा इलिअट ने कहा है, 'यथार्थ को हम उन तमाम ध्वनियों से खाली तो नहीं कर दे सकते जो पूरे बाग में रची-बसी हैं।' दूसरों को जब ग़ैर मानकर नहीं, अपनी ही तरह मानकर सोचते हैं, जो मुश्किल ज़रूर है, तो वह हमें समृद्ध करता है। बशर्ते कि इसके पीछे भी हमारी मंशा कहीं भी दूसरों पर शासन करने या धाक जमाने या वर्गभेद या रंगभेद आदि पैदा करने की न हो, और सबसे बढ़कर तो यह शेख़ी बघारना ज़रूरी नहीं कि हमारा देश हमारी संस्कृति ही सबसे बढ़कर है..... ।''

—एडवर्ड सईद की

'*कल्चर ऐण्ड इम्पीरियलिज़्म*' पुस्तक से।

× × ×

विश्व-साहित्य पर आज किसी एक देश का दबदबा, या किसी एक विचारधारा का दबाव नहीं बचा है। हमारे सोचने-विचारने का तरीका भी अब काफी हद

तक बहु-विषयक और बहु-स्रोतीय हो गया है। कई छोटे देशों ने, और अल्प-विदित भाषाओं ने विश्व-स्तर का साहित्य देकर अन्तर्राष्ट्रीय मान्यता पायी है। इससे उनमें एक नयी तरह का आत्मविश्वास बढ़ा है। इस अर्थ में संसार के साहित्यिक नक्शे में एक बुनियादी अन्तर आया है। यह सही है कि इधर दुनिया-भर में अँग्रेज़ी भाषा का इस्तेमाल बढ़ा है, लेकिन उसी अनुपात में मूल अँग्रेज़ी साहित्य का भी प्रभाव बढ़ गया हो ऐसा नहीं है, क्योंकि अँग्रेज़ी भाषा के ही माध्यम से दुनिया के अनेक ऐसे साहित्यों ने अपनी विश्व-स्तरीय पहचान बनायी है जो अब तक न केवल अपनी ही भाषाओं तक सीमित थे बल्कि उसमें जीवित रह पाने में भी मुश्किल अनुभव कर रहे थे।

मेरा संकेत केवल अँग्रेज़ी अनुवादों की ही ओर नहीं है, अँग्रेज़ी भाषा में हो रहे उस मौलिक लेखन की ओर भी है जिसके मूल लेखक अँग्रेज़ या अमरीकी नहीं हैं। अन्तर्राष्ट्रीय परिदृश्य पर यह एक बिलकुल नयी और दिलचस्प घटना है। यह मात्र किसी एक भाषा का विस्तारवाद नहीं, एक भाषा द्वारा साहित्य का विस्तार है : और इस तथ्य की पुष्टि है कि एक सशक्त प्रतिभा अपनी भाषा के पार भी किसी अन्य भाषा में अपनी सशक्त और प्रामाणिक पहचान बनाकर स्वीकृति पा सकती है। किसी भिन्न संस्कृति-बोध और स्थानीय संवेदनाओं का दूसरों तक पहुँचना उसका विलोम नहीं, प्रसार है—ठीक उसी तरह जैसे अन्य साहित्यों से हमारा निकट सम्पर्क हमारे अपने साहित्य-बोध को विस्तृत करता है, क्षीण नहीं।

मीडिया और यातायात की तकनीकों में असाधारण विकास, और उनका हमारे निजी और सार्वजनिक जीवन में बरबस प्रवेश, शायद हमारे समय का सबसे चटक लक्षण है। उनके प्रतिदिन बढ़ते हुए प्रभावों के बीच हम अपनी दुनिया को छोटी करके नहीं रह सकते : पूरे विश्व-सन्दर्भ में जीने के लिए मजबूर हैं। हमें इस वास्तविकता का विरोध करके नहीं, इसके साथ सही समझौते करके ही रहना होगा—और मेरे लिए इन समझौतों के प्रारूपों के संकेत विभिन्न साहित्यों के बदलते हुए आपसी रिश्तों और रवैयों में हमेशा मौजूद रहे हैं। एक तो यह कि परिवर्तनों के पीछे-पीछे, प्रत्यय-बुद्धि से न चलकर उनसे आगे बढ़कर थोड़ा पहले से सोचें तो उन्हें ज़्यादा सन्तुलित और रचनात्मक ढंग से स्वीकार कर सकेंगे : दूसरे, मीडिया और यातायात के साधनों ने अगर एक अर्थ में हमारी बाहरी दुनिया को बहुत छोटा कर दिया है, तो दूसरे अर्थ में हमारी निजी दुनिया को बहुत बड़ा भी। हमारे

बीच अपरिचय घटा है। एक छोटा परिवार बहुत बड़ा परिवार हो गया है—इतना बड़ा कि अक्सर ऐसा भी लगता है कि उसमें भौतिक एकता तो है लेकिन वह घनिष्ठता नहीं जो 'वसुधैव कुटुम्बकम्' के आदर्श को चरितार्थ करती हो। एक दूसरे के निकट आने के साधनों का अगर हम सही उपयोग नहीं कर पा रहे हैं, या दुरुपयोग कर रहे, तो उसके लिए साधन नहीं हम दोषी हैं। जितनी ही बड़ी शक्ति हमारे हाथों में होगी उसके सदुपयोग की उतनी ही बड़ी ज़िम्मेदारी भी हम पर होगी। यह एक बुनियादी सच्चाई है, और जैसा मैंने शुरू में कहा, इन सचाइयों के सन्दर्भ भले ही बदलते रहते हैं लेकिन मूलाधार बहुत कम बदलते हैं—और साहित्य शायद इस आधार पर टिके रहने, या कम-से-कम उसे उजागर करते रहने की एक दुस्साहसी मगर ज़रूरी कोशिश है। इस तरह सोचें कि 'सूचनाओं' और 'साधनों' का जो इतना बड़ा भंडार हम सबके लिए खुल गया है उसका सही इस्तेमाल कर सकनेवाली समझ का हम कैसे निर्माण करें।

हिन्दी साहित्य में, कभी-कभी ऐसा लगता है, मानो यह विचारों की सरगर्मी और वाद-विवादों की गहमागहमी से थोड़ी फ़ुरसत का वक़्त है। यह ख़ामोशी शायद बंजर नहीं, सारगर्भित है। इसका मतलब यह भी हो सकता है कि फ़िलहाल ख़ास कुछ कहने को नहीं है—और यह भी कि ख़ास कुछ कहने से पहले गहरा सोच-विचार ज़रूरी है।

दरअसल, संकट आज रचना का उतना नहीं जितना समीक्षा का है। समीक्षा की दुनिया सिद्धान्तों और विचारों की है जिनके सहारे वह एक साहित्यिक कृति का आकलन करती है, जबकि रचनात्मक साहित्य स्वभावत: जीवन-परक हुए बिना अपनी प्रामाणिकता और विश्वसनीयता सिद्ध नहीं कर सकता। समीक्षा जब भी यह विवेक खो देगी कि एक साहित्यिक रचना सबसे पहले एक कलाकृति है, महज़ एक कार्यक्रम नहीं, समीक्षा की अपनी साख कमज़ोर पड़ जाएगी।

आज भी जब हम पाश्चात्य समीक्षा पर भाषाविज्ञान के बढ़ते हुए प्रभाव को सोचते हैं तो कुछ बातों की ओर ख़ासतौर पर ध्यान जाता है जो चौथे दशक में, 'नयी समीक्षा' के सन्दर्भ में, जॉन क्रो रैन्सम ने उठायी थीं, और जो मुझे आज भी उल्लेखनीय लगती हैं। एक तो यह कि 'समीक्षा बिना प्रौढ़ बौद्धिक और शास्त्रीय योग्यता की पृष्ठभूमि के अधूरी है : समीक्षा का पूरी तरह अधकचरे पुस्तक-समीक्षकों के हाथों में चले जाना समीक्षा के हित में नहीं होगा।'' इस बारे में, उनका कहना था, कि विश्वविद्यालयों के प्राध्यापकों और बुद्धिजीवियों को अधिक ज़िम्मेदार और सक्रिय होना पड़ेगा। दूसरी ओर यह सावधानी भी ज़रूरी

है कि साहित्य धीरे-धीरे भाषायी अध्ययन की सामग्री मात्र न होकर रह जाए : इसके लिए उसे भाषाविज्ञान की अपेक्षा इतिहास, नीतिशास्त्र, सौन्दर्यशास्त्र जैसे विषयों के ज़्यादा निकट जाना चाहिए।

हम जानते हैं कि संस्कृत काव्य-शास्त्र के इतिहास में भी कभी भाषाविदों और वैयाकरणों के आतंक ने किस तरह साहित्य-समीक्षा को दूसरे दर्जे का विषय बना दिया था। अत: जब बौद्धिक और शास्त्रीय अनुष्ठानों की बात उठती है तो उसमें यह विवेक निहित मानना चाहिए कि साहित्य-समीक्षा किसी बड़ी विचारधारा या अध्ययन-प्रणाली की प्रतिध्वनि मात्र होकर न रह जाए। आज जब हम समीक्षा में कभी 'पाठ' तो कभी 'पाठक' तो कभी 'लेखक' के लोप की बात पढ़ते हैं तो यह चिन्ता बहुत बेमानी नहीं लगती कि कहीं यह सब साहित्य के ही लोप की भूमिका तो नहीं?... लेकिन साहित्य की जिजीविषा को लेकर मैं दूर तक आशावादी हूँ। साहित्यों ने बुरे-से-बुरे वक़्त देखे हैं और किसी तरह जीवित रहे हैं—अकसर तो उन्हीं बुरे वक़्तों से खुराक खींचकर!

विश्वविद्यालय और प्राध्यापकीय आलोचना की बात यहाँ मैं एक दूसरी वजह से भी उठा रहा हूँ। यद्यपि पं. रामचन्द्र शुक्ल के समय में हिन्दी समीक्षा को एक शास्त्रीय और बौद्धिक गरिमा मिली, पर आधुनिक और नये लेखन के प्रति वह समीक्षा बहुत उदार नहीं बन पायी—उनके बाद भी कम ही। नया लेखन अपने पक्ष की वकालत के लिए ख़ुद पर ही निर्भर करता रहा, और दोनों के बीच एक फाँक-सी बराबर बनी रही। विचारों और विचारधाराओं की चुनौतियों को लेकर भी कवि और लेखक ही ज़्यादा सक्रिय रहे। हिन्दी विभाग उन्हें मानो अपने विभाग से बाहर का विषय, इसलिए साहित्य से भी बाहर का मामला ही, मानते रहे। विश्वविद्यालयों से जो प्रतिभाएँ आलोचना के क्षेत्र में आयीं भी वे या तो स्वयं भी कवि, लेखक थे; या फिर उनकी अपनी प्रतिबद्धताएँ थीं; मेरा मतलब जिस तरह की शुद्ध, निष्पक्ष और अकादेमिक समीक्षा से है वह दुर्लभ ही रही। इंग्लैंड, फ्रांस, जर्मनी, अमरीका आदि देशों में विश्वविद्यालयों से जुड़े एक समर्थ समीक्षक वर्ग के सक्रिय रहने से समीक्षा में एक सन्तुलन बना रहा। इधर हमारे समकालीन लेखन को भी भारतीय विश्वविद्यालयों में दाख़िला मिला है—पाठ्यक्रमों में भी और शोध में भी, लेकिन शोध का स्तर देखकर ख़ासी निराशा होती है। जबकि यही वह जगह है जहाँ साहित्य के बारे में छात्रों में सही सोच-समझ और रुचि के संस्कार डाले जा सकते हैं। एक साहित्य-मर्मज्ञ का निर्माण पढ़ने-लिखनेवालों की गम्भीर दुनिया में होता है, और अगर हमारी पढ़ाने-लिखाने की जगहें इस ज़िम्मेदारी को लेकर उदासीन हैं, या कम सचेत हैं, तो इसका दुष्प्रभाव दूर तक जाता है।

इधर इस ज़रूरत को नये सिरे से अनुभव किया जा रहा है कि साहित्य-समीक्षा की अपनी शब्दावली, उसके अपने सन्दर्भ-पद, परिभाषाएँ, वर्गीकरण, मुहावरे आदि विकसित हों। वह अपनी 'भाषा' में बात करे, अन्य विषयों की भाषा में नहीं। यह दुराग्रह भी नहीं होना चाहिए कि वह अन्य विषयों से अपने को अलग रखे पर यह सावधानी भी बहुत ज़रूरी है कि अन्य विषय उस पर हावी न हो जाएँ। राजनीति, अर्थशास्त्र, समाज-शास्त्र, नृ-शास्त्र, भाषाविज्ञान वगैरह भी अन्ततः तो मनुष्य जीवन से ही जुड़े विषय हैं, लेकिन अपनी-अपनी तरह। ठीक इसी तर्क से साहित्य-शास्त्र और साहित्य-समीक्षा की भी बिलकुल अपनी जायज़ और स्वतन्त्र ज़मीन बनती है—बशर्ते कि हम इस 'स्वतन्त्रता' की रक्षा करने और इस 'ज़मीन' को हरा-भरा रख सकने में सक्षम हों : अन्यथा, या तो उस पर दूसरे क़ब्ज़ा कर लेंगे, या उस पर खर-पतवार उग आएँगे। साहित्य-शास्त्र और समीक्षा-साहित्य पर एक उड़ती नज़र डालना भी हमें यह यकीन दिला सकने के लिए काफी है कि यह ज़मीन न तो कम है, न ही बंजर, सिर्फ़ थोड़ी मेहनत और लगन माँगती है, लहलहा उठने के लिए!

इधर कविता के अस्तित्व को लेकर कई तरह की आशंकाएँ उठती रही हैं, ख़ासकर टी.वी. वीडिओ, सिनेमा आदि के बढ़ते हुए प्रभावों के कारण। हम बहुधा अनजाने में ही इस व्यावसायिक मानसिकता से सोचते हैं कि कविता भी हमारी किसी तरह की स्थूल जरूरत को पूरा करने के काम आनेवाली चीज़ है। पर गम्भीर कविता की किसी अन्य प्रकार के साहित्यिक या ग़ैर-साहित्यिक विधा से कोई होड़ नहीं। उसकी अपनी बिल्कुल अलग जगह है। वह हमारे प्रत्यक्ष और परोक्षबोध, हमारी कल्पना शक्ति और चिन्तन क्षमता पर इस तरह इकट्ठा दबाव डालती है कि कविता और उसके पाठक के बीच रचना और प्रतिरचना का दुहरा सम्बन्ध बनता है। कविता में पाठक अपनी तरफ से भी बहुत कुछ जोड़ता है जबकि टी.वी. और सिनेमा जैसे चाक्षुष माध्यमों में यह प्रक्रिया एकतरफ़ा और इसलिए इकहरी होती है। दर्शक अपनी ओर से दृश्यों में कुछ भी जोड़-घटा नहीं सकता उसे बने-बनाये निश्चित बिम्बों की दुनिया दी जाती है जिसमें हेर-फेर की कोई गुंजाइश नहीं। उसका सौन्दर्यबोध चन्द नायक-नायिकाओं की दैहिक छवियों में सीमित हो जाता है—यही उसके स्वप्न-लोक का सीमान्त है। राम या कृष्ण की दैवी छवि के 'भाव' का एक परिचित अभिनेता के व्यक्तित्व में विघटित हो जाना उस आदि मिथक शक्ति का अवमूल्यन है जिसे कविता आह्वानात्मक ढंग से इस्तेमाल करती है। कविता का तरीका अगर उद्बोधनात्मक है तो टीवी या सिनेमा का सीधा-सीधा

वितरण; इन्हें हम शरीर की आँखों से देखते हैं; जबकि एक शब्द-रचना को मन और कल्पना की आँखों से।

सम्प्रेषण की तकनीकों का विकास शब्दों की दुनिया के लिए किसी प्रकार का ख़तरा नहीं है। शब्दों का बहुत बड़ा संसार है : कविता की उसमें एक छोटी-सी, लेकिन अनिवार्य जगह बनती है—कहीं हमारे दिल, दिमाग और आत्मा के बहुत नज़दीक— कभी-कभी हमसे इतनी अभिन्न कि हमें दिखाई तक नहीं देती, लेकिन उसके बेजान पड़ते ही हम अपने अन्दर और बाहर एक अजीब तरह का उखड़ापन और नीरसता अनुभव करने लगते हैं। कविता का उत्स जैविक है : उसके लक्षण हमारे जीवाश्मों में बसे हैं, हमारे हृदय की गति और लय की तरह।

भाषा के पर्यावरण में कविता की मौजूदगी का तर्क जीवन-सापेक्ष है : उसके प्रेमी और प्रशंसक हमेशा रहेंगे—बहुत ज़्यादा नहीं, लेकिन बहुत समर्पित! कविता के अस्तित्व और उसकी सार्थकता का शायद इतना बड़ा आधार काफ़ी है।

बिलकुल ऊपरी तौर पर मैंने यहाँ कुछ उन बातों का ज़िक्र-भर किया है, जिनके निकट या दूर के आग्रहों को अपने लेखन पर महसूस करता रहा हूँ। जिन तथ्यों पर पहुँचता हूँ उनके आधार पर सबके लिए, या साहित्य के लिए, कोई अन्तिम निष्कर्ष निकालना मुश्किल है। लेकिन अपने लिए अवश्य यह कह सकता हूँ कि जीवन को एक ख़ास तरह देखने और सोचने से मुझे खुद को स्थिर रखने में मदद मिली है।

मैं मानता हूँ कि जीवन द्वन्द्व-मूलक है : तनाव और विरोधाभास प्रकृति में हैं, और रहेंगे। उनसे लड़कर हम उन्हें समाप्त नहीं कर सकते। लेकिन, इतनी छूट, इतनी आज़ादी हमें दी गयी है कि हम अपने अन्दर कहीं एक ऐसा सन्तुलन केन्द्र रख सके जो हमें समाहित करे, और दूसरों के प्रति हमें अधिक सहिष्णु और उदार बनाये। इतनी इच्छा-शक्ति हमें दी गयी है कि हम अपनी जगह, अपनी हिस्सेदारी की शर्तों को अपने स्वभाव और सामर्थ्य के मुताबिक निर्धारित करें। जब मैंने साहित्य को चुना तो यह बाकी सबका नकार या उससे पलायन नहीं था : अपने विशिष्ट क्षेत्र का चुनाव था, और उसी के माध्यम से पूरे जीवन से सामना था। कोई भी कविता या रचना अगर किसी-न-किसी स्तर पर जीवन से इस गहरी वाबस्तगी का एहसास नहीं करा पाती तो उसमें कहीं कुछ कमी है, वह कमज़ोर है। इसके मतलब हैं कि वह ज़िन्दगी को अपनी तरह देखने, सोचने, समझने और व्यक्त करने में असमर्थ है। समर्थ कविता शब्दों के गहरे समाधिस्थ मौन को तोड़ती है। इस माने में यह मात्र बाह्य यथार्थ का प्रतिबिम्ब नहीं, सबसे

पहले उस 'दूसरी आवाज़' की प्रतिध्वनि है जो हमारे अन्दर कहीं सोई पड़ी रहती और जिसे कविता मुखर करती है। जो हमसे पूछती है कि हम जीवन को किन शर्तों पर जीना चाहते हैं। किन रास्तों से चलकर 'घर लौटना' चाहते हैं? जीवन को हम किस तरह परिभाषित करते हैं—असली चुनाव यहाँ करना है। हर हालत में पहली ज़रूरत है गहरी मननशीलता, अपने को सही-सही समझ सकने की कोशिश, क्योंकि वह पहली सीढ़ी है जीवन को सही-सही समझ सकने की दिशा में। मैं इस कोशिश को प्राथमिकता देता हूँ क्योंकि यहीं से इस आत्म-संस्कृति, इस मानवीय संवेदना का विस्तार, सम्भव है कि हम समष्टि का अलग एक नगण्य स्थूल हिस्सा मात्र नहीं, सम्पूर्ण समष्टि-चेतना से अविभाज्य हैं।

बाह्य यथार्थ से जूझता हुआ 'यथार्थवादी साहित्य' : अपने भीतर की दुनिया को खोजता हुआ 'अन्तर्मुखी साहित्य' : और, इन दो ध्रुवों के बीच से कोई तीसरा रास्ता निकालता हुआ साहित्य—साहित्य-चिन्ता के इन तीन प्रमुख वर्गों के आसपास, और कभी उनके आरपार, अनेक ऐसे जटिल छोटे बड़े वर्ग बनते हैं जिन्हें हम आज भी आसानी से पहचान सकते हैं और आज से पहले भी। इस माने में साहित्य और विचारों का 'समय' शताब्दियों का अनुगामी नहीं होता : उनका पूर्वगामी भी हो सकता हैं। यह भी सम्भव है क़ि सदियों पहले जो सोचा और लिखा गया वह अकस्मात् आज, या भविष्य में, एक नयी तरह प्रासंगिक हो जाय : और यह भी कि आज जो लिखा जा रहा है कल वह बहुत महत्त्व का न ठहरे। साहित्यकार की दृष्टि केवल तत्काल पर ही नहीं रहती, क्योंकि वह केवल 'नया' कुछ भी नहीं, 'स्थायी' कुछ भी रचना चाहता है।

आधुनिकता-समय-रचनात्मकता

रचनात्मकता के मनोविज्ञान का समय के साथ भी एक ख़ास तरह का रिश्ता है—अपने समय के साथ, अपने से पहले समय के साथ, और आनेवाले समय के साथ। अतीत, परम्परा, वर्तमान, भविष्य... इनकी लगातार उपस्थिति का बोध, या इनमें से किसी एक की अति-उपस्थिति का बोध निर्धारित करता है कि एक कलाकार अपने समय में मनुष्य की स्थिति और उसकी आधुनिकता को अपनी रचनाओं में किस तरह ग्रहण और परिभाषित करता है।

मनुष्य की स्थिति को मुख्यत: अन्तर्मुखी और वस्तुवादी दोनों ही दृष्टियों से देखा-समझा जा सकता है। दोनों को लेकर द्वन्द्वात्मक भी रहा जा सकता है और समन्वयात्मक भी। मेरी समझ में यह भारतीय जीवन-मूल्यों की आधार-मान्यताओं के पक्ष में जाता है कि हम आज भी, भारतीय तथा विदेशी दोनों प्रकार के चिन्तनों में, रचनात्मक मिज़ाज को भौतिक की अपेक्षा आत्मिक सन्दर्भ में बेहतर समझ पाते हैं। यह रचनात्मकता के अर्थ की खोज है : इसका अर्थ भौतिक का अस्वीकार नहीं।

औद्योगीकरण, तकनीकी प्रगति, वैज्ञानिक प्रगति आदि के साथ भी मोटे तौर पर 'आधुनिक' शब्द जुड़ा हुआ है—लेकिन कलाओं के साथ जब हम आधुनिकता की बात सोचते हैं तब उसके मतलब भिन्न होते हैं। सबसे पहले तो यह कि कला वस्तुमात्र नहीं है, न वस्तु की तरह उसकी व्याख्या की जा सकती है। कला सबसे पहले एक रचनात्मक चेष्टा है और सौन्दर्य-प्रमुख दृष्टि है। 'आधुनिकता' विशुद्ध भौतिक सन्दर्भ में, हमारे जीवन में वह बदलाव है जो विज्ञान और औद्योगीकरण की वजह से आया है : आधुनिक कला एक माने में उस बदलाव के साथ नये, कलापूर्ण और सार्थक रिश्तों की तलाश है। कलाओं में आधुनिकता का प्रमुख अर्थ यह होगा कि मनुष्य अपनी बनायी चीज़ों और अपने बारे में उपलब्ध

नयी-पुरानी जानकारियों को किस तरह मानवीय और सुन्दर बनाता है।

आधुनिकता शब्द का रचनात्मक आशय वर्तमान को केन्द्र में रखते हुए अतीत और भविष्य के प्रति भी सचेत रहना है, इसलिए 'समकालीन', 'प्रत्यक्ष' या 'तत्कालीन' जैसे शब्दों के साथ भी इसके गहरे और सतही दोनों सम्बन्ध हैं।

भौतिक प्रगति का स्वभाव सामान्यतः एक दिशात्मक यानी एक दिशा में गतिशील पदार्थ की तरह है। इस गति की कल्पना अतीत-वर्तमान-भविष्य को एक सीधी रेखा में रखकर की जा सकती है। लेकिन रचनात्मक चेष्टा, आध्यात्मिक चेतना की तरह एक चेतन बिन्दु से विकीर्ण होती हुई शक्ति या ऊर्जा की तरह है : वह एक ही समय में एक साथ अतीत, वर्तमान और भविष्य की उपस्थिति का बोध है।

किसी रचना या कृति को 'पदार्थ' मानकर भी उसकी व्याख्या की जा सकती है। कुछ-कुछ इसी अर्थ में फ्रैंक करमोड ने एक उपन्यास की संरचना में आरम्भ-मध्य-अन्त के क्रम को समय के सन्दर्भ में पदार्थ की एक दिशात्मक गति से तुलनीय माना है। इसी तरह एक कला-कृति की व्याख्या भी 'वस्तु' की तरह की जा सकती है, और एक 'वस्तु' की व्याख्या 'कला-कृति' की तरह भी—द्यूशाँ द्वारा—की जा चुकी है।

लेकिन यहाँ वस्तु या कला-कृति से थोड़ी देर के लिए ध्यान हटाकर उस दृष्टि को केन्द्र में रखना चाहता हूँ जो वस्तुजगत को लेकर मुख्यतः रचनात्मक है, भौतिकतावादी या उपयोगितावादी नहीं। यानी किसी भी रचित वस्तु को लेकर इन दोनों कोशिशों को अलग-अलग पहचानना ज़रूरी है—कोशिश जो रचना की समस्याओं से सामना है, और कोशिश जो रचना की समस्याओं से अलग है। यही कला और अ-कला के बीच बुनियादी फ़र्क़ को स्थापित करता है। शाब्दिक कलाओं में भी और अशाब्दिक कलाओं में भी कला और यथार्थ उस 'विशेष भाषा' पर निर्भर हैं जो दोनों के बीच एक गहरा सम्बन्ध भी है और एक अलगाव भी—अलगाव इसलिए क्योंकि कला की भाषा और व्यवहार की भाषा के बीच कभी भी एक सहज और सीधा रिश्ता नहीं होता। व्यावहारिकता भाषा को एक तरह इस्तेमाल करती है। कला बिल्कुल दूसरी तरह और बिलकुल अपनी तरह। लेवी-स्त्रोस ने इसे ही मान्य भाषा से परे की कला-भाषा (परा-भाषा) (मेटा-लैंगुएज) कहा है। कला की भाषा में व्यावहारिक भाषा के अर्थ ढूँढ़ना व्यावहारिक भाषा में कला के अर्थ ढूँढ़ने की तरह है।

कबीर या ग़ालिब की भाषा अकसर यह भ्रम उपजाती है कि वह आसान है क्योंकि उसमें पहचाने जा सकनेवाले रोज़ की भाषा के शब्द हैं। लेकिन उनकी

कविता वस्तुतः शब्द कठिन नहीं अर्थ कठिन है। जब ग़ालिब कहते हैं—

न था कुछ तो ख़ुदा था, न होता कुछ तो ख़ुदा होता,
डुबोया मुझको होने ने, न होता मैं तो क्या होता।

तब ज़ाहिर है कि वो एक भी ऐसा शब्द नहीं इस्तेमाल कर रहे जो रोज़मर्रा का न हो, लेकिन उन शब्दों का एक भी ऐसा अर्थ नहीं जो रोज़मर्रा का हो! यानी वो शब्दों के ज़रिए रोज़मर्रा की भाषा से परे कला की एक अलग भाषा को रच रहे हैं।

कलाकार के लिए पूरा यथार्थ कच्चा माल है—उसका माध्यम जिससे वह नया कुछ रचता है। यह 'नया कुछ' परिभाषित किया जा सकता है—सुन्दर के सन्दर्भ में भी और उपयोगिता के सन्दर्भ में भी : यह दोनों के सन्दर्भों से बिलकुल बाहर भी परिभाषित किया जा सकता है। इस तरह कि न तो सुन्दर हो न उपयोगी, केवल 'नया कुछ' हो। रोजेनबर्ग ने ध्यान आकृष्ट किया है कि नये की भी एक लीक है। साहित्य और कलाओं में वह सभी जो नया है ज़रूरी नहीं कि 'आधुनिक', या 'कला' भी हो ही—न यही कि रचनात्मक ज़रूरतों से की जानेवाली प्रयोगशीलता, और सिर्फ़ नये कुछ के लिए की जानेवाली प्रयोगशीलता का दर्जा एक ही है।

आधुनिकता शब्द पिछले 500 वर्षों से भी अधिक समय तक लगातार इस्तेमाल में रहा और कई बार इस शब्द के अर्थों की झाड़पोंछ होती रही है—कभी नये, कभी पुराने, कभी परम्परा, कभी इन सबको समझने-समझाने की कोशिश में। बहुत कुछ इस पर निर्भर रहा कि एक कलाकार ने अपने समय और अपनी रचनात्मक ज़रूरतों के बीच किस तरह का सम्बन्ध स्थापित किया। आज भी यह कोशिश हमें साहित्य और कला सम्बन्धी चिन्तन में बराबर दिखाई देती है।

टी.एस. इलियट की आधुनिकता में क्लासिकल विचारधारा का ख़ासा दबाव रहा। स्पेंडर ने आधुनिक तथा समकालीन के बीच फ़र्क़ पर जोर दिया। हेराल्ड रोजेनबर्ग ने 'नये की परम्परा' की ओर ध्यान खींचा। फ्रैंक करमोड ने 'आधुनिकता' को दो वर्गों में रखा : एक तो, 'प्राक्-आधुनिकतावाद' जिसमें जॉयस, स्राविन्स्की, पिकासो, इलियट आदि की कलाएँ आती हैं जो प्रयोगात्मक होते हुए भी परम्परा और अतीत से भी कुछ-न-कुछ नाता बनाए रखती हैं, और दूसरा, 'नव-आधुनिकतावाद' जिसमें उन्होंने उन अवाँगार्द कलाओं को रखा है जो अपने को परम्परा से बिल्कुल तोड़कर प्रयोगशील थीं जैसे दादावाद, अतियथार्थवाद वगैरह।

लेकिन किसी भी कला के लिए शायद यह कहना मुश्किल है कि उसमें

अतीत या परम्परा की कोई भी याद मौजूद नहीं क्योंकि मन—विशेषरूप से रचनात्मक मन—किसी गतिमान वस्तु की तरह किसी एक ही दिशा में नहीं चलता। बर्गसों ने वर्तमान के साथ अतीत को अनिवार्य रूप से संश्लिष्ट माना है—दोनों के एकत्र आभास द्वारा ही हमें पूर्ण अस्तित्व-बोध होता है। यह अतीत और वर्तमान का चेतना में एक साथ होना क्रोचे और कालिंगवुड के विचारों की भी ज़मीन है। कालिंगवुड का कहना कि इतिहास दस्तावेज़ों में नहीं इतिहासकार के दिमाग़ में होता है और उस समय जी उठता है जब इतिहासकार उन दस्तावेज़ों की समीक्षा और व्याख्या कर रहा होता है, हमें रचनात्मक स्वभाव के एक प्रमुख गुण की याद दिलाता है। रचना-प्रक्रिया में बर्गसों ने 'स्मृति-चिन्तन' को विशेष महत्त्व दिया है। इसीलिए रचना-शक्ति की बात करते हुए बर्गसों ने इस पर ज़ोर दिया था कि रचनात्मक जैसी आत्मिक चेष्टा को समझाने के लिए वे पद ठीक नहीं जिनके द्वारा विज्ञान, पदार्थ-जगत के तथ्यों और नियमों को समझने की कोशिश करता है। समय, गति, परिवर्तन, आत्मा, मन, रचनाशीलता आदि की प्रकृति को विज्ञान जब भी समझने चलता है तो उसकी विचार-पद्धति और भाषा चल को अचल में बदल देती है—जबकि रचना-शक्ति एक निरन्तर प्रवाहित ऊर्जा है। क्रोचे ने कविता और कलाओं की प्रकृति को समझने के लिए भी इसलिए तर्क-शक्ति की अपेक्षा प्रज्ञा-शक्ति को ज़्यादा महत्त्व दिया। प्रसिद्ध साहित्य समीक्षक वेलेक ने कविता के स्वभाव को समझने के मामले में क्रोचे के विचारों को आज भी बहुत ज़रूरी माना है।

कुछ ऐसे साहित्यकारों को लें जिनकी रचनाओं को हम 'आधुनिक क्लासिक्स' मानते हैं और देखें कि वे अपनी कृतियों में समय को किस तरह सोचते हैं। प्रूस्त, मलार्मे, रिल्के, काफ़्का, जॉयस, मन्न, ब्रेश्त, इलियट—ये सभी समय के साथ एक ख़ास रिश्ता बनाते हैं। इनकी रचनाओं में समय हमारे दैनिक अनुभवों का समय नहीं होता, मिथकीय या रहस्यात्मक समय होता है जिसे हम कला-काल कह सकते हैं और जो स्वप्न-काल की तरह हमारे सामान्य जीवन-काल से भिन्न होता है।

प्रूस्त के 'अ ला रेशार्स द्यू ताम्प्स पर्द्यू' में घटनाएँ सामान्य जीवन की तरह एक-के-बाद दूसरी के क्रम से नहीं व्यतीत होतीं, पूर्वघटित को स्मृति में पुनः जीवित करके वर्तमान में एक बार फिर जिया जाता है। मलार्मे की कविताओं में 'वस्तुओं का मिटता हुआ-सा रूप, मूर्त न हो पाने का आभास मात्र' मिलता है (स्वप्नवत्)। काफ़्का के उपन्यास 'ट्रायल' में नायक 'के' एक दुःस्वप्न काल में

एक यथार्थभास को विक्षिप्त-सा जीता चला जाता है। जॉयस के 'यूलिसिस' में ब्लूम पूरे उपन्यास को चौबीस घंटों से भी कम के मानसिक समय में जीता है। 'मैजिक माउंटेन' में मन्न का नायक हंस कस्टार्प टी.बी. सनाटोरियम में—सामान्य जीवनधारा से बिलकुल अलग कटा हुआ किसी पहाड़ पर—एक ऐसे जीवनकाल में पूरे जीवनानुभव को भोगता है जो समय की दृष्टि से संक्षिप्त लगते हुए भी अनुभव-तीव्रता में सम्पूर्ण लगता है। ब्रेश्त वर्तमान को भी ऐतिहासिक-काल की तरह देखते थे, "…..जिस तरह समानानुभूति (एम्पैथी) द्वारा असाधारण को रोजमर्रा का साधारण अनुभव बनाया जा सकता है उसी तरह साधारण को बिलगाव (एलिअनेशन) द्वारा असाधारण बनाया जा सकता है। सामान्य को भी इस तरह असामान्य बनाकर रखा जा सकता है कि वह सचमुच विशेष लगे। तब ऐसा होगा कि देखनेवाला वर्तमान से इतिहास में पलायन नहीं करेगा, वर्तमान ही इतिहास बन जाएगा…. ।" इलियट के अनुसार एक लेखक समय में पूरी तीव्रता से अपनी स्थिति, समकालीनता, को तब समझ पाता है जब वह अतीत के अतीतपन को नहीं बल्कि वर्तमान में भी उसकी उपस्थिति को महसूस कर सके।

समय को लेकर ये विभिन्न परिप्रेक्ष्य हमें कुछ भारतीय क्लासिक्स की याद दिलाते हैं। महाभारत के घटना-प्रधान कालक्रम (वर्तमान) को रोककर 'गीता' के सम्पूर्ण प्रसंग को एक-दूसरे समय में रचा गया है : इसी तरह गीता के 11वें अध्याय में कृष्ण गीता के काल को फिर एक बार रोककर पूरे महाभारत के परिणाम, उसके अन्त को, वास्तविक घटना से पहले ही एक अलौकिक समय में दिव्य-दृष्टि (रचना-दृष्टि) द्वारा दर्शाते हैं। समय को लेकर विभिन्न दृष्टियाँ हमें व्यास और संजय के प्रसंगों में भी दी गयी हैं। इसी तरह रामायण में वाल्मीकि अपने कथानक में एक पात्र भी हैं और उस कथानक के द्रष्टा भी : वे एक समय के दो आयाम प्रस्तुत करते हैं—जीवन सापेक्ष भी और जीवन मुक्त भी। इस दोहरे परिप्रेक्ष्य को हम एक रचनाकार की स्थिति में भी पहचान सकते हैं और भारतीय विचारधारा में भी। कलाकार एक ऐसा जीवनानुभव देने की कोशिश करता है जिसमें वह होता भी है, और जिससे वह बाहर भी होता है। उसकी चेतना वर्तमान तक सीमित नहीं, वर्तमान से मुक्त भी होती है।

वस्तुवादी यथार्थ-बोध का मतलब है समय के वस्तुओं की अपेक्षा बीतने और समाप्त हो जाने का एहसास। यह चीज़ों की मृत्यु और त्रासदी का एहसास भी है। लेकिन भारतीय यथार्थ-बोध न तो जीवन को मात्र देह-वस्तु मानता है न ही त्रासदी। "सस्यमिव मर्त्यः पच्यते सस्यमिव अजायते पुनः।" वह चेतन या आत्म-तत्त्व को यथार्थ मानता है जो शरीर से परे भी है। वह स्वप्न भी है और स्वप्नद्रष्टा भी। रचित भी है और रचयिता भी। भारतीय दर्शन, साहित्य और

कलाओं में यह न केवल एक कलात्मक दृष्टिकोण बल्कि बुनियादी जीवनदर्शन के रूप में व्याप्त है—

स्वप्नान्तं जागरितांत चोभौ येनानुपश्यति
महान्तं विभुमात्मानं मत्वा धीरो न शोचति।

—*(बृहदारण्यक उपनिषद्)*

यह वस्तु-जगत का अस्वीकार नहीं उससे एक उदात्त सम्बन्ध है। भारतीय कलाओं में प्रकृति और मानव-प्रकृति प्रत्यक्ष, तथा अ-प्रत्यक्ष लौकिक तथा अलौकिक काल तथा कालातीत के बीच सन्तुलन ढूँढ़ती हुई जीवन-दृष्टि की ओर बार-बार हमारा ध्यान जाता है। वह मानती है कि रचना और आनन्द का स्रोत आदमी के अन्दर है, आदमी के बाहर नहीं। भारतीय जीवन दर्शन ने इसीलिए आदमी के स्वभाव को सबसे पहले विचारणीय माना। भरत मुनि का रस-सिद्धान्त कला के सिद्धान्तों का ही नहीं मनुष्य के मनोभावों का भी विस्तृत विश्लेषण और वर्गीकरण है।

भारतीय कला स्थूल जगत के अनुकरण के सिद्धान्त (अरस्तू) को कभी स्वीकार न कर सकी—न आधुनिक कला में ही उसका विशेष महत्त्व है। (लोक-कलाओं तक में जन-जीवन का नहीं देवी-देवताओं के ही जीवन का बाहुल्य रहा)। यद्यपि ऐसा नहीं कि आरम्भ से ही वह अनुकरणात्मक कला के घनिष्ठ सम्पर्क में न आती रही हो। लेकिन भरपूर यूनानी प्रभाव के बावजूद व्यक्ति-केन्द्रित कला यहाँ कभी विकसित न हो सकी। गन्धार कला-शैली भी भारतीय कला-बोध में अलग-सी ही रही क्योंकि बुद्ध और बोधिसत्व के चेहरे अपनी यथार्थवादी सजीवता में उस आध्यात्मिक छवि से खाली हो गये जिस छवि को हम मथुरा की अन्तर्मुखी बुद्ध प्रतिमाओं में देखते हैं। आगे चलकर राजस्थान और काँगड़ा चित्रकला में व्यक्तिचित्रण पर ध्यान दिया गया लेकिन वह भी बहुत पनप न सका। मुगलकालीन कला में भी, प्रोत्साहन के बावजूद यह कला उस शिखर तक न पहुँच सकी जैसी रिनेसाँसकालीन योरप या 19वीं सदी की प्रभाववादी और उत्तर-प्रभाववादी कला में।

प्रतिरूपात्मक कला (रिप्रेजेंटेशनल आर्ट) के अस्वीकार में इस सदी की योरपीय कला और भारतीय कला-आदर्शों में एक ऊपरी समानता दिखती है। अमूर्त कला के एक खास पक्ष को सोचें—द कूनिंग, पोलक, क्लाइन, गोर्की की कलाओं में एक अन्तर्मुखी आध्यात्मिक जुनून-सा है, जो उनकी कलाओं में फॉर्म के माध्यम

से प्रकट होता है। यह कला चीज़ों के बाहरी रूपों से बँधी हुई नहीं है, न उनसे किसी प्रकार की बहस है। वह अपनी पूर्ण स्वच्छन्दता में चीज़ों के आतंक से मुक्त लगभग अलौकिक है। रंगों और रेखाओं की प्रकृति में पदार्थ की स्थिरता नहीं रंगों और रेखाओं की विक्षिप्त दौड़-सी है : छोटी-छोटी लयों का सटाव नहीं, विकेन्द्रित बड़ी लयों के थक्के हैं। या फिर रोथको या न्यूमान जैसे चित्रकारों की अपेक्षाकृत अधिक विघटनात्मक कृतियों में हम एक तरह का निराकार ठंडापन महसूस करते हैं जो हमें 'वेस्टलैंड' के अन्त की शान्ति की याद दिलाता है।

दूसरे शब्दों में कहें तो आधुनिक कला का एक ख़ासा बड़ा हिस्सा सादृश्य का न्यूनतम इस्तेमाल करते हुए रचनात्मक आन्तरिकता, या वस्तुओं से परे की दिशा में यात्रा है।

आज जब हम एक कैंडिंस्की, क्ले, पिकासो या पोलक की कला का मूल्यांकन करते हैं तब उस कला में स्थानीय, देशगत या जातिगत गुणों को उतना नहीं ढूँढ़ते जितना इन कलाकारों की निश्चिन्त रचनात्मक पहचान और विशिष्ट कला-शैलियों को। हम अपने समय को लेकर उनके विचारों, प्रतिक्रियाओं और टिप्पणियों को सोचते हैं जो वे अपनी कलाओं के माध्यम से प्रस्तुत करते हैं। इनकी कलाएँ केवल बाहरी जीवन से ऊपरी सरोकार की कलाएँ नहीं हैं। रचनात्मक स्तर पर गहरे आत्मान्वेषण की कलाएँ भी हैं। वे इस बुनियादी यक़ीन की कलाएँ भी हैं कि वे समस्याओं को सबसे पहले कला की दृष्टि से देख रहे हैं, कला के बाज़ारों की दृष्टि से नहीं।

"यह सोचना सरासर ख़ामख़्याली है कि बाह्य-प्रकृति में किसी प्रकार की व्यवस्था नहीं और हम उसमें किसी प्रकार की व्यवस्था ला सकते हैं... सच तो यह है कि हम अपने अन्दर ही अगर थोड़ी बहुत व्यवस्था ले आ सकें तो वही बहुत है..."— द कूनिंग का यह कथन रचनात्मक स्वभाव की एक ख़ास समस्या को रेखांकित करता है। सूजन सोंटाग का कहना कि हर युग को अपने लिए अपनी तरह आत्मिकता के सार को खोजना पड़ता है, आज की कला के लिए भी उतना ही सच है जितना किसी युग की कला के लिए रहा है।

कोई भी कला सबसे पहले रचनात्मकता का अनुभव है। रचनात्मकता ही एक

कला का प्रमुख विषय (Content) होता है।

वस्तुजगत का यथावत् चित्रण वस्तुजगत का अनुभव हो सकता है, लेकिन कला का अनुभव भी वह तभी होगा जब उसमें हम किसी प्रकार की रचनात्मक प्रतिभा और प्रेरणा को असन्दिग्ध रूप से पहचान सकें।

रचे हुए सौन्दर्य को परिभाषित कर सकना, या अरचित में सौन्दर्य को रच सकना इसीलिए कला भी है और अध्यात्म भी।

व्यक्ति, समाज, मनुष्य....जीवन का कोई भी पक्ष कलापूर्ण ढंग से प्रस्तुत किया जा सकता है। और वह इस तरह भी प्रस्तुत किया जा सकता है कि कलापूर्ण न हो : हमें उसमें रचनात्मकता का अभाव लगे। या हमें ऐसा लगे कि उसमें जो भी सुन्दरता दिखती है वह कलाकार की रची हुई नहीं है, उन चीज़ों का स्वाभाविक गुण है जिन्हें कलाकार केवल पेश कर रहा है, वह हमें केवल याद दिला रहा है कि एक फूल, नदी, या पहाड़ सुन्दर होते हैं—अपनी ओर से उसने सुन्दर या असुन्दर के बारे में ऐसा कोई नया विचार या भावना नहीं दी है जो उनके बारे में हमारे पूर्व-अनुभवों या पूर्व ज्ञान में नया कुछ जोड़ता हो, हमें यक़ीन दिलाता हो कि कलाकार की ओर से भी हमें ऐसा कुछ मिला जो सुन्दर के बारे में, या ज़िन्दगी के बारे में, हमारे अनुभवों में विशिष्ट कुछ जोड़ता हो।

आधुनिकीकरण के आज अनेक उदाहरण हमारे सामने हैं। भारतीयता, समकालीनता, स्थानीयता, सामाजिकता आदि के हम कला में क्या अर्थ लगाते हैं यह बहुत कुछ इस पर निर्भर करता है कि इनका आज हमारे जीवन में क्या अर्थ है। भारतीय कला-मन अनेक विषम ऐतिहासिक परिवर्तनों से गुज़रा है और अनेक अन्तस्सांस्कृतिक अनुभवों से मिलकर बना है।

संस्कृति विशेष में नये विचार किस प्रकार ग्रहण होते हैं, या ग्रहण नहीं हो पाते हैं—यह बहुत कुछ उन आचार-विचार आदि पर भी निर्भर है जो उस संस्कृति में परम्परा के रूप में, जातीय स्मृति के रूप में और भाषा में जीवित रहते हैं। अमरीका या रूस जैसे देश जिनकी ऐतिहासिक स्मृति बहुत लम्बी नहीं नये विचारों को या नये से लगते पुराने विचारों को भी लेकर जल्दी प्रतिकृत होंगे। यह प्रतिक्रिया उन देशों में धीमी और सशंक होगी जिनका ऐतिहासिक अनुभव बहुत पुराना है और जिनके अचेतन, भाषाई, सामाजिक और जातीय मन पर ऐतिहासिक उतार-चढ़ाव की अनेक तहें जमी हुई हैं।

मैं समझता हूँ जिस तरह आज हमारे सामने 'आधुनिकता' का एक विश्व-

परिप्रेक्ष्य (ग्लोबल पर्सपेक्टिव) है उसी तरह कलाओं के अतीत और परम्पराओं का भी ग्लोबल पर्सपेक्टिव होना चाहिए, क्योंकि कलाओं के रूप कभी एक देश तक सीमित नहीं रहे—कई देशों में और कई रूपों में परिवर्तित होकर घूमते रहे। विदेशी प्रभावों को लेकर आज हम ज़रूरत से कुछ ज़्यादा ही चौकन्ने हो गये हैं, लेकिन जिसे हम आज प्राचीन या मध्यकालीन भारतीय कला कहते हैं उसमें तमाम विदेशी प्रभाव मौजूद हैं—लेकिन इसके बावजूद वह अपने समय की, अपने जगह की और अपने ढंग की कला रही है। अनेक विदेशी प्रभावों को बराबर ग्रहण करते रहने के बावजूद उसकी अपनी पहचान और बुनियादी भारतीयता कभी दबने नहीं पायी क्योंकि वह एक निश्चित जीवन-दर्शन विश्व-दृष्टि से जुड़ी हुई कला—सही मानो में भारतीयता के गूढ़ आशयों से जुड़ी कला थी जिसने विदेशी प्रभावों को अपनी तरह ग्रहण और इस्तेमाल किया।

दो या दो से अधिक कलाओं के मिलने से दोनों के रूप बदलते हैं : उनका एक दूसरे पर एक ख़ास तरह का नस्ली प्रभाव (म्यूटेशनल इफ़ेक्ट) पड़ता है जिससे उनमें नवीनता और शक्ति आती है। विदेशियों की लगातार उपस्थिति का जो असर भारतीय कलाओं पर पड़ा उसे किसी हद तक राजनीतिक दृष्टि से अलग करके देखना ज़रूरी है, तभी हम अपनी—और दूसरों की भी—कलाओं के इतिहास को राजनीतिक इतिहास से भिन्न समझ सकेंगे। यानी, यह ज़रूरी है कि आधुनिकता की ही तरह हम उसके अतीत और परम्पराओं को भी सार्वभौमिक (ग्लोबल) परिप्रेक्ष्य में रखकर देखें। एक विदेशी प्रभाव के रूप में भारतीय कला-चेतना पर अँग्रेज़ी प्रभाव अगर गलत कहा जा सकता है तो इस मामले में कि उसके एकाधिपत्य ने दूसरे विदेशी प्रभावों के साथ भारत के लिए खुले आदान-प्रदान के रास्तों को अवरुद्ध किया—इसलिए नहीं कि वह स्वयं एक विदेशी प्रभाव था।

ऐसी अनेक विचारधाराएँ आज हैं जो एक देश नहीं पूरी मानवजाति के लिए महत्त्व रखती हैं। मार्क्स, फ्रॉयड, आइन्स्टाइन आदि के विचारों का दायरा आज उनके ही देश नहीं बल्कि उनके विषयों के बाहर भी उस पूरे चिन्तन में व्याप्त है जिसे हम आधुनिक कहते हैं। स्थानीय तत्त्वों के अध्ययन के पीछे भी एक सार्वभौमिक दृष्टि रहती है—नृशास्त्रीय, भाषायी, सामाजिक और मनोवैज्ञानिक दृष्टियों से मनुष्य की विभिन्न जीवनपद्धतियों और विश्वदृष्टियों का अध्ययन और विश्लेषण। आधुनिकता का एक तात्पर्य जहाँ अपनी जड़ों की छानबीन है (अपनी स्थानीयता, इतिहास, परम्परा आदि में) वहीं उसका दूसरा तात्पर्य कलात्मक अभिव्यक्ति की उन श्रेष्ठतम उपलब्धियों की जानकारी भी है जिनसे कला का इतिहास बना है।

परम्परा से वैज्ञानिक और तकनीकी प्रगति का कोई अनिवार्य विरोध नहीं है—और दोनों ही एक स्तर पर अपनी तरह रचनात्मक हैं। आधुनिकता अकसर अनेक पुराने विचारों को अपनाती और तथाकथित अवाँगार्द विचारों को अस्वीकार करती रही है। बहुत से देश जो तकनीक, औद्योगीकरण, विज्ञान आदि में भारत से आगे हैं, भारत से कम परम्परावादी नहीं हैं। मुझे लगता है कि भारतीय प्रवृत्ति नये या वैज्ञानिक विचारों के मामले में सतर्क रहते हुए भी निषेधात्मक नहीं रही। जहाँ किसी भी 'ज्ञान' को 'धार्मिक अनुभव' जैसी चीज़ माना गया हो वहाँ 'धर्म? या विज्ञान?' जैसी वह बहस जो कभी डार्विन के विचारों को लेकर योरप में उठी थी शायद निरर्थक लगती। औषधि-विज्ञान के चरक, कामशास्त्र के वात्स्यायन, भाषाशास्त्री पाणिनि, वैज्ञानिक आर्यभट्ट—सभी जहाँ 'ऋषि' कोटि में रखे जाते रहे वहाँ 'धर्म' विज्ञान का विरोधी नहीं मनुष्य के आचरण और लोक-व्यवहार का नियामक माना गया। चीजों को जानना, और चीजों को जाननेवाले को जानना, दोनों को ही ज्ञान की उस व्यापक परिधि में रखा गया जिसके बिना आदमी अपनी रची दुनिया पर नियन्त्रण नहीं रख सकता। मैं समझता हूँ आज भी आदमी जो कुछ अपने बारे में जानता है और अपनी दुनिया के बारे में जानता है उसके बीच सही जीवन्त रिश्तों की खोज कलाओं की एक सार्थक कोशिश है।

सामाजिक यथार्थ और कविता का आत्मसंघर्ष : कुछ नोट्स

कविता जब भी यथार्थ के बहुत नज़दीक जाती है, अथवा यथार्थ को अपने बहुत नज़दीक लाती है, उसके जीवन-विवेक पर सबसे अधिक दबाव पड़ता है। वह सब जो हो रहा सही-ग़लत का मिलाजुला रूप है, यथार्थ है, व्यावहारिक है : वह सब जो होना चाहिए यथार्थ से दूर हो सकता है। कविता यथार्थ को नज़दीक से देखती मगर दूर की सोचती है। वह एक बारीक मगर ज़रूरी फ़र्क़ करती है जीवन यथार्थ और जीवन सत्य के बीच। दुनिया जैसी है और जैसी उसे होना चाहिए के बीच कहीं वह एक लगातार बेचैनी है। एक कवि में अगर दूर तक सोच सकने की ताक़त नहीं है तो उसकी कविता या तो यथार्थ की सतह को खरोंचकर रह जाएगी या किसी भी आदर्श से चिपककर। जब मैं जीवन सत्य की बात करता हूँ तो मेरा मतलब कविता के पीछे काम करनेवाली उस सतर्क-बुद्धि संवेदनशीलता से होता है जो ज़िन्दगी को तीव्रतम एहसासों और विवेक के स्तरों पर एक साथ जीने में सक्षम हो और सही जीवनमूल्यों की पहचान करा सके। उसकी जिजीविषा का स्रोत उदात्त अर्थों में आत्मिक और उसी नाते सार्वभौमिक भी हो। समकालीन और स्थानीय पर उसकी पकड़ सच्ची और प्रामाणिक होनी चाहिए लेकिन उस तक ही सीमित नहीं, अपनी व्यापकता और सदाशयता में दोनों का अतिक्रमण करती हुई भी हो।

जो यथार्थ कवि को उद्विग्न करता और जो आदर्श उसे आश्वस्त, उनके बीच कविता की स्थिति और सार्थकता को बनाये और बचाए रखने की कोशिश कविता की सही ज़मीन खोजते रहने की कोशिश है। केवल ऊपर से देखें तो यथार्थ की पहचान और पकड़ दोनों ही भ्रामक हो सकती हैं, और अकसर उन्हीं सचाइयों का निषेध करती हुई हो सकती हैं जिनकी तलाश में कविता हमेशा प्रत्यक्ष की त्वचा से एक या कई सतह नीचे या भीतर की कविता होती है।

2

कबीर, ग़ालिब या निराला ने अपने समय के यथार्थ को भरपूर जिया और सोचा, लेकिन उनकी कविता उस यथार्थ से आक्रान्त कविता नहीं है; उन जीवन सत्यों की कविता है जो यथार्थ का बारीक अवलोकन भी है और उस पर सारगर्भित टिप्पणी भी। उससे भिन्न ऐसी तमाम वक़्ती कविताएँ ध्यान में आती हैं जो अपने समय की घटनाओं, चरित्रों, आचरणों आदि को लगभग अख़बारी फुर्ती से व्यक्त करती हैं, हमारे लिए उतनी ही महत्त्वपूर्ण भी साबित होती है। और लगभग उतनी ही जल्दी अप्रासंगिक हो जाती हैं। सही मायने में कविता यथार्थ पर उससे कहीं ज़्यादा गहरे सम्बन्धों, विचारों और आत्म-मन्थन का नतीजा होती है।

कवि के व्यक्तित्व को एक अत्यन्त संवेदनशील माध्यम के रूप में सोचें तो सामाजिक सन्दर्भ में उसकी भूमिका अहम है। निराला की 'सरोज-स्मृति', 'वह तोड़ती पत्थर' या 'कुकुरमुत्ता' यथार्थपरक कविताएँ होते हुए भी एक मायने में अत्यन्त आत्मीय और निजी कविताएँ भी हैं; तथा 'राम की शक्तिपूजा', 'तुलसीदास' या 'जूही की कली' यथार्थी कविताएँ न होते हुए भी भारतीय लोक मानस के गहरे आत्मीय संस्कारों से जुड़ी हुई कविताएँ हैं। निराला का निजी संसार उनकी कविता का उतना ही आवश्यक हिस्सा है जितना वह समाज जिसमें वे जी रहे थे। ख़ास बात है निराला की समझ और संवेदना का विस्तार जो उनकी कविताओं की रीढ़ है, और जो इस पर इतना नहीं निर्भर करता कि कवि अपने चारों ओर की ज़िन्दगी का कितना सही-सही चित्रण करता है बल्कि इस पर कि वह अपने बाहर और भीतर के यथार्थ का कितना संश्लिष्ट रूप हमें दे पाता है और इसके दौरान जो जीवनदृष्टि हमें देता है वह कितनी मूल्यवान है। यह दृष्टि निराला की कविताओं और गीतों में बराबर मौजूद रहती है। निराला ने कुछ बहुत ही अच्छे गीत अपने कवि-जीवन के अन्तिम वर्षों में लिखे, जबकि एक कवि, गीतों को प्रायः अपने प्रारम्भिक, यानी कमोबेश अप्रौढ़ या किशोर-वर्षों में लिखता है। 'जूही की कली' को अगर निराला की प्रारम्भिक गीत-संवेदनाओं की देन मानें तो उनका कृतित्व अपने दार्शनिक और यथार्थवादी दौर से होता हुआ 'अर्चना' के गीतों में एक महत्त्वपूर्ण परिक्रमा पूरी करता है।

मुक्तिबोध की कविताओं में प्रत्यक्ष यथार्थ के चित्रण से ज़्यादा महत्त्वपूर्ण है उनका परोक्ष अर्थ-विन्यास। कभी-कभी उनके यथार्थ-खंड बिलकुल रिवाज़ी और ढीले बँधे हुए लगते हैं—शब्दों की तरह प्रतीकार्थक—स्वयं में उतने अर्थवान नहीं जितने एक-दूसरे से जुड़कर किसी बृहत्तर संयोजन में अर्थवान। ठीक उसी तरह जैसे एक अच्छी फ़िल्म में सामान्य यथार्थ-खंडों को शाब्दिक-सी योजना

देकर अर्थ सम्प्रेषण किया जाता है। मुक्तिबोध की कविता जब चूकती है तब भी वह मुझे एक फ़िल्म की तरह चूकती लगती है, मानो वे लम्बे-लम्बे अनकट रशेज़ हों जिनका कुशल सम्पादन अभी बाकी हो, या पढ़नेवाले पर छोड़ दिया गया हो। अनेक ऐसी आधुनिक कविताएँ ध्यान में आती हैं जिन्हें हम केवल ग्रहण ही नहीं करते, अपने अन्दर उनकी पुनर्रचना भी करते हैं।

वैसे, यथार्थ-चित्रण को लेकर कविता का शिल्प कभी भी बहुत निश्चित नहीं रहा, बावजूद इसके कि साहित्य की अनेक विधाओं की झलक उस पर पड़ती रही। अज्ञेय की 'असाध्य वीणा' का चुस्त और सावधान गठन अपने शिल्प और तराश में लगभग औपन्यासिक है, पर एक निश्चित कथानक के बावजूद कथ्य में एक भावगीत की तरह अठोस। सर्वेश्वरदयाल सक्सेना की 'कुआनो नदी' आंचलिक ज़मीन पर अत्यन्त अन्तरंग भावनाओं की वर्णनात्मक कविता है। विनोद कुमार शुक्ल की कविताओं और उपन्यास के शिल्प में अद्‌भुत समानता है। धूमिल की 'मोचीराम' या विष्णु खरे की 'एक चीज के लिए' में नाटकीयता का कुशल इस्तेमाल है। इस तरह सोचें तो एक उत्कृष्ट कविता व्यापक अर्थों में पूरा साहित्य भी हो सकती है और बहुत ही संकुचित अर्थों में छोटी-सी तुकबन्दी मात्र भी। पहले के अनेक कवियों ने यथार्थ की ज़्यादा ठेठ और क्रमबद्ध तस्वीरें दी हैं, उनकी अपेक्षा इधर की अनेक अच्छी कविताओं में यथार्थ की नितान्त सांकेतिक तस्वीरें, (जिन्हें शायद यथार्थ की तस्वीरें न कहकर यथार्थ के फटेचिटे टुकड़े मात्र कहना ज़्यादा सही होगा) मिलेंगी, क्योंकि उनके पीछे यथार्थ को एक कैमरा की तरह देखने की कोशिश उतनी नहीं होती जितनी एक कवि की संवेदना से देखने की कोशिश।

3

इधर की ऐसी भी तमाम कविताएँ हैं, जिनसें सामाजिक यथार्थ अकसर ज़िक्री तौर पर ज़्यादा फ़िक्री तौर पर कम आ रहा है। सन् 40 के आसपास सामाजिक विषयों का जो दौर आया था उसे सबसे पहले और सबसे ज़्यादा ग़ज़लों और गीतों ने गाया। ऐसा नहीं कि इन विषयों को लेकर ईमानदार या पुरअसर कविताएँ भी नहीं लिखी गयीं लेकिन उस वक़्त भी कवियों का एक बड़ा वर्ग ऐसा था जो नये विषयों के लिए कविता के पुराने फॉर्म को नाकाफ़ी मान रहा था। छन्दों के प्रभुत्व और जादू को तोड़ना इसलिए भी ज़रूरी था, क्योंकि छन्द ही कविता का पर्याय-सा बन गये थे, और कविता का प्रमुख काम हमें किसी न किसी तरह की दिमाग़ी राहत दिलाना मान लिया गया था। कविता को छन्दों की जेल से छुड़ाने के पीछे एक चिन्तन यह भी था कि कविता की उन ताक़तों का मुक्त विकास हो सके

जो छन्दों पर आश्रित नहीं होतीं।

आज अगर मुक्त-छन्द, या छन्दों से मुक्ति, की भी परिपाटी-सी बन गयी लगती है, यहाँ तक कि वह कविता की नहीं बल्कि कविता से पलायन की पहचान बनती जा रही है, तो नये रूपों की ज़रूरत की ओर फिर ध्यान जाना स्वाभाविक है। इस सिलसिले में अगर छन्दों की ओर ही ध्यान जाता है तो इस ख़तरे की ओर भी ध्यान जाता है कि कहीं कविता का आत्मसंघर्ष, उसकी रचनात्मक ऊर्जा, नये फॉर्म खोजने के बजाए फिर उन्हीं पुराने रूपों की चहारदीवारी में घिरकर न रह जाए जिनकी अतियों के ख़िलाफ़ उसने कभी संघर्ष किया।

समकालीन कविता में आज अगर कुछ ठहराव सा लगता है तो गीत या ग़ज़ल को ही उसका विकल्प मानना ठीक नहीं लगता। विकल्प वे इसलिए भी नहीं हो सकते क्योंकि वे कभी भी मुक्तछन्द वाली या छन्द-रहित कविता के प्रतिद्वन्द्वी नहीं थे, उसके सहयात्री थे यद्यपि उनके पाठक श्रोता और मंच बिलकुल अलग थे, उसी तरह जैसे आज फ़िल्मी गानों की जात बिल्कुल अलग है। फ़िल्मी गीतों में भी साहित्यिकता हो सकती है पर वे किसी भी साहित्यिक विधा का विकल्प नहीं हो सकते—साहित्यिक गीतों का भी नहीं। निराला के गीत या दुष्यन्त कुमार की ग़ज़लें उनकी कविताओं के विकल्प नहीं हैं, गीत और ग़ज़ल के क्षेत्र में उनका अलग काम है। निराला समर्थ गीतकार थे लेकिन उनकी काव्य-यात्रा में सामाजिक यथार्थ का दौर भी वही था जो उनकी कविता का सबसे प्रयोगशील दौर था—यानी नये कथ्य की समस्या कहीं न कहीं अनिवार्य रूप से फॉर्म की समस्या से भी जुड़ी रही है, और आज गीत या ग़ज़ल के फॉर्म की बात का उठना फॉर्म की ही समस्या का उठना है भले ही हम उसे कथ्य की ओर से उठाएँ और कथ्य की ही समस्या मानें। सम्प्रेषणीयता के तर्क को भी एक सीमा तक ही छन्दों या लोकरंजक काव्यरूपों के पक्ष में खींचा जा सकता है, अन्तत: तो यह एक कवि का बिलकुल निजी फ़ैसला ही होगा कि वह अपनी कविता के लिए छन्दों और गीतात्मकता को कहाँ तक और किस रूप में ज़रूरी मानता है, अगर उन्हें ज़रूरी मानता है।

4

हिन्दी में रूप और कथ्य (फॉर्म और कंटेन्ट) को लेकर जो बहसें हुईं उन्होंने समस्या को सही जगह पर नहीं स्थिर किया। साहित्य में, और कविता में विशेषकर, यथार्थ किस रूप में आए कि एक ओर अगर वह अपना संज्ञानात्मक काम (Cognitive Function) पूरा कर सके तो दूसरी ओर कला के सौन्दर्यानुभूतिमूलक काम (Aesthetic Function) को भी, इस पर जो लम्बी और विचारोत्तेजक बहस योरप

में चली थी और जिसके केन्द्र में लूकाच, ब्रेश्त, ब्लोख, बेन्जामिन और अडार्नो जैसे विचारक थे उसने साहित्यशास्त्र की कई समस्याओं की ओर ध्यान खींचा था, ख़ासतौर पर सामाजिक यथार्थ के परिप्रेक्ष्य में। लेकिन कविता के बारे में सोचते वक्त कुछ विशिष्ट समस्याओं पर भी ध्यान देना ज़रूरी है। लूकाच के विचारों पर ब्रेश्त की प्रतिक्रियाओं के पीछे भी हम उस ज़रूरी फ़र्क़ को महसूस कर सकते हैं जहाँ ब्रेश्त प्रमुखत: एक कवि और नाटककार की हैसियत से बोलते हैं, और लूकाच प्रमुखत: उपन्यास के सन्दर्भ में एक सिद्धान्तकार की हैसियत से।

कविता के सन्दर्भ में 'सामाजिक यथार्थ' और 'व्यक्ति' के सम्बन्धों को लेकर ब्रेश्त के विचार मुझे आज भी महत्त्वपूर्ण लगते हैं। पहली बात तो यह कि सामाजिक यथार्थ को वे मात्र विवरणात्मक या वृत्तात्मक न मानकर मूलत: अध्ययनात्मक मानते हैं—('Realistic means : Discovering the Causal Complexes of Society') दूसरी बात, वे शिल्प, प्रयोग आदि के मामले में कवि की पूरी आज़ादी के कायल थे तथा इसके ख़िलाफ़ थे कि आदमी की भीतरी जिन्दगी को महत्त्वहीन ('Quantite Negligeable') माना जाए। एक रचनाकार की हैसियत से ब्रेश्त जिन सिद्धान्तों की जकड़बन्दी में स्वतन्त्र लेखन को दुश्वार पा रहे थे उस पर तीखी प्रतिक्रिया व्यक्त करते हुए उनका कहना था कि जन-समुदायों के बारे में चिन्ता का यह मतलब कदापि नहीं होना चाहिए कि व्यक्ति को मूल कारणात्मक कड़ी ('Causal Nexus') के रूप में भुला दिया जाए।

लूकाच का उस समय मार्क्सवादी समीक्षा और चिन्तन के क्षेत्र में काफी दबदबा था। ब्रेश्त उनके ख़िलाफ़ खुल्लमखुल्ला कुछ कहने के मामले में सावधान थे, लेकिन वे विशुद्ध साहित्यशास्त्री के सिद्धान्तों का रचनात्मक साहित्य पर जो अनावश्यक दबाव महसूस कर रहे थे उसका उनके मन में ख़ासा असन्तोष था। लूकाच के यथार्थवादी सिद्धान्तों को लेकर ब्रेश्त का कहना था कि साहित्य-सिद्धान्तों का भी अपना रूपवाद हो सकता है। जो रचनात्मक साहित्य में रूप के महत्त्व को समझने में बिलकुल असमर्थ साबित हो सकता है। 19 वीं सदी के उपन्यासों के अध्ययन से निकले यथार्थवाद को आज के साहित्य पर प्रमाण की तरह लादना ग़लत है। नयी ज़रूरतों के हिसाब से नये शिल्प की खोज ज़रूरी है। इसके लिए लेखक को प्रयोगों की पूरी छूट होनी चाहिए। शिल्प का अस्वीकार नहीं उनका विकास ज़रूरी है। यथार्थ को लेकर ब्रेश्त का कहना था कि ''यथार्थ बदलता है तो उसे व्यक्त करने के तरीके भी बदलेंगे ही।''

ऐसा नहीं कि सामाजिक यथार्थ को समझने के मामले में लूकाच ने बहुत ही मूल्यवान चिन्तन नहीं दिया है, लेकिन ब्रेश्त कविता पर जिस सैद्धान्तिक आग्रह की ज़्यादतियों को महसूस कर रहे थे वह कहीं एक रचनाकार की कठिनाइयों को प्रकट करता है, सामाजिक यथार्थ को खारिज नहीं।

5

कविता में 'मैं' की व्याख्या केवल आत्मकेन्द्रण या व्यक्तिवाद के अर्थ में करना उसके बृहत्तर आशयों और सम्भावनाओं दोनों को संकुचित करना है। कविता पर 'सामाजिक यथार्थ' का दबाव इस रूप में नहीं पड़ना चाहिए कि कवि व्यक्तित्व की कोई स्पष्ट पहचान ही न उभर पाये : इससे कविता का एक बहुत ही जीवन्त पक्ष पंगु हो जाएगा। सामाजिक यथार्थ के साथ एक कवि का सम्पूर्ण व्यक्तित्व लिप्त होता है। यह उसकी कला की शर्त है कि वह अपने विषय को लेकर अनासक्त या तटस्थ नहीं रह सकता। एक उपन्यास या कहानी में लेखक के व्यक्तित्व का हस्तक्षेप न्यूनतम भी हो सकता है, जबकि एक कवि अपने पूरे पैशन के साथ सामाजिक यथार्थ में हिस्सेदारी रखता है, और उसे अपने व्यक्तित्व का वह अतिरिक्त आयाम देता है जिसके बिना कविता सपाट और व्यक्तित्वहीन हो जाएगी। एक कवि यथार्थ को अपनी संवेदना में, या अपनी संवेदना से, परिवर्द्धित करता है। इस माने में कविता का 'मैं' जितना निर्वैयक्तिक होता है उसका 'वे' उतना ही व्यक्तिगत। एक कवि का व्यक्तित्व तथा उसकी समाज-सापेक्षता कविता में बिलकुल जुड़े हुए सवाल हैं। एक कवि के निजी अनुभवों का संसार दूसरों के किसी मतलब का है या नहीं यह बहुत कुछ उसकी निजी प्रतिक्रियाओं की व्यापकता, मानसिक समृद्धि, समझ आदि पर निर्भर करता है। जिस तरह निजी अत्यन्त उदार अर्थों में सामाजिक या सार्वभौमिक हो सकता है, उसी तरह सामाजिक अत्यन्त संकुचित अर्थों में बिलकुल निजी भी हो जा सकता है। अतः निजी और सामाजिक के बीच बुनियादी विरोध न मानकर निजी के साधारणीकरण की समस्या को ही कला की मूल समस्या मानने में प्राचीनों का यह मत ठीक लगता है कि श्रेष्ठ काव्य-रचना वही है जिसमें, परस्य न परस्येति ममेति न ममेति च, वाली स्थिति हो।

6

कविता में आत्मसंघर्ष को दूसरे स्तरों पर कुछ इस तरह समझा जा सकता है—प्रेम या प्रकृति या निजी भावनाओं की कविताएँ इस माने में एक सुरक्षित दुनिया है कि उसकी मौजूदा सामाजिक या राजनीतिक यथार्थ से कोई सीधी टकराहट नहीं। सामाजिक और राजनीतिक यथार्थ से सीधा सामना न केवल एक कटु बल्कि ख़तरनाक अनुभव भी हो सकता है, क्योंकि वह कहीं-न-कहीं समाज की बर्बर ताक़तों के ख़िलाफ़ एक चुनौती भी होगी। इन ख़तरों को उठाने का मतलब कभी-कभी ज़िन्दगी को एक बहुत ही बेगाने, दुश्वार और अकेले बिन्दु पर जीना है—एक गैलीलियो की तरह उत्पीड़ित या एक कबीर की तरह अपना घर फूँक कर!

आज कविता के संकट का एक कारण यह भी जान पड़ता है कि कवि जिस यथार्थ से क्षुब्ध है उसके साथ न तो वह समझौता ही कर पाता है न उसके विरुद्ध कोई कारगर लड़ाई ही, क्योंकि एक स्तर पर अगर वह आत्मिक रूप से नष्ट होता है तो दूसरे पर भौतिक रूप से।

7

जो भाषा कविता की बुनियाद है वही अगर समाज के निहित स्वार्थों द्वारा शोषण और झूठ का ताक़तवर साधन बन जाती है तो कविता के लिए उसमें विश्वसनीय जगह बनाना सबसे मुश्किल होता है। मूल्यों को जाँचने-परखने का सबसे संवेदनशील माध्यम, यानी भाषा, अगर व्यवहार में खुद ही खोटी और कुन्द हो जाए तो वैचारिक और भावनात्मक स्तर पर उसकी कोई साख नहीं बचती। कविता की एक लड़ाई स्वयं भाषा के गिरते हुए मूल्य को, उसकी स्वतन्त्रता, प्रामाणिकता और ईमानदारी को बचाए रखने की कोशिश है।

8

मीडिया के साथ कविता का जो सम्बन्ध बनता है वह दो मानों में ख़ासतौर पर विचारणीय है। हमारे समाज और दुनिया को हमारे बहुत समीप लाने में मीडिया के तन्त्र का बहुत बड़ा हाथ है, लेकिन यह भी इतना ही सही है कि मीडिया द्वारा ही आज भाषा और यथार्थ का सबसे अधिक प्रदूषण और विकृतीकरण भी हो रहा है। जो तथ्य मीडिया द्वारा हम तक पहुँचते हैं वे अगर अधसच्चे या ग़लत या अतिरंजित होते हैं तो ज़ाहिर है कि उन पर कविता या साहित्य की प्रतिक्रिया का महत्त्व भी सन्दिग्ध, और इसलिए गौण या नगण्य होगा। दूसरी बात, मीडिया के सशक्त और सक्षम तन्त्र को वेधकर कविता के लिए उस जनमानस को प्रभावित करना बहुत मुश्किल होगा जिसकी भाषा और चिन्तन को मीडिया की प्रणाली एक ज़्यादा बड़े पैमाने पर अपनी तरह प्रभावित कर चुकी होती है या करती रहती है।

वैसे ही, उत्कृष्ट और प्रतिभासम्पन्न साहित्य का उत्पादन इतना कभी भी नहीं हो सकता कि वह मीडिया की दिन दूनी रात चौगुनी बढ़ती हुई माँगों को पूरा कर सके। इस माँग के सामने साहित्य के एक बड़े हिस्से का ख़ुद भी अर्द्ध-साहित्यों और उप-साहित्यों में विघटन होना लाजिमी है।

9

कविता मनुष्य के दिल और दिमाग़ के जितना ही नज़दीक अपनी जगह बनाएगी

उसके लिए जीवित रहना उतना ही सम्भव और अर्थपूर्ण होगा। प्रचार-प्रसार के तमाम माध्यमों के मुक़ाबले में और यों भी, कविता की स्थिति जितनी नाज़ुक है उतनी ही विशिष्ट भी और यह विशिष्टता ही उसका प्रमुख बल है। कविता आज उसी या वैसे ही से काम को करके ज़िन्दा नहीं रह सकती जिसे दूसरे माध्यम, या दूसरे प्रकार के लेखन, बेहतर कर रहे हैं। कविता को भाषा में वहाँ अपनी पक्की और स्थायी पहचान बनाना है जहाँ आदमी के बनाए किसी भी स्थूल उपकरण की पहुँच नहीं। बदलते सन्दर्भों में मनुष्य के सबसे कम उद्घाटित या विलुप्त होते, जीवन-स्रोतों की खोज और भाषा में उनका संरक्षण शायद आज भी कविता की सबसे बड़ी ताक़त है।

डायग्नीज़ की धूप : साहित्य और राजनीति

राजनीति का दबाव सबसे पहले मनुष्य की ऐसी चेष्टाओं को नष्ट करता है जो राजनीति के तहत सक्रिय न हों। वह प्रचलित राजनीति का विरोधी माना जाए जो प्रचलित राजनीति का सहयोगी नहीं—ऐसी मान्यता अगर प्रत्यक्ष नहीं तो परोक्ष रूप से उनके मनोविज्ञान का हिस्सा होती ही है जो राजनीति के द्वारा ही आदमी की ज़िन्दगी को बदलने का स्वप्न देखते हैं।

जीवन के बारे में राजनीति के बाहर भी गहरा चिन्तन होता रहा है; इस बारे में भी सोच-विचार होता रहा है कि राजनीति का इन बाहरी विचार-क्षेत्रों से गहरा और घनिष्ठ सम्पर्क रहे ताकि शासक, जिसके हाथों में समाज के बारे में भला-बुरा निर्णय ले सकने की शक्ति रहती है, निरंकुश और आततायी न हो जाए। शासकों पर नियन्त्रण की बात भी कई तरह से सोची जाती रही है—सही शासकों के चुनाव द्वारा (प्लेटो), सही शासनतन्त्र के निर्माण द्वारा, शासकों के निकट नैतिक, धार्मिक या विद्वान सलाहकारों की उपस्थिति द्वारा, या राजनीतिक तन्त्र के बाहर ऐसे सुदृढ़ और प्रभावशाली विचार-क्षेत्रों के प्रत्यक्ष या प्रच्छन्न प्रभावों के बहुमत द्वारा जो राजनीति के अंकुश से मुक्त हो और लोगों के लिए आदरणीय हो। एक समय धार्मिक संस्थानों की ऐसी स्थिति थी कि वे शासकों पर भला-बुरा असर डाल सकते थे और मध्ययुगीन इतिहास में हम इसके अनेक उदाहरण पाते हैं। लेकिन धार्मिक दृष्टिकोण भी हमेशा निष्पक्ष और उदार नहीं रहा। अपने कट्टर और अज्ञानी रूप में धर्म जीवन-विरोधी बन गया। उसने शासकों को नियन्त्रित करने के बजाय उनकी उग्र और विनाशक मनोवृत्तियों को भी दृढ़ किया तथा उन्हें दूसरे धर्मों के ख़िलाफ़ असहिष्णु बनाया। इसी प्रकार आधुनिक समय में व्यावसायिक स्वार्थों के दबाव ने भी राजनीति को अपनी तरह विकृत किया है। जिस स्वतन्त्रता की बात हम सोच रहे हैं वह अनियन्त्रित व्यावसायिक या धार्मिक दबावों के कारण भी ख़तरे में पड़ जा सकती है। जब हम राजनीति के

एकछत्र प्रभाव को नियन्त्रित करने की बात सोचते हैं तो ज़रूरी है कि हम इस बात को भी ध्यान में रखें कि समाज के अन्दर स्वार्थी सत्ताओं की निरंकुश लघु इकाइयाँ भी न बनने पाएँ।

2

यहाँ हम राजनीति के बाहर कुछ ऐसे प्रभाव-क्षेत्रों पर ग़ौर करना चाहते हैं जिनका वैचारिक ढाँचा राजनीतिक, धार्मिक या व्यावसायिक किस्म का नहीं होता, लेकिन जिनका सरोकार मुख्य रूप से मानवीय होता है, जैसे साहित्य या दर्शन। प्लेटो जब 'दार्शनिक सम्राट' की बात सोच रहे थे तो ज़रूर वे शासक पर राजनीति के भीतर ही दार्शनिक नियन्त्रण की बात सोच रहे थे (प्राचीन रोमन सम्राट मार्कस आरेलियस या आधुनिक समय के गाँधी, नरेन्द्रदेव, लोहिया को हम इस आदर्श के निकट पाते हैं)। लेकिन दार्शनिक या वैचारिक नियन्त्रण के प्रभाव-क्षेत्र या दबाव-बिन्दु (pressure-points) यदि राजनीति के बाहर भी हों तो बेहतर होगा क्योंकि एक 'दार्शनिक सम्राट' यदि अच्छा दार्शनिक है तो ज़रूरी नहीं कि वह बहुत अच्छा शासक भी हो। ज़्यादा सम्भावना यही है कि वह साधारण शासक हो—और इसका एक कारण उसका अच्छा दार्शनिक होना हो। अशोक, मिलिन्द या हर्ष की स्थिति इस माने में बेहतर कही जाएगी कि बौद्ध-विचार (मैं यहाँ 'धर्म' शब्द पर जानबूझकर ज़ोर नहीं दे रहा हूँ) उनके लिए आत्मीय स्तर पर गहरा महत्त्व रखते थे और उनकी राजनीति को प्रमुखतः मानवीय, अहिंसात्मक और विनम्र बनाते थे। बौद्ध प्रभाव के अन्तर्गत भी राजनीतिक ज़्यादतियाँ न हुई होंगी ऐसा नहीं है—लेकिन बौद्ध-विचारों की उपस्थिति को अगर हम एक राजनीति के सन्दर्भ में विचारें तो उसने अपने समय की उस प्रकार की निरंकुश राजनीति पर—जिसका प्रतीक अजातशत्रु था—ज़रूर एक मानवीय असर डाला; वह मानवीयता जिसकी तुलना किसी हद तक आज गाँधी के विचारों के प्रभाव से की जा सकती है, और गाँधी की इस स्थिति से भी कि वे राजनीति में गहरा असर रखते हुए भी अपने प्रभाव-क्षेत्र या दबाव बिन्दु (प्रेशर प्वाइंट) को शासन-तन्त्र से बाहर रख सके—और मूलतः नैतिक रख सके।

किसी समय 'काशी विद्यापीठ' और 'शान्तिनिकेतन' का उदाहरण अगर हम ध्यान में रखें तो हम आसानी से उन 'प्रभाव-क्षेत्रों' की कल्पना कर सकते हैं जिन्होंने उस समय के राजनीतिक मन को शिक्षा और संस्कार दिया। राजनीति के बारे में वे लोग क्या सोच रहे थे इससे ज़्यादा ज़रूरी है उन सम्पर्क-सूत्रों की जाँच जिनके द्वारा वे भारतीय जीवन और संस्कृति के अनेक पक्षों से जुड़े हुए थे। साहित्य उनके लिए किस दर्जे का यथार्थ था? टैगोर का न तो लेखन ही

न उनका व्यक्तित्व ही मुख्य रूप से राजनीतिक था, लेकिन राजनीति में फिर भी उनका गहरा असर था यानी राजनीति के बाहर वे एक 'सक्षम प्रभाव-बिन्दु' थे। साहित्य का राजनीति में प्रभाव होना, और साहित्य का राजनीतिक होना एक बात नहीं है। वे दो अलग बातें रहें इसे मैं और भी ज़रूरी समझता हूँ। राजनीति हमारे पूरे सांस्कृतिक-मन का प्रतिनिधित्व नहीं करती, इसीलिए साहित्य अपनी पहचान जितना ही राजनीति से सट कर बनाएगा उतना ही वह उस जीवन से दूर पड़ जाएगा तो राजनीतिक नहीं है। इससे साहित्य की स्थिति कमज़ोर होगी—वह मनुष्य की अनेक ऐसी चेष्टाओं और चिन्तन से कट जाएगा जिनकी हैसियत ग़ैर-राजनीतिक है। दूसरे, अगर साहित्य की पहचान राजनीति के बहुत नज़दीक बनती है तो राजनीति से उसका सीधा टकराव या सहमति अनिवार्य है, और दोनों ही हालतों में साहित्य दूसरे या तीसरे दर्जे की चेष्टा होकर रह जाएगा।

3

यह सोचते वक़्त कि साहित्य हमारे जीवन में आज किस प्रकार की ज़रूरत है यह भी सोचना पड़ेगा कि साहित्य और भाषा एक-दूसरे के लिए किस प्रकार की ज़रूरतें हैं। क्या साहित्य भाषा 'द्वारा' ही जीवन से जुड़ा है? या 'सीधे' भाषा से भी जुड़ा है और हमारी भाषा को इस तरह भी प्रभावित और परिवर्तित कर सकता है कि उससे जीवन के बारे में हमारे सोचने पर एक वापसी असर भी पड़े?

भाषा विचार-विनिमय का भी माध्यम है और साहित्यिक कला का माध्यम भी। भाषा का यह दो भिन्न तरह का इस्तेमाल है। दोनों के बीच जो बुनियादी फ़र्क़ है उसको स्पष्ट रखने के मतलब हैं कला की उस बुनियादी पहचान को स्पष्ट रखना जो एक स्तर पर अगर हमारे दैनिक जीवनानुभव से भिन्न है तो दूसरे स्तर पर सम्पूर्ण जीवनानुभव के लिए ज़रूरी भी। उसका केवल यथार्थवादी होना काफ़ी नहीं। उसका आदर्शवादी, रोमांटिक और रहस्यवादी होना भी ज़रूरी है क्योंकि ये सब वृत्तियाँ भी जैविक हैं, और किसी न किसी स्तर पर हमें मानवीय बनाने में सक्षम हैं। अगर साहित्य अपनी इस बहुआयामी पहचान को भाषा के किसी एक ही तरह के इस्तेमाल के साथ गड्डमड्ड हो जाने देता है तो वह अपने अस्तित्व को ही ख़तरे में डालता है—साथ ही 'स्वतन्त्रता' और 'मनुष्यता' के उन बृहत्तर आशयों को भी जिनको वह परिभाषित और विस्तृत करने की कोशिश करता है।

तो अगर राजनीति से अलग भी आदमी के लिए साहित्य का कोई मूल्य है तो उसकी रक्षा के बारे में भी सोचना ज़रूरी है—ऐसी शक्तियों के एकतरफ़ा

दबावों से रक्षा जो मनुष्य को, मारक्यूज़ के शब्दों में, 'एकआयामी' बनाते हैं। साहित्य भाषा में मनुष्य की पूरी चेतना का स्पन्दन है। राजनीतिक चेतना उससे ऊपर नहीं है, उसमें है। राजनीति की अपेक्षा साहित्य एक दूसरे दर्जे की 'सांस्कृतिक-चेष्टा' (सब-कल्चर) बनकर न रह जाए इसके लिए ज़रूरी है कि हमारे दिमाग़ों के दरवाज़े और खिड़कियाँ कई दिशाओं में खुलें—सिर्फ़ राजनीति की ही ओर न खुलें।

बात मैंने साहित्य पर राजनीतिक दबाव से उठायी थी। यह दबाव आज राज्य की ओर से ही आ रहा हो ऐसा नहीं। एक बड़ा लेखक वर्ग भी यही समझता है कि आदमी के मौजूदा हाल में अगर कोई फ़र्क़ लाया जा सकता है तो राजनीति द्वारा ही। इसलिए एक बार यह सोचना ज़रूरी हो गया है कि क्या सचमुच राजनीति के अलावा ऐसी कोई शक्तियाँ समाज में नहीं हैं, या नहीं पनप सकेंगी, जो हमारे जीवन को बेहतर बना सकें—या हमारे जीवन को बेहतर बना सकनेवाली राजनीतिक जीवन को बेहतर बना सकें? राजनीति को ही मुख्य मानकर ज़िन्दगी को सोचा-विचारा जा सकता है। राजनीति हमारी ज़िन्दगी को बदल सकती है लेकिन राजनीति को भी बदलना ज़रूरी हो सकता है यह समझना भी ज़रूरी है। यह बदलाव तभी सम्भव है जब हम उन विषयों और कलाओं की स्वायत्तता, उनकी भाषाई पहचान को भी, अलग और स्पष्ट विकसित होने दें जो राजनीति नहीं हैं।

जीवन को उसकी समग्रता में सोचना और जीवन को एक ख़ास इरादे से सोचना दो अलग तरह की तैयारियाँ हैं और इस माने में साहित्य जब भी राजनीति की तरह भाषा का एकतरफ़ा या इकहरा इस्तेमाल करता है वह अपनी मूल शक्ति को सीमित या कुंठित करता है। राजनीति के मुहावरों में बोलते समय हम एक ऐसे वर्ग की भाषा बोल रहे होते हैं जिसके लिए भाषा प्रमुख चीज़ नहीं है, वह भाषा का दूसरे या तीसरे दर्जे का इस्तेमाल है : वह एक ख़ास मकसद तक पहुँचने का साधन मात्र है। उसे भाषा की सामर्थ्य, प्रामाणिकता या सचाई में उस तरह दिलचस्पी नहीं रहती जिस तरह साहित्य को। उसकी भाषा प्रचार-प्रमुख, रेटारिकल और नक़ली व्यक्तित्व की भाषा हो सकती है क्योंकि राजनीति के लिए भाषा एक व्यावहारिक और कामचलाऊ चीज़ है जबकि साहित्यकार के लिए भाषा उस ज़िन्दगी की सचाई का एक जीता-जागता हिस्सा है जिसे वह राजनीतिक, व्यावसायिक, व्यावहारिक या स्वार्थों की हिंसा, तोड़-फोड़ और प्रदूषण से बचा करके उसकी मूल गरिमा और शक्ति में स्थापित या पुनर्स्थापित करना चाहता है। साहित्य का काम अपनी पहचान को राजनीति की भाषा में खो देना नहीं, बल्कि उस भाषा के छद्म से अपने को लगभग बेगाना करके अकेला कर देना है, एक सन्त की तरह अकेला, कि राजनीति के लिए ज़रूरी हो जाए कि वह बार बार

अपनी प्रामाणिकता और सचाई के लिए साहित्य से भाषा माँगे न कि साहित्य ही राजनीति की भाषा बनकर अपनी पहचान खो दे।

4

आपातकाल के दौरान दो ख़ास बातें सामने आयीं। एक तो, उस समय शायद विशुद्ध साहित्यकार की स्थिति उतनी नाज़ुक नहीं रही जितनी उन साहित्यकारों की जो राजनीतिक लेखन कर रहे थे, या जो पत्रकार भी थे और पत्रकार की हैसियत से बोलते रहने के लिए बाध्य किये जा सके, या अपने राजनीतिक विचारों के कारण चुप किये जा सके। पत्रकार की हैसियत से उन्होंने जो कुछ कहा—या जो कुछ कहने के लिए उन्हें मजबूर होना पड़ा—वही कुछ वे साहित्यकार की हैसियत से कहने के लिए बाध्य नहीं थे। साहित्य की चुप्पी राजनीति के ख़िलाफ़ एक राय भी थी और विरोध भी; लेकिन समाचार माध्यमों पर राजनीतिक और व्यावसायिक आतंक का दबाव इस प्रकार की चुप्पी को असम्भव बनाता था। पत्रकार की भाषा साहित्य की अपेक्षा राजनीति की भाषा के अधिक निकट थी—और इसलिए अधिक अरक्षित भी।

यों भी, एक साहित्यकार की चुप्पी और पत्रकार की चुप्पी में बुनियादी फ़र्क़ है। साहित्यकार की चुप्पी उस भाषा की चुप्पी है जिस पर राजनीति का कोई सीधा दबाव नहीं होता : यानी साहित्यिक भाषा के चुप्पी के मतलब हैं एक ऐसे वर्ग का खामोश विरोध जो राजनीति नहीं साहित्य द्वारा मनुष्य का प्रतिनिधि है, क्योंकि इस वर्ग के बोलने या बोलते रहने के मतलब थे अपने समय के मनुष्यों की अन्तरंग भावनाओं, विचारों, समझ और सुख-दुख को जीवन के व्यापक सन्दर्भ में शब्द देना। एक मिल्टन, या बायरन या शेली या ग़ालिब अपने जमाने की राजनीति से अप्रभावित नहीं थे—लेकिन उनकी कविता उनकी राजनीति की आवाज़ नहीं है। वह साहित्य की भाषा में (जिनकी साहित्यिक स्तर पर अपनी अलग-अलग पहचान है, और जो उनके समय की राजनीति की भाषा की तरह बेपहचान या एक पहचान वाली नहीं है) उस समय के मनुष्य और उसके जीवन की आवाज़ है। एक अच्छे साहित्यकार की ख्याति, व्यक्तित्व और उसका लेखन अलग-अलग महत्त्व भी रख सकते हैं, मुख्यतः उनके अपने समय की राजनीति के सन्दर्भ में, जैसे पास्तेर्नाक या सोल्ज़्हेनित्सीन, लेकिन उनका साहित्य अगर अपनी साहित्यिक पहचान को स्पष्ट और अलग नहीं रख पाता—साहित्य की भाषा की अपनी स्वायत्तता को अक्षुण्ण नहीं रखता—तो इसका सामयिक महत्त्व भले ही कुछ हो साहित्यिक महत्त्व मामूली होगा। इसके विरुद्ध एक अच्छा साहित्यकार अपने समय की राजनीति से अलग रहकर भी ऐसा साहित्य रच सकता

है जो उस समय का मूल्यवान दस्तावेज़ हो। एक सोल्ज़्हेनित्सीन या पास्तेर्नाक की पहचान उनका सशक्त साहित्य है, उनकी राजनीति के बावजूद। राजनीति में भी राजनीतिक आदर्शों या विचारों की अपेक्षा राजनीतिज्ञों और सत्तारूढ़ लोगों का वह आचरण और मनोविज्ञान साहित्य के लिए अधिक महत्त्व रखता है जिसकी जड़ें मनुष्य के स्वभाव में होती हैं। विषम राजनीतिक आतंक को झेलते हुए दोस्त्व्स्की के उपन्यासों में उस समय की राजनीति उतनी मुखर नहीं जितना वह मानव स्वभाव जो ज़ुल्म करता है और ज़ुल्म सहता है। एक साहित्यकार हमेशा राजनीति में भी और राजनीति के बाहर भी मनुष्यता के बृहत्तम आशय को केन्द्र में रखता है। मसलन, यह कहना ग़लत होगा कि ग़ालिब की कविता उनके वक़्त के जीवन की कविता नहीं है क्योंकि उनके वक़्त में गदर हुआ था और ग़ालिब ने गदर का ज़िक्र अपनी शायरी में नहीं किया है। मिल्टन की राजनीति और मिल्टन की कविता—दोनों का ताल्लुक़ उनके अपने समय से है, उनके पूरे व्यक्तित्व से है, मिल्टन की कविता उनके राजनीति का प्रतिबिम्ब मात्र नहीं है। ऐसा कभी नहीं होता कि एक साहित्यकार अपने समय की राजनीति से बिलकुल अछूता रहे—सोचने की बात है कि उसके साहित्य का उसकी राजनीति से क्या सम्बन्ध रहा? या उसने अपने समय की राजनीति का किस तरह सामना किया?

शेक्सपियर ने राजनीति में पड़े मनुष्य स्वभाव का गहरा अध्ययन प्रस्तुत किया है लेकिन विशुद्ध साहित्यिक दृष्टि से। यह विशुद्ध साहित्यिक दृष्टि क्या है? इसे हम किस तरह समझते और परिभाषित करते हैं? इस पर ही वह रिश्ता निर्भर करेगा जो हम साहित्य और राजनीति के बीच क़ायम करना चाहते हैं। कबीर या तुलसीदास ने भी अपने समय में ही लिखा लेकिन उन्होंने अपने समय की राजनीति को अपने समय का प्रमाण नहीं माना। उन्होंने दूसरे प्रकार के शब्दों में, भाषा में, एक दूसरी दुनिया रची। अपने समय के यथार्थ के समानान्तर, बिलकुल विरुद्ध, एक दूसरी भाषायी संरचना जिसमें मनुष्य के स्वभाव और आचरण की प्रामाणिकता थी। वह एक ऐसा साहित्यलोक है जो राजनीतिक दृष्टि से काल्पनिक था, और इसलिए राजनीतिक दृष्टि की ज़्यादतियों से सुरक्षित भी। लेकिन 'साहित्यिक दृष्टि' से यह अत्यन्त गम्भीर और मानवीय आशयों से परिपूर्ण था। उस भाषा में दीक्षित, उस भाषा को पढ़ और समझ सकनेवालों के लिए वह एक सन्देशा भी था और एक बचाव भी। कबीर का 'रहस्य' या तुलसी की 'भक्ति' राजनीतिक जीवन से पलायन भले ही रहा हो किन्तु जीवन से पलायन नहीं था। वह एक ऐसी भाषायी-युक्ति (Strategy) भी थी जिसकी आड़ में वे राजनीति पर प्रहार करते हुए भी राजनीति से सुरक्षित थे। (तुलसीदास के 'समय' को तुलसीदास के 'कलियुग वर्णन' में पहचानना मुश्किल नहीं)। क्योंकि उनकी भाषा राजनीति

की भाषा से सीधे टक्कर में नहीं आती थी। कबीर का 'अध्यात्म' या तुलसीदास की 'भक्ति' एक ऐसे जनमानस की भी आवाज़ थी जो राजनीति नहीं, साहित्य द्वारा प्रकट हो रही थी—एक ऐसी राजनीति से बचते हुए जो उसके लिए हर माने में 'बाहरी', विजातीय और दुश्मन थी। यह साहित्य की अपनी भाषा का एक आयाम था जो अपने समय की बर्बर राजनीति से कोई संवाद स्थापित करने से इनकार करती है लेकिन अपने 'समय' को सही-सही पहचानने और प्रकट करने से इनकार नहीं करती। इसी प्रकार काफ़्का अगर अपने उपन्यासों में दफ़्तरशाही के यथार्थ को सीधे न चित्रित करके उससे उपजने वाले आतंक और भय को एक फन्तासी द्वारा उपन्यासबद्ध करते हैं तो उसका यह मतलब नहीं कि वे अपने समय के एक गम्भीर यथार्थ की उपेक्षा कर रहे हैं—बल्कि यह कि वे साहित्य की भाषा में उसे व्यक्त कर रहे हैं, राजनीति की भाषा में नहीं।

दूसरी बात यह कि आपातकाल के दौरान यह स्थिति भी आँख खोल देनेवाली थी, शासकों के लिए ख़ासतौर पर, कि प्रचार और प्रसार माध्यमों पर पूरा-पूरा क़ब्ज़ा करके राजनीति ने दूसरी 'संस्कृतियों' से संवाद का हर रास्ता अपने लिए भी बन्द कर लिया, जिसका घातक नतीजा देश से अधिक शासकों को भुगतना पड़ा। उन्होंने अपने बोलने के ख़िलाफ़ स्वयं ही न-बोल-सकनेवालों का एक सशक्त बहुमत तैयार कर लिया और उसके शिकार हो गये। बोलने की आज़ादी का अपहरण एकतरफ़ा राजनीति कार्रवाई नहीं होती। वह मौन के विपक्ष का अनिवार्य संगठन भी होता है। एक देश के सांस्कृतिक प्रभाव-क्षेत्र जितने ही सशक्त, विकसित और मुखर होंगे उनका सम्मिलित मौन भी उतना ही शक्तिशाली और पुरअसर होगा।

जिस समय क्राइस्ट रोमन राजनीति के खिलाफ या गाँधी ब्रिटिश राजनीति के ख़िलाफ़ लड़ाई ठानते हैं वे राजनीति के बाहर ऐसे दबाव-बिन्दुओं को स्थापित करते हैं जो मूलतः राजनीतिक नहीं, नैतिक हैं। वे राजनीति से राजनीति की शर्तों पर नहीं लड़ते बल्कि उसके ख़िलाफ़ एक ग़ैर-राजनीतिक मोर्चा स्थापित करते हैं जिसकी शक्ति मूलतः उसके राजनीतिक न होकर नैतिक होने में है। एक स्वस्थ समाज में यह ज़रूरी है कि इस तरह के सांस्कृतिक प्रभाव-क्षेत्र या दबाव-बिन्दु विकसित हों और दृढ़ किये जाएँ—और मैं साहित्य को भी ऐसी ही एक शक्ति मानता हूँ जिसका मूल दबाव-बिन्दु राजनीति के बाहर हो। उसकी स्थिति ऐसी हो कि वह राजनीतिक संस्कृति को समृद्ध भी करे और ज़रूरत पड़ने पर उस पर नैतिक दबाव भी डाल सके।

राजनीतिक तन्त्र के बाहर एक सभ्यता में अगर इस तरह के स्वतन्त्र प्रभाव-क्षेत्र नहीं बन पाते, या नहीं बनने दिये जाते, तो किसी भी समय राजनीति के

लिए बर्बर और निरंकुश हो जाना आसान है।

मेरी दृष्टि में यह एक समाज की शक्ति और स्वतन्त्रता का सही अर्थों में द्योतक है कि वह चेतना के कितने विभिन्न स्तरों पर समृद्ध है और कितने विभिन्न स्तरों पर एक भाषा में उन्हें प्रकट कर सकने की सामर्थ्य है।

अगर राजनीति से बाहर भी स्वतन्त्रता के कोई मतलब हैं तो हमें उसको एक ऐसी भाषा में भी खोजना, और दृढ़ करना होगा जो राजनीति की भाषा नहीं है। हमें स्वतन्त्रता के अर्थ को उस भाषा में भी स्थापित करना होगा जिस भाषा में एक सुकरात, क्राइस्ट, कबीर या गाँधी मनुष्य की स्वतन्त्रता को राजनीतिक भाषा के बाहर परिभाषित और प्रतिपादित करते हैं।

जब हम साहित्य या कलाओं में रचना और अभिव्यक्ति की स्वतन्त्रता की बात करते हैं तब हम स्वतन्त्रता के उसी आशय को केन्द्र में रखते हैं जिसका सन्दर्भ मनुष्य की सम्पूर्ण चेतना है—उसकी केवल राजनीतिक चेतना नहीं—और स्वतन्त्रता के इस अर्थ को मैं राजनीति से कहीं ज़्यादा बड़ा मानता हूँ। सिकन्दर की छाया से डायग्नीज़ की धूप ज़्यादा महत्त्व रखती है!

साहित्यालोचना के जनतान्त्रिक सन्दर्भ

समालोचना की अगर कोई विचारणीय जगह बनती है तो जनतान्त्रिक सन्दर्भ में ही—और यह बात साहित्य और कलाओं के लिए ही नहीं, सामाजिक-राजनीतिक मामलों में भी उतनी ही सही है। ऐसी किसी भी व्यवस्था में समालोचना या समीक्षा का वैज्ञानिक और नैतिक विकास न हो पाना स्वाभाविक है जहाँ विचार प्रकट करने की पूरी छूट न हो। समीक्षा अगर दुराग्रहपूर्ण या अधकचरी भी हो तो उस पर नियन्त्रण का तन्त्र भी समीक्षा के अपने अनुशासनों के भीतर ही विकसित होना चाहिए, बाहरी अनुशासनों से परिचालित नहीं। इस तन्त्र का विकास भी समीक्षा के विकास की शर्तों का ही एक हिस्सा होगा।

यह भी ठीक है कि समीक्षा की भाषा का सबसे अधिक अवमूल्यन भी जनतन्त्र में ही होता है, क्योंकि तानाशाही व्यवस्था में समीक्षा की स्वतन्त्र और इसलिए विकासशील सम्भावनाएँ बनती ही नहीं। 'विरोध' या 'असहमति' भीषण संकट उठाकर तो सम्भव है, लेकिन उस तरह की खुली आलोचनाएँ जैसी अलजीरिया को लेकर सार्त्र और कामू ने कीं, या हथियारबन्दी के ख़िलाफ़ रसेल ने कीं, एक जनतान्त्रिक सन्दर्भ में ही सम्भव हैं। यह ठीक है कि जहाँ सभी तरह की आलोचना की छूट हो, आलोचना कभी-कभी महत्त्वहीनता की हद तक गिर जा सकती है—और यह भ्रष्ट या ग़लत व्यवस्थाओं को सुधारने के बजाय उन्हें बचाए रखने में ज़्यादा सहायक साबित हो सकता है कि असन्तोष व्यक्त करके आलोचना महज़ एक विरेचन का काम करे। मगर समालोचना की छूट और क्षमता समाज को जहाँ एक ओर अतिवादों से बचाने का उपाय है वहीं वांछनीय परिवर्तनों को ज़्यादा शान्तिपूर्ण ढँग से दर्शाने का साधन भी। व्यक्ति की ही तरह वह समाज भी निरंकुश और अनुशासनहीन होता चला जाता है जिसकी आत्म-निरीक्षण की क्षमता किन्हीं कारणों से ख़त्म हो जाती है। अनेक ऐसे सम्प्रदाय और संगठन हैं, और रहे हैं, जो अपने अनुयायियों को आलोचना की खुली छूट नहीं देते, यद्यपि उनके खुद के अस्तित्व में आने के पीछे वही मानसिकता रही

है जो कभी न कभी किसी व्यवस्था-विशेष को लेकर आलोचनात्मक हुई। आगे चलकर उनके निष्क्रिय या निष्प्राण हो जाने के पीछे भी मूल कारण उनमें आलोचना और आत्मालोचना की क्षमताओं का ह्रास रहा है।

बौद्ध धर्म का उदाहरण इस माने में दिलचस्प है कि उसकी शुरूआत और विकास दोनों जहाँ एक तीक्ष्ण आलोचनात्मक दृष्टि और लगातार वादविवाद का नतीजा है, वहीं भारत में उसके पतन का मुख्य कारण 'संघ' रहा है जिसकी गतिविधियों से बुद्ध अपने जीवनकाल में ही परेशान रहने लगे थे। संघ में तमाम पाखंडी और अवसरवादी तत्त्वों के घुस आने से वह भ्रष्ट और असहिष्णु होता चला गया। यह बुद्ध की अपनी मानसिकता और शिक्षाओं के बिलकुल ख़िलाफ़ पड़ता था। बुद्ध के जीवनकाल में—और उनके बाद भी—बौद्ध विचारधारा संवाद-पद्धति पर विकसित हुई—जैसे प्राचीन यूनान में सुकरात के विचार। आगे चलकर मिलिन्द के प्रश्न और नागसेन के उत्तर इसी परम्परा के विस्तार हैं। भारतीय दर्शनशास्त्र पर इस विचार-पद्धति का व्यापक असर पड़ा। उपनिषद् के शाब्दिक अर्थ से भी गुरु-शिष्य के बीच संवाद का भावार्थ निकलता है। इस संवाद-पद्धति में विचार-विनियम की जनतान्त्रिक जड़ें हैं। और यह मुझे बिल्कुल तर्कसंगत लगता है कि भारतीय समीक्षाशास्त्र के विकास की मूल मानसिकता—शास्त्रार्थ और खंडन-मंडन की आवश्यकता को पूरी तरह आत्मसात् किये हुए विकसित हुई। यह संयोग मात्र नहीं थी कि भारतीय दार्शनिक परम्परा जिन मानों में मूलतः आलोचनाधर्मी है, आलोचनाशास्त्र का विकास लगभग उन्हीं अर्थों में दाशनिक पद्धति पर हुआ। संस्कृत के साहित्यशास्त्री दर्शन और साहित्य दोनों के प्रकाण्ड पंडित, गूढ़ मीमांसक और कुशल तार्किक थे। पूर्ववर्ती आचार्यों के अनन्य भक्त नहीं, उनके ढीठ आलोचक थे। उन्हें अपने मतों की चुनौती तो स्वीकार थी परन्तु असहमति के अधिकार को चुनौती कतई स्वीकार नहीं थी। यह एक स्वस्थ और वैज्ञानिक परम्परा थी जिस पर चलकर संस्कृत साहित्यशास्त्र के छः प्रमुख सम्प्रदाय रस, अलंकार, रीति, वक्रोक्ति, ध्वनि और औचित्य विकसित हुए। यह परम्परा रीतिकाल में क्षीण और अंग्रेजी समय में लगभग अप्रभावी हो गयी।

अँग्रेजी साहित्य और समालोचना का जो प्रभाव हिन्दी पर पड़ा उसमें पाश्चात्य समीक्षा और उसकी परम्पराओं की ज़्यादा गूँजें रहीं। संस्कृत समीक्षा अतीत हो गयी जिससे कटकर हिन्दी आलोचना पाश्चात्य समीक्षा-प्रणालियों से जुड़ने लगी। यह ज़रूर है कि संस्कृत-समीक्षा कुछ मानों में बिल्कुल ठस और पंडिताऊ हो गयी थी, और बहुत हद तक इसी कारण अप्रासंगिक भी—लेकिन उसके अप्रासंगिक हो जाने का एक कारण परवर्ती समीक्षकों की वह लापरवाही भी थी जिसने न तो उन सिद्धान्तों को ठीक से जानने-परखने की कोशिश की,

न उन विचारों को 'अपडेट' करने का ही काम किया जिस पर बदलते सन्दर्भों में फिर से सोच-विचार करते रहना ज़रूरी होता है। अरस्तू की पोएटिक्स की साख पाश्चात्य समीक्षा में बराबर बनी रही। उसके अनुकरण (माइमेटिक) और विरेचन (कथारसिस) के सिद्धान्तों पर लगातार विचार और पुनर्विचार किया जाता रहा। इसे किसी भी माने में अतीतवाद नहीं माना गया क्योंकि इसे एक जीवन्त और प्रासंगिक चिन्तन का अंग बनाये रखा गया—जबकि हिन्दी में आज किसी भी संस्कृत-समीक्षक का नाम लेना भी न जाने किस ज़माने की बातें लगता है। 'अपडेट' करने से मेरा क्या मतलब है इसके लिए एक उदाहरण लेना चाहूँग। वैसे तो, पंडितराज जगन्नाथ के बाद संस्कृत साहित्यशास्त्र में मौलिक चिन्तन की परम्परा लगभग समाप्त हो गयी, लेकिन जिस महत्त्वपूर्ण काम की शुरूआत पं. रामचन्द्र शुक्ल के समय में फिर हुई वह भी बहुत आगे तक नहीं गयी। मसलन साधारणीकरण की समस्या आज सम्प्रेषण के सन्दर्भ में नयी तरह विचारणीय लगती है, और जो काम शुक्लजी ने किया उसे अब इस दिशा में और विस्तार दिया जा सकता है। इसी तरह शब्द और अर्थ पर संस्कृत में जो बहसें हुईं, वे आज रूप और कथ्य के सन्दर्भ में भी विचारणीय हैं। मुख्य बात है, शुक्लजी ने अनेक पाश्चात्य समीक्षा-सिद्धान्तों को स्वीकार करते हुए संश्लिष्ट भारतीय समीक्षा-दृष्टि बनाने की चेष्टा की। आचार्य हजारीप्रसाद द्विवेदी की दृष्टि मूलतः सांस्कृतिक-ऐतिहासिक थी। पहले के साहित्यों के बारे में उन्होंने मूल्यवान जानकारी और चिन्तन दिया है, लेकिन समकालीन साहित्य से, सहानुभूति के बावजूद, लगभग बचते रहे। संस्कृत समीक्षाशास्त्र पर उस तरह का काम जैसा डॉ. नगेन्द्र या पं. बलदेव उपाध्याय ने किया समकालीन साहित्य और समीक्षा से नहीं जुड़ता। प्राचीनों के सामने मूल्यों का वैसा संकट नहीं था जैसा आज हमारे सामने है—इसे ध्यान में रखते हुए ही साहित्य सम्बन्धी उनके विचारों की छानबीन की जानी चाहिए। दर्शन और समीक्षा से जुड़े तमाम ऐसे 'शब्द' और 'पद' हैं जिन्हें भुला दिया गया है—मैं उनके 'रिवाइवल' की बात नहीं कर रहा, उनके 'रिसाइकलिंग' की बात कर रहा हूँ।

बहरहाल, संस्कृत-समीक्षा का नाम यहाँ मैं एक बिल्कुल समकालीन आलोचनात्मक समस्या के सन्दर्भ में ले रहा हूँ। वह है मूल साहित्यिक पाठ (लिटरेटी टेक्स्ट) और उसकी व्याख्या (इन्टरप्रेटेशन) या भाष्य की समस्या। मूलपाठ या टेक्स्ट की व्याख्या या व्याख्याओं की समस्या नयी नहीं है, यद्यपि इधर भाषाविज्ञान में बिलकुल नयी तरह उठी है। संरचनावाद एक समीक्षात्मक सम्प्रदाय के रूप में स्थापित नहीं हो सका, लेकिन उससे जुड़े विचारों का मूलपाठ के संरचनात्मक विश्लेषण, उसके अर्थविन्यास तथा व्याख्या के तरीकों पर बहुत

दूर तक असर पड़ा है। एक बिन्दु पर किसी भी साहित्यिक रचना की व्याख्या पद्धति इस भाषाशास्त्रीय और संरचनावादी धारणा से बल पाती है कि मूलपाठ केवल एक 'संकेत-तालिका' की तरह होता है जिससे मिलनेवाली 'सूचनाओं' का पुनर्गठन और उनकी व्याख्या ज़रूरी है। जैसा कि भाषायी सन्दर्भ में याकोबसन का कहना है—'सूचना' अर्थ नहीं है, अर्थ को तो सूचना में से पूरी बात के बाद निकालना पड़ता है—सूचनाओं के किसी भी संकेत-समुदाय के तात्पर्य तभी स्पष्ट होते हैं। समीक्षक की स्थिति इस माने में कुछ-कुछ उस 'प्राप्तकर्ता' (रिसीवर) की तरह है जो किसी पाठ से मिली सूचनाओं या शब्द-संकेतों को प्राप्त करके उनका अर्थ-विन्यास और व्याख्या निर्धारित करता है। दरअसल, मूलपाठ के अर्थ अथवा व्याख्या करने का काम सीधे पाठक भी कर सकता है (और करता भी है)—न केवल मूलपाठ का, बल्कि समीक्षक के पाठ का भी। तुलसीदास की रामचरितमानस के मूलपाठ की अनेक व्याख्याएँ हैं, बिलकुल सामान्य से बहुत असामान्य स्तर तक की।

आज के सन्दर्भ में व्याख्या को लेकर कुछ बुनियादी सवाल उठते हैं, ख़ासतौर पर समकालीन रचनात्मक साहित्य के मूल्यांकन के सिलसिले में। एक समय में दर्शन ग्रन्थों और धर्म ग्रन्थों को लेकर भाष्यकारों या टीकाकारों के दबदबों के आगे मूलपाठ ही दब गया, यहाँ तक कि कभी-कभी यह तय करना भी मुश्किल हो जाता था कि भाष्य-विशेष किसी मूलपाठ के गूढ़ संकेतों का स्पष्टीकरण है अथवा मूलपाठ के बावजूद, या उसके बहाने अपने किसी मत को थोपने का प्रयास। परन्तु, यहाँ 'भाष्य' का पुनर्भाष्य भी—उसमें संशोधन, संवर्द्धन, आदि की छूट को भी—पूरी तरह एक जायज़ चेष्टा माना जाता रहा। इस परम्परा ने जहाँ एक पाठ के अनेक भाष्य या व्याख्याएँ दीं, वहीं 'मूलपाठ' की किसी एक ही व्याख्या की ज़्यादतियों से रक्षा भी की। समीक्षा की अनेक पद्धतियों के विकसित होने के पीछे इस वैज्ञानिक दृष्टि का महत्त्व है कि समीक्षा का एकतरफ़ा नहीं बहुतरफ़ा विकास हो।

यह धारणा गलत है कि इधर की मार्क्सवादी दर्शन से आगृहीत साहित्यालोचना आर्थिक, राजनीतिक और सामाजिक सरलीकरणों से आगे नहीं बढ़ी, यद्यपि इस ग़लत धारणा को आगे बढ़ाने में खुद संकुचित किस्म की मार्क्सवादी समीक्षा का भी काफ़ी हाथ रहा है। साहित्य के परिप्रेक्ष्य में मार्क्सवादी दर्शन को सोचने का जो क्रम लूकाच के समय में, उनके बाद, तथा फ्रांकफुर्त्त स्कूल के विचारकों द्वारा शुरू हुआ उसने जहाँ साहित्य और समीक्षा दोनों की गरिमा को ऊपर उठाया वहीं साहित्य और राजनीति से जुड़े उनके सवालों को भी ज़्यादा गम्भीर वैचारिक जीवन पर रखकर सोचने पर बल दिया। ख़ासतौर पर सौन्दर्य-विज्ञान तथा भाषा-शास्त्र

से जुड़े कई सवाल इधर मार्क्सवादी समीक्षा में उठे हैं। यह समीक्षा ऐसा मानकर चलती है कि साहित्य में अर्थशास्त्रीय विचारों की गति भी ज़्यादा जटिल और समस्यामूलक होती है। कम-से-कम यह अन्तर प्राथमिक महत्त्व रखता है कि एक साहित्यिक संरचना सबसे पहले भाषायी होती है—बाद में आर्थिक या और कुछ। आर्थिक ढाँचों की जो भी छाया है भाषा द्वारा जज़्ब होकर ही साहित्य में प्रवेश करती है। मूलपाठ से जो संकेत हमें मिलते हैं उन्हें 'विगठित' (डीकन्स्ट्रक्ट) और 'पुनर्गठित' (रीकन्स्ट्रक्ट) करके हम उसके तात्पर्यों या अभिप्रायों को निर्धारित करते हैं। इस 'संकेत-निकाय' की अपनी स्वतन्त्र अर्थ-उत्पादन की क्षमता का महत्त्व है। सामाजिक-आर्थिक सन्दर्भ में 'आर्थिक आधार' और 'सामाजिक ऊर्ध्व-रचना' (बेस ऐंड सुपरस्ट्रक्चर) वाले सिद्धान्त को इस व्याख्या पद्धति से भी विस्तृत किया गया है। इधर की मार्क्सवादी समीक्षा का खासा दबाव भी किसी रचना को एक सांस्कृतिक कला-तथ्य (कल्चरल आर्टीफेक्ट) मानकर उसकी व्याख्या पर रहा है। लूकाच और उनके बाद के मार्क्सवादी विचारकों के बाद साहित्य समीक्षा वैसे भी अधिक 'सोफिस्टकेटेड' हुई है। एक शब्द-रचना के माध्यम से उसके अर्थ तक पहुँचने के दौरान सामाजिक, आर्थिक, ऐतिहासिक और राजनीतिक सन्दर्भों का जो एक जटिल तानाबाना काम करता है, वह एक रचना की एक से अधिक व्याख्याओं को सम्भव बनाता है। इस स्थिति में पाठक टेक्स्ट की अपनी तरह यानी अपनी समझ, मान्यताओं और पूर्वग्रहों के अनुसार पुनर्रचना भी करता है। अतः समीक्षा मूल-रचना के अभिप्रायों, निहितार्थों या अर्थवैभव का उद्‌घाटन भी है और समीक्षक के अपने आग्रहों का आरोपण भी क्योंकि लेखक की निजी भाषा के भी सार्वजनिक पक्ष होते हैं।

इस सदी के प्रारम्भिक वर्षों में सोस्यूर ने आर्थिक और भाषायी पद्धतियों के बीच, प्रतीकात्मक समानताओं की ओर ध्यान खींचा था। मार्क्स की भी कुछ टिप्पणियों में आर्थिक और भाषिक समतुल्यताओं के संकेत मिलते हैं। मार्क शेल ने कुछ समय पहले प्रकाशित अपनी पुस्तक 'द इकॉनमी ऑफ लिटरेचर' में मार्क्स के अर्थशास्त्र को लगभग उसी तरह इस्तेमाल किया है जैसे संरचनावादी समीक्षकों ने सोस्यूर के भाषाशास्त्र को—यानी आर्थिक व्यवस्था और उत्पादन के प्रतीकार्थों के लक्षण भाषा और साहित्य के ढाँचों में भी पहचाने जा सकते हैं। फ्रेंच समीक्षा में इधर अर्थशास्त्रीय दृष्टि से साहित्यलोचना पर काफ़ी काम हुआ है। अमरीका में फ्रीडरिक जेमसन (द प्रिजन हाउस आफ़ लैन्गुएज) का नाम लिया जा सकता है। ये अध्ययन उन सरलीकृत मार्क्सवादी समीक्षाओं से बिलकुल भिन्न हैं जिनमें साहित्य पर आर्थिक-राजनीतिक प्रभावों को मोटे तौर पर लागू किया जाता है। उनका तर्क है कि अगर सौन्दर्यमूलक और सांस्कृतिक कला-वस्तुओं का उत्पादन

एक सामाजिक ज़रूरत है तो 'आनन्द', 'संवेदनाओं', 'मूल्य' आदि से जुड़े अनेक ऐसे प्रश्न हैं जिनका भी एक जायज़ वर्ग बनता है। यानी एक साहित्यिक रचना की व्याख्या एक से अधिक दृष्टियों से ज़रूरी है। एक महान कवि या उपन्यासकार केवल कुछ ही कारणों से महान नहीं होता, कई कारणों से होता है। उसकी महानता की एक कसौटी यह भी है कि उसका कृतित्व अनेक दृष्टिकोणों से व्याख्या को आमन्त्रित करता है और उनपर खरा उतरता है मगर दृष्टिकोण को यदि सीमित कर लिया जाए तो व्याख्या भी सीमित हो जाएगी, यद्यपि सही वह तब भी होगी। लेकिन साहित्य के विकास में यह अच्छी स्थिति नहीं होगी कि उसे एक सीमित दृष्टिकोण से ही जाँचा-परखा जाए, और यह स्थिति तो और भी ख़राब होगी कि उससे एक ही तरह का साहित्य प्रोत्साहित हो।

केवल राजनीतिक विचारधाराओं से आगृहीत समीक्षाओं का जो चरित्र बनता है उसके साथ रचनाधर्मी साहित्य का समझौता एक सीमा तक ही सम्भव है : उसके आगे साहित्य का अपना चरित्र रचनाधर्मी उतना नहीं रह जाता जितना प्रचारधर्मी। रचना की अपनी शर्तें होती हैं जो एक रचनाकार की खुद की राजनीतिक मान्यताओं तक को एक सीमा तक ही स्वीकार कर पाती हैं। प्रेमचन्द के 'गोदान' की पूरी व्याख्या अगर यही मानकर की जाए—यद्यपि वह भी एक हद तक सही होगी—कि होरी की त्रासदी का कारण सामाजिक-आर्थिक विषमताएँ थीं, और उसकी चारित्रिक विषमताओं की बात न कि जाए—(जबकि उपन्यास में उसकी चारित्रिक विषमताओं पर भी उतना ही बल दिया गया है)—या इसके ठीक उलटी तरह चला जाए—तो यह एक तरह से पक्ष धर व्याख्या द्वारा मूलपाठ या टेक्स्ट का शोषण या अपहरण होगा, और हम यह मानकर चल रहे होंगे कि मनुष्य सामाजिक-आर्थिक कारणों से परिचालित केवल एक विवश, पुरुषार्थहीन इकाई है—या फिर हम सामाजिक-आर्थिक कारणों को दरगुज़र कर रहे होंगे। रचनात्मक स्तर पर इसका नतीजा दोनों हालतों में एक यान्त्रिक किस्म के तनाव रहित, सपाट साहित्य का उत्पादन हो सकता है। साहित्य में इस तरह की एकांगी चेष्टाएँ जवाबी-चेष्टाओं द्वारा अपने आप संशोधित, सन्तुलित या रद्द होती चलती हैं। यह एक द्वन्द्वात्मक प्रक्रिया है जो टेक्स्ट को किसी तरह संकुचित नहीं होने देती, बल्कि उसको विभिन्न तरीकों और दृष्टियों से जाँचती-परखती और विस्तृत करती है। असन्तुलन की स्थिति एक दूसरी तरह भी उत्पन्न हो सकती है: जैसे, व्याख्या की ज़्यादतियों से क्षुब्ध सूसान सोन्टाग ने 'अगेन्स्ट इन्टरप्रेटेशन' में व्याख्या को 'कला पर बुद्धि का हमला' माना; किसी भी बिचौलिये के बिना कला से सीधा सम्पर्क ज़रूरी है। सोन्टाग के अनुसार यह धारणा ही कि कला 'कथ्य ही कथ्य' है उसे एक इस्तेमाली सामान में बदल देती है जो कला की मूल प्रकृति के साथ

हिंसा है। एक हद तक सोन्टाग की आपत्ति को ज़ायज़ मान भी लिया जाए तो विकल्प में उसका यह सुझाव बिलकुल साथ नहीं देता कि कला के 'रूप पक्ष' और उसके 'ऐन्द्रिय गुणों' के बखान बयान से 'व्याख्या की खुड़पेंच और बकवास को चुप कराया जा सकता है'।

दरअसल, कठिनाई शायद 'कथ्य' और 'रूप' को परस्पर सहयोगी या पूरक न मानकर वैकल्पिक प्रस्तावों की तरह मानकर चलने से शुरू होती है। अगर एक रचना में कथ्य या 'कन्टेन्ट' ही प्रमुख मानें तो इसका यह मतलब हुआ कि एक कला या साहित्यिक कृति का संज्ञानात्मक कर्म—उसका 'कागनिटिव फंक्शन'—प्रमुख है। अत: उसका पहला काम हमें अगर यथार्थ का सही ज्ञान देना ही है तो सवाल उठता है कि उसकी जानकारी के साधन और स्रोत क्या हों? ज्ञान-शास्त्र (एपिस्टोमॉलोजी) से जुड़े कई सवाल उठते हैं। जानकारी का स्रोत विज्ञान हो? कोई एक विचारधारा, या अनेक विचारधाराएँ हों? दर्शन हो? धर्म-कर्म सम्बन्धी हमारे विश्वास हों? या सीधे साहित्य की अपनी अत्यन्त विकसित भाषायी, संवेदनात्मक और बौद्धिक क्षमताएँ हों? अन्य विषयों की अपेक्षा जिनकी भाषा लगभग एकअर्थी होती है—क्या साहित्य और कलाओं की बहुअर्थी भाषा-व्यवस्था (पालीसेमिक लैन्गुएज ऑफ़ आर्ट्स) यथार्थ की ज़्यादा बड़ी ज़मीन का स्पर्श नहीं करती? अत: केवल 'कथ्य' या 'कन्टेन्ट' (यानी अर्थ) पर दबाव जहाँ व्याख्या को आसान बनाता है, वहीं सौन्दर्यमूलक प्रश्नों से पलायन को भी! एक कृति की विवेचना और मूल्यांकन का मतलब यदि उसके 'कथ्य' की व्याख्या ही हो, तो एक कलाकृति का सौन्दर्य पक्ष या तो बिलकुल सपाट हो जाएगा या बिलकुल रूढ़।

समीक्षा की संस्कृति के सांस्कृतिक विकास—बल्कि उसकी संस्कृति और विकास—के साथ अनिवार्य रूप से जुड़ी हुई चेष्टा है। आलोचना की स्वाभाविक प्रवृत्ति के पीछे अगर उत्कृष्ट शैक्षिक संयम और सुहृद तर्कशीलता का बौद्धिक नियन्त्रण नहीं है, तो आलोचना आक्रमण का एक हथियार भले ही बन जाए, उन अर्थों में नियामक और रचनाशील नहीं बन सकेगी जिसे एक स्वस्थ संस्कृति की सबसे नाजुक और नेक चेष्टा होना चाहिए। उच्चतम जीवन-मूल्य अकसर किसी शिखर-चरित्र, नायक या नेता, में घनीभूत या प्रतीकित होकर नीचे के सामाजिक आधार की ओर प्रवाहित होते हैं। एक राम या बुद्ध या गाँधी जिन मूल्यों को चरितार्थ करते हैं वे ही एक समाज या देश के सामूहिक मन को सबसे कोमल और प्राणद संस्कार देते हैं। यह स्रोत अगर दूषित, भ्रष्ट या झूठा हो तो समाज का आधार

भी रोगी और उजाड़ होने लगता है। इस तरह के शिखर चरित्रों के अभाव में कभी-कभी एक समाज विशेष की आत्मा उसकी तीव्रतम आलोचनाओं में बेहतर प्रतिबिम्बित होती है--क्योंकि वह एक तरह से उन मूल्यों की आपूर्ति होती है जिन मूल्यों का ह्रास एक जनसमुदाय के सबसे विचारशील और संवेदनशील हिस्से को विचलित करता है। इस नज़र से अगर सोचा जाए तो एक कबीर या शेक्सपियर की रचनाएँ अपने समय के जीवन-मूल्यों से अधिक मूल्यों के पतन या ह्रास पर सशक्त क्षोभ की अभिव्यक्तियाँ भी हैं। समालोचना की जगह जिस बौद्धिक स्वतन्त्रता और निष्पक्षता के बगल में होनी चाहिए उसे अगर प्राथमिकता नहीं दी जाती तो इसका मतलब है कि जनतन्त्र की सबसे बुनियादी और ज़रूरी शर्त को नज़रअन्दाज़ किया जा रहा है। समीक्षा इस स्थिति का भी प्रतिबिम्ब हो सकती है—ठीक उसी तरह जैसे रचनात्मक साहित्य अपने समय और समाज का।

समाज और राजनीति को लेकर साहित्य कभी भी निरपेक्ष नहीं रहा—उस समय भी नहीं जब साहित्य की मूल अन्तश्चेतना (ईथॉस) धार्मिक थी। लेकिन इस सदी में यह सवाल जिस तेज़ी से उठा है कि राजनीति के साथ उसके सम्बन्धों के आधार क्या हों, उसके मूल में कहीं न कहीं हमारी ज़िन्दगियों पर राज्य और राजनीति का बढ़ता हुआ प्रभाव है। समालोचना की स्थिति जहाँ एक ओर साहित्य-सापेक्ष बनती है वहीं, दूसरी ओर समाज या/और राजनीति-सापेक्ष भी। समालोचना के इस अधिकार पर अंकुश नहीं लगाया जा सकता कि वह एक साहित्यिक रचना की विश्लेषण व्याख्या तो करे, मगर उन विषयों पर अपनी कोई स्वतन्त्र राय न दे जिन्हें रचनात्मक साहित्य उठाता है। इससे रचनात्मक साहित्य और समीक्षा के बीच सहयोगी स्थिति भी बन सकती है और टकराहट की स्थिति भी उत्पन्न हो सकती है, क्योंकि साहित्य को सोचते वक्त समीक्षा उन विषयों को भी सोचने के लिए बाध्य है जिन्हें साहित्य उठाता है। दरअसल यह अवांछनीय स्थिति नहीं कि समालोचना द्वारा एक साहित्यिक कृति की विभिन्न दृष्टियों और विचारकोणों से जाँच-पड़ताल हो—ख़तरा उलटे वहाँ है जहाँ किसी ग़ैर साहित्यिक दृष्टिकोण का ही प्रभुत्व हो। समीक्षा के क्षेत्र में एक समय लूकाच के प्रभाव को लेकर ब्रेश्त ने एक रचनाकार की हैसियत से घुटन महसूस की थी। लूकाच फिर भी विशुद्ध साहित्यशास्त्री थे, लेकिन आगे चलकर साहित्यिक सिद्धान्तों के मामलों में राजनीतिक विचारधारा का सीधा हस्तक्षेप उनके लिए भी असह्य हो गया। ब्रेश्त के लिए लूकाच फिर भी उतनी बड़ी मुश्किल नहीं थे जितनी बड़ी मुश्किल लूकाच के लिए मास्को था।

ऐसा नहीं कि जनतान्त्रिक व्यवस्थाओं में भी अतिवादी प्रवृत्तियाँ सिर नहीं उठातीं, लेकिन उस हद तक सक्रिय और सफल नहीं हो पातीं कि साहित्य में,

या साहित्य पर, अपनी साम्राज्यशाही स्थापित कर लें। एक हिटलर या जिया के शासन में न केवल कलात्मक बल्कि पूरा बौद्धिक जीवन ही निर्वासित हो जाता है। उस क्षति को सोचें तो वह नुकसान जो एक नुकसानदेह साहित्य एक जनतान्त्रिक व्यवस्था में समाज को पहुँचाता है, बहुत कम है। ऐसे चलताऊ साहित्य की ज़िन्दगी बहुत लम्बी नहीं होती, लेकिन जिन कलाकारों और बुद्धिजीवियों का हिटलरी विनाश हुआ उनकी आपूर्त्ति असम्भव है। स्थिति का एक और पक्ष भी है। आज ऐसी व्यवस्थाओं की कमी नहीं जो अपने को जनतान्त्रिक कहती हैं : कमी अगर है तो ऐसी मानसिकताओं की जो जनतान्त्रिक हों—अपने आचरण में, और अपने सोचने-विचारने के तरीकों में। तानाशाही व्यवस्थाओं में केवल एक तानाशाह होता है और उसी की चलती है जनतन्त्र में तमाम तानाशाह पैदा हो जाते हैं और उनमें कुछ की चलती है! धीरे-धीरे उनके प्रभाव में उनकी ही-सी मानसिकताओं वाले लोगों का एक प्रभाव-क्षेत्र बनने लगता है जिसके कारण असहिष्णुता पर आतंक फैलता है। अकसर इस तरह की ताक़तों के उभरने के पीछे धर्मान्धता, या धार्मिक क़िस्म की मतान्धता का हाथ रहता है जो यदि रोकी न जाये तो समाज के पूरे जीवन में प्रवेश करती जाती है। साहित्य तथा अन्य कलाओं का एक काम इस तरह की प्रवृत्तियों को निरुत्साहित करना है—कम से कम अपने चिन्तन और व्यवहार में स्वयं उसका उदाहरण तो नहीं ही बनना है। समीक्षा की इस माने में नियामक भूमिका हो सकती है कि उसके तौर-तरीक़े राजनीति के तरीक़ों से मिलने-जुलते न होकर, न्यायी हों। राजनीतिक विचारों से पूरा सरोकार रखते हुए भी समीक्षा अपनी इस बुनियादी पहचान और मर्यादा को बनाए रख सकती है कि वह सबसे पहले एक साहित्यिक संस्कृति का हिस्सा है जिसका प्रभाव राजनीति पर पड़े तो अच्छा है—इसका उलटा नहीं होना चाहिए।

साहित्य और नयी आर्थिक समालोचना

कुछ जानी-पहचानी बातों का पुनरावलोकन भी नयी तरह सोचने में मदद करता है—उन पर भी और उनसे हटकर भी। साहित्य के सरोकारों का क्षेत्र हमेशा से ही विस्तृत रहा है, लेकिन समय के साथ विभिन्न विषयों से लेनदेन के उसके तौर तरीक़े बदलते रहे हैं। पिछले दस-पन्द्रह वर्षों में अर्थशास्त्र के कुछ विद्वानों द्वारा जो विचारोत्तेजक अध्ययन होते रहे हैं, उनमें साहित्य को भी जिस तरह एक विषय बनाया गया है, उससे नयी तरह सोचने के लिए काफ़ी कुछ मिलता है। उसी की पृष्ठभूमि में यहाँ कुछ बातें की गयी हैं। इस लेख में अर्थशास्त्र तथा अन्य विषयों का ज़िक्र मैंने केवल दृष्टान्तरूप में ही किया है, उन्हें प्रमाण मानकर नहीं।

बीसवीं सदी में साहित्य पर विचार और समीक्षा का सिद्धान्त-पक्ष जिन अनेक विषयों से प्रभाव ग्रहण करते हुए विस्तृत हुआ, उन्हें कुछ स्पष्ट वर्गों में रखा जा सकता है। शुरुआती दशकों में, आधुनिकतावाद (Modernism) के उदय के साथ, साहित्य के कला-पक्ष उसकी भाषा, तकनीक, बिम्बविधान, प्रतीक आदि को लेकर जो सोच-विचार हुआ, उसमें हम अगर एक ओर वैज्ञानिक ढंग के चिन्तन के आग्रहों को आसानी से पहचान सकते हैं, तो दूसरी ओर उसके समानान्तर उस तरह की प्रतिक्रियाओं को भी, जिनका एक उदाहरण क्रोचे (Croce) का सौन्दर्यशास्त्र था। वर्चस्व फिर भी वैज्ञानिक ढंग के चिन्तन और तद्जनित जानकारियों का ही रहा—साहित्य पर भी, और उन विषयों पर भी, जिनसे साहित्य की एक ज़्यादा बड़ी विचार-भूमि बन रही थी। भाषाविज्ञान, मनोविज्ञान, मानवविज्ञान, इतिहास-विज्ञान, संरचनावाद, मिथकशास्त्र, मार्क्सवाद, अर्थशास्त्र आदि की अध्ययन-प्रणाली एक ओर विज्ञान से प्रेरित थी, तो दूसरी ओर ये विषय साहित्य में भी एक नयी तरह के सोच को प्रोत्साहित कर रहे थे। आधुनिकतावाद की अनेक अवधारणाओं में हम इन ग़ैर-साहित्यिक विषयों के प्रत्यक्ष या प्रच्छन्न आग्रहों को आसानी से अनुभव कर सकते हैं—विशेषकर मार्क्स के विचारों तथा फ्रायड और

युंग के मनोविज्ञान का साहित्य पर ख़ास प्रभाव रहा। साहित्य-विवेचना में साहित्य के अन्तर्विषयक सन्दर्भों का जो परिप्रेक्ष्य बनता है, उसमें प्रयुक्त होनेवाले कुछ पदों के अर्थ-विस्तार की ज़रूरत पर यहाँ पुनर्विचार का एक कारण अगर समीक्षा में किंचित गतिरोध का आभास है, तो दूसरा ज़्यादा बड़ा कारण मौजूदा औद्योगिक विकास और सांस्कृतिक परिवर्तनों को लेकर वे अन्देशे हैं जिनसे हम सब गुज़र रहे हैं। ये समस्याएँ ऊपर से अलग-अलग लगते हुए भी अन्तस्सम्बन्धित हैं तथा साहित्य के कुछ स्थायी सरोकारों की ज़मीन बनाती हैं, जिसका समय-समय पर सर्वेक्षण ज़रूरी है।

कुछ अन्य विषयों के साथ रखकर साहित्य के सिद्धान्त-पक्ष की वर्तमान स्थिति पर यहाँ थोड़ा विचार उसके कुछ प्रमुख और स्थायी सरोकारों को समझने के लिए ज़रूरी है। अन्तर्विषयक चिन्तन का दायरा विस्तृत और जटिल रहा है। मैं केवल साहित्य को केन्द्र में रखकर अन्य विषयों पर विचार की बात नहीं सोच रहा हूँ। उन अन्य विषयों की बात भी सोच रहा हूँ जिन्होंने अकसर साहित्य को सन्दर्भ-विषय बनाया है—अपने क्षेत्र को और अधिक विस्तृत करने के लिए और उसके मानवीय पक्ष को और अधिक दृढ़ और मुखर करने के लिए। इस संयुक्त प्रयास में साहित्य की अपनी ज़मीन भी विस्तृत हुई है, और उसकी समीक्षा पद्धति और पदावली (terminology) में सोच-विचार के नये मुहावरे और आयाम जुड़े हैं। कुछ पुराने पद खारिज हुए, तो कुछ का नवीनीकरण भी हुआ। बीसवीं सदी के आरम्भिक दशकों में टी.एस. एलियट की समीक्षा ने हमारा ध्यान ख़ासतौर पर इस ओर खींचा था कि एक कविता 'कविता' है या नहीं, इसका फ़ैसला तो साहित्यिक मानदंडों से ही होगा, लेकिन वह महान कविता भी है, इसके लिए हमें साहित्य से उच्चतर मापदंडों की ज़रूरत भी पड़ेगी। (सन्दर्भ : दान्ते)

कुछ विषय जो अरसे से साहित्यिक चर्चाओं के इर्दगिर्द रहे हैं, जैसे—(1) अर्थशास्त्र, (2) इतिहास, (3) संस्कृति, (4) नैतिकता आदि, उन पर एक उड़ती नज़र डालना चाहूँगा। यहाँ उनके विस्तार में जाना ज़रूरी नहीं, केवल ऐसे कुछ संकेतों को पकड़ने की कोशिश करूँगा, जो हिन्दी साहित्यिक, समीक्षा के कुछ अतिपरिचित, इसलिए कुछ बेजान पड़ते (terms) 'पदों' को नयी तरह अनुप्राणित करने में सहायक हो सकते हैं।

ये विषय अपने आप में स्वतन्त्र विषय भी हैं और अन्तस्सम्बन्धित विषय भी तथा साहित्य के साथ मिलकर एक बृहत्तर परिप्रेक्ष्य बनाते हैं। उन पर यहाँ चर्चा का एकमात्र उद्देश्य समीक्षा-पदों के ऐसे कुछ पक्षों की ओर ध्यान खींचना है, जिनके स्रोत अन्य विषयों में रहे हैं, लेकिन उन पर अन्य विषयों में आज क्या और किस तरह सोचा जा रहा है उस ओर हिन्दी समीक्षा में पर्याप्त ध्यान

नहीं दिया गया। मसलन, विख्यात अर्थशास्त्री मैक्लॉस्की की यह शिकायत बहुत ग़लत नहीं लगती कि अधिकांश साहित्यिक समीक्षकों का अर्थशास्त्र का ज्ञान कार्ल मार्क्स से शुरू होकर कार्ल मार्क्स पर ही समाप्त हो जाता है। इसी तरह इतिहास, संस्कृति, नैतिकता आदि की बात साहित्य में बराबर उठती रही है, लेकिन ये विभिन्न विषय ख़ुद अपने बारे में और एक-दूसरे के बारे में, किस तरह सोच रहे हैं इस तरफ़ अधिक ध्यान नहीं दिया जाता। अपने इस सर्वेक्षण के अत्यन्त संक्षिप्त दायरे में (कुछ पुस्तकों के आधार पर) अर्थशास्त्र, इतिहास, संस्कृति और नैतिकता को सन्दर्भ बनाकर इनकी अपेक्षा साहित्य की उपस्थिति पर सरसरी तौर पर कुछ प्रकाश डालने की कोशिश है। विचार सूत्रों को बिल्कुल ढीला रखा गया है, ताकि वे एक विषय से दूसरे में सुगमता से आ-जा सकें।

पिछले दशक में अर्थशास्त्र के कुछ विद्वानों ने अनुभव किया कि अर्थशास्त्र अत्यधिक तकनीकी और विज्ञानवादी शब्दावली में कुछ इस तरह डूबता जा रहा है कि उसके मानवीय चेहरे और सरोकारों को ठीक से पहचानना ही दुश्वार हो गया है। मानों उसकी मुख्य चिन्ता मनुष्य न होकर केवल वस्तुएँ, उत्पादन, पूँजी, बाज़ार, आँकड़े वगैरह हों। ऐसे में कुछ अर्थशास्त्रियों का ध्यान साहित्य की ओर भी जाना स्वाभाविक था। कुछ वर्ष पहले मार्था वुडमान्सी और मार्क ओस्टीन (Martha Woodmansee and Mark Osteen) द्वारा सम्पादित अर्थशास्त्री की एक पुस्तक (The New Economic Criticism : Studies at the Intersection of Literature & Economics) *नयी आर्थिक समीक्षा* प्रकाशित हुई है। पुस्तक में अर्थशास्त्र के 29 विद्वानों के तेईस लेख संगृहीत हैं। लगभग सभी लेखों में साहित्य के अनेक पक्षों का आर्थिक दृष्टि से पाठ और विश्लेषण है। अर्थशास्त्र की भाषा में साहित्य को इस तरह पढ़ने की कोशिश है कि दोनों के दायरे विस्तृत हों। संगृहीत लेखों का परिचय देते हुए सम्पादकों ने वक्तव्य में कहा है : ''हमने जब 1991 में मिडवेस्ट मॉडर्न लैंग्वेज एसोसिएशन (Midwest modern Language Association) के तत्त्वाधान में होनेवाले कन्वेन्शन के लिए (The New Economic Criticism) *नयी आर्थिक समीक्षा* नाम से एक पैनेल बनाया, तो हम एक ऐसी गतिविधि को नाम दे रहे थे, जिसका अभी शायद कोई अस्तित्व ही नहीं था।''

पुस्तक से कुछ उदाहरण देना चाहूँगा जो कुछ ऐसे क्षेत्रों की ओर इशारा हैं जो साहित्य की भी बुनियादी चिन्ताओं में से रहे हैं। सभी लेखों में साहित्य के पाठ (Reading) और व्याख्या (Interpretation) मूलत: आर्थिक दृष्टिकोण से हैं। इस सन्देह के बावजूद कि सादृश्यधर्मी (Homologous) पाठ के अपने अतिवादी ख़तरे हो सकते हैं, हमें एक से अधिक विचार क्षेत्रों में विचरण का दिलचस्प

मौका मिलता है। लेखों के जटिल अन्तस्सम्बन्धों और उनकी गहराइयों का विस्तार से विश्लेषण और निरूपण यहाँ सम्भव नहीं। यहाँ कुछ उन चिन्तन-बिन्दुओं तक ही अपने को सीमित रखूँगा जो साहित्य समीक्षा के मौजूदा परिदृश्य में भी कुछ माने रख सकते हैं।

दो उदाहरण लूँगा—केवल यह स्पष्ट करने के लिए कि नयी आर्थिक समीक्षा साहित्य का 'पाठ' और 'व्याख्या' किस तरह करती है ताकि उसकी लय और मिज़ाज का कुछ आभास मिल सके, उससे सहमति या असहमति के सवाल को फ़िलहाल स्थगित रखते हुए। संकलन के छठे खंड 'आधुनिकतावाद और बाज़ार' में पॉल डेलानी (जो साइमन फ्रेजर यूनिवर्सिटी, बैंकूवर में अँग्रेज़ी के प्रोफ़ेसर हैं) का एक लेख है 'हू पेड फ़ॉर माडर्निज़्म?' (आधुनिकतावाद पर पैसा किसका लगा?) डेलानी का कहना है कि "आधुनिकतावाद के पीछे दो ख़ास विचारणीय बातें हैं : पहली तो यह कि बीसवीं सदी के शुरू होते-होते इंगलैंड के साहित्यिक बाज़ार में एक बड़े बदलाव का आना; और दूसरा, 'रेण्टिअर कल्चर'—यानी लेखकों और पाठकों का एक ऐसा वर्ग जिसके पास अपनी स्वतन्त्र आय के साधन थे, जैसे किराये की आमदनी, पारिवारिक स्रोत वग़ैरह। बढ़ती हुई शिक्षा के स्तर और नयी रईसी ने जहाँ एक ओर एक अच्छा-ख़ासा पाठक-वर्ग तैयार कर दिया था, वहीं एक ऐसा लेखक वर्ग भी, जिसके सामने अपने लेखन को आमदनी का जरिया बनाने की मजबूरी न थी। वे बाजार की माँगों के विरुद्ध ऐसी कला, कला-मूल्यों और सिद्धान्तों को प्रतिपादित करने के लिए आर्थिक दृष्टि से मुक्त थे जिसके लिए बाज़ार से समझौता करना ज़रूरी न था। इस पाठक-लेखन वर्ग का अलग एक गठबन्धन—'एलीट-कला-वर्ग' बनने लगा। हेनरी जेम्स और ई. एम. फ़ास्टर अगर इस 'रेण्टिअर कल्चर' के शुरू के दिनों के उदाहरण हैं, तो गाल्सवर्दी और टॉमस मन्न थोड़ा बाद के। इसके बरक्स आर्नल्ड बेनेट और वॉल्टर बेसेण्ट जैसे लेखकों का नाम आता है जो बाज़ार की माँगों के साथ चल रहे थे। बेसेण्ट का कहना था कि जब पैसे के लिए लिखना है तो पाठक (कस्टमर) की पसन्द-नापसन्द की इज़्ज़त करनी ही पड़ेगी। डेलानी का तर्क है कि सम्पन्नता के बढ़ने के साथ ही उस शिष्ट वर्ग को अपनी विशिष्टता के प्रदर्शन के लिए साधारण से अलग असाधारण कुछ की ज़रूरत थी। पाउण्ड और एलियट, दोनों की पत्नियाँ 'रेण्टिअर वर्ग' की थीं। स्त्री की समाज में बढ़ती आर्थिक हैसियत का भी प्रभाव नारी की छवि पर पड़ रहा था। फ़्लोबेअर से लेकर एलियट, जॉयस और डी. एच. लॉरेन्स तक के साहित्य में स्त्री की इच्छाओं और भावनाओं का मानों नयी तरह उपनिवेशीकरण हो रहा था। लेकिन समीक्षक का यह भी कहना है कि 'आख़िर कुछ तो बड़ा फ़र्क़ था ही ट्रोलोप और जॉयस जैसे लेखकों के बीच—

ट्रोलोप जो नियम से दो-हज़ार शब्द नाश्ते से पहले-पहले लिख डालते थे, और जॉयस जिन्हें कभी-कभी पूरा दिन लग जाता था केवल एक वाक्य में सही शब्द-विन्यास बैठाने में।'

इस प्रकार के विश्लेषण रोचक अवश्य हैं, पर इनको लेकर साहित्य के बारे में कोई अन्तिम निष्कर्ष निकालना—विशेषकर भारतीय साहित्य के सन्दर्भ में—ग़लत होगा। श्रेष्ठ साहित्य बिना स्वतन्त्र आय के भी रचा जाता रहा है। यहाँ भारतीय और इस प्रकार के पाश्चात्य सोच में बुनियादी फ़र्क़ नज़र आता है। एक में आदर्शमुखी सामाजिक-आर्थिक दृष्टि का आग्रह है तो दूसरे में मौजूदा बाज़ार अर्थव्यवस्था के यथार्थ से जुड़ी मूलतः उपयोगितावादी (युटिलिटेरियन) और परिणामवादी (प्रैगमेटिक) दृष्टि की प्रमुखता है। विचारों के पीछे वेबलेन का प्रभाव स्पष्ट झलकता है।

साहित्य-विवेचन में 'आर्थिक तर्क' की अपनी उपयोगिताएँ और सीमाएँ हैं। जब भी एक विषय की भाषा में दूसरे विषय की व्याख्या की जाती है, तब एक का दूसरे पर हावी हो जाना स्वाभाविक है : उस ओर से अतिरिक्त सावधानी ज़रूरी है। एक दूसरे लेख 'द सिम्बॉलिक इकोनॉमिक्स : एडवेंचर्स इन द मेटाफ़ॉरिकल मार्केट-प्लेस' (अर्थशास्त्र के प्रतीकार्थ : बाज़ार में एक सांगरूपक सैर)[1] में एमी कॉरिट्ज़ और डगलस कॉरिट्ज़ ने सांस्कृतिक अध्ययनों के सन्दर्भ में आर्थिक शब्दावली और भाषा के लाक्षणिक उपयोग पर विचार किया है। उन्होंने तीन भिन्न विषयों के विशेषज्ञों को लिया है। (1) अर्थशास्त्री गैरी बेकर (नोबेल पुरस्कार से सम्मानित), (2) उत्तर-आधुनिकतावादी ज्हां-फ्रांस्वा लिओतार; तथा (3) सांस्कृतिक अध्ययनों के विद्वान् पिएर बूदो। बेकर के अनुसार, मनुष्य का सारा सामाजिक व्यवहार—और अन्ततः उसका व्यक्तित्व भी—सम्पत्ति पर उसके स्वामित्व की मानसिकता का प्रतिरूप है। उनका बुनियादी दृष्टिकोण आर्थिक और उपयोगितावादी है, यहाँ तक कि 'प्रेमभावना' में भी वे किसी अन्य के स्वार्थ के तर्क को भी सन्निहित देखते हैं। आर्थिक तर्क के बारे में लिओतार का मत है कि "आर्थिक समीक्षा-पद्धति कुछ ख़ास तरह के विवरणों (नैरेटिव्ज़) के विश्लेषण में सहायक हो सकती है, लेकिन जीवन-सम्बन्धी ऐसे विमर्श (डिसकोर्सेज़) जिनका ताल्लुक़ मनुष्य के आत्मचिन्तन, अन्वेषण-मूलक वृत्तियों, रचनाशीलता जैसी चेष्टाओं से है, उन पर वह लागू नहीं होती।" बूर्दो सांस्कृतिक समीक्षा में आर्थिक सन्दर्भ-पदों को लेते तो हैं—जैसे एक्सचेंज, मार्केट, कैपिटल, क्वाएन वग़ैरह—लेकिन

1. हिन्दी अनुवाद बहुत सही नहीं है, लेकिन शीर्षक के निहितार्थ को छूता है।

उनके साथ 'कल्चरल' विशेषण जोड़कर उनकी पहचान को आर्थिक से अलग भी रहना चाहते हैं, ताकि उनके अभिप्राय आर्थिक की तरफ़ ज़्यादा न लुढ़क जाए।

कुल मिलाकर, इस ख़ास बात की ओर ध्यान जाता है कि जहाँ किसी अन्य विषय के माध्यम से साहित्य को सोचने के कुछ निश्चित फ़ायदे हैं, वहीं उस विषय के अतिरिक्त दबाव के ख़तरे भी, ख़ासकर जब वह अर्थशास्त्र जैसा तर्कमूलक और तकनीकी विषय हो। *नयी आर्थिक समीक्षा* का यह शुरुआती दौर है। उसकी सशक्त वैज्ञानिक, शास्त्रीय और तर्कप्रधान विचार-पद्धति के अपने दबाव और फेर हैं। बेहतर होगा कि साहित्य इस समीक्षा को भी अपने अध्ययन का विषय बनाए, न कि स्वयं उससे अनुशासित हो। यह अध्ययन का एक भिन्न तरीक़ा है, जिसे जानना उपयोगी हो सकता है, पर उससे निर्देशित होना ज़रूरी नहीं।

पुस्तक की भूमिका में पड़ताल की ज़मीन को स्पष्ट करते हुए संकलनकर्ताओं का कहना है—"लेखन कर्म तथा वाणिज्य के बीच लम्बे और विविध रिश्तों के बावजूद साहित्यिक, सांस्कृतिक तथा आर्थिक अध्ययनों के बीच अभी कुछ ही समय पहले तक, दोनों ही अनुशासनों के विशेषज्ञों ने एक दूरी बनाए रखा : दोनों ही पक्ष एक-दूसरे के प्रति शंकालु रहे। इस गहरी खाई के रहते हमारे सामने सबसे बड़ी चुनौती यह थी कि साहित्य, संस्कृति और अर्थशास्त्र के बीच सम्भव स्पर्श-बिन्दुओं को कैसे फिर से खोज निकाला जाए। उनके अनुसार, 'आर्थिक समीक्षा थी तो 1960 के पहले भी—लूकाच, फ्रांकफुर्त—स्कूल, तीसरे-चौथे दशक के वामपन्थी समीक्षक आदि, लेकिन फिर 1938-1965 के बीच अमेरिकी 'नयी समीक्षा' (New Criticism) की अ-राजनैतिक समीक्षा-प्रणाली के उदय के साथ उस तरह की आर्थिक समीक्षा ख़ुद हाशिए में आ गयी।' मौजूदा परिदृश्य को लेकर आर्थिक समीक्षकों का मानना है कि "...साहित्यिक अध्ययनों के क्षेत्र में भी समीक्षा का झुकाव, 1970-80 में प्रचलित विखंडनवाद (Deconstructionism), लक्षण विज्ञान (Semiotics) और अन्य रूपवादी (Formalist) क़िस्म की अवधारणाओं से थोड़ा परे हटकर अब नव-ऐतिहासिकतावादी (New Historicist) रुझानों की ओर ज़्यादा खिंचा हुआ लगता है। ऐतिहासिकतावादी और सांस्कृतिक चेतना से सम्पन्न साहित्य-समीक्षक जिन विविध विषयों की ओर आकृष्ट हैं, उनमें से एक अर्थशास्त्र भी है।"

आधुनिकतावाद—या इस तरह के किसी भी साहित्यिक मूवमेंट को सोचने का यह एक विशेष तरीक़ा है—यानी अर्थशास्त्र की भाषा में पूरी एक साहित्यिक गतिविधि को तोड़-मरोड़कर अँटाने की कोशिश। एक सरलीकृत व्याख्या वैश्विक स्तर पर आधुनिकतावाद के विभिन्न पक्षों पर बराबर से लागू नहीं होती। भारतीय, लातिन अमेरिकी, अफ्रीकी आदि तीसरी दुनिया के आधुनिकतावादी आन्दोलन

पश्चिमी नमूनों से प्रभावित होते हुए भी उनके अनुसरण का उदाहरण नहीं हैं। उनके अपने यथार्थ, परम्पराओं, साहित्यिक विरासत और ऐतिहासिक अनुभवों पर एक नये तरह के सोच के प्रभावों का मिश्रित और जटिल नतीजा हैं। मसलन, इन देशों के औपनिवेशिक अनुभवों की पृष्ठभूमि में दो बातें प्रमुख थीं: एक तो, अपनी खोई हुई अस्मिता और पहचान की पुनर्स्थापना; तथा दूसरी, विकसित देशों की तुलना में आर्थिक दृष्टि से पिछड़े देशों की शैक्षिक, आर्थिक और सामाजिक विकास की प्राथमिकताएँ, जो आधुनिकता के अर्थ को बिल्कुल अलग तरह सोच-समझ रही थीं।

डेलानी की थीसिस दिलचस्प है। उसमें चोखे जिरह की ख़ूबियाँ हैं, तथ्यों को जोड़-तोड़कर कोई नयी बात निकाल सकने की तार्किक क्षमता है, और शायद एक अलग तरह की शास्त्रीय अन्तर्दृष्टि भी, पर उनका लेख इस बात का भी अच्छा उदाहरण है कि पूरी सचाई तक पहुँचने के एक ही नहीं कई रास्ते हो सकते हैं। इस प्रकार के एकाग्रही अध्ययन रोचक अवश्य होते हैं, पर इनको लेकर साहित्य के बारे में कोई अन्तिम निष्कर्ष निकालना ग़लत हो सकता है।

ऐतिहासिकतावाद (Historicism) और नव-ऐतिहासिकवाद (Neo-historicism) का लेखों में कई जगह ज़िक्र है। फ्रेंच विचारक मीशेल फ़ूको (Michel Foucault) की इस मान्यता का भी आर्थिक और साहित्यिक समीक्षा दोनों पर असर दीखता है कि समीक्षा का एक खुले सांस्कृतिक परिवेश से जुड़ना आवश्यक है, वर्ना वह अपनी ही शब्दावली और मुहावरों का गढ़ बनाकर उसमें सीमित हो जाएगी। उस पर भी आगे चलकर थोड़ा विचार करूँगा।

हिन्दी का भविष्य—भविष्य की हिन्दी

ठेठ शास्त्रीय अर्थों में भाषाविद् नहीं हूँ, न ही साहित्य का सिद्धान्तकार, लेकिन एक कवि और लेखक की हैसियत से हिन्दी भाषा को रचनात्मक ढंग से बरतने के अपने अनुभवों के आधार पर कुछ बातें कहना चाहूँगा।

हिन्दी इस समय संसार की चार प्रमुख भाषाओं में से एक मानी जा चुकी है : अन्य तीन भाषाएँ अँग्रेज़ी, चीनी और स्पानी-मूल की भाषाएँ हैं। भाषायी आँकड़े बताते हैं कि इस समय दुनिया में 6000 से अधिक भाषाएँ बोली जा रही हैं, लेकिन जिस तेज़ी से छोटी भाषाओं का लोप हो रहा है उससे यह अन्देशा भी पुष्ट होता लगता है कि इस सहस्राब्दि के अन्त होते-होते इनमें से 600 भाषाएँ भी नहीं बचेंगी। हिन्दी का भाषायी भविष्य उज्ज्वल है। एक रचनाकार की दृष्टि से—'परिवर्तन' और 'विकास' के बीच एक बारीक़ फ़र्क़ करते हुए—तेज़ी से बदलती हुई हिन्दी भाषा की नब्ज़ को पढ़ने की कोशिश करता हूँ। यह 'बदलाव' और उसकी 'तेज़ी', हिन्दी के स्वभाव पर किस तरह का गुणात्मक असर डाल रहे हैं? यह गुणात्मक-पक्ष साहित्य के लिए ख़ास माने रखता है क्योंकि मूलतः वह 'मानवीय' और जीवन का 'आत्मिक' पक्ष है जो साहित्य में कई-कई तरह प्रतिबिम्बित और अभिव्यंजित होता है। वह भाषा सब से पहले आपसी सौहार्द्र, सहानुभूति, सौजन्य और सहिष्णुता की दीर्घ संस्कृति की भाषा है, जिसमें हम अपने एक सभ्य मनुष्य होने की सब से मूल्यवान छवि को पहचानते हैं। सहज ही ध्यान जाता है कि हिन्दी भाषा ने (मेरा मतलब यहाँ हिन्दी के उस व्यापक परिप्रेक्ष्य से है जिसमें अवधी, ब्रज, उर्दू और खड़ीबोली चारों का साहित्य शामिल है) विश्व-स्तरीय, कालजयी साहित्य तब भी दिया है जब वह 'वैश्विक भाषा' नहीं थी, केवल छोटे-छोटे 'क्षेत्रों' की भाषा थी। वह समय भी याद आता है जब पूरे भारत को एक भावनात्मक सूत्र में जोड़े रखने का काम भक्ति-कालीन काव्य और कलाओं द्वारा सम्भव हुआ—राजनीतिक स्पर्धाओं और मारकाट के बावजूद। आज भी दुनिया की तमाम छोटी-छोटी भाषाएँ विश्व-स्तरीय महान

साहित्य दे रही हैं। नोबेल-पुरस्कार विजेताओं की लिस्ट पर एक नज़र डालना ही काफ़ी होगी इस तथ्य को पुष्ट करने के लिए कि 'बड़े' साहित्य की रचना के लिए 'बड़ी' भाषा अनिवार्य नहीं है। अँग्रेजी भी एक छोटी ही भाषा थी जब शेक्सपियर की रचनाओं ने उसे एक बहुत बड़ी भाषा बना दिया। इसी तरह अवधी और ब्रज की असाधारण भाषायी क्षमता को कबीर, जायसी, तुलसी, सूर आदि की साहित्यिक देन के बिना पूरी तरह नहीं समझा जा सकता।

एक दुस्साहसिक ढंग का सोच भी मन में आता है कि बड़े साहित्य के लिए शायद बड़ी भाषा कोई बहुत बड़ा वरदान नहीं है। एक भाषा का 'विस्तार' कई कारणों से होता है—प्रमुखतः तिजारती, औद्योगिक, आर्थिक, राजनीतिक आदि कारणों से। ये ही कारण आज हिन्दी भाषा के विस्तार के पीछे भी साफ़ पहचाने जा सकते हैं। राजनीतिक, आर्थिक और औद्योगिक दृष्टि से भारत और चीन अब पिछड़े हुए देश नहीं है। इस विकास के साथ-साथ ही भाषा का महत्त्व भी न केवल बढ़ा है बल्कि उनका 'इस्तेमाल' भी बदला है और बहुत तेज़ी से बदल रहा है—लगभग मशीन-युग की रफ़्तार से। मोटे तौर पर कहें तो भाषा 'मानवीय' से अधिक 'मशीनी' होती जा रही है! भाषा के मानवीय गुणों की अपेक्षा उसके व्यावसायिक और लेनदेन के मुहावरे और शब्दावली ज़्यादा कामकाज के लगते हैं, अतः ज़्यादा प्रासंगिक। आपसी सम्बन्धों, हमदर्दी और गहरे मानवीय सरोकारों की भाषा बेजान-सी लगती है। यह केवल एक भाषायी संकट नहीं है, भाषा पर पड़नेवाले उस संकट की छाया है जो आज के क्रमशः संवेदनहीन होते जा रहे जीवन की ओर इशारा करता है। आज भी जब हम एक लोकगीत को सुनते हैं, या आंचलिक काव्य (या उपन्यास) को पढ़ते हैं तो उसमें भाषा की एक ख़ास तरह की कोमलता, भावनात्मक ईमानदारी और आत्मीय भाईचारे की गरिमा को बरक़रार पाते हैं। आज के औद्योगिक, व्यावसायिक और उपभोक्ता समाज में जो बिलकुल अस्थायी मतलबी सम्बन्ध बन रहे हैं उनकी भाषा में गहरे और उदात्त मानवीय सम्बन्धों और सोचविचार के लिए कितनी जगह बचती है यह चिन्ता केवल साहित्य की ही नहीं, हर आदमी की होनी चाहिए...। छोटी भाषाओं से आ रहे साहित्य में अगर आपसदारी की यह भाषा आज भी अपनी घनिष्ठता और ऊष्मा में बची हुई है तो इसका बहुत बड़ा कारण वह जीवन-शैली भी है जो बड़े शहरों की अपेक्षा छोटी जगहों में कम बदलती है। भाषा में परिवर्तन और विकास जीवन के साथ घनिष्ठ रूप से जुड़ा होता है जिसे व्याकरण के नियम नहीं जीवन की गति निर्धारित करती है—मूलतः जैविक ढंग से। संस्कृत से आज की हिन्दी तक की विकास-यात्रा को भी लगभग उसी तरह समझा जा सकता है जैसे हम आदमी की लम्बी ऐतिहासिक जीवन-यात्रा को समझते हैं।

जिस तरह हम जीवन और इतिहास की गतियों को एक सीधी रेखा में रख कर नहीं सोच सकते, बहुत कुछ भाषा की गति भी उसी तरह जटिल और टेढ़ीमेढ़ी चलती है। गंगा नदी अपने उद्गम पर जो होती है, बंगाल की खाड़ी में गिरनेवाली नदी वही गंगा नहीं होती: उसमें बीच के प्रदेशों में बहनेवाली तमाम छोटी-बड़ी नदियों का पानी भी इस तरह शामिल हो चुका होता है कि उन्हें फिर से अलग नहीं किया जा सकता : वे सब गंगा की मुख्यधारा बन जाती है। हिन्दी भाषा के विकास को भी कुछ-कुछ उसी तरह समझा जाना चाहिए।

भाषा के विस्तार के साथ 'अमानवीयकरण' की समस्या को उठाते समय किसी सरल नतीजे पर पहुँचने की जल्दबाज़ी नहीं करनी चाहिए। भाषा केवल एक या दो स्तरों पर ही नहीं कई स्तरों पर एक साथ विकसित होती है। भौतिक जीवन में बदलाव के साथ भाषा की ऊपरी सतह पर बदलाव—यानी हमारी बोलचाल, व्यवहार, लेनदेन, वाणिज्य व्यापार आदि की भाषा में—सब से पहले, और सब से स्पष्ट दिखाई देता है। लेकिन आदमी के स्वभाव की ही तरह, उसकी भाषा की भी कई अन्तस्सतहें होती हैं। वे आसानी से नहीं बदलती क्यों कि उनमें सदियों के संस्कार और चिन्तन की स्मृतियाँ अगोचर रूप से दबी-छिपी विद्यमान रहती हैं। मोटे तौर पर इसे भाषा का 'अवचेतन' कह सकते हैं, जो 'निजी' से 'सामूहिक' तक एक अटूट मानसिक जुड़ाव रखती हैं। इस सूत्रबद्धता की कुंजी कहीं हमारे जीवाश्मों (जीन्स) में है। इसीलिए जीवन और भाषा के विकास की जुड़वा गति मानी गयी है।

एक भाषा का बहुस्तरीय होना उसकी जागरूकता की निशानी है। वह अगर एक स्तर पर बोलचाल, लेन-देन, लोकजीवन की व्यावहारिक भाषा हो सकती है तो दूसरे स्तर पर सोच-विचार, चिन्तन-मनन, अध्ययन-ज्ञान की गूढ़ भाषा भी। दोनों पर ऊँच नीच का तर्क लागू नहीं होता। ये भाषा के दो बिलकुल भिन्न तरह के उपयोग हैं, तथा उसकी सामर्थ्य के द्योतक हैं। भाषा न केवल अपने को दैनिक जीवन के स्तर पर रचती है बल्कि वैचारिक और आत्मचिन्तन के स्तर पर भी, और भाषा के ये दोनों ही पक्ष जायज़ है क्योंकि दोनों मिल कर हमें एक बृहद् जीवन-दृष्टि देते हैं। इसी तरह साहित्य और कलाओं की भाषाएँ भी इस माने में विशिष्ट और जायज़ भाषाएँ हैं कि वे जीवन की एक भिन्न प्रकार की व्यंजना और अभिव्यक्ति को सम्भव बनाती हैं। जीवन की ही तरह भाषा की भी इस 'भिन्नता' को बिना उदारता से स्वीकार किये हम उसकी समग्र जीवनशक्ति को आत्मसात् नहीं कर पाएँगे।

हिन्दी भाषा के भविष्य को सोचते हुए कुछ बातें ख़ासतौर पर मन में उठती हैं। हिन्दी भाषा की 'प्रकृति' में हज़ारों साल के अच्छे-बुरे ऐतिहासिक अनुभवों

की यादें घुली मिली हैं : इसमें ज़मीनी यथार्थ भी हैं, और अनेक उदात्त विचारों और कलाओं और काव्य ने भाषा पर अपनी अमिट छाप छोड़ी है, जिसे आज भी हिन्दी भाषा के स्वभाव से अलग कर पाना मुश्किल हो जाता है। विचारों, साहित्यों और कलाओं का दबाव भी एक भाषा को अपनी तरह रचता और उसे सक्षम बनाता है। कभी-कभी यह प्रभाव दैनिक यथार्थ के दबावों से कहीं ज़्यादा शक्तिशाली होता है। जब बौद्ध-विचार एशिया में फैले तो एशिया की शायद ही ऐसी कोई भाषा रही हो जो उनसे अप्रभावित रही हो। अनेक भाषाओं में बुद्ध के विचारों के लिए एक भिन्न स्तर की भाषा निर्मित हुई। आधुनिक समय में भी हम देखते हैं कि किसी बड़े विचार के साथ उसकी अपनी एक विशिष्ट भाषा, विमर्श की भाषा, भी आती है। उसका अपना एक दबदबा होता है, और कभी-कभी वह देर तक और दूर तक सामान्य भाषा पर छाया रहता है। आधुनिक समय में विज्ञान के साथ 'तर्क' और 'विश्लेषण' जैसे शब्दों का दबदबा लगभग हर प्रकार के सोच की भाषा पर हावी रहा है—मार्क्स और फ्रायड का चिन्तन इसका प्रमुख उदाहरण है जिन्होंने बीसवी सदी के पूरे सोच को दूर तक प्रभावित किया है। जो तर्कसंगत है वही सही है—यह बात कुछ इतनी पक्की तरह हमारे दिमागों में बैठ गयी है (या बैठा दी गयी है) कि कोई सचाई तर्क से परे भी हो सकती है इसे हम विचारणीय ही नहीं मानना चाहते। तर्क अचूक नहीं होता : वितर्क और कुतर्क भी उसके साथ जुड़े होते हैं।

कह सकना मुश्किल है कि भविष्य में हिन्दी का क्या रूप विकसित होगा, पर मन में कहीं एक सपना ज़रूर है कि हिन्दी का अर्थ केवल चीज़ों और उनके उपभोग तक सीमित होकर न रह जाए। वह एक ऐसी आत्म-संस्कृति और जीवन-विवेक की समर्थ आवाज़ भी बन सके जिसकी शक्ति को भारत जैसे देश ने अपने लम्बे और विषम ऐतिहासिक अनुभवों से गुज़रते हुए कई तरह जाना और प्रमाणित किया है।

साहित्य के सामाजिक सरोकार के माने

साहित्य के प्रमुख सरोकार, मोटे तौर पर, चार क्षेत्रों में फैले हुए माने जा सकते हैं—सामाजिक, सांस्कृतिक, नैतिक और पाठकीय। बातचीत के दौरान मुख्यतः—'सामाजिक' को केन्द्र में रख कर शेष तीन बिन्दुओं को सन्दर्भ में रखते हुए कुछ बातें कहूँगा। साहित्य और पाठक चौथा बिन्दु यानी 'पाठक-व्रर्ग' का इस चर्चा में रखा जाना शायद कुछ चौंकाये, लेकिन मैं उसे साहित्यिक सरोकार का एक बहुत ज़रूरी, बल्कि अनिवार्य हिस्सा मानता हूँ—चाहे वह 'आम' पाठक हो या 'विशिष्ट' पाठक। इस तरह की संगोष्ठियों में बहुधा लेखक के पक्ष की ही समस्याओं का ज़िक्र होता है, पाठक का पक्ष उपेक्षित रह जाता है। मेरी धारणा है कि पाठक को शामिल मानकर अगर बातें हों तो लेखक की समस्याओं पर भी बेहतर ढंग से विचार किया जा सकता है। नाटकों में दर्शक की उपस्थिति का हमेशा ही विशेष ध्यान रखा जाता रहा है। नाटक और दर्शक के बीच कई ऐसी कड़ियाँ होती थीं जो नाट्य-प्रदर्शन और दर्शक को सीधे जोड़ती थीं—और दोनों के बीच एक जीवन्त संवाद की स्थिति बनाती थीं—जैसे सूत्रधार, कोरस, प्राश्निक आदि। इन 'कड़ियों' का नाटक के शास्त्रीय और जानकार समीक्षकों से बिल्कुल अलग महत्त्व होता था। समीक्षक जहाँ नाटक के गूढ़ साहित्यिक गुणों का शास्त्रीय विवेचन, विश्लेषण और मूल्यांकन करता था, वहाँ दर्शक और नाट्य-प्रस्तुतियों के बीच कोरस, सूत्रधार, प्राश्निक आदि की व्यवस्था दर्शक को नाटक से सीधे जोड़ती थी। यानी रचनाकार और शास्त्रीय समीक्षक के अलावा भी अनेक ऐसे माध्यम होते थे जो एक साहित्यिक रचना को सामान्य दर्शक/पाठक के लिए सुलभ बनाते थे।

क्या कविता और उसके पाठकों के बीच ऐसी कोई व्यवस्था थी, है या हो सकती है। यानी कवि और कविता की शास्त्रीय समीक्षकों से अलग भी ऐसे माध्यमों के लिए जगह बनती है जो कविता को पाठकों तक पहुँचाएँ और उसकी रुचि को कविता की ओर आकृष्ट करें। जटिल और गूढ़ विषयों को जनमानस

तक पहुँचाने में भाष्यकार, व्याख्याकार, टीकाकार आदि की असाधारण भूमिका रही है। इनका नाम शास्त्रीय आलोचकों से थोड़ा हट कर भी था तथा रचनाकार, विचारकों, तथा पाण्डित्यपूर्ण समीक्षाओं को अपने में समेटे हुए भी। इनके द्वारा ही जनरुचि परिष्कृत और प्रशिक्षित होती थी।

मुझे लगता है आज हिन्दी कविता के विचारक-समीक्षकों से अलग रसज्ञों की यह कड़ी कमज़ोर है। शिक्षा संस्थानों द्वारा यह काम थोड़ा-बहुत हो रहा है, पर विशिष्ट और सीमित दायरे में ही।

आधुनिक काव्यान्दोलनों से जुड़े अनेक व्याख्यापरक ऐसे काव्य-संकलन और संवेदनशील टीकाएँ याद आती हैं जिनके द्वारा इस आन्दोलन की ज़रूरत और जटिलताओं को सही परिप्रेक्ष्य में समझने में मदद मिली। इस दिशा में अच्छे काव्य-संकलनों और संचयनों का महत्त्व तो था ही, साथ ही उन नोट्स और भाष्यों का भी उनसे कहीं अधिक योगदान था जिन्होंने कविता के सन्दर्भ में आधुनिकता के आशय को समझने में मदद की। हम लोगों में से बहुतों को 'पेंगुइन न्यू राइटिंग' की याद होगी जिसने जॉन लेमान के सम्पादकत्व में आधुनिक आन्दोलन को विश्वव्यापी विस्तार दिया। अँग्रेजी में ऐसे तमाम प्रयासों को याद किया जा सकता है जिन्होंने नयी कविता को अगर एक ओर पाठकों से जोड़ा तो दूसरी ओर समीक्षा और नयी समीक्षा को भी परिप्रेक्ष्य में रखा।

साहित्य और समाज पर आधुनिक समय में—ख़ासकर पिछली और इस सदी में—वैज्ञानिकों विचारों और चिन्तन-पद्धति का लगभग सभी अनुशासनों और विषयों पर गहरा दबाव रहा है। इसने हमारी जीवन-दृष्टि और विश्व-दृष्टि को कई स्तरों पर बदला है। आइंस्टाइन के सापेक्षतावाद ने 'समय' को लेकर नयी तरह से सोचने पर बाध्य किया। फ्रायड के मनोविश्लेषण ने मनुष्य के आन्तरिक और मानसिक जीवन पर नयी रोशनी डाली। इसी तरह मार्क्स के सामाजिक आर्थिक और राजनीतिक चिन्तन/विश्लेषण ने उनके आपसी रिश्तों के सोचने के ढंग में क्रान्तिकारी पहल की, समाज में हो रहे शोषण और अन्याय के प्रति हमारी आँखें खोलीं। इन विचारों के बीज से नयी-नयी शाखाएँ—प्रशाखाएँ प्रस्फुटित हुईं। साहित्य में आधुनिकता को आधार मिला। पिछली सदी में 'सामाजिक' का अर्थ—औसत चिन्तन में—आर्थिक—व्यावसायिक यथार्थ और राजनीतिक यथार्थ में सीमित हुआ है। कुछ इस तरह कि 'सामाजिक यथार्थ' मूलतः भौतिक और स्थूल है। जितना सामने दिखाई दे रहा—स्पर्शनीय और स्थूल—प्रमुखतः उतना ही यथार्थ प्रामाणिक है। शेष कल्पित और अनुमानित है, अतः गौण। इससे 'सामाजिक यथार्थ' की परिभाषा लगभग अपारदर्शी हो गयी! समाज की सामूहिक चेतना और उसका एक अन्तर्मन भी है, यह बात हाशिए में, या फुटनोट में चली गयी! इसका

समाज के नैतिक—आत्मबोध पर उलटा असर पड़ा। भ्रष्टाचार, वणिक-वृत्ति और सत्ता—लोलुपता पर कोई आत्मिक नियन्त्रण न रहा। जिस लड़ाई को गाँधी ने नैतिकता के बल पर जीता उसकी चारित्रिक आत्मशक्ति क्षीण पड़ गयी। इससे आगे चलकर उपभोक्तावाद को भी पनपने में मदद मिली।

साहित्य के लिए यह 'संकट' केवल 'वस्तुवाद' बनाम 'आत्मवाद' का नहीं है, समाज के उस पूरे व्यक्तित्व के क्षरण का है जिसे साहित्य सम्बोधित करता है। उस व्यक्तित्व के अगर कुछ आयाम ही बचें, अगर उसका आत्मिक, चेतन और बौद्धिक पक्ष दूषित या निश्चेष्ट हो जाए, तो साहित्य का समाज से संवाद और लेनदेन का काम अधूरा या बेकार-सा प्रतीत होने लगेगा। मैं जब भी साहित्य के सरोकारों के बारे में सोचता हूँ समाज के इसी 'सम्पूर्ण व्यक्तित्व' को सोचता हूँ जिसमें आत्मिक और वास्तविक दोनों ही ज़रूरी हैं। ध्यान जाता है कि इसी देश में जब राजनीतिक परिस्थितियाँ बिलकुल छिन्न-भिन्न थीं, भक्तिकालीन काव्य और कलाओं ने पूरे भारतीय समाज को एक भावनात्मक मन दिया जो हज़ार वर्षों से अब तक जीवित है। अन्य किसी देश में ऐसा उदाहरण नहीं मिलता कि इतनी बड़ी साामाजिक क्रान्ति का आधार केवल कविता और कलाएँ रही हों। चेतना का विशेष महत्त्व है जिसके साथ वह लगातार संवाद और जिरह करता रह सके।

साहित्य का सरोकार केवल ज़मीनी यथार्थ तक सीमित नहीं है। समाज का जो सामूहिक मन और अन्तरात्मा या अन्तःकरण है—साहित्य के लिए, ख़ासकर कविता के लिए, उसका यह 'परोक्ष' आयाम भी उतना ही बड़ा यथार्थ है जितना उसका ज़मीनी यथार्थ।

यह 'परोक्ष' क्या है—इसे ठीक से समझना जरूरी है। वह पलायन नहीं है, क्योंकि हमारे जीवन को केवल 'ठोस' यथार्थ ही नहीं प्रभावित करता, 'अ-ठोस' अवधारणाएँ, स्मृतियाँ, इतिहास, विचार, श्रद्धाएँ, आशंकाएँ आदि भी प्रभावित करते हैं। उनका निश्चित अस्तित्व है, क्योंकि वे हमारे सम्पूर्ण जीवन के संकल्पों और विकल्पों में रचे-बसे हैं।

'समय' या 'काल-बोध' समाज के इस अव्यक्त व्यक्तित्व को वह चौथा आयाम देता है जो अकसर अस्पष्ट होते हुए भी नगण्य नहीं है। वह अतीत जो मर चुका है, पूरी तरह कभी नहीं मरता। हमारे आज के संस्कारों, आचार-विचार, चरित्रों और मनोविज्ञान को समझने के लिए वह एक ज़रूरी परिप्रेक्ष्य बनाता है। कालान्तर में बहुत कुछ नष्ट हो जाता है तो बहुत कुछ ऐसा भी है जो परम्परा के रूप में बचा रह जाता है। उस बचे रह गये के गुण-दोष का विवेचन भी साहित्य का एक प्रमुख सरोकार है।

साहित्य की विभिन्न विधाएँ अपनी-अपनी तरह से 'समाज' या 'सामाजिक'

के अर्थ को विस्तृत, संशोधित, परिभाषित और सम्प्रेषित करती हैं। 'समाज' का कोई एक ही अर्थ सब विधाओं को एक-सा मान्य हो यह ज़रूरी नहीं। याद करें कि 20 वीं सदी के शुरुआती वर्षों में जब प्रसिद्ध मार्क्सवादी विचारक लूकाच का दबदबा था, उसके द्वारा उपन्यासों के गहन अध्ययनों से निकले सिद्धान्तों को कविता पर भी लागू किया जाने लगा था। इस पर ब्रेश्त ने आपत्ति करते हुए कविता की स्वायत्तता की आवाज़ उठाई थी। मसलन, राजनीतिक—आर्थिक आग्रहों से समाज को परिभाषित करना या देखना ज़रूरी है, पर इस तरह नहीं कि समाज की सांस्कृतिक चेतना नगण्य प्रतीत हो। समाज की वृहत्तर चेतना के साथ ही साहित्य और कलाओं का घनिष्ठ और आत्मीय संवाद हो पाता है। संवाद की यह कोशिश ही साहित्य और विशेषत: काव्य—भाषा को बहुआयामी बनाती है। भाषा के प्रति कविता साहित्य की सबसे संवेदनशील विधा है। भाषा में लगातार होते रहनेवाले परिवर्तनों को कविता अपनी तरह अनायास ग्रहण और आत्मसात करती है जो उसकी रचनात्मकता का हिस्सा बन जाते हैं—पर कविता के लिए किसी प्रकार की सीमा या बाध्यता नहीं बनते। भाषा के विभिन्न 'प्रकारों' का कविता में आना किसी कवि की रचनात्मक ज़रूरतों का भी हिस्सा हो सकता है। एक ही कवि 'राम की शक्तिपूजा', 'जूही की कली', 'सरोज-स्मृति', 'कुकुरमुत्ता', 'मास्को डायलॉग', 'खजोहरा' जैसी कविताएँ देने में न केवल काव्यानुभवों बल्कि भाषायी अनुभवों का भी एक बृहद् वितान रचता है। यह उन प्रयासों से तुलनीय नहीं है जिनमें किसी एक ही प्रकार की भाषा काव्य का आधार रहती है।

इतना ही काफ़ी नहीं कि साहित्य जीवन के दैनिक और व्यावहारिक पक्ष से ही अपनी पहचान बनाये। अगर समाज का आत्मिक और नैतिक पक्ष भी नहीं उभरता तो साहित्य का काम अधूरा रह जाएगा।

हिन्दी साहित्य में यूरेशियाई अनुभवों की झलक

आज हिन्दी में साहित्य लेखन का ढाँचा इतना विविध और विषम है कि उसे किसी एक अथवा कुछेक उदाहरणों या उक्तियों में समाहित तथा प्रस्तुत नहीं किया जा सकता। भारत अपने को कम से कम अट्ठाइस भिन्न-भिन्न भाषाओं में अभिव्यक्त करता है जिनमें अँग्रेज़ी और हिन्दी भी शामिल हैं। हिन्दी तेज़ी से बड़ी विश्व-भाषा बनती जा रही है। फिर भी दूसरी भाषाओं के साथ इसका सम्बन्ध वर्चस्व का नहीं वरन् स्पर्धा का है, ख़ासकर अँग्रेज़ी के साथ जिसे सामान्यजन की भाषा न होने पर भी एक विशेष उच्च स्थान हासिल है। जैसाकि दुनिया के अनेक दूसरे देशों में हुआ, भारत में भी अँग्रेज़ी शैक्षिक, व्यावसायिक एवं प्रशासनिक तन्त्र का मज़बूत हिस्सा है। यदि अँग्रेजी की शक्ति इसके वैश्विक, आधुनिक और व्यावसायिक सन्दर्भों में निहित है तो हिन्दी अपनी शक्ति जन-भाषा के रूप में अपनी गहरी जड़ों से प्राप्त करती है।

आज का हिन्दी लेखन इस स्थिति में एक विभक्त निष्ठा का अनुभव करता है—औपनिवेशिक अतीत में जमे उच्चंताबोध और परिवर्द्धन-आकांक्षी साधारणता के बीच तनाव। क्या ये दो परस्पर बेमेल अतियाँ हैं? अथवा इन दोनों के बीच कोई मध्य-मार्ग भी सम्भव है? क्या हिन्दी लेखन दोनों के प्रति सत्य रहते हुए भी अपनी वास्तविक पहचान या अस्मिता बनाए रख सकता है?

मेरे विचार से हिन्दी साहित्य और भाषा—उत्तर भारत की सबसे बड़ी भाषा—हमेशा से इस द्वन्द्व को झेलती रही है, आक्रान्ताओं, विजेताओं, राजाओं और बाहरी बाशिन्दों के इस क्षेत्र में, जो मध्यपूर्व और मध्य एशिया के सबसे क़रीब पड़ता है, निरन्तर आगमन के रास्ते में पड़ने के कारण। विदेशी लोग दूसरे देश में बस जाने के बाद लम्बे समय तक विदेशी रह भी नहीं जाते, हालाँकि अपनी वंशपरम्परा, संस्कृतियों, विश्वासों, जीवन-शैलियों और जातीयता के अवशेषों को बचाए रखते हैं।

हिन्दी भाषा की कुलपरम्परा जटिल है जो प्राचीन संस्कृत, पालि, प्राकृत, अपभ्रंश आदि से होते हुए बाद को सातवीं शताब्दी में इस्लाम के आगमन के साथ अरबी, फ़ारसी तथा तुर्की प्रभावों को भी आत्मसात् करती है।

दिल्ली और उत्तर प्रदेश में बोली जानेवाली बोलियों के जरिए एशियाई भाषाओं ने अपना रास्ता बनाया और जुड़वाँ भाषाओं के रूप में विकसित हुईं जिन्हें हिन्दी तथा उर्दू कहा गया। ये दोनों साथ-साथ बढ़ीं, बहन-भाषाओं की तरह, और अगर लिपि तथा शब्दावली को बाद कर दें तो फिर इन्हें दो भिन्न भाषाओं के रूप में पहचानना मुश्किल होगा। हिन्दी-उर्दू सम्बन्ध की प्रकृति में ही एक प्रकार का बहुसंस्कृतिवाद निहित है : दोनों को अलग करने की कोशिश कृत्रिम लगती है, फिर भी उन्हें हिन्दुओं और मुसलमानों की भाषा के रूप में अलगाने की कोशिशें राजनीतिक कारणों से अधिक हुई हैं, न कि सांस्कृतिक या साहित्यिक ज़रूरतों से। अपने वर्तमान रूप में हिन्दी और उर्दू शताब्दियों में विकसित हुई हैं—और इस विकास को किसी बल या हिंसा से उलटा नहीं जा सकता।

क्या हिन्दी भाषा की यह पृष्ठभूमि इसके साहित्य के लिए समस्यात्मक है? एक अनुदार दृष्टि का मानना है कि ऐसा है : यह सुदूर संस्कृत अतीत की ओर मुड़कर देखती है और उसे ही आदर्श मानती है और बाद के परिवर्तनों को मूल से भ्रष्ट होना मानती है। इस शुद्धतावादी विश्वास का इस्तेमाल कई बार उन जातीय समूहों के बीच विभेद की राजनीति को प्रेरित करने के लिए किया जाता है जो भारत में सदियों से एक साथ रहते आये हैं। इतिहास का यह एकांगी दृष्टिकोण प्रायः वहशी साम्प्रदायिक हिंसा की ओर ले गया है। विस्तृत और सार्वभौम मानवीय चिन्ताओं से संकीर्ण पक्षपातपूर्ण राजनीति की ओर विचलन एक विश्व-समस्या भी है जो घृणा, हिंसा, आतंकवाद एवं युद्धों की तह में है।

यह समझना आवश्यक है कि साहित्य-संस्कृतियों के लिए पूरी दुनिया में विभिन्नताएँ एवं बहुलता समस्यात्मक नहीं हैं : इसके विपरीत, वे कलात्मक सृजन के लिए समृद्ध स्रोत हैं। इतिहास के सर्वाधिक बर्बर एवं चिन्ताजनक काल-खंड में भी हम देख सकते हैं कि महान विचारों और कला-सृजन की अन्तस्सलिला निरन्तर जीवन्त एवं चुपचाप सक्रिय रही है। सबसे विपरीत समय में भी वे मरती नहीं, बल्कि भूमिगत हो जाती हैं या निर्वासन में चली जाती हैं और उचित समय पर पुनः प्रगट हो जाती हैं। इसी तरीके से प्रकृति के सर्वाधिक नाज़ुक जीवों ने लाखों वर्षों तक अपने को जीवित एवं सुरक्षित रखा। हिन्दी लेखन कठिन विकल्पों तथा दुष्कर चुनौतियों का सामना करता रहा है और अभी भी कर रहा है। दूसरी महान शक्ति इसकी सहिष्णु क्षमता है, बाह्य प्रभावों के प्रतिरोध की बनिस्बत उन्हें संशोधित करने एवं अपने में जज़्ब करने की क्षमता। मेरा मानना है कि महान

विचार, साहित्य एवं कलाएँ—परिवर्तनशीलता के कारण प्रगति करती हैं, न कि किसी कठोर जकड़बन्दी से।

प्राक्ऐतिहासिक काल से लेकर औपनिवेशिक एवं उत्तर-औपनिवेशिक दिवसों तक भारत का इतिहास आक्रान्ताओं, आततायियों, युद्धों, हिंसा तथा रक्तपात के अनुभवों से भरा है। आश्चर्य की बात यह है कि इसने अपने साहित्य एवं संस्कृति-लेखन में अहिंसा, शान्ति तथा आध्यात्मिक बोध की स्मृतियाँ भी उतनी ही शक्ति से, या सम्भवतः अधिक शक्ति से, बचाकर रखी हैं। बहुत कुछ इस पर निर्भर है कि हम मानव इतिहास को किस प्रकार 'पढ़ते' या व्याख्यायित करते हैं? भारतीय आध्यात्मिक ज्ञान का एक महान ग्रन्थ 'भगवद्गीता' रक्तरंजित रण-भूमि पर उचारा गया—यह एक ऐसी घटना है जिसे मैं वृहत्तर मानव-इतिहास के सन्दर्भ में पढ़ने का लोभ संवरण नहीं कर सकता : युद्ध और विनाश क्षणभंगुर हैं, लेकिन शान्ति और सृजनशीलता आत्मा और सद्बुद्धि की ऐसी आवाज़ है जो कभी नहीं मरती।

मैं यहाँ दो परस्पर भिन्न ऐतिहासिक घटनाओं का स्मरण करूँगा जिनका महान सांस्कृतिक अवदान रहा है—एक तो हेलेनिज्म (यूनानी-रोमन संस्कृति) और दूसरी, भारत के सन्दर्भ में, अमीर खुसरो के भाषागत प्रयोग। अमीर ख़ुसरो (1253-1325) ख़िलजी बादशाहों के दरबार में रहे। जैसाकि सब जानते हैं, ख़ुसरो ने हिन्दी में एक साहसिक प्रयोग शुरू किया और क्लासिकल फ़ारसी में स्थानीय बोलियों को फेंटकर एक तरह का मिश्रण तैयार किया जो आगे चलकर हिन्दी, हिन्दवी या उर्दू कहलायी जो आज भारत तथा पाकिस्तान की भाषाएँ हैं। ख़ुसरो अत्यन्त प्रतिभाशाली कवि, संगीतकार, विद्वान और इतिहासकार थे। संगीत में भी ऐसी ही प्रयोगशीलता ने उस संगीत को जन्म दिया जिसे आज क्लासिक (शास्त्रीय) हिन्दुस्तानी संगीत कहा जाता है। खुसरो सूफ़ी थे और उनके गीत आज भी भारत में गाए जाते हैं। अजीब विरोधाभास है कि वह भारतीय इतिहास के सर्वाधिक उपद्रवग्रस्त, हिंस्र और उथल-पुथल भरे दौर में रहे। अपने दीर्घ जीवन-काल में उन्होंने देहली के तख़्त पर ग्यारह बादशाहों को बैठते और उतरते देखा और खुद भी आक्रान्ता मंगोलों की ख़ूनी क़ैद से किसी तरह बच निकले। इन विपरीत परिस्थितियों के बावजूद उन्होंने भारतीय भाषा, साहित्य और संस्कृति पर बेहद गहरी और संवेदनशील छाप छोड़ी। दरबारी राजनीति के रक्तपात भरे संसार में उनके जीने और बचने से भी ज़्यादा आश्चर्यजनक है यह घटना। उनका उदाहरण दिखलाता है कि कला और संस्कृति की जड़ें मानव-स्वभाव की मिट्टी में हैं, न कि रोज़ बदल रही राजनीतिक या नस्ली पहचानों में ।

ऐसा प्रतीत होता है कि इस्लाम के उदय के साथ मध्यपूर्व और मध्य एशिया

के देश भारत के क़रीब आये। लेकिन यदि हम प्राचीन भारतीय इतिहास पर गौर करें तो पाते हैं कि बौद्ध और बौद्ध-पूर्व अवधि में भी वे भारत के साथ जीवन्त सम्पर्क में थे जब डेरियस महान का विशाल शासन-क्षेत्र भूमध्य क्षेत्र से पंजाब के सिन्धु नदी तक फैला था और उसकी प्रजा यूनानी तथा भारतीय दोनों थी। फीनिशियंस तो दसवीं शताब्दी ईसा पूर्व से ही सिन्ध तथा लाल सागर होते हुए भारत से व्यापार करते थे। इस बात के प्रमाण हैं कि भारत और भूमध्य के क्षेत्र के बीच न केवल व्यापार और वाणिज्य फल-फूल रहा था, बल्कि दार्शनिक, कलात्मक एवं सांस्कृतिक सम्बन्ध भी उस बौद्धिक रूप से उर्वर क्षेत्र में पनप रहा था। जब सिकन्दर ने ईसा पूर्व 331 में अलेक्जेंड्रिया नगर की स्थापना की तब कोई सोच भी नहीं सकता था कि डेरियस पर विजय के उत्सव से कहीं अधिक नगर ज्ञान और विद्वता के क्षेत्रों में महान क्रान्ति का केन्द्र बनेगा। अलेग्जेंड्रिया पुस्तकालय और म्यूज़ियम, जो आधुनिक विश्वविद्यालय के समतुल्य की है, की स्थापना की घोषणा टॉलमी ने ईसा पूर्व 307 में की थी। आनेवाले वर्षों में इसने दुनिया भर से विद्वानों और दार्शनिकों को आकर्षित किया जिनमें भारत के विचारक और विद्वान भी थे। अपने आप में एक अनूठा संस्थान होने के अलावा इस पुस्तकालय ने एक ऐसी परम्परा का आरम्भ किया जो युगों-युगों तक प्रवहमान रही। जब लगभग 642 ईसवी में अलेग्जेंड्रिया का महत्त्व ख़त्म हो गया तब भी यह परम्परा अरब जगत में चलती रही और ज्ञान के केन्द्र बग़दाद, काहिरा तथा कोरदोवा आदि नगर बने। मंगोलों द्वारा 1258 ईस्वी में बग़दाद के विनाश के बाद यूनानी और हिन्द व्यापारियों का भारत तथा यूरोप के बीच का सर्वाधिक लम्बा व्यापार-मार्ग अपना महत्त्व खो बैठा। इसके पूर्व भूमध्य क्षेत्र में बौद्ध दर्शन एवं भारतीय दर्शन परम्पराओं की जीवन्त उपस्थिति महत्त्वपूर्ण है। पाठ्य-पुस्तकें बताती हैं कि 326 ईसा पूर्व में सिकन्दर ने भारत पर आक्रमण किया और 305 ईसा पूर्व में चन्द्रगुप्त मौर्य ने सेल्युकस को हराया। भारत-यूनान के सौहार्दपूर्ण सम्बन्ध अशोक के काल तक (272/3-232 ईसा पूर्व) बने रहे—यह घटना कलिंग युद्ध के वहशी रक्तपात के कटु अनुभवों के बाद एक पश्चातापी सम्राट द्वारा सम्पूर्ण विश्व में शान्ति और अहिंसा को सुरक्षित रखने के महान् प्रयत्नों को रेखांकित करती हैं।

बौद्ध दर्शन के दीर्घ इतिहास में भारत-यूरेशिया सम्बन्धों के उस पक्ष को भी पढ़ा जा सकता है जहाँ अहिंसा और करुणा केन्द्रीय सन्देश हैं। इस सन्देश को मैं कुछ अधिक ही बलपूर्वक साहित्य, कला तथा दर्शनों में पढ़ना चाहता हूँ जो मानव संस्कृति का अभिन्न अंग होना चाहिए। हमारे समय में गाँधी ने निर्मम और शोषक साम्राज्यवाद के विरुद्ध दृढ़ आवाज़ उठाने का साहस किया और विजयी

हुए। दुनिया के सभी महान धर्मों में हम इस सन्देश को अन्तर्निहित देखते हैं और मनुष्य के सर्वोच्च सृजनात्मक प्रयत्नों में भी।

जब मैं भारत-यूरेशियाई अतीत के बारे में सोचता हूँ तो एक बिम्ब कौंधता है : एशियाई निर्जनता के विराट् विस्तार के रेशम-मार्ग से होकर व्यापारियों का कारवाँ धीरे-धीरे बढ़ा जा रहा है, मनुष्य और प्रकृति की क्रूरताओं को सहते हुए—और उन्हीं के साथ चले जा रहे हैं—कुछ सन्त, भिक्षु, विचारक, विद्वान्, कलाकार, अनुवादक, कवि इत्यादि अपनी जान हथेली पर लिये। रहस्यमय गन्तव्यों से बँधी उनकी नियति। उनमें से अनेक तो रास्ते में ही गुज़र गये, लेकिन जो बचे उन्होंने मनुष्य की सहनशीलता, बुद्धि और अच्छाई में अन्यतम विश्वास के बहुमूल्य दस्तावेज़ छोड़े हैं। यही बिम्ब मुझे लिखने में मदद करता है, और दूसरों के साथ मेरे सम्बन्धों में भी। इस बिम्ब में मैं कवि-मस्तिष्क का एक धुँधला-सा सादृश्य पाता हूँ—घर में निर्वासन, निर्वासन में भी घर।

धन्यवाद के शब्द

प्रीमियो फ़ेरोनिया पुरस्कार समिति के माननीय सदस्यगण, प्रो. फीलिपो बेतीनी, उपस्थित विशिष्ट समानधर्मा लेखको, कलाकारो एवं साथियो...

यह मेरे लिए सुखद आश्चर्य था जब अल्लीगोरीन ने मुझे बताया कि 2006 का प्रतिष्ठित प्रीमियो फ़ेरोनिया पुरस्कार मुझे दिया गया है। आश्चर्य इसलिए भी हुआ कि मेरी, हिन्दी में लिखनेवाले एक भारतीय लेखक की, रचनाएँ प्रायः अन-अनुवादित और यूराप में बहुत कम ज्ञात रही हैं। हालाँकि मेरी दो सर्वाधिक चर्चित कृतियों के अच्छे इतालवी अनुवाद उपलब्ध हैं, और एक तीसरी पुस्तक भी जो मेरी चुनी हुई कविताओं का इतालवी अनुवाद है सुश्री तूलिया बाल्दास्सारी के सौजन्य से इसी उत्सव के दौरान प्रकाशित हो रही है। मैं उनका आभारी हूँ। मुझे प्रसन्नता है कि पश्चिम में मेरे अनुवादों को लाने का आरम्भ इटली से हुआ—इस कारण इस देश के साथ दूसरे लोगों और साहित्य के साथ मेरा स्नेह-बन्ध और भी सुदृढ़ हुआ है।

मुझे इस बात की विशेष प्रसन्नता है कि यह पुरस्कार भौगोलिक और राजनीतिक सीमाओं के पार जाकर कविता को स्वागतयोग्य साहित्यिक आचार का दूत बनाता है। मेरे लिए यह पुरस्कार केवल निजी पहचान का माध्यम नहीं, बल्कि इससे कहीं अधिक अर्थवान है। सर्वोपरि तो यह कविता के प्रति और पूरी दुनिया के कविता-प्रेमियों के प्रति श्रद्धा-निवेदन है। जब मुझे इस उत्सव में सम्मिलित होने एवं कविता पढ़ने का आमन्त्रण मिला तब तक मुझे कोई भान नहीं था कि यह उत्सव कैसा होता है। लेकिन जब कुछ और ब्यौरे मुझ तक पहुँचे तब दो

बातें स्पष्ट रूप से सामने आयीं : पहली तो यह कि अल्लीगोरीन सचमुच साहित्य और कला के मूल्य को समझता है, जो कि इसके पुरस्कारों की चयन-प्रक्रिया तथा तर्कपद्धति में भी झलकता है; और दूसरी बात कि यह पूरे विश्व में युद्ध, आतंकवाद, हिंसा तथा शोषण का विरोधी है। ये वे आदर्श हैं जिनका हर नेक व्यक्ति और साहित्य पूरी तरह से समर्थन करता है।

जहाँ तक कविता की बात है, कविता के जीवन से सम्बन्धित कुछ अपरिहार्य प्रश्न सामने आते हैं क्योंकि कविता कोई 'बाज़ार' नहीं है। कई बार मेरा साबका एक अजीब सवाल से पड़ता है : 'क्या आपकी कविता बिकती है?' और मुझे यह स्वीकार करने में कोई शर्म नहीं आती कि यह नहीं बिकती। मेरा पक्का विश्वास है कि यदि किसी के मन में आर्थिक लाभ की बात हो तो कविता लिखना बेहद बुरा निवेश होगा। मैं कविता केवल इसलिए लिखता हूँ कि मुझे इससे सुख मिलता है, जब यह सहज स्वभाव से मेरे पास आती है, मुझे विवश करती है। यह बात कि मनुष्य के सर्वोत्तम सृजन में से कुछ अमूल्य हैं और उन पर मूल्य की कोई चिप्पी नहीं लगी है मुझे धुँधला-सा विश्वास देता है कि कविता का जीवन न तो बाज़ारों पर निर्भर है, न किसी प्रकार के संरक्षण पर, बल्कि स्वयं कविता की जीवन-इच्छा पर है। राजनीतिक विवशताओं तथा मनोरंजन उद्योग से परिचालित इस विश्व में आज इस उम्मीद और सन्देश के साथ मैं यहाँ आया हूँ कि कविता वस्तु नहीं है बल्कि मानव-स्वभाव का अनिवार्य अंश है जो सौन्दर्यात्मक, नैतिक तथा आध्यात्मिक संवेदों में अपने को व्यक्त करता है। कविता ने कठिन समय देखे हैं, फिर भी चाहे जैसे भी साहस और जीवन की इच्छा बनाए रखी। द्वितीय विश्वयुद्ध के दौरान और उसके बाद विश्वभर में अनेक युद्धों तथा उथल-पुथल के दौरान जब कभी लगा कि कविता लगभग लुप्त हो गयी है, यह भूमिगत रहकर या निर्वासन में भी जीवित रही। अस्तित्व के लिए इसके संघर्ष में कुछ वंशानुगत विकासवान है। कविता हम लोगों में उस शान्त प्रतिरोध और नमनीयता को पुकारती है जो तूफान के गुज़रने तक झुक तो सकती है पर कभी उम्मीद नहीं छोड़ती। इसकी शक्ति इसकी नमनीयता में निहित है और इसकी आश्वस्ति आध्यात्मिकता में। औपनिवेशिक साम्राज्यवाद के विरुद्ध गाँधी के अहिंसक संघर्ष में मैंने इस बल को कार्यरत देखा है। और मैं भी जो लिखता हूँ वह प्राय: उसी बल को भीतर-भीतर पाने की कोशिश है जो मनुष्य के नैतिक और आध्यात्मिक स्वभाव में निवास करता है, न कि उसकी पेशियों में।

इस अवसर पर जब रोम में भूमध्य क्षेत्र, यूरोप तथा सुदूरपूर्व के अनेक प्रतिनिधि एकत्र हैं तब कविता के बारे में बात करने का मेरे लिए विशेष अर्थ है। शायद अधिकांश देशों में कविता के सामने जो संकट है वह केवल उसके

बचे रहने का नहीं है बल्कि राजनीति, समाज और लोगों के निजी जीवन में इसकी भूमिका को लेकर भी है। जब कभी मनुष्य के इन सरोकारों के किसी क्षेत्र-विशेष को लेकर प्रश्न किए जाते हैं तो यह व्यर्थ ही जटिल बन जाता है। मेरी समझ से कविता इन सभी क्षेत्रों में सम्बन्ध रख सकती है, प्रत्यक्षतः या परोक्षतः लेकिन किसी के एक क्षेत्र द्वारा पूर्णतः आयत्त नहीं की जा सकती, नहीं तो इसकी स्वाधीनता तथा इसकी व्याप्ति चाहे थोड़ा ही सही कम हो जाएगी। मुझे अकसर लगता है कि बहु-सन्दर्भिता कविता के लिए कोई समस्या नहीं है : वास्तविक गतिरोध तो वस्तुओं से ठसी हुई प्रकृति और मनुष्य के शोषण से त्रस्त संसार में व्यक्तिगत स्वाधीनता के अवकाश का निरन्तर सिकुड़ते जाना है। कविता की प्रासंगिकता—और साहित्य मात्र की प्रासंगिकता—मेरी समझ से समाज तथा मानवजाति पर इसकी संवेदनशील तथा पूर्वग्रहरहित चौकसी में है और इस चौकसी कर पाने की पूर्ण आन्तरिक आज़ादी में है। ऐसे अवसरों पर जब कभी साहित्य समर्पण कर देता है या समर्पण करने को बाध्य किया जाता है तब अधीनता से इसकी स्वाधीनता और शक्ति क्षतिग्रस्त होती है। तब यह लोगों के वृहत्तर कल्याण के लिए कार्य करने में असमर्थ हो जाती है और यह काम मुख्यतः जनसाधारण में दमनकारी सत्ता और अन्यायपूर्ण व्यवस्था के विरुद्ध चेतना और प्रतिरोध जगाना है।

मेरे लिए यह सम्पूर्ण भूमध्य क्षेत्र और विशेषकर इटली, मनुष्यता को प्राप्त दो महानतम सांस्कृतिक वरदानों का प्रतीक है—हेलिनिज़्म (यूनानीवाद) तथा रिनेसाँ (पुनर्जागरण)। यदि हेलिनिज़्म का अर्थ है पूर्व और पश्चिम की निकटता तो रिनेसाँ प्रतीक है उस मानववाद का जो समस्त श्रेष्ठ साहित्य और कलाओं को सिंचित करता है। शताब्दियों पहले इस क्षेत्र में जो हो रहा था वह एक लघु वैश्विक क्रान्ति थी, बहुत कुछ उसी तरह की जो आज बृहत्तर पैमाने पर व्यापार और वाणिज्य तथा विचारों एवं साहित्य में देखने में आ रही है।

इटली तथा इतालवी साहित्य और कलाओं से मेरा प्रेम नया नहीं है। मैंने कॉलेज के दिनों में दांते और पेट्राक को पढ़ा और टर्जा रीमा तथा तर्त्स रीमा तथा सॉनेट के रूपाकारों से आकर्षित हुआ। बाद को उंगारेत्ती, मोंताले, काजीमोदो, साबा तथा पावीजे आधुनिक धारा के कुछ सर्वाधिक सुन्दर फलों की तरह मेरे साथ रहे हैं। मेरा यहाँ होना अनपहचानी भूमि पर होना नहीं है। हमारे दो देशों के अतीत और वर्तमान की समरूपताएँ मानव इतिहास को एक विलक्षण सांस्कृतिक बोध से परिभाषित करती हैं।

एक बार फिर मैं प्रो. बेतीनी अध्यक्ष, अल्लीगोरीन सांस्कृतिक संघ और इसके सदस्यों तथा सहयोगियों को धन्यवाद देता हूँ कि मुझे भूमध्य देशों

तथा बाहर के अनेक विशिष्ट अतिथियों से मिलने का दुर्लभ अवसर दिया। इस अद्भुत भेंट की सुखद स्मृतियाँ मैं भारत ले जाऊँगा। सबको मेरी शुभकामनाएँ।

जुलाई 2006 : रोम

(हिन्दी अनुवाद अरुण कमल द्वारा

'आलोचना : अप्रैल–जून 2007' में प्रकाशित)

यह आख़िरी सदी नहीं है साहित्य के लिए

थी ख़बर गर्म कि ग़ालिब के उड़ेंगे पुर्ज़े,
देखने हम भी गये थे, प' तमाशा न हुआ।

सदी बदल चुकी है। साहित्य अपनी जगह बाक़ायदा बरक़रार है, और ऐसा कोई बड़ा ख़तरा नज़र नहीं आता कि आगामी वर्षों में साहित्य अप्रासंगिक हो जाएगा। हमारे जीवन में प्रतिक्षण बदलाव आ रहे हैं। बदलावों से विकास और प्रगति का रास्ता खुलता है। साहित्य बदलावों के विरुद्ध चेष्टा नहीं है। वह एक ऐसी चेष्टा है जो हमें बदलावों के साथ सही सामंजस्य बैठा सकने में हमारी मदद कर सकता है। कभी-कभी वह स्वयं बदलावों का प्रेरक हो सकता है। परिवर्तनों से हम क्या उम्मीद लगाते हैं यह बहुत कुछ हमारे देखने व सोचने के ढंग पर भी निर्भर करता है। साहित्य की मूल चेतना उन मानवीय तत्त्वों की पहचान और रक्षा है, जो किसी भी देश काल में बेमानी नहीं हो सकते। साहित्य की आधार-चेतना जीवन सापेक्ष है। वह कभी-कभी इतने अप्रत्यक्ष ढंग से काम करती है कि हमें लगता है जैसे वह है ही नहीं। पिछली सदी में हम देख चुके हैं कि फ़ौजी और तानाशाही व्यवस्थाओं में भी साहित्य ने किस तरह बुनियादी मानव-मूल्यों को दृष्टि से ओझल नहीं होने दिया। महायुद्धों और यातना शिविरों के बावजूद कविता में जो एक शब्द बार-बार बच कर गूँजता रहा वह है—'सर्वाइवल', जीवन का टिके रहना, उसकी अदम्य जिजीविषा। एक बार हमें भले ही लगे कि परिवर्तनों की इस नयी आँधी में साहित्य के पाँव उखड़ जाएँगे, पर यह निर्मूल आशंका है। परिवर्तन साहित्य का दुश्मन नहीं है, क्योंकि साहित्य स्वयं परिवर्तनों के आगे-आगे चलने वाली सचेत जीवन-दृष्टि है। प्रौद्योगिकी, सूचना व संचार-तन्त्र, बाज़ार अर्थव्यवस्था आदि साहित्य के लिए ऐसा मुश्किल वक़्त नहीं है। इससे कहीं ज़्यादा मुश्किल वक़्तों को साहित्य झेल चुका है और उसने किसी तरह मनुष्यता के सर्वोच्च मूल्यों को उजागर रखने की युक्तियाँ

निकाली हैं। राजनैतिक दृष्टि से भारत का 'मध्यकाल' भयानक उथल-पुथल, युद्धों और क्रूरताओं का युग था : पर, यही वह समय भी था जब 'भक्तिकाव्य' ने नैतिकता और सौन्दर्य के उन शिखरों को छुआ जो आज भी भारतीय जनमानस, उसकी भाषाओं और कलाओं में रचे-बसे हैं। हज़ार साल तक कविता उस महान सांस्कृतिक, धार्मिक, नैतिक आन्दोलन का वाहक रही जिसका असर आज भी भारतीयता की पहचान पर अमिट है। दुनिया के इतिहास में कविता की जीवन-शक्ति का इतना बड़ा दूसरा उदाहरण मिलना मुश्किल होगा! एक उजड़ती, तहस-नहस दिल्ली में भी अगर मीर और ग़ालिब सम्भव हो सके तो यकीनन साहित्य आने वाले समय में उससे भी सार्थक रिश्ता बना सकने में सफल होगा।

भाषा की बहुत बड़ी दुनिया है। वह सब जो लिखा जा रहा है, उस कोटि का साहित्य नहीं है जिसके बारे में हम चिन्तित हैं। बहुत कुछ ऐसा भी लिखा जा रहा जो मात्र मनोरंजन, सूचनाओं आदि के लिए है। उन सबको हम ढीले तौर पर 'साहित्य' मान लेते हैं, लेकिन जो गम्भीर साहित्य इस समय हमारी दृष्टि के केन्द्र में है उसका वर्ग अलग है। वह व्यावसायिकता की दौड़ और होड़ में कभी नहीं रहा। आज भी नहीं है। वह समाज की उन संरक्षित या आरक्षित चेष्टाओं में से रहा है जो व्यवसाय-तन्त्र से बाहर होती हैं। भले ही यह आरक्षण उसे राजाओं या राज्यों, या धार्मिक प्रतिष्ठानों, या उच्च शैक्षिक संस्थाओं, या फिर एक लेखक के निजी साधनों द्वारा प्राप्त होता रहा हो, लेकिन स्वयं में इस तरह का साहित्य कवि या लेखक की आजीविका का आधार मुश्किल से ही बन पाया है। मीडिया के विकास के साथ उस तरह के लेखन को ज़रूर झटका लग सकता है जो केवल मनोरंजन-प्रचार आदि से जुड़ा साहित्य है। पर गम्भीर साहित्य के लिए मीडिया और सूचनात्मक साहित्य का विकास एक ख़तरा न होकर वरदान साबित हो सकते हैं। ख़ासकर अगर हम जानकारियों की उपलब्धि की सुविधाओं तथा प्रिंटिंग टेक्नोलॉजी और प्रकाशन-तन्त्र में होने वाले विकास को ध्यान में रखें तो यह भरोसा बनता है कि आगे चलकर इससे साहित्य के लिए एक बेहतर स्थिति बनेगी।

बड़े विचार और साहित्य कभी भी एक देश या एक भाषा की भौगोलिक और ऐतिहासिक सीमाओं में बँधकर नहीं रह पाये, ये धीरे-धीरे पूरी दुनिया में फैल गये, फैलने की यह गति अब नये प्रचार और संचार माध्यमों के विकास के साथ और तेज हो गयी है। इससे साहित्य के लिए अच्छी स्थिति बनती है। कोई भी शिक्षित राष्ट्र आज केवल अपने में सिमटकर नहीं रह सकता—दूसरों के साथ आदान-प्रदान आज केवल एक व्यावसायिक ज़रूरत नहीं, भाषायी और सांस्कृतिक ज़रूरत भी है।

अपने साहित्य, कलाओं और संस्कृति को लेकर इस तरह भी सोचना ज़रूरी है कि वह स्वयं दूसरों पर भी कितना और किस तरह का प्रभाव डाल सकने में सक्षम है। विदेशी जातियों, धर्मों, कलाओं, साहित्य आदि से सम्पर्क भारत के लिए नयी बात नहीं। आज भारतीय संस्कृति की जो भी पहचान बनी है उसमें अनेक विदेशी तत्त्व शामिल हैं। यह प्रक्रिया आज और भी जटिल हो गयी है क्योंकि आज हम ज़्यादा बड़ी और पहले से जटिल दुनिया के ज़्यादा निकट सम्पर्क में हैं। परम्परा और अस्मिता के नाम पर ऐसा नहीं कि भारत ने हमेशा कुछ गँवाया ही है। बहुत कुछ कमाया भी। जो भी विदेशी प्रभाव यहाँ आये उन्हें भारत ने अपनी एक पहचान भी दी। इसी तरह बौद्ध दर्शन और कला जब फैली तो मिस्र से लेकर सुदूर पूर्व तक तथा श्रीलंका से लेकर धुर उत्तर तक कोई भी देश उस प्रभाव से अछूता न रहा। यह पहचान गहरे अर्थों में आत्मिक थी जिसे हम आज भी इन देशों की संस्कृतियों में पहचान सकते हैं। यह 'पहचान' उपनिवेशवाद की तरह आक्रामक और फ़ौजी नहीं थी। आज भी हम अँग्रेज़ी के बढ़ते प्रभाव को लेकर चिन्तित हैं, लेकिन अँग्रेजी भाषा पर पड़ रहे भारतीय, एशियाई, अफ्रीकी प्रभावों को लेकर बेख़बर-से हैं। यह साधारण बात नहीं कि अँग्रेज़ी में लिख रहे भारतीय मूल के कई लेखकों का पश्चिम में आज बड़ा पाठक वर्ग है और इन लेखकों ने अँग्रेज़ी पर भारतीयता की विशिष्ट छाप छोड़ी है।

'प्रभाव', 'परम्परा', 'पहचान', 'क्रान्ति', जैसी धारणाओं पर आज लीक से हटकर सोचने की ज़रूरत है। क्रान्तिकारी परिवर्तनों की बात सोचते हुए सबसे पहले 'ख़ूनी क्रान्तियों' के बिम्ब दिमाग में उभरते हैं, जबकि दुनिया की सबसे बड़ी क्रान्तियाँ वैचारिक, धार्मिक, अहिंसात्मक रही हैं। इसी तरह हम परम्परा को यह मानकर चलते हैं कि वह सतत प्रवहमान जीवनधारा न होकर कोई पूर्वनिश्चित, अपरिवर्तनशील अवधारणा है। इसी तरह बाहरी प्रभावों को हम विजातीय और ग़ैर मानकर उनसे परहेज़ करते हैं, जबकि सचाई यह है कि हमारी अपनी अस्मिता को नयी ऊर्जा देने में उनकी उत्तेजक और उर्वरक भूमिका हो सकती है। यदि हम सही तरह प्रौढ़ ढंग से सुशिक्षित हैं तो बाहरी प्रभाव या नये परिवर्तन कोई ख़तरा नहीं। तब हम उनके सबसे फूहड़ और सतही आशयों को सबसे पहले नहीं पकड़ेंगे। यह पिछड़ापन है जिसकी जड़ें हमारी अशिक्षा या ग़लत शिक्षा में हैं, विदेशी प्रभावों में नहीं। मुझे पूरी आशा है कि भविष्य में हिन्दी साहित्य को पनपने के लिए उपजाऊ और सुशिक्षित क्षेत्र मिलेगा, अशिक्षा की बंजर ज़मीन नहीं।

सिनेमा–संगीत–कलाएँ

आंचलिकता और भारतीय फ़िल्में

कुछ तथ्यों से बात शुरू करना चाहता हूँ। इस वक़्त भारत में सबसे ज़्यादा फ़िल्में हिन्दी में बन रही हैं, मगर सबसे अच्छी फ़िल्में बांग्ला में बन रही हैं। हिन्दी फ़िल्मों का कोई भाषायी और प्रादेशिक चरित्र अब तक नहीं बन पाया है। बम्बइया फ़िल्में हिन्दी में होते हुए भी हिन्दी प्रदेशों की फ़िल्में नहीं हैं—न भाषायी दृष्टि से, न सांस्कृतिक दृष्टि से। वे ज़्यादातर व्यावसायिक दृष्टि से बनी फ़िल्में हैं और ऐसा कोई साधन यहाँ उपलब्ध नहीं कि चालू बम्बइया और अमरीकी फ़िल्मों को छोड़ किसी तीसरे तरह की फ़िल्में देखने को मिलें।

क्या चाहिए... प्रचार या विकास?

उत्सव में आठ हिन्दी फ़िल्में दिखाई गयीं, जिनमें अधिकांश फ़िल्में ऐसी नहीं थीं जिनके निर्देशकों और दृश्यों को सीधे उस मुख्य जगह और ज़मीन से जोड़ा जा सके, जिस जगह की भाषा में ये फ़िल्में बनी हैं! यह शिकायत नहीं, एक विचारणीय तथ्य है—उनके लिए नहीं, जो हिन्दी में फ़िल्में बनाकर एक अच्छा काम कर रहे हैं, बल्कि उनके लिए, जो हिन्दी के सिर्फ़ प्रसार और प्रचार से सन्तुष्ट हैं, पर उसके विकास के आधुनिक संचार माध्यमों की रचनात्मक सम्भावनाओं को लेकर अस्पष्ट।

दर्शक का आदर होना चाहिए

अधिकांश हिन्दी फ़िल्मों को देखना कला के सूक्ष्म नहीं, एक लगभग स्थूल अनुभव से गुज़रना था! ज़्यादातर फ़िल्में जितना दिल पर असर डालने की कोशिश करती थीं, उतना दिमाग पर नहीं। और अकसर शायद दिल पर भी उतना नहीं, जितना देखने-सुनने की इन्द्रियों पर, वरना दोनों ही स्तरों पर वे इतनी आवाज़ी न होतीं! आत्मसजग और संवेदनशील कलाकार अपने सामने कला के श्रेष्ठतम आदर्शों को रखता है, मोटी समझ के उदाहरणों को नहीं। यह दर्शक की समझ का आदर करना भी है। 'अति' एक गुण की भी हो जाए तो दोष हो जाता है। और ज़्यादातर हिन्दी

फ़िल्मों में मुझे 'अति' दोष लगा : अति कथन, अति नाटकीयता, अति अनुभव, अति अभिनय, अति भावुकता, यहाँ तक कि अति प्रयोग भी। इसीलिए शायद मृणाल सेन की 'भुवन शोम' और सई परांजपे की 'स्पर्श' जैसी फ़िल्मों का सधा हुआ शान्त स्वर कोई बहुत अनोखा या नया अनुभव न होते हुए भी एक तरह की राहत था। फ़िल्में जो दर्शकों पर बाहर से हमला नहीं थीं। एक ज़रूरी और आत्मीय प्रसंग थीं।

आंचलिकता : गाँव का मतलब?

गोविन्द निहलानी की 'आक्रोश' तथा विप्लव राय चौधुरी की 'शोध' को देखते हुए, 'आंचलिक' तर्ज पर बनी कई अन्य फ़िल्में अपने आप याद आने लगीं। 'आंचलिकता' साहित्य का शब्द है, जिसका एक इतना मोटा मतलब आजकल फ़िल्मों में प्रचलित है कि कभी-कभी यह फ़र्क़ करना मुश्किल हो जाता है कि एक अच्छी फ़िल्म में भी वह कहाँ तक यथार्थ है और कहाँ सिर्फ़ एक ऊपरी रंग या सजावटी मुहावरा। आंचलिकता अगर एक तर्ज़ ही नहीं है तो एक फ़िल्म की यह मंशा बिलकुल साफ़ उभरनी चाहिए कि वह ग्रामीण या आदिवासी ज़िन्दगियों को गहरी और ईमानदार चिन्ता का विषय मानती है, सिर्फ़ रंगीन फ़िल्मकारी का नहीं। मृणाल सेन की 'भुवन शोम', 'मृगया' और 'ओका ओरी कथा' (प्रेमचन्द की 'क़फ़न' कहानी पर आधारित तेलुगु फ़िल्म) देख चुकने के बाद लगभग उसी तरह की पृष्ठभूमि पर बनी 'आक्रोश' और 'शोध' यद्यपि कोई बहुत भिन्न या नया फ़िल्मी अनुभव नहीं दे सकीं—फिर भी कुछ ज़रूरी समस्याओं को पूरे पैशन और साहस के साथ ज़रूर उठाती थीं। ये दोनों फ़िल्में मेरी दृष्टि में बेहतर फ़िल्में हो सकती थीं, अगर उनके स्वर को कहीं-कहीं बहुत ऊँचा न रखा जाता तथा पात्र और स्थितियाँ इतनी साँचे-ढली-सी न होतीं। 'शोध' की उठान अच्छी थी, पर शीघ्र ही वह भी एक परिचित कथानक के ढर्रे में बहने लगती है। फिर भी -'आक्रोश' (विजय तेन्दुलकर का आलेख) और 'शोध' मुझे रवीन्द्र धर्मराज की 'चक्र' (एक मराठी उपन्यास पर आधारित) से बेहतर फ़िल्में इस माने में ज़रूर लगीं कि उनमें ध्यान कुछ ख़ास मसलों पर ठहरता है, यथार्थपरक विवरणों की ज़्यादती पर नहीं।

मध्य प्रदेश सरकार द्वारा मुक्तिबोध की रचनाओं से सम्बन्धित फ़िल्म 'सतह से उठता आदमी' का निर्माण एक बहुत अच्छे काम की शुरुआत है, लेकिन मणि कौल द्वारा निर्देशित यह फ़िल्म एक ईमानदार कोशिश के बावजूद एक सफल फ़िल्म, एक सार्थक फ़िल्मी प्रयोग, या मुक्तिबोध के साहित्य का कोई निश्चित प्रभाव मन पर नहीं छोड़ पाती।

प्रौढ़ता, सन्तुलन और फ़िल्मी माध्यम के साथ एक साहित्यिक किस्म का अन्तर्सम्बन्ध (जिसके अधिक बौद्धिक और प्रयोगशील पक्ष को हम नये फ्रेंच सिनेमा

मूवमेंट में पहचान सकते हैं)—इन तीनों दृष्टियों से मुझे बांग्ला फ़िल्में अधिक रोचक और ग्राह्य लगीं। तपन सिन्हा की 'बांछारामेर बागान' और तरुण मजूमदार की 'दादार कीर्ती' जैसी सामान्य फ़िल्मों में भी वह ख़ास तरह का अनुशासन और परिवेश की जीवन्तता का स्पर्श महसूस किया जा सकता है, जो हिन्दी फ़िल्मों में अगर रहता भी है तो निर्जीव-सा। यह आभास मृणाल सेन की इधर की फ़िल्मों 'एक दिन प्रतिदिन' तथा 'अकालेर संधाने' में नयी ताज़गी के साथ अनुभव किया जा सका। मृणाल सेन के बुनियादी सामाजिक और राजनीतिक सरोकार की दिशा में कोई फ़र्क़ नहीं आया, सिर्फ़ इन फ़िल्मों में वे ज़्यादा संश्लिष्ट ढंग से अत्यन्त प्रामाणिक और मार्मिक जीवन प्रसंगों से निकलते हुए लगते हैं। यही वह बुनियादी शर्त भी है कि कलाओं में विचारों की उपस्थिति इस तरह हो कि दोनों एक दूसरे को पुष्ट करें, दोनों को कमज़ोर नहीं।

लोककथा और लोकविश्वास

केतन मेहता की गुज़राती फ़िल्म 'भवनी भवाई' तथा अरविन्दन की मलयाली फ़िल्म 'स्तेप्पन' अपने ढंग की प्रभावशाली कृतियाँ थीं। 'स्तेप्पन' में मछुओं की ज़िन्दगी से सम्बन्धित एक प्रचलित लोक विश्वास का संयत इस्तेमाल हुआ है। वह और भी सार्थक इस्तेमाल हो सकता था, अगर रहस्य और यथार्थ के बीच की कड़ी को अधिक मनोवैज्ञानिक स्तर पर भी सँभाला जा सकता—उन शहरी पात्रों के माध्यम से जिन्हें लिया गया है। फिर भी 'स्तेप्पन' में एक ताज़गी है—एक असली जगह और असली ज़िन्दगी के निजी अनुभव की ताज़गी—यद्यपि कहानी उतने विविध अर्थों में प्रस्फुटित नहीं हो पाती, जितनी विविध लोकसामग्री का वह इस्तेमाल करती है।

'भवनी भवाई' में एक गुज़राती लोककथा के प्रचलित रूप को विस्तृत किया गया है—अछूतों की समस्या को आधार बनाकर—पर ऐसा लगा कि एक लोककथा का नाजुक ताना-बाना गुंजाइश से अधिक खींच देने के कारण जगह-जगह से मसक गया है।

योरोप में नये फ़िल्मी आन्दोलन वहाँ के साहित्य और सोच के साथ घनिष्ठ रूप से जुड़े रहे हैं, जबकि अधिकांश भारतीय, विशेषकर हिन्दी, फ़िल्मकार अपने समय और समाज की महत्त्वपूर्ण साहित्यिक कोशिशों में बहुत ही सतही और रिआयती दिलचस्पी रखते हैं। यह कमी छिप नहीं पाती—ख़ासकर एक ऐसे उत्सव में जहाँ दुनिया की श्रेष्ठतम फ़िल्में दिखाई जा रही हों और जिनमें ज़्यादा दबाव अब ग्लैमर पर नहीं, एक ख़ास तरह की सादगी और आडम्बरहीनता पर हो।

मृणाल सेन और खंडहर

'फ़िल्मोत्सव 84' के उद्घाटन-समारोह के अवसर पर दिखाई गयी मृणाल सेन की नयी फ़िल्म 'खंडहर' उत्सव की विशेष चर्चित फ़िल्मों में से रही है। पिछले अनेक समारोहों में, वैसे भी मृणाल सेन की फ़िल्में बराबर उत्सुकता जगाती रही हैं। मृणाल सेन उन विशिष्ट फ़िल्मकारों में हैं, जिनकी कला लगातार नये मोड़ लेती रही है। परिवर्तन को ज़रूरी मानने वाले मृणाल सेन का दावा है कि उनकी कला समय के साथ बदलती रही है और आज वे महसूस करते हैं कि बाह्य की अपेक्षा अब वे आदमी की आन्तरिक दुनिया को ज़्यादा बारीकी और गहराई से चित्रित करना चाहेंगे।

'खंडहर' उसी दिशा में उनकी एक नयी कोशिश है, यद्यपि उनके लिए, जो मेरी तरह मृणाल सेन की कला के प्रशंसक रहे हैं और उनके विकास का सावधानी से परीक्षण करते रहे हैं, सेन का यह कथन कोई ख़ास मायने रखता नज़र नहीं आता कि आदमी की अन्दरूनी ज़िन्दगी के प्रति रुझान उनकी कोई बहुत नयी तरह की कोशिश है, ख़ासकर अगर हम उनकी 'भुवन शोम', 'एक दिन प्रतिदिन', 'अकालेर सन्धाने' या 'खारिज' जैसी फ़िल्मों को सोचें, फिर भी, 'खंडहर' को देखना मेरे लिए इस दृष्टि से दिलचस्प था कि मृणाल सेन की कला आन्तरिक की खोज के दौरान आन्तरिक के अर्थ को किन नयी दिशाओं में विस्तृत करती है। साथ ही, यह जिज्ञासा भी थी ही कि देखें वे अपनी प्रतिबद्धता को अब अपनी कला में क्या नया सन्दर्भ देते हैं, 'खंडहर' फ़िल्म मेरी इन दोनों ही जिज्ञासाओं को तो शान्त नहीं कर सकी, लेकिन एक कुशलता से बनी अच्छी फ़िल्म देखने के अनुभव को ज़रूर समृद्ध कर सकी।

मुझे अगर अपनी पसन्द से चुनना हो, तो मैं मृणाल सेन की इधर की सबसे अच्छी फ़िल्मों में 'भुवन शोम', 'एक दिन प्रतिदिन' और 'खारिज' को रखूँगा। उनसे कम पसन्द फ़िल्मों में 'ओका ओरी कथा' और 'खंडहर' को रखूँगा तथा

सबसे कम पसन्द फ़िल्मों में 'मृगया' और 'परशुराम' को। मेरे इस वर्गीकरण का आधार यह नहीं कि मृणाल सेन मनुष्य की अन्तरंग कोमल भावनाओं की बात कर रहे हैं या मार्क्सवाद की, बल्कि यह कि जो कुछ भी वे कह रहे हैं उसे कितने सन्तुलित, गम्भीर और कलापूर्ण ढंग से कह पा रहे हैं।

'खंडहर' एक औसत फ़िल्म

यह बिलकुल मेरी अपनी रुचि का सवाल हो सकता है कि मैं 'परशुराम' और 'मृगया' को ठीक उन्हीं कारणों से नहीं पसन्द कर सका, जिन कारणों से 'भुवन शोम', 'एक दिन प्रतिदिन' या 'खारिज' को बहुत पसन्द कर सका और अब, उनकी नवीनतम फ़िल्म, 'खंडहर' को मामूली ही पसन्द कर सका।

'खंडहर' में मृणाल सेन ने जीवन की कुछ बहुत नाज़ुक भावनाओं की बात की है। अपने स्वर को भरसक संयत रखा है। सिसकियों, सुबकियों, चीख़ों वगैरह को दबाए हुए, दीर्घ वीरान खंडहरों के बीच जी रही एक अपाहिज माँ (गीता सेन) की खंडहर-सी ज़िन्दगी की तीमारदारी में धीरे-धीरे खुद खंडहर होती जाती उसकी बेटी यामिनी (शबाना आज़मी) की घुटन के बीचोबीच से तीन दोस्तों को गम्भीरता से बाहर निकाल लाये हैं। एक दोस्त, जो फोटोग्राफर है (नसीरुद्दीन शाह) और जिसका कैमरा और आँखें न केवल खंडहरों को बल्कि उनमें बसी ज़िन्दगियों को भी बारीकी से देखती हैं, धोख़े से वह उन ज़िन्दगियों के इतना नज़दीक चला जाता है कि उनमें फँस सकता है। उन्हीं खंडहरों में!

माँ, फोटोग्राफर को निरंजन समझती है, निरंजन जिसने कभी लौट कर उसकी बेटी से विवाह का वादा किया था। अन्त में लड़की और माँ दोनों टूट जाते हैं, जब फोटोग्राफर उन्हें छोड़ कर वापस शहर चला जाता है। लेकिन वहाँ भी उनकी यादों को वह अपने से अलग नहीं कर पाता। खंडहर उसकी ज़िन्दगी का एक हिस्सा बनकर उसमें रह जाते हैं। अपने वर्तमान से अतीत के उस अनुभव को वह एकदम अलग नहीं कर पाता, लेकिन उसे इस तरह भी अपनी ज़िन्दगी में नहीं आने देना चाहता कि वह उसके वर्तमान को हड़प ले—उसी तरह जैसे उसने माँ-बेटी की ज़िन्दगी को दबोच रखा है। वह खंडहरों के प्रति आकृष्ट होता है, लेकिन स्वयं खंडहर हो जाने से इनकार करता है। वह जान छुड़ा कर भागता है कि कहीं खंडहरों का भूत उसके वर्तमान और भविष्य को पकड़ न ले।

भावना और तर्क के स्तर पर असन्तुलित

लेकिन यह निष्कर्ष फ़िल्म में जितनी सफ़ाई से निकल सकता था, नहीं निकल

पाता। एक विषम परिस्थिति से भागने के पीछे ठोस वजह भी हो सकती है और महज कायरता भी। 'खंडहर' की एक बड़ी कमज़ोरी मुझे यह लगी कि वह भावना और तर्क के स्तरों पर बराबर से सँभली हुई नहीं है। खंडहरों की भावनात्मकता का गाढ़ा दबाव नायक के जीवन-विवेक को पूरी तरह ऊपर नहीं उठने देता। उसका भागना, स्वस्थ जीवन की ओर भागना न होकर एक अपराध-बोध लेकर साहसहीन भागना बन जाता है। इसीलिए वह नायिका की ज़िन्दगी को भी कोई उजाला नहीं दे पाता, उलटे अपनी ज़िन्दगी में भी उसकी ज़िन्दगी का थोड़ा-सा घटाटोप भर लेता है।

फ़िल्म जिन ऊँचाइयों की ओर संकेत करती है, उन ऊँचाइयों तक नहीं पहुँच पाती, बीच ही से लौट आती है क्योंकि मृणाल सेन की बुनियादी संवेदनाएँ जितनी भाव-प्रबल हैं, उतनी तर्क-प्रबल नहीं। इस फ़र्क़ को हम उनकी ऐसी फ़िल्मों में भी देख सकते हैं, जिनका मूल विषय भावनात्मक न होकर वैचारिक है—प्रमुखतः उनकी प्रतिबद्ध फ़िल्में, यानी, वे अपने कथ्य को जितनी आसानी से रेटारिकल या जज़्बाती बना पाते हैं, उतनी ही कुशलता से उसके तार्किक औचित्य को कला की भाषा में स्थापित नहीं कर पाते। इसीलिए 'खंडहर' की पूरी संरचना और लगभग फॉर्मूला-कथानक को देखते हुए इस ख़तरे की ओर बार-बार ध्यान जाता था कि इस काई लगी ज़मीन पर अगर वे ज़रा भी फिसले तो सँभलना मुश्किल होगा।

'खंडहर' विफल फ़िल्म नहीं है, लेकिन मेरी दृष्टि में इतनी सफल फ़िल्म भी नहीं है कि मैं उसे निधड़क मृणाल सेन की ही उत्कृष्टतम फ़िल्मों में रख सकूँ। यह मेरी ज़्यादती हो सकती है कि मैं मृणाल सेन की नवीनतम फ़िल्म में ज़रूरत से कुछ ज़्यादा ही आशा लगा कर जाता हूँ, शायद... मगर फिर, यदि मृणाल सेन से भी यह आशा न लगाऊँ, तो किस से लगाऊँ? मैं उस स्तर पर बहस नहीं उठा रहा कि जैसा 'खंडहर' में दिखाया गया है वैसा जीवन में नहीं होता, या नहीं हो सकता। मैं केवल इस फ़िल्म के द्वारा उस सम्भावना को भी सोच रहा हूँ कि एक बड़ी कला अपने आप में एक बड़ा जीवन-विवेक भी होती है, केवल जीवनानुभव ही नहीं... और 'खंडहर' इस दुहरे अर्थ में भी एक अत्यन्त महत्त्वपूर्ण फ़िल्म हो सकती थी।

मैं समझता हूँ कि अगर 'खंडहर' में नायक की स्थिति इतनी नकारात्मक न होती, तो शायद फ़िल्म की अटूट उदासी को और बढ़ाने के बजाय उसमें ज़िन्दगी की वह ज़रूरी चमक डाली जा सकती, जिसकी पूरी सम्भावनाएँ नायक की स्थिति में थीं, और वे नसीरुद्दीन शाह के अभिनय में भी उभरतीं, जब कि ऐसे वह फ़िल्म को अपनी कोई संवेदना नहीं देता, मात्र नायिका की संवेदनाओं की प्रतिच्छाया

लगता है।

मैं यहाँ विवाह या ऐसे ही किसी सरलीकृत समाधान की बात नहीं कर रहा हूँ, दो प्रमुख पात्रों के बीच और गहरे मानसिक 'इन्वॉल्वमेंट' की बात कर रहा हूँ। प्रेमेन्द्र मित्र की कहानी की जो भी सीमाएँ हों, पर वही सीमाएँ एक सशक्त फ़िल्मकार भी स्वीकार करे यह ज़रूरी नहीं, ख़ासकर जब मृणाल सेन 'ओका ओरी कथा' (कफ़न) में यह सिद्ध कर सके हैं कि प्रेमचन्द तक की कहानियों के फ़िल्मीकरण में उन्होंने कहानी की सीमा को अपनी भी सीमा नहीं माना है। (...और शायद उसी बल पर मैं यहाँ एक समीक्षक की सीमा का उल्लंघन करने का साहस कर रहा हूँ।) वैसे, 'खंडहर' को अपनी सीमा में एक जायज़ और सफल कलाकृति मानने में कोई आपत्ति नहीं हो सकती। अचानक एक विषम परिस्थिति में फँस गये पात्रों के मनोभावों तथा भीतर चल रहे संवादों को जितनी सूक्ष्म और सटीक फ़िल्मी भाषा मृणाल सेन ने दी है, सिर्फ़ उसके लिए ही इस फ़िल्म को पूरी तरह सराहा जा सकता है।

(वर्ष–1984)

सत्यजित राय का सिनेमा और साहित्य

सत्यजित राय की फ़िल्मों में साहित्य की गरिमा, चित्रकला का सन्तुलन और संगीत की सुबद्ध लयात्मकता है। समग्रता में उनकी फ़िल्मों का संसार एक बड़ी प्रबन्ध-रचना की तरह विविध और विशद है। चरित्रों की इतनी सूक्ष्म, गहरी और पारदर्शी दृष्टि उनके पास है कि उनके पात्रों का एक अच्छा-खासा 'चरित्र-कोश' बन सकता है। जीवन के विभिन्न पक्षों को अत्यन्त मानवीय ढंग से देखने वाली इस दृष्टि में एक सहजता, संयम और गहरा धीरज है। धीमी लय से क्रमशः अपने को उद्‌घाटित करती उनकी फ़िल्मों को देखना, एक श्रेष्ठ साहित्य को भी पढ़ने जैसा है। कभी सत्यजित राय के बारे में पढ़ी 'टाइम्स' की एक टिप्पणी याद आती है —"His films are not in a hurry to happen : they take time to live." राय की फ़िल्में जीवन की गति को कला की लय में बाँधने की अद्‌भुत क्षमता रखती हैं। मुख्यतः पेचीदगी और जटिलता के कलाकार वे नहीं हैं। सरलता और क्लासिकल अनुशासन उनकी कला की बुनियादी भाषा है जिसके द्वारा वे मानव-मन की जटिल-से-जटिल गुत्थियों को चित्रित और उद्‌घाटित करते हैं। राय की फ़िल्में इसलिए महान नहीं हैं कि वे साहित्य की स्पर्धा में अपनी एक अलग दुनिया रचती हों, वे विशिष्ट हैं क्योंकि वे उच्च कोटि के साहित्य के स्तर पर हमारे मन और चिन्तन को आन्दोलित करती हैं।

उनके काम करने का तरीका भी कई मानों में बहुत हद तक साहित्यिक था। लगभग पूरी फ़िल्म पहले वे अपने अध्ययन-कक्ष में ही एक नोटबुक पर बना चुके होते थे फिर उसका फ़िल्मांकन करते थे। नोटबुक पर यह मात्र शब्द-रचना नहीं होती थी, सचित्र शब्द-रचना होती थी, उनके रेखांकनों से पुष्ट। नेपोलियन कहा करता था कि पूरा युद्ध पहले अपने मस्तिष्क में ही मैं जीत चुका होता हूँ—युद्धभूमि पर तो उसे केवल चरितार्थ करता हूँ। कुछ-कुछ उसी तरह सत्यजित राय की फ़िल्में पहले उनकी नोटबुकों पर बनती थीं, फिर वे फ़िल्मों में परिवर्तित होती थीं।

शब्दों और भाषा के प्रति यह गहरा लगाव उनकी किसी भी फ़िल्म में आन्तरिक महत्त्व रखते हैं और उसकी समग्र संरचना का बुनियादी हिस्सा हैं। अन्तिम कुछ वर्षों में अस्वस्थता के कारण जब उनका बाहर निकलना सीमित हो गया, भाषा और शब्दों पर यह निर्भरता कुछ ज़्यादा बढ़ गयी। 'गणशत्रु', 'शाखा प्रशाखा' और अन्तिम फ़िल्म 'आगन्तुक' इस बात का सबूत हैं कि अगर भाषा में सत्यजित राय की इतनी दृढ़ नीवें न होतीं तो उनके अन्तिम वर्षों की फ़िल्मों में शायद उनकी कला का ढाँचा हिल गया होता। 'गणशत्रु' या 'आगन्तुक' जैसी फ़िल्मों की 'शाब्दिकता' को समझने के लिए उनकी फ़िल्मों के विन्यास में शब्द के उस अर्थ को समझना होगा जिस अर्थ में राय की फ़िल्में साहित्यिकता के अभिप्राय को फ़िल्म-कला में बुनती हैं। इसका यह मतलब कदापि नहीं कि फ़िल्म-भाषा में राय ने बिम्ब के महत्त्व को गौण माना। उनका यहाँ तक मानना था कि फ़िल्मों में 'बिम्ब-भाषा' को विकसित करने में मूक-फ़िल्मों का युग फ़िल्मों का स्वर्ण-युग था जब शब्द और ध्वनि पर फ़िल्मों की निर्भरता न्यूनतम थी : उस समय विकसित बिम्ब-भाषा के अनेक मुहावरों को आज तक इस्तेमाल किया जाता है।

उन्होंने अपनी वयस्क फ़िल्मों को कभी भी मनोरंजन का साधन नहीं बनाया। शुद्ध मनोरंजन देना हुआ तो उन्होंने उच्च कोटि की बच्चों की फ़िल्में बनायीं जैसे 'गोपी गायन बाघा बाएन', 'शोनार केल्ला' या 'हीरक राजार देशे' जैसी फ़िल्में। 'श्रेय' और 'प्रेय' को लेकर उनकी कला में कोई द्विविधा नहीं है, क्योंकि श्रेय ही उनके लिए हर बड़ी कला का मुख्य उद्देश्य होता है। उथली व्यावसायिकता के साथ उन्होंने कभी भी समझौता नहीं किया। कलाओं की, और ख़ासकर फ़िल्म-कला की, सामाजिक ज़िम्मेदारी को उन्होंने मानवीयता के उस बृहत्तम सन्दर्भ से जोड़े रखा जो न तो पाश्चात्य उपभोक्तावाद से आक्रान्त हुई न संकीर्ण राजनीतिक नारों से विचलित।

यह बात बहुत गहराई और उदारता से सोचने की है कि सत्यजित राय ने फ़िल्म जैसी विधा में काम करते हुए भी—जिसका सारा विकास पाश्चात्य टेक्नॉलॉजी की देन है—पाश्चात्य देशों से क्या ग्रहण किया, और किन भारतीय जीवनमूल्यों को उन तक पहुँचाया। जो कुछ उन्होंने चैपलिन, द सीका या रेन्वा जैसे फ़िल्मकारों से सीखा वह विश्व-फ़िल्म-संस्कृति की एक अमूल्य धरोहर है। बड़ी उपलब्धियाँ किसी एक देश, व्यक्ति या कला-विद्या तक सीमित नहीं रहतीं, दुनिया की कला-चेतना में हलचल पैदा करती हैं। एक बड़ी प्रतिभा प्रभावों को ग्रहण करती है पर उनमें बह नहीं जाती, उन्हें अपनी तरह इस्तेमाल करते हुए विस्तृत और विकसित करती है। जो व्यक्ति लन्दन में रहते हुए लगभग सौ

विदेशी फ़िल्में देखने के बाद यह तय करता है कि अब उसे भविष्य में फ़िल्में ही बनाना है, और घर लौट कर 'पाथेर पांचाली' जैसी पहली फ़िल्म बना कर दुनिया को चकित कर देता है, वह इस प्रचलित मिथक को भी पूरी तरह ध्वस्त करता है कि विदेशी प्रभाव मौलिक रचनाशीलता को कुन्द करते हैं।

साहित्यिक कृतियों पर बनी फ़िल्मों और फ़िल्मों की साहित्यिकता के बीच फ़र्क़ करना ज़रूरी है। फ़िल्मों की साहित्यिकता की बात 'न्यू वेव' सिनेमा के साथ फ्रांस में उठी और उसने दुनिया भर की फ़िल्म-कला पर असर डाला। सत्यजित राय 'साहित्यिकता' को अपनी फ़िल्मों का पहला गुण मान कर नहीं चलते, एक श्रेष्ठ फ़िल्म की गुणवत्ता का महत्त्वपूर्ण तत्त्व मानते हैं। वे साहित्यिकता को अपनी तरह फ़िल्मों के लिए परिभाषित करते हैं जिसका अर्थ है फ़िल्मकला को साहित्य के दर्जे की गरिमा प्रदान कर सकना। यह एक बड़ा काम था। अन्य कलाओं की अपनी भाषा की तरह फ़िल्म भाषा की बात भी शिद्दत से उठ रही थी—ख़ासतौर पर आइज़ेन्सटाइन के बाद से 'मोन्ताज़', 'फ्रैगमेन्टेशन', 'मेटॉनिमी', 'फ़िल्म टेक्स्ट', 'सेमियॉटिक्स' जैसे अनेक शब्द फ़िल्म-समीक्षा की भाषा में प्रविष्ट हो चुके थे। इनमें से अधिकांश शब्दों या पदों की जड़ें भाषा-शास्त्र में हैं तथा फ़िल्म-भाषा के अलग व्याकरण की खोज से सम्बन्धित हैं। लेकिन किसी भी कला-विद्या की भाषा अन्य कलाओं से सर्वथा निरपेक्ष नहीं होती। कविता में भी जब हम 'लय' या 'बिम्ब' या 'ध्वनि' की बात करते हैं तो संगीत या चित्रकला या फ़िल्मकला के विभिन्न संदर्भ हमारे दिमागों में रहते हैं। 'पाथेर पांचाली' फ़िल्म केवल इसी अर्थ में साहित्यिक नहीं है कि वह विभूतिभूषण बन्द्योपाध्याय के उपन्यास पर आधारित है—उसकी मूल संरचना भी औपन्यासिक है। यह उपन्यास-वस्तु का फ़िल्म-वस्तु में कुशल रूपान्तरण है, पर उस अर्थ में नहीं जिसमें पीटर ब्रुक का 'महाभारत' या कुरोसावा का 'थ्रोन आव ब्लड' ('मैकबेथ' पर आधारित) या 'रान' ('किंग लिअर' पर आधारित) हैं। इन दोनों निर्देशकों ने एक 'एपिक' और शेक्सपियर के नाटकों के पाठ या 'टेक्स्ट' को एक नयी फ़िल्म स्क्रिप्ट में तब्दील करके अत्यन्त मौलिक ढंग से प्रस्तुत किया है। एक साहित्यिक कृति को फ़िल्मी भाषा में पेश करने का यह भी एक जायज़ तरीका है। लेकिन सत्यजित राय मूल रचना की बुनियादी पहचान को लगभग अक्षुण्ण रखते हैं, तथा मूल टेक्स्ट के साथ एक सीधा और सरल रिश्ता बनाते हैं। दूसरे देशों या प्रदेशों की कृतियों पर फ़िल्म बनाते वक़्त भी राय की कोशिश यही रहती थी कि फ़िल्मांकन की ज़रूरतों के बावजूद जहाँ तक सम्भव हो मूल कृति की पहचान भी बरकरार रहे। क्लासिक्स के फ़िल्मांकन का यह एक परिचित तरीका रहा है, और इस तरीके से भी हमारे समय में कुछ अत्यन्त सफल फ़िल्में बनी

हैं। मैं ख़ासतौर पर 'अन्ना कारेनिना' (टालस्टाय), 'डॉ. ज़िवागो' (पास्तेर्नाक), 'स्वान्स वे' (प्रूस्त), 'टिन ड्रम' (गुंटर ग्रास) जैसी फ़िल्मों का उल्लेख करना चाहूँगा। विवरणात्मक शैली में (नैरेटिव स्ट्रकचर की) ये कुछ बहुत ही उत्कृष्ट फ़िल्में मानी गयी हैं। राय की अधिकांश फ़िल्में इसी तरह की फ़िल्मों के निकट पड़ती हैं।

राय ने इस पद्धति को तोड़ा भी है, जैसे 'शतरंज के खिलाड़ी' में, और मूल कथा-वस्तु को अपनी तरह से विस्तृत और परिवर्तित किया है। पर नतीजे से वे स्वयं भी बहुत सन्तुष्ट नहीं थे। इसीलिए शायद वे 'सद्‌गति' में पुनः अपने तरीके की ओर लौटे और एक बेहतर प्रेमचन्द हमें दे सके। यह सही है कि 'शतरंज के खिलाड़ी' भी पश्चिम में पसन्द की गयी, पर इसमें कोई सन्देह नहीं कि प्रेमचन्द की कहानी के बारीक रेशे फ़िल्म की इतिहास-सामग्री की लदफँद के नीचे बहुत कुछ दब भी गये। पुरानी लखनवी तहज़ीब के प्रति सत्यजित राय के मन में किंचित भावुक-सा लगाव था। अब्दुल हलीम शरर के 'गुज़िश्ता लखनऊ' के प्रशंसक थे : कहते थे कि "हमें शरर से सीखना चाहिए कि एक गुज़रे हुए ज़माने का सांस्कृतिक इतिहास किस तरह लिखा जाए। शरर में अद्‌भुत सर्वांगीणता है : पूरी तरह सन्तुष्ट करती है उनकी किताब।" लेकिन प्रेमचन्द से अधिक लखनऊ के नवाबी अतीत पर नज़र रखने का एक दुष्परिणाम यह हुआ कि 'शतरंज के खिलाड़ी' का मुख्य साहित्यिक आशय अपनी धुरी से थोड़ा खिसक गया।

बड़े बजट की फ़िल्मों की अपनी व्यावसायिक मजबूरियाँ और दबाव होते हैं। राय की प्रतिभा इन दबावों में काम करना स्वीकार नहीं करती थी। छोटे बजट की फ़िल्मों में वे ज़्यादा आज़ादी से काम कर पाते थे। उनका मानना था कि "It is only in a drastic simplification of style and content that hope for the Indian cinema resides." यह भी एक सच्चाई है कि न तो प्रेमचन्द की ही कला, और न राय की मानसिकता, उस ग्लैमर के अनुकूल ठहरती थी जिसे 'शतरंज के खिलाड़ी' के बाद राय ने फिर नहीं दुहराया। राय की कला की शर्तें और उनका स्वभाव दोनों ही, बम्बइया लकदक और हालीवुड के विशाल फ़िल्म तन्त्र को कभी भी अपना न सके। फ़िल्म पूरी होने के बाद एक पत्र में उन्होंने मुझे लिखा था :

"I think I told you that there was a stage early when I decided to abandon the project. This was when I felt it was impossible to bring to life (in the context of Prem Chand's story) Wajid and Outram without recourse to a great deal of verbalisation. I resumed the project upon Suresh's insistance, but the flaw, has remained in the film and (militates) against a wider acceptance. There in no question that the film attains a level of seriousness, but it does so at the expense of structural vitality."

(from a letter dated 5/5/78)

हिन्दी भाषा को लेकर भी सत्यजित राय काफ़ी अटपटा महसूस करते थे। प्रेमचन्द की कहानियों और भाषा का वे स्वयं बांग्ला में उस प्रकार रूपान्तरण नहीं कर सके जैसा इब्सन के 'एनेमी ऑफ दी पीपल' का 'गणशत्रु' में या टैगोर के उपन्यासों का। यह भी एक कारण था कि बाद में 'सद्गति' के मूल कथानक में अधिक परिवर्तन न करके उसे ज्यों-का-त्यों चित्रित करना बेहतर समझा। चेहरों के निकट अध्ययन द्वारा सूक्ष्म मनोभावों को अंकित करने और उन्हें बाहरी दृश्यों की अनुकूल छवियों में बाँधने में सत्यजित राय बेजोड़ हैं, लेकिन इस सन्दर्भ में एक महत्त्वपूर्ण अन्तर की ओर भी ध्यान जाता है। प्रेमचन्द की कहानियों में प्राकृतिक दृश्यों की भाषा का इस्तेमाल न्यूनतम है, 'चरित्र' और 'स्थितियाँ' उनकी कहानियों की मूल सामग्री हैं। राय की कला में 'जगहों' और 'पृष्ठभूमि' का आत्यन्तिक महत्त्व रहता है। सहायक दृश्यों को प्रेमचन्द ज़्यादा नहीं बोलने देते। वे होते हुए भी मूक या सपाट रहते हैं। जहाँ वे बोलते हैं, जैसे 'पूस की रात' का अँधेरा और ठंड, वहाँ वे लगभग एक पात्र की तरह सजीव होकर कहानी में उभरते हैं। प्रेमचन्द की कला कहानी के हाशियों और बीच की जगहों को क़रीब-क़रीब सादा छोड़ देने की तकनीक अपनाती है ताकि प्रमुख कथावस्तु का बारीक़ से बारीक़ रेशा भी उभर कर साफ़ दिखाई दे। राय पृष्ठभूमि को खाली नहीं छोड़ते। उसे एक निश्चित पहचान देते और पात्रों के साथ संश्लिष्ट रखते हैं। 'पाथेर पांचाली' का गाँव एक सम्पूर्ण रंगमंच है। 'गोदान' या 'क़फ़न' का गाँव केवल एक 'मंच' है जिस पर अनेक पात्र आलोकित होते हैं। इस माने में राय की तकनीक प्रेमचन्द से थोड़ा भिन्न है, जब कि राय की 'सद्गति' प्रेमचन्द की तकनीक पर बनी एक फ़िल्म मानी जा सकती है।

प्रसंगवश, कहना चाहूँगा कि प्रेमचन्द के विशाल मानवीय फलक को अगर मार्क्सवादी पूर्वग्रहों से संकुचित करके न देखा जाता तो सम्भव है मृणाल सेन की 'क़फ़न' पर आधारित 'ओका ओरी कथा' एक बहुत ही सशक्त फ़िल्म बनती। फिर भी 'क़फ़न' की मूल कथावस्तु को ज्यों-का-त्यों रखते हुए, और अपने 'आग्रहों' और 'व्याख्याओं' को उसके इर्दगिर्द बाहर से ही चिपका कर, शायद मृणाल सेन ने प्रेमचन्द को ज़्यादा नुकसान नहीं पहुँचाया : सिर्फ़ उनकी कुछ बारीकियों पर मोटी कलम फेर दी। 'ओका ओरी कथा' में अगर 'शतरंज के

खिलाड़ी' की बोझिलता नहीं है तो 'सद्गति' की-सी सफ़ाई और सादगी भी नहीं है।

राय की कला-दृष्टि मूलतः लिरिकल है, जबकि प्रेमचन्द अपनी बात बेबाकी और दो टूक ढंग से कहते हैं : उसमें लाग लपेट नहीं, ज़िन्दगी की बेतकल्लुफ़ मौजूदगी है। उनकी कला इस हद तक ज़िन्दगी से घुलीमिली रहती है कि वह अलग से दिखाई नहीं देती। जबकि राय की कला अपने कला होने को छिपाती नहीं, यथार्थ के साथ-साथ अपनी भी एक स्पष्ट पहचान बनाती चलती है। कोमल मनोभावों को व्यक्त करने में हर प्रकार सक्षम, पर जीवन की कर्कशता के सामने मानो कुछ विनत-सी भी।

'गणशत्रु' देखते हुए भी मुझे ऐसा ही लगा था कि बांग्ला उपन्यासों के चरित्रों और वातावरण को राय की फ़िल्में जिस खूबी और विश्वास से पकड़ती हैं, अ-बांग्ला कृतियों के साथ उतनी सहज नहीं हो पातीं या शायद उतनी आत्मीय नहीं हो पातीं। टैगोर की कृतियों पर बनी 'चारुलता' या 'तीन कन्या' जैसी उनकी उत्कृष्ट फ़िल्मों में बराबर यह लगता है कि वह अपनी ज़मीन पर है। प्रेमचन्द या इब्सन भिन्न प्रकार की प्रतिभाएँ हैं। 19वीं सदी के सामाजिक यथार्थवाद की परम्परा में प्रेमचन्द की कहानियों का कलेवर उत्तर-प्रदेश के किसान की तरह बाहर से चिमड़ा, सख़्त और खुरदुरा है। राय की कला-दृष्टि मूलतः काव्यात्मक है। प्रेमचन्द का यथार्थ अगर कड़ी चिलकती धूप में तपता हुआ भूखंड है, तो राय के यथार्थ में राहत देती कोमल छायाएँ भी हैं।

अन्त में, थोड़ा विचार राय की उन फ़िल्मों को ध्यान में रखकर करना चाहूँगा जो उनकी अपनी कहानियों पर बनी है, जैसे 'कंचनजंघा', 'नायक' या उनकी एक कम-विदित फ़िल्म 'पिंकूज़ डे'। 1962 में बनी 'कंचनजंघा' उनकी पहली रंगीन फ़िल्म है। रंगों के इस्तेमाल को लेकर मैंने एक बार उनसे 'अशनि संकेत' का ज़िक्र किया था कि उसके विषय को देखते हुए शायद रंगों का इस्तेमाल कहीं-कहीं कुछ ज़्यादा चटख हो गया है। यह बात भी उठी थी कि काली-सफ़ेद फ़िल्मों के उत्कृष्टतम फ़िल्मकारों के लिए अकसर रंगों के माध्यम में काम करना उसी प्रकार मुश्किल रहा जैसे मूक युग के फ़िल्मकारों के लिए ध्वनि के माध्यम में। चार्ली चैपलिन के 'गोल्ड रश' से 'डचेस इन हांगकांग' तक की फ़िल्मयात्रा में इस तथ्य को बखूबी देखा जा सकता है।

राय अंशतः सहमत थे पर 'कंचनजंघा' को इसका अपवाद मानते थे। इधर हाल ही में मुझे टी.वी. पर यह फ़िल्म देखने को मिली। टी.वी. प्रस्तुति को लेकर रंगों के बारे में कोई पक्का फ़ैसला नहीं दिया जा सकता फिर भी इतना ज़रूर लगा कि इस फ़िल्म में रंगों का बहुत ही सधा हुआ इस्तेमाल हुआ है। विषय

की गरिमा को रंगों ने सही तरह उभारा है। शायद इससे यह बात भी सिद्ध होती है कि बहुत भड़कीले रंगों का इस्तेमाल फ़िल्मों के ग्लैमर उद्योग से ज़्यादा जुड़ा हुआ है। गम्भीर विषयों या साहित्यिक गुणों वाली फ़िल्में रंगों के मामले में अतिरिक्त संयम बरतती रही हैं।

राय के सिनेमा और साहित्य के बीच सम्बन्ध इतने सरल नहीं रहे हैं कि उसके विभिन्न पक्षों पर एक सामान्य लेख की सीमा में पूरी बहस अट सके। मैंने यहाँ प्रेमचन्द और राय को ही मुख्य सन्दर्भ में रखकर अपनी कुछ प्रतिक्रियाएँ दी हैं। इनसे मतभेद सम्भव है। एक बड़े कलाकार के बड़प्पन की एक पहचान यह भी है कि उसकी रचनाओं की अनेक व्याख्याएँ सम्भव होती हैं। राय की फ़िल्में जीवन के तमाम पक्षों को हमारे सामने रखती हैं और कई तरह के प्रश्न उठाती हैं। इस सवाल का उत्तर कि राय की फ़िल्में हमारे सामने केवल समस्याएँ रखतीं हैं या किसी प्रकार की बौद्धिक चुनौती भी, शायद हमें उनकी समग्र जीवन-दृष्टि में खोजना होगा। राय की फ़िल्मों में 'परिवार' की केन्द्रीय भूमिका रही है। उनकी 'भारतीयता' और 'जीवनमूल्यों' की गहरी जड़ें बंगाल में, तथा उन संस्कारों में थीं जिसकी मूल इकाई भारतीय परिवार को माना जा सकता है। राय ने फ़िल्मों में ही नहीं निजी व्यवहार में भी इस पक्ष को अतिरिक्त महत्त्व दिया, तथा इसके अर्थ को विस्तृत किया। इसे उन्होंने शक्ति दी भी, और उसी से शक्ति ग्रहण भी की। 'कंचनजंघा' की बनावट में परिवारों का संयोजन महत्त्वपूर्ण है। 'आगन्तुक' में पाश्चात्य मूल्यों के विघटन के पीछे राय उसी सन्त्रास को देखते हैं जिसका एक समाधान फ़िल्म का नायक मनमोहन एक सरल और सहज मध्यवर्गीय परिवार के सान्निध्य में भरपूर महसूस करता है। राय के लिए परिवार का अर्थ, निजी व्यवहार में भी, केवल उनके अपने घर तक ही सीमित नहीं था : उनके मित्रों, परिचितों, सहयोगियों और सहधर्मियों का एक बृहत्तर पारिवारिक दायरा बनता था—मानो 'वसुधैव कुटुम्बकं' के उदात्त आदर्श को चरितार्थ करता हुआ। जो भी उनके निकट सम्पर्क में आया उनके उदार व्यक्तित्व के इस पक्ष से प्रभावित हुए बिना नहीं रह सका। आज भी मेरे लिए यह तय करना मुश्किल होगा कि मानिक'दा से जुड़ाव का मूलाधार कहाँ तक फ़िल्में थीं, कहाँ तक साहित्य था और कहाँ तक पारिवारिक था। राय अगर शरतचन्द्र जैसे उपन्यासकार की ओर बहुत आकृष्ट नहीं हुए तो हो सकता है कहीं इसके लिए शरत के नायकों का यह उखड़ापन और फक्कड़ स्वभाव ज़िम्मेदार हो जो पारिवारिक जीवन का लगभग निषेध जान पड़ता है। उनके साथ काम करने वाले कलाकारों और टेक्नीशियन्स का एक ग्रुप-सा बन गया था जिनके साथ काम करना राय अन्त तक पसन्द करते रहे। अनायास स्नेह में बाँधे रखने वाला उनका अपनत्व हर एक ने महसूस किया

होगा।

सत्यजित राय उन विरल कलाकारों में से थे जिन्होंने जिजीविषा के सही अर्थ को समझा और उसे अपने काम से जोड़े रखकर दोनों को गौरवान्वित किया। इसी जनवरी में मुझे उनका एक पत्र मिला—हाथ से लिखे गए उनके शायद अन्तिम पत्रों में से हो—जिसमें उन्होंने एक अत्यन्त मार्मिक वाक्य लिखा है :

"I have told my cardiologist that I need no more strength than to make one film every year. I already have a screenplay ready which I hope to film as soon as I have recovered my strength...."

(from a letter dt. Christmas Day, 1991)

'सलाम बॉम्बे' कई सवाल खड़े करती है

बारहवें भारतीय फ़िल्मोत्सव में दिखाई गयी मीरा नायर की फ़िल्म 'सलाम बाम्बे' वर्ष 1988-89 की ख़ासी चर्चित हिन्दी फ़िल्म रही है। विदेशों में (ख़ास तौर पर कांस, फ्रांस में 'कैमरा द ओर' सम्मान पाने के बाद इस फ़िल्म ने अतिरिक्त ख्याति पाई है—एक सफल फ़िल्म के रूप में भी और एक महत्त्वपूर्ण सामाजिक दस्तावेज़ के रूप में भी। अमरीका के प्रसिद्ध 'ऑस्कर पुरस्कार' के सन्दर्भ में इस वर्ष चीनी फ़िल्म 'रेड सोरघम' के साथ 'सलाम बॉम्बे' का नाम भी लिया जा रहा है।

बम्बई के बदनाम मुहल्ले कमाठीपुरा के गली-कूचों में गुज़र-बसर करने वाले लावारिस बच्चों, नशाख़ोरों, वेश्याओं और अपराधियों की ज़िन्दगी पर बनी फ़िल्म जब देश से पहले विदेशों में प्रदर्शित और प्रशंसित हो, तो मन में अनायास एक सन्देह भी पैदा होता है कि कहीं यह भी भारत की ग़रीबी और फटेहाली का एक और बम्बइया अलबम तो नहीं, जिसके पीछे सामाजिक या काल्पनिक मंशा से पहले व्यावसायिक स्वार्थ हो? पर ऐसा नहीं है। 'सलाम बॉम्बे' को देखना एक फ़र्क़ तरह के अनुभव से गुज़रना है। पाश्चात्य प्रभाव यदि है भी तो उत्कृष्ट तकनीक के रूप में रचनात्मक ढंग से आया है। भारतीय समस्याओं को भारतीय दृष्टि से ही देखने की ईमानदार कोशिश है। विदेशों में लम्बे समय तक रहने और बसने के बावजूद मीरा नायर ने फुटपाथ के जिन वास्तविक बाल कलाकारों से अभिनय कराया है, वे किसी मिथक को नहीं, एक विषम दुर्व्यवस्था के शिकार हैं, यह तथ्य प्रभावी ढंग से सामने आता है। घोर यथार्थवादी फ़िल्म होते हुए भी 'सलाम बॉम्बे' हमारे मन को एक कविता की तरह छूती है, क्योंकि एक कटु यथार्थ की तीव्रता को बरकरार रखते हुए भी वह व्यक्ति की कोमल और उदात्त भावनाओं को सुरक्षित रखती है।

बेसहारा बच्चे, नशा, वेश्याएँ और उनके दलाल, बम्बई के स्लम्ज, आसानी से यह फ़िल्म बुरी तरह निराशावादी हो सकती थी। पर नहीं। फ़िल्म दर्शक के

गहरे मानवीय संस्कारों और एक जीवन्त हास्यबोध पर अपनी पकड़ ढीली नहीं होने देती। 'बम्बइया हिन्दी' की क्षमता को केवल हास्य के लिए नहीं बल्कि सूक्ष्म भावों के सम्प्रेषण में भी उतनी ही कुशलता से इस्तेमाल किया गया है। एक त्रासदी को पूरी तरह उभारने के लिए ज़रूरी नहीं कि त्रासद स्थितियों और कातर दृश्यों का ढेर लगा दिया जाए, फ़िल्म इस विवेक के प्रति पूरी तरह सचेत रहती है कि मनुष्य को उसकी हार के अँधेरे में ही नहीं, उसकी जिजीविषा के आलोक में भी देखना ज़रूरी है।

दस वर्षीय कृष्णा या चायपाव (शफीक सैयद) को अपना घर छोड़ने पर मजबूर होना पड़ता है। घटनाचक्र उसे बम्बई की उस अँधेरी और बन्द गली में ढकेल देता है जहाँ उस जैसे ही तमाम लावारिस और बेसहारा बच्चे, अनेक असामाजिक तत्त्वों के बीच एक नारकीय जीवन जीने को मजबूर हैं। किसी तरह 500 रुपये कमा कर घर लौट जाने का उसका सपना बार-बार टूटता है। वह जिस विकृत और अश्लील दुनिया से निकल भागना चाहता है, वह एक ऐसा दलदल है जो उसकी हर कोशिश को नाकाम करता चला आता है। उसकी शक्ति जीवन के प्रति उस बुनियादी प्यार, करुणा और साहस में है, जिसकी झलकें वह रेखा (अनिता कँवर), मंजू (हंसा विट्ठल), चिल्लम (रघुवीर यादव) और सोलासाल (चन्दा शर्मा) में पाता है। कृष्णा का सोलासाल को दुबारा चाय का गिलास पकड़ाना, कमरे में आग लगाकर दोनों की भाग निकलने की बचकाना कोशिश, चिल्लम के इलाज के लिए रेखा से 20 रुपये माँग कर लाना, माँ को चिट्ठी लिखवाना कि सोते समय उसकी याद आती है और वह जल्दी घर लौटना चाहता है, बच्चों का घोड़ागाड़ी पर सैर के लिए निकलना और फिर उसी रास्ते से चिल्लम की अर्थी उठा कर ले जाना, मंजू को अकेला न छोड़ने की कोशिश में खुद भी पुलिस द्वारा पकड़े जाना...और आख़िर में खीझ कर इस सबके लिए बहुत हद तक जिम्मेदार बाबा की हत्या कर देना फ़िल्म के सशक्त और मार्मिक प्रसंग हैं। कृष्णा इस दुनिया को बदल तो नहीं पाता, पर उसका आक्रोश इस दुनिया को एक बार हिला कर ज़रूर रख देता है। हत्या के बाद हम कृष्णा और रेखा को एक अन्धड़ में फँसे दो सूखे पत्तों की तरह देखते हैं जो एक-दूसरे से दूर होते चले जाते हैं। अन्त में कृष्णा के चेहरे पर एक बेबसी, खीझ और उदासी घनीभूत होती है कि अब वह क्या करे? किस तरफ़ जाए? यह सवाल मानो उससे ज़्यादा उस समाज के सामने हो, जो उस तरह की मासूम ज़िन्दगियों को नष्ट होने से बचा न पा रहा हो।

'सलाम बॉम्बे' में कथ्य को कथानक से ज़्यादा महत्त्व दिया गया है। वृत्तचित्र शैली इसलिए इस फ़िल्म पर अपनी पक्की छाप छोड़ती है। इस माने में मीरा नायर के वृत्तचित्रों के उनके पिछले अनुभव उनका अच्छा साथ देते हैं। कहानी को शायद

इसलिए भी गौण रखा गया है कि विषय की गम्भीरता ज़्यादा उभर सके। फ़िल्म में जगहों और लोगों का भी न केवल विश्वसनीय विवरण है, दोनों के बीच अनिवार्य रूप से चलती रहने वाली अन्तर्प्रक्रियाओं को भी सटीक बिम्बों और प्रतीकों द्वारा व्यक्त किया गया है। प्रत्येक दृश्य या प्रसंग अपने आपमें एक सम्पूर्ण वक्तव्य भी लगता है और फ़िल्म की पूरी योजना में एक मज़बूत कड़ी भी, कृष्णा, सोलासाल और मंजू की कोमल भावनाएँ जिस कठोरता से बार-बार टकरा कर आहत होती है, उसका दृश्य संयोजन बहुत अर्थपूर्ण ढंग से किया गया है।

सामाजिक यथार्थ के हू-ब-हू चित्रण की कला की लम्बी परम्परा है। उन्नीसवीं सदी में जोला, कुप्रिन, फ्लोबेअर, डिकेंस आदि ने अपने उपन्यासों में विवरण की इस कला को एक चरम पर पहुँचा दिया था। बीसवीं सदी की व्यावसायिक यथार्थवादी फ़िल्मों ने उनके मुहावरों को लगभग एक 'क्लीशे' की तरह अपना लिया। सौभाग्य से 'सलाम बॉम्बे' में ऐसे दृश्य दो-एक से अधिक नहीं जो फ़िल्म में एक ग़लत तरह की दिलचस्पी को प्रोत्साहित करते। ऐसे प्रसंगों को लेकर एक संयम और विवेक बरता गया है। एक दूसरे प्रकार की कमज़ोरी से भी यह फ़िल्म अपने को बचाती है—करुण प्रसंगों को लेकर उसमें भावुकता का सैलाब नहीं है, कोमल भावनाओं की संयत और दृढ़ विश्वनीयता है क्योंकि फ़िल्म शक्तिहीनता तथा शक्ति के अपव्यय की त्रासदी के बीच एक सही और ज़रूरी फ़र्क़ कर सकी है।

'सलाम बॉम्बे' का कोई भी चरित्र किसी भी अन्तिम नतीजे पर नहीं पहुँचता। सभी हमारे सामने सवाल रखकर मानो एक 'फ्रीज' में ठहर जाते हैं। इन 'फ्रीजेज' का एक बड़ा कोलाज बनता है। कई सवाल उठते हैं। सवाल नये नहीं। समाज के इन सड़े-गले अंशों के लिए कौन ज़िम्मेदार है? आर्थिक, पारिवारिक, मनोवैज्ञानिक, सामाजिक, राजनीतिक, व्यावसायिक, बड़ी आबादी...अनेक फ़ार्मूलों से स्थिति का विश्लेषण और व्याख्या सम्भव है। लेकिन जिस बिन्दु पर आकर सारे प्रस्ताव और हल स्तब्ध रह जाते हैं, वहीं मानो यह फ़िल्म भी ठिठक कर समाप्त हो जाती है। बुराई की जड़ें व्यक्ति के स्वभाव में हैं या एक विषम आर्थिक सामाजिक व्यवस्था में? ये जुड़वा सवाल हैं। शायद इन्हें वैकल्पिक मान कर नहीं चला जा सकता। इनकी गतियाँ एक-दूसरे को काटती हुई चलती हैं। पूरा समाज बदले इससे पहले भी बहुत कुछ किया जा सकता है—शायद मीरा नायर द्वारा 'सलाम बॉम्बे' ट्रस्ट की स्थापना जैसी कोशिश को उनके इस विश्वास के प्रतीक के रूप में भी पढ़ा जा सकता है।

'सलाम बॉम्बे' ने ऐसे कई सवाल उठाये हैं जिनका उत्तर शायद फ़िल्म को नहीं, हमें अपने अन्दर खोजना और देना होगा।

हुसैन की मीनाक्षी

हुसैन की 'मीनाक्षी' बिलकुल स्पष्ट दो स्तरों पर चलती है। एक स्तर पर 'प्रिय' को खोज पाने की वह तमन्ना और बेचैनी है, जो हर कलाकार मन के लिए उसकी कला का आदर्श बताती है। हुसैन की यह दुनिया उनके चित्रों और लेखन में भरपूर प्रतिबिम्बित होती रही है। 'मीनाक्षी' की दूसरी वह दुनिया है जिसकी सशक्त पहचान बॉलीवुड के व्यावसायिक मनोरंजन फ़िल्म कारोबार के नज़दीक बनती है। कभी-कभी उसके इतनी नज़दीक चली जाती है कि उसका पहला वाला स्तर, यानी उसका खास 'कथ्य' भी कमज़ोर पड़ जाता है। फ़िल्म हुसैन का ख़ास माध्यम नहीं है। चित्रकारी में जो मज़बूत पकड़ हुसैन की कला को उनकी विशेष कला बनाती है, सिनेमा में रंगों और बिम्बों का ज़्यादा आक्रामक ग्लैमर उसे हाशिए में ला देता है।

'प्रेयसी की खोज' के अनेक मिथकीय प्रारूप विश्व-साहित्य में हैं, जो अनेक रूपों में साहित्य और कलाओं में प्रकट होते रहते हैं। तात्कालिक सन्दर्भ में हम रामचन्द्रन के 'ययाति' और 'उर्वशी' शृंखला के चित्रों को याद कर सकते हैं, जिन्हें के. विक्रम सिंह ने रामचन्द्रन पर बनी अपनी फ़िल्म में सशक्त ढंग से इस्तेमाल किया है। 'उर्वशी' का प्राचीनतम रूप ऋग्वेद में मिलता है। उसके बाद उसकी अनेक आवृत्तियाँ होती रही हैं—कालिदास का 'विक्रमोर्वशीयम्' यदि उसका क्लासिक उदाहरण है, तो दिनकर का 'उर्वशी' उसका आधुनिक संस्करण। प्रिय के रूप में आदर्श अप्राप्य की खोज में भटकते नायक। (कलाकार की अनवरत खोज के प्रसंग में) विश्वप्रसिद्ध कथा 'पण्डोरा एण्ड द फ्लांइग डचमैन' पर आधारित पाँचवें दशक में बनी हॉलीवुड की एक फ़िल्म याद आती है, जिसमें जेम्स मेसन और अवा गार्डनर मुख्य भूमिका में हैं। नायक एक जहाज़ में जन्म-जन्मान्तर तक अपनी आदर्श प्रेमिका की खोज में दुर्दान्त सागरों और अज्ञात तटों पर भटकता रहता है—कभी लगता वह सचमुच मिल गयी, कभी

लगता नहीं वह एक भ्रम था जो फिर टूटा। फ़िल्म अपने 'मूल कथ्य' को प्राथमिक महत्त्व देती है, और उसके ग्लैमर पक्ष को दो अत्यन्त कुशल अभिनेताओं की छवि प्रतिमाओं तक सीमित रखती है, जबकि हॉलीवुड की पाँचवें दशक में बनी फ़िल्म से यह पूरी उम्मीद की जा सकती है उसका झुकाव ग्लैमर की तरफ़ ज़्यादा होता।

हुसैन आसानी से जिस ग्लैमर की पकड़ में जाते हैं उसके पीछे किसी सायास प्रयोग का आभास नहीं मिलता। हुसैन एक नाज़ुक बात कहना चाहते हैं पर उसे बारीक़ी से न कहकर इतने गहरे रंगों से रेखांकित कर देते हैं कि बात की नाज़ुकी और बारीक़ी दोनों आहत होते हैं। तब्बू के अभिनय में दम है लेकिन कहानी का दम वहीं निकल जाता है, जहाँ एक पारम्परिक नवाब की छवि में एक कहानीकार को ढालने की कोशिश की जाती है : एक बेमेल-सा संयोग दोनों के बीच कोई समन्वय बनने नहीं देता।

मल्लिकार्जुन मंसूर

शुद्ध और अत्यन्त सधी हुई तानों के सघनतम आश्रय पर एक राग के सूक्ष्मतम भेदों का कुशल विन्यास। लयकारी में गम्भीर शास्त्रीय अनुशासन के साथ-साथ पूरी रोमांटिक ऊर्जा का लगभग आध्यात्मिक आनन्द की सीमा तक विस्तार। अब, लगभग 70 वर्ष की आयु में भी आवाज़ में अद्‌भुत ठहराव, निखार और सफ़ाई। अतरौली घराने की गायन शैली को एक नयी ऊँचाई तक पहुँचा सकने वाले सिद्ध और धीर गायक। उनकी क्लिष्ट गायकी हर एक के पसन्द की गायकी न होते हुए भी एक अत्यन्त संवेदनशील, प्रौढ़ और प्रतिभा सम्पन्न गायक की शिखर पर पहुँची हुई कला है। यदि रस के अर्थ को शुद्ध भावनात्मक स्तर पर ही खोजने का आग्रह न हो तो उनके गायन की कहीं-कहीं लगभग सात्विक-सी निर्लिप्तता एक दुर्लभ बौद्धिक सन्तोष देती है।

भीमसेन जोशी

किराना गायकी के बेजोड़ गायक। इनका गायन किसी राग की शुद्ध अवधारणा मात्र नहीं, एक साहसिक खोज और अन्वेषण का अनुभव भी है। स्वर रचना के मानो एक से अधिक आधारों को रचती हुई आवाज़ में अपूर्व फैलाव, बारीकी और दृढ़ता का जटिल गुम्फन तथा गति के उतार चढ़ाव में कोमल और भव्य का वह सन्तुलित आचरण जो एक विशिष्ट प्राकृतिक दृश्य के अलौकिक सौन्दर्य की याद दिलाता है। विलम्बित में जिस मूड की मननशील स्थापना होती है उसकी द्रुत में अत्यन्त तेजस्वी परिणति नाटकीय के अर्थ को बहुत ही सावधान संकेतों में आलोकित करती है। बड़े ख्याल में ही नहीं भजन और ठुमरी में भी शास्त्रीय स्तर का भावनात्मक वैभव। ...इधर कुछ वर्षों से उनके गायन में, विविधता की दृष्टि से एक ठहराव-सा अनुभव होने लगा है। गिरावट नहीं है तो इसे एक प्रतीक्षा का सारगर्भित अन्तराल भी माना जा सकता है...।

उस्ताद अमीर ख़ाँ

उस्ताद अमीर ख़ाँ की गाई हुई राग हंसध्वनि में माँ काली की एक स्तुति याद आती है—'जय मातु विलम्ब तज दे...'। गाते तो ऐसा डूब कर गाते कि पता नहीं चलता कोई मुसलमान गा रहा या पुजारी! जय मातु से तराना में इत्तिहादे मिलाद तक की— सूफ़ी उद्भावना तक पहुँचते-पहुँचते मानो धर्मों का फ़र्क़ ही मिट जाता, गायक और गायन मिलकर निराकार हो जाते। इसी तरह बड़े गुलाम अली ख़ाँ और मुनव्वर अली ख़ाँ के साथ गाई भोपाली में महादेव की स्तुति-'महादेव महेश्वर...' जैसे सदा के लिए रक्त में रच बस गयी है!...आज सुबह एक ख़बर पढ़ी : "ध्रुपद गायक उस्ताद नसीर अमीनुद्दीन डागर नहीं रहे।" धक्का लगा, जैसे अपना कोई न रहा हो। सामवेदी ध्रुवपद गायकी को क्या कभी भी डागर-परिवार से अलग रखकर सोचा जा सकता है? ध्रुवपद गायकी के शिरोमणि तानसेन हिन्दू थे या मुसलमान? कौन जाए इन पचड़ों में? कला की, संगीत की, कविता की जातपाँत नहीं होती—केवल मनुष्यता होती है, सुन्दरता होती है, नैतिकता होती है, आनन्द होता है, उल्लास होता है और हमें उदात्त की अनुभूति करा सकने की दैवी क्षमता होती है! एक छोटा-सा प्रसंग याद आता है—उन दिनों, साठ का दशक, उस्ताद रहीमुद्दीन खाँ साहब डागर लखनऊ में रह रहे थे। एक दिन श्री बद्रीविशाल पित्ती के साथ उनसे मिलने गया : अगर ठीक याद है तो ख़ाँ साहब उन दिनों वाइ.एम.सी. के पास किसी के एक गेराज में रह रहे थे! देर तक ध्रुपद पर बातचीत होती रही। मन में इच्छा थी कि उनसे कुछ सुनने को मिले। ख़ाँ साहब ने वेद की कुछ ऋचाएँ, जो उन्हें कंठस्थ थीं, सुनायीं : सुनकर दंग रह गया। ऐसा शुद्ध संस्कृत का उच्चारण किसी महापंडित से भी नहीं सुना था! ख़ाँ साहब ने एक राज़ की बात बतायी : उनके परिवार में संगीत के साथ-साथ पहले संस्कृत के शुद्ध उच्चारण की परम्परा न जाने कब से चली आ रही है। देर तक सोचता रहा—कहाँ गया वह हिन्दू मुसलमान का भेद? ध्रुपद को उसकी उच्चतम मर्यादा तक ले जाने वाले कलाकार मुसलमान थे कि हिन्दू?

मन्दिरों से लेकर शादियों तक में शहनाई शुभारम्भ करने वाले बिसमिल्ला ख़ाँ हिन्दू हैं कि मुसलमान? जिस मजाज़, जिगर और फ़िराक़ के सान्निध्य में गुज़ारी शामें, आज भी मेरी कला-चेतना का एक अभिन्न हिस्सा बन गयी हैं, उनकी जात क्या थी कौन जाने? बस इतना याद है कि जिगर साहब कहते थे :

उनका जो फ़र्ज है वो अहले-सियासत समझें
मेरा पैग़ाम मुहब्बत है जहाँ तक पहुँचे...

उनका बस यह प्यारा-सा यक़ीन याद है कि "मैक़दा तंग बना लूँ मुझे मंज़ूर नहीं"। कहाँ के थे मजाज़? उसी गाँव रुदौली के, जहाँ की मेरी दादी थीं। क्या उस गाँव को दो हिस्सों में तक़सीम किया जा सकता है? आज भी निदा फ़ाज़ली के दोहे पढ़ता हूँ तो दंग रह जाता हूँ : कौन कहता है कि दोहे तुलसी और बिहारी के बाद ख़त्म हो गये? सरहपा के 'दोहाकोश' से अब तक दोहे की परम्परा उसी तरह बरक़रार है। कौन था सरहपा? 9वीं सदी। बौद्ध दार्शनिक ब्राह्मण, जिसने एक नीच जाति की स्त्री से विवाह किया। उसका धर्म, दर्शन, उसकी जाति सब गड्डमड्ड : लेकिन उसके दोहे, उसकी कविता आज भी उतनी ही प्रामाणिक है अपनी मानवता में...।

कबीर कहते हैं जात न पूछो सन्तों की। हत्यारों और असन्तों की भी कोई जात नहीं होती। दोनों में फ़र्क़ सिर्फ़ उनकी मानसिकता से पहचाना जाता है, उनके मानवीय और अ-मानवीय होने में होता है।

अव्यावसायिक रंगमंच : कुछ व्यावहारिक सवाल

अच्छी कला के मतलब हैं घाटे का सौदा-इस धारणा के साथ एक और आसान समीकरण भी जुड़ा है कि अगर एक कला घाटे का सौदा नहीं है तो वह शायद अच्छी कला भी नहीं है। छोटी नाट्य-संस्थाओं द्वारा प्रस्तुत किये जाने वाले नाटकों को लेकर यह सवाल अक्सर उठता है कि उसके पीछे संस्था की दृष्टि मुख्यतः नाटक के कला-पक्षों पर रही है या टिकटों की बिक्री पर। टिकटों की बिक्री अगर अच्छी हो गयी तो यह सन्देह उठाने के लिए लोगों को एक कारण तो मिल ही जाता है कि नाटक की प्रस्तुति में ज़रूर ऐसे तत्त्वों पर ज़ोर दिया गया होगा जिनका सम्बन्ध कला से उतना नहीं जितना लोगों की आम पसन्द से होता है : यानी यहाँ एक बार फिर एक दूसरे तरह की भ्रान्ति से काम लिया जाता है कि लोगों की आम पसन्द, या आम लोगों की पसन्द, अच्छी कला को पसन्द नहीं करती, घटिया कला को-या कला में घटिया तत्त्वों को—ही पसन्द करती है।

शेक्सपियर के नाटकों में भी ऐसे समझौते मिल सकते हैं जो उन्होंने रुचि विशेष को ध्यान में रखते हुए किये हैं, लेकिन इससे उनकी कला में गिरावट नहीं आने पाई, चाहे इन समझौतों के पीछे जनता की रुचि रही हो चाहे रानी एलिज़ाबेथ की, क्योंकि उन्होंने अपनी कला-दृष्टि को प्रमुख रखा और इन समझौतों को उस पर हावी नहीं होने दिया। लेकिन यहाँ मैं शेक्सपियर का उदाहरण लेकर 'समझौतों' के पक्ष को प्रबल नहीं करना चाहता, इस पूर्वग्रह को तोड़ना चाहता हूँ कि कुरुचि आम पसन्द के साथ जुड़ी है। ख़ास बात है कि आज हम आम पसन्द को किस तरह परिभाषित करते हैं—कला में और कला के लिए। अगर हम यह मानते हैं (और ऐसा न मानने का मैं कोई कारण नहीं देखता) कि आम आदमी में केवल 'कुरुचि' ही नहीं 'सुरुचि' भी होती है तो हम यह भी क्यों न मानें कि एक कला इस 'सुरुचि' से समझौता करके लोकप्रिय बन सकती है? क्या वजह है कि हम आम आदमी की पसन्द के नाम पर एक कला में 'कुरुचिपूर्ण'

तत्त्वों के साथ ही समझौता करें? हमें उसकी रुचि को कलाओं में इस तरह परिभाषित करने का क्या अधिकार है कि साधारण आदमी अच्छा आदमी नहीं होता? क्या यह उसकी सुरुचि और संस्कृति का काफ़ी बड़ा प्रमाण नहीं है कि वह धार्मिक भी होता है और मंदिरों में जाना पसन्द करता है, गृहस्थ भी होता है और अपने परिवार के प्रति ज़िम्मेदार और त्यागशील होता है, मेहनती होता है, सहनशील होता है, हिम्मती होता है, भाईचारे में विश्वास करने वाला होता है, दूसरों के दुःख-दर्द को समझता है और इन सबके साथ वह एक ऐसी ताक़त होता है जो मौका पड़ने पर अपने बारे में बड़ा से बड़ा फ़ैसला ले सकता है—और वह यह सब अपनी कम शिक्षा के बावजूद होता है।

कहीं ऐसा तो नहीं कि हमारे अपने ही शिक्षा संस्कार कुछ इस तरह गड्डमड्ड हों कि हम अपने को ही एक अ-भारतीय दृष्टिकोण से देख समझ रहे हों—अपनी लोक-कलाओं, आदिवासियों आदि की कलाओं को भी, तथा उस 'आधुनिकता' को भी जिसे हम आज अपनी कलाओं और जीवन में ले आना ज़रूरी समझते हैं? शायद कुरुचि और सुरुचि का सवाल जनता के साथ उतना नहीं जुड़ा है जितना मनोरंजन-व्यवसाय के उस ग़ैरजिम्मेदार शोषण-पक्ष के साथ जो एक स्तर पर अगर अ-सामाजिक है तो दूसरे स्तर पर अ-कला भी। अन्यथा हम यह मान कर चलें कि एक ईमानदार कलाकार के लिए रुचियों का दबाव कोई वास्तविक ख़तरा नहीं है—ख़तरा अगर कहीं है तो वहीं जहाँ एक कलाकार का अपनी कला ही के साथ रिश्ता कच्चा है। उदाहरण के लिए 'आगरा बाज़ार' तथा 'हयवदन' जैसे नाटक एवं हाल में ही खेले गए 'बेग़म का तकिया' और 'आला अफसर' जैसे कुछ नाटक हैं जो कला की दृष्टि से तो सफल हैं ही शायद लोकप्रियता की दृष्टि से भी असफल नहीं।

किन्तु मुख्य उद्देश्य यहाँ रंगमंच के उस प्रयोगधर्मी पक्ष को भी जीवित रखने का है जिसके बिना नयी सम्भावनाओं की खोज ही समाप्त हो जा सकती है। नाटकों के लेखन और प्रस्तुतीकरण को लेकर सभी प्रयोग सफल नहीं होंगे—बल्कि अधिकांश प्रयोग असफल होंगे—इस ज़रूरत को ध्यान में रखते हुए ही हमें सोचना है कि अव्यावसायिक रंगमंच एक छोटी संस्था के रूप में बिना अपने मुख्य काम को ख़तरे में डाले किस तरह अपने को जीवित और सक्रिय रख सकता है। मैं यह मानता हूँ कि रंगमंच इस हद तक एक स्वतन्त्र संस्था है कि वह बाहरी आर्थिक सहायताओं पर इस तरह निर्भर करना नहीं चाहती कि उसकी कलात्मक कोशिशों पर अस्वस्थ दबाव पड़े। बहस को दूर तक खींच ले जाने के पीछे एक मक़सद है—उस नाज़ुक लेकिन बहुत ज़रूरी बिन्दु की तलाश जहाँ एक कला को प्रमुखतः कला रहते हुए जीवित रहना है। कुछ अपवादों को छोड़ कर, आज

नाटक ही नहीं अधिकांश कलाएँ ऐसी हैं जो आर्थिक दृष्टि से सम्पन्न नहीं कही जा सकतीं। अव्यावसायिक और व्यावसायिक कलाओं/साहित्य में हमेशा एक अन्तर रहा है। आर्थिक दृष्टि से कला कलाकार या साहित्यकार पर आश्रित रही, वे कला पर आश्रित नहीं रहे। प्रयोगधर्मी रंगमंच की स्थिति भी कुछ-कुछ ऐसी है जिसका मुख्य उद्देश्य कला के वृहत्तर आयामों की खोज है, कला से आमदनी के जरियों की खोज नहीं। इस माने में प्रयोगधर्मी रंगमंच की स्थिति साहित्य की स्थिति से मिलती-जुलती है और उस अन्तर की ओर ध्यान खींचती है जो 'बिकाऊ साहित्य' और 'रचनात्मक साहित्य' में होता है। लेकिन जहाँ साहित्यकार की आर्थिक समस्या को किसी हद तक उसके साहित्य से अलग रखकर एक व्यक्तिगत समस्या के रूप में देखा जा सकता है, वहाँ एक छोटी नाट्य-संस्था के लिए आर्थिक सवाल उसके अस्तित्व का ही सवाल है। एक बार यदि यह मान भी लिया जाए कि एक नाट्य-संस्था से जुड़े कलाकार अपने लिए कुछ नहीं चाहते तो भी उन ख़र्चों की अवहेलना नहीं की जा सकती जो एक नाटक की तैयारी और प्रदर्शन आदि के साथ अनिवार्य रूप से जुड़े हैं। फ़िलहाल यहाँ यह मानकर चला जा रहा है कि अव्यावसायिक रंगमंच के साथ ऐसे लोग भी जुड़े हैं जो नाटक को ही पूरा समय नहीं दे पा रहे। आदर्श स्थिति तो यही होगी कि वे भी एक संगीतकार या फ़िल्मकार की तरह नाटक को पूरा समय दे सकें। तभी नाटक आर्थिक दृष्टि से आत्मनिर्भर भी हो सकेगा और उसमें कलात्मक दक्षता और प्रौढ़ता भी आ सकेगी। आज दुनिया की अनेक ऐसी आत्मनिर्भर नाटक-कम्पनियाँ हैं जो उच्च कोटि के नाटक प्रस्तुत कर रही हैं। सभी अच्छे नाटक प्रयोगधर्मी एवं अव्यावसायिक रंगमंच की ही देन हों, ऐसा नहीं है। ज़रूरी बात है कला के बारे में—या अपने द्वारा किये जाने वाले किसी भी काम के बारे में—उस निष्ठा, बुनियादी ईमानदारी, आत्म-सम्मान और गहरे लगाव को अदूषित रखना जिसके बिना कोई उत्कृष्ट कला सम्भव नहीं। दूसरी बहुत ज़रूरी परम्परा होगी, अव्यावसायिक रंगमंच के लिए भी, कि टिकट बिक्री करके ही नाट्य-प्रस्तुतियाँ की जाएँ। आज इतना दर्शकवर्ग तो तैयार है ही जिसके सहारे दो तीन छोटी बड़ी प्रस्तुतियाँ की जा सकें। मैं इसे बहुत ज़रूरी समझता हूँ कि कार्ड बाँट कर दर्शकों का चुनाव न किया जाए दर्शकों को टिकट ख़रीदकर नाटक का चुनाव करने दिया जाए।

अगर हम यह मानकर चलते हैं कि आज के नाटक को सही अर्थों में जनाश्रयी होना है तो नाट्य-प्रस्तुतियों में प्रयोग का एक अर्थ यह भी होगा कि वह दर्शक, विभिन्न प्रकार के दर्शकों, के साथ संवाद की दिशा में प्रयत्नशील हो। इस माने में उनके प्रयोगों के दायरे में केवल नाटक ही नहीं 'दर्शक' भी

हैं। प्रयोगधर्मी नाटक अपने को केवल एक ही प्रकार के दर्शकों तक सीमित न रखकर क्यों न एक बिलकुल नये प्रकार के दर्शकवर्ग को सम्बोधित करना भी अपने प्रयोगों का ही एक हिस्सा माने? ऐसे दर्शक वर्ग उन्हें बन्द और आलीशान प्रेक्षाग्रहों के बाहर भी मिल सकते हैं—फैक्ट्रियों, शिक्षा-संस्थाओं, कालोनी या कस्बों आदि में—जिनकी रुचियाँ हमेशा नये को लेकर रिआयती या पुराने को लेकर विरोधात्मक या निषेधात्मक नहीं हैं। इस तथ्य को यहाँ पूरी तरह आत्मसात् करना ज़रूरी है कि नाट्य-प्रस्तुति की प्रयोगधर्मिता 'कविता', 'चित्रकला' या अन्य साहित्यिक विधाओं की प्रयोगधर्मिता से भिन्न है क्योंकि दर्शकों की उपस्थिति उनके प्रयोगों पर एक सीधा और अनिवार्य दबाव है। यहाँ मेरा मतलब नाटक के प्रचार और प्रसार पक्ष से नहीं बल्कि दर्शक के साथ संवाद की नयी सम्भावनाओं की खोज है। नाटक प्रमुखतः दर्शक से एक संवाद स्थापित करने की कोशिश है और 'प्रयोग' के यहाँ एक प्रमुख अर्थ ही ये होंगे कि इस संवाद की स्थिति को किस तरह प्रभावशाली ढंग से और नये-नये तरीकों से पैदा किया जाए। संवाद का यह माध्यम केवल शब्द ही नहीं पूरा शरीर हो सकता है, सम्पूर्ण मंच-सज्जा और उसमें विभिन्न चीज़ों और पात्रों का स्थान तक हो सकता है—इन, तथा ऐसे अनेक तथ्यों को लेकर इधर आधुनिक नाट्य-प्रस्तुतियों के विज्ञान पर काफ़ी काम हुआ है—यानी एक प्रस्तुति को कैसे मंचन की तकनीकों द्वारा अधिक से अधिक सम्प्रेषणीय बनाया जाए और इसका एक परिणाम महँगे 'प्रोसीडियम' मंच का अस्वीकार भी रहा है।

इस नये दर्शकवर्ग की खोज में ज़रूर कुछ सरकारी या ग़ैर-सरकारी संस्थान और वर्कर्स यूनियन आदि भी एक महत्त्वपूर्ण पहल कर सकते हैं, सम्पर्क सूत्र के रूप में। फैक्ट्रियों, शिक्षा-संस्थनों आदि से सम्पर्क करके 'रवीन्द्रालय' के बाहर भी नाट्य-प्रदर्शन की सुविधाएँ दिलाने की कोशिश की जा सकती है। कुछ समय पहले जो कन्नड़ फ़िल्म-उत्सव आर.डी.एस.ओ. कॉलोनी के प्रेक्षागृह में हुआ था वह एक बिलकुल भिन्न प्रकार के दर्शकवर्ग के उत्साह, सहयोग और हिस्सेदारी का नतीजा था। नाटकों को लेकर इस प्रकार की कोशिश तथा हिस्सेदारी के नतीजे और भी दिलचस्प एवं रचनात्मक हो सकते हैं, ख़ासतौर से अगर वर्कर्स को केवल 'दर्शक' नहीं 'प्रदर्शक' स्तर पर भी 'इन्वाल्व' कराने की कोशिश की जाए। एक नाटक का आयोजन उतना ही नहीं होता जितना मंच पर दिखाया जाता है : उस प्रदर्शन से संबंधित सारी तैयारी भी एक नाटक का उतना ही रोचक और आवश्यक अंग होता है। एक अव्यावसायिक रंगमंच के सदस्य इस दिशा में काम करना भी अपनी नाट्य गतिविधियों का ही एक हिस्सा समझें कि नये दर्शकों के साथ-साथ उन्हीं दर्शकों में ऐसे लोग भी उभर कर साथ आएँ जो प्रदर्शनों में ज़्यादा

सक्रिय हिस्सा ले सकें। उनसे संवाद का एक तरीक़ा उनसे सुझाव माँगना, उनकी समीक्षा टिप्पणियों का स्वागत करना तथा उन्हें उचित पब्लिसिटी देना हो सकता है।

वर्कर्स की ओर से इस तरह का सहयोग उनके कुछ ख़ास-ख़ास उत्सवों के मौकों पर आसानी से मिल सकता है, जैसे 'विश्वकर्मा पूजा' के समय यदि नाट्य-प्रदर्शनों को उनके उत्सव के साथ शामिल किया जाए तो सम्भव है जो वक़्त 'लाउडस्पीकरों पर फ़िल्मी गानों' को दे दिया जाता है उसका कुछ हिस्सा नाटकों को भी मिले। संक्षेप में, जरूरी है कि रंगमंच अपने को 'दर्शक विशेष' तक ही सीमित न रखकर एक ऐसे दर्शक वर्ग के वृहत्तर आधार को भी खोजे जो साधारणतः उपेक्षित रहता है और जो महँगे प्रेक्षागृहों की कल्पना के साथ न जुड़ा होकर लोक-नाट्यों की मंचन विधियों की परम्पराओं के निकटतर हो।

साथ ही प्रौढ़ दर्शक प्रतिक्रिया और सम्यक् समीक्षा दृष्टि भी ज़रूरी है। मुझे लगता है नाट्य-प्रस्तुतियों को लेकर—अकसर जिनके दर्शक भी एक से ही होते हैं—समीक्षा कम शिष्टाचार अधिक मुख्य रहता है। नाट्य-प्रस्तुतियों को लेकर यह पुचकारने वाला रवैया समाप्त होना चाहिए। नाटकों को हर तरह का संरक्षण दिया जाए लेकिन समीक्षात्मक संरक्षण कोई माने नहीं रखता। पिछले डेढ़ दो वर्षों में लखनऊ में नाटकों की बाढ़-सी आ गयी हैं : यह अच्छा है कि प्रस्तुतियों की संख्या में असाधारण प्रगति हुई है, लेकिन बेहतर होता उनके स्तर में भी प्रगति होती। (मैं समझता हूँ कि भाषाई दृष्टि से दिल्ली की अपेक्षा लखनऊ या अन्य प्रादेशिक नगरों की स्थिति अधिक दृढ़ है, और यह एक ऐसा स्रोत है जो नाटकों को असाधारण शक्ति दे सकता है।) हिन्दी नाटक आज सबसे अधिक संरक्षित कला है और वह सबसे कमज़ोर कला भी होकर न रह जाए इसके लिए ज़रूरी है कि वह संरक्षण के सहारे ही नहीं अपने भरोसे भी विकसित हो। आज सिनेमा सबसे कम संरक्षित कला है और सम्भवतः इसीलिए सबसे सशक्त कला भी—व्यावसायिक तथा प्रयोगशील दोनों स्तरों पर। दोनों ही स्तरों पर सिनेमा सर्वथा बेमुरौव्वत समीक्षा का विषय रहा है जिसका एक स्वस्थ प्रभाव आज कभी-कभी उस सिनेमा पर भी देखा जा सकता है जो व्यावसायिक है। लेकिन नाटकों पर हम इस तरह बात करते हैं मानों वह किसी धार्मिक अनुष्ठान की तरह एक पवित्र विषय हो और उसके ख़िलाफ़ बोलना 'नाट्य भावना' को ठेस पहुँचाना हो। क्यों?

नाटकों में दर्शकों की तुरन्त, स्पष्ट और बेलौस प्रतिक्रिया ख़ासा महत्त्व रखती है क्योंकि नाटक प्रमुखतः एक दृश्य एवं अभिनेय कला है। साहित्य की समीक्षा

अगर देर–सबेर होती है तो उससे बहुत फ़र्क़ नहीं पड़ता; लेकिन नाट्य–समीक्षा स्थगित या परवर्ती समीक्षा नहीं है—वह तात्कालिक और मुँहफट समीक्षा है क्योंकि वह दर्शकों से एक जीवन्त और सीधा सम्बन्ध है। शास्त्रीय नाट्य–परम्परा में 'प्राश्निकों' के विधान को माना गया है जो नाटक के तुरन्त बाद नाट्यकर्मियों से सवाल जवाब करते थे। नाटकों को लेकर यह एक स्वस्थ और दिलचस्प विचार है।

सही अर्थों में सर्वथा नयी और प्रयोगशील प्रस्तुतियों की सफलता–असफलता तो किसी हद तक दर्शक–निरपेक्ष मानी जा सकती है लेकिन ऐसी प्रस्तुतियाँ जिनका सफल मंचन पहले हो चुका है जब अधकचरे ढंग से सामने आती हैं तब उनको स्वीकार करना कठिन हो जाता है। मौलिक प्रयासों की अनिश्चितता एक बात है लेकिन अनुकरण की असफलता पूरी तरह प्रस्तुति का दोष है। अकसर ऐसा लगता है कि अनेक प्रस्तुतियों की तैयारी में पर्याप्त श्रम और समय नहीं दिया गया है।

ध्यान सबसे पहले उत्कृष्टता की ओर रहना चाहिए और इस प्रवृत्ति को बहुत प्रोत्साहन नहीं मिलना चाहिए कि 'अच्छे' के बजाय 'बहुत से' नाटकों का सिलसिला स्थापित हो जाए ओर हम कोशिश को ही उपलब्धि मानने लगें। इसके साथ ही गम्भीर समीक्षा का यह दोहरा दायित्व भी हो जाता है कि वह एक ओर तो दर्शक की रुचि को सही दिशा में ले जाने की कोशिश करे और दूसरी तरफ नाटक में नये प्रयोगों का कुशल विवेचन और विश्लेषण करे। प्रयोगशील नाटकों की ज़रूरत और उपयोगिता को दर्शकों की रुचि पर ही नहीं छोड़ दिया जा सकता। प्रश्न असफल नाटकों के अस्वीकार का उतना नहीं है जितना इस सावधानी का है कि अच्छे नाटक उस भीड़ में खो न जाएँ। इसके लिए एक प्रौढ़ कलात्मक विवेक अनिवार्य है। इन दोनों तरह की ज़िम्मेदारियों को केवल स्थानीय प्रेस के ऊपर ही न डाल दिया जाए। मैं यहाँ उस सुलझी हुई प्रतिक्रिया और समीक्षा की बात कर रहा हूँ जो रचनात्मकता के साथ संश्लिष्ट हो; जो न केवल कलाओं बल्कि कलाओं की ग़लत या कमज़ोर समीक्षा तक का जायज़ा रखने की सामर्थ्य रखती हो—नाटक के साथ काम करते हुए, नाटक से अलग अपना आतंक स्थापित करते हुए नहीं।

नाट्य–गतिविधि को आर्थिक सहायता या अनुदान आदि का क्या रूप हो इस बारे में व्यावहारिक दृष्टि से शतप्रतिशत कोई पक्की नीति अपनाना और बरतना शायद बहुत कठिन है। यानी उन आर्थिक या उस तरह की अन्य व्यावहारिक सहायताओं का क्या स्वरूप हो जो नाट्य–संस्थाओं को मिलें किन्तु उनकी कलात्मक गतिविधियों पर कोई दबाव न पड़े। सीधे आर्थिक सहायता देने के मतलब होंगे

रंगमंच की स्वायत्तता में किसी न किसी रूप में हस्तक्षेप भी—चाहे वह हस्तक्षेप जानबूझ कर हो चाहे अनजाने में। यों भी आर्थिक सहायता को लेकर खींचातानी और असन्तोष होना सम्भव है जो नाट्य दलों के आपसी सम्बन्धों को भी बिगाड़ सकता है। सहायता का अधिक रचनात्मक तरीक़ा नाटक की तैयारी एवं प्रस्तुतीकरण की व्यावहारिक सुविधाएँ देने के रूप में होना चाहिए, जैसे रिहर्सल का स्थान एवं प्रेक्षागृह की सुविधाएँ, नाटक की स्क्रिप्ट पर रॉयल्टी, प्रचार एवं प्रसार आदि के व्यय से नाट्य-संस्थाओं को मुक्त रखना ओर यदि ये संस्थाएँ अपना नाटक बाहर कहीं खेलना चाहें तो उन्हें मार्ग-व्यय एवं अन्य व्यवस्थाओं आदि की दिशा में मदद करना आदि। अनुदान या सहायता देते समय सरकारी या ग़ैर-सरकारी संस्थानों में इतनी समझ एवं सहिष्णुता होना आवश्यक है कि अनुदान के साथ रुचि विशेष का आरोपण न हो। छोटी संस्थाओं को जीवित रखना ही नहीं पूरी तरह स्वतन्त्र रखना भी आवश्यक है। इंग्लैंड का 'फ्रिंज' थियेटर बराबर सरकारी अनुदान पाता रहता है और विधिवत सरकार को अपने विरोध का निशाना भी बनाता रहता है फिर भी सरकार की ओर से ऐसा कोई क़दम नहीं उठाया जाता कि इन छोटी संस्थाओं का अस्तित्व ख़तरे में पड़ जाए।

नाटक सम्बन्धी सहायता-नीति निर्धारित करते समय इस बात का भी सामने आना ज़रूरी है कि आर्थिक मदद का कितना हिस्सा किस प्रकार की नाट्य गतिविधियों पर व्यय हो? अधिक खर्च नाटक के रचनात्मक और प्रयोगात्मक पक्ष पर हो? या नाटक के क्षेत्र-विस्तार की दिशा में? अव्यावसायिक रंगमंच की स्थिति दोनों ही प्रकार की चेष्टाओं से जुड़ी होते हुए भी प्रमुख रूप से कोई एक चेष्टा नहीं है। अत: अव्यावसायिक रंगमंच को लेकर इस फ़ैसले पर पहुँचना और भी कठिन हो जाता है कि वह किस प्रकार की सहायता-नीति से सर्वाधिक लाभान्वित हो सकता है! अगर यह मानकर चला जाए कि अव्यावसायिक रंगमंच नाटक के प्रचार-प्रचार की दिशा में अधिक सक्रिय हो और उसे बड़े से बड़े प्रादेशिक और आंचलिक दर्शकवर्ग तक पहुँचाए तो निश्चय ही अव्यावसायिक रंगमंच का वह पक्ष लाभ से किसी हद तक वंचित रह जाएगा जो मूलत: प्रयोगशील है और नाटक की निहित सम्भावनाओं का रचनात्मक स्तर पर अन्वेषी है। उस आदर्श स्थिति की कल्पना तो की जा सकती है जहाँ अव्यावसायिक रंगमंच समान रूप से प्रयोग और प्रसार दोनों के प्रति सचेत हो लेकिन व्यवहार में एक नाट्य दल के लिए शायद इस तरह की द्वैत पहचान का निर्वाह कर ले जाना मुश्किल ही हो।

अत: सैद्धान्तिक स्तर पर सहायता-नीति का यह पक्ष भी विशेष महत्त्व

रखता है कि नाटकों की उन्नति के लिए व्यय होने वाली सीमित राशि का कितना हिस्सा नाटक गतिविधियों को प्रादेशिक स्तर पर फैलाने के लिए ख़र्च हो, और कितना हिस्सा ऐसे प्रयासों पर खर्च हो जिनका उद्देश्य नाटक की विविध प्रायोगिक सम्भावनाओं की खोज है?

इस बात को लेकर अभी कुछ समय पहले ब्रिटेन में ख़ासी चर्चा हुई थी और कुछ लोगों ने आपत्ति भी उठायी थी कि कला पर सरकारी खर्चों का अधिकांश भाग प्रदेशों पर न खर्च होकर लन्दन की कुछ ख़ास-ख़ास नाटक कम्पनियों पर हो जाता है। जैनेट मिनिहन ने अपनी पुस्तक 'द नेशनलाइज़ेशन आव कल्चर' में ब्रिटेन में कलाओं की स्थिति और उन पर व्यय होने वाले सरकारी अनुदानों के सिलसिले में एक सर्वेक्षण में कुछ दिलचस्प प्रश्न उठाये थे : इस पुस्तक की समीक्षा करते हुए ब्रिटेन के प्रसिद्ध कलाविद् और समाजशास्त्री श्री रिचर्ड होगर्ट ने अपना मत दिया था (द गार्डियन, फरवरी 20, 1977) कि केन्द्रित कोशिशों के ख़िलाफ़ फैलाव की ज़रूरतों को ख़ामख़्वाह रखकर देखने की प्रवृत्ति ख़त्म होनी चाहिए, ख़ासतौर पर जब हम देश के प्रमुख नाट्य-प्रयासों के बारे में सोचते हैं (जैसे कवेन्ट गार्डेन, इंगलिश नेशनल अपेरा, रायल शेक्सपियर कम्पनी और नेशनल थिएटर का काम)। उस स्तर का काम देश भर में रातोरात होने लगे यह असम्भव है, इसमें कई-कई दशक लग जाते हैं। वैसी विशिष्ट कोशिशों के ख़िलाफ़ वोट जीतकर उन पर ख़र्च होने वाला सारा पैसा यदि प्रदेश भर में फैला भी दें तो इससे प्रदेश का बहुत भला यों भी नहीं होने का, हाँ यह ज़रूर हो सकता है कि ये प्रयास ही या तो घटिया हो जाएँ या समाप्त हो जाएँ। अतः प्रोत्साहन को लेकर भी बहुत सतर्क रहने की ज़रूरत है कि हम कला के किस पक्ष को बढ़ावा देना चाहते हैं ख़ासकर जब हमारे पास व्यय के सीमित साधन ही हों। नाटक के केवल जनतन्त्रीकरण को ही एक मूल्य मानें? या उसके कलापक्ष—प्रमुखतः उसके कलापक्ष को? यह बात भी यहाँ ध्यान में रखना ज़रूरी है कि कला का कोई 'औसत स्तर' जैसी चीज नहीं होती जिसे हमेशा के लिए निर्धारित करके उसका पोषण करते रहा जा सकता है। कला के प्रयोगशील पक्ष का समाप्त हो जाना किसी हद तक उसकी रचनात्मक और विकासशील सम्भावनाओं का समाप्त होना है। अगर एक कला में उच्च स्तरीय बनने की गुंजाइश नहीं बचती तो वह औसत स्तरीय भी नहीं रह पाती और ज़्यादा सम्भावना यही है कि वह निम्न स्तरीय हो जाए। अतः उसका प्रयोग पक्ष भी उपेक्षित नहीं रहना चाहिए।

भारतीय सन्दर्भ में एक बात विशेष रूप में ध्यान देने की है। भारतीय रंगमंच की जो भी सशक्त परम्पराएँ हैं, वे प्रादेशिक हैं। वे उस प्रकार भारत की राजधानी

में या प्रमुख नगरों में केन्द्रित नहीं रही हैं जिस प्रकार लन्दन, पेरिस या न्यूयार्क में इंगलैंड, फ्रान्स या अमरीका की राष्ट्रीय नाट्य चेतनाएँ सक्रिय रही हैं। दिल्ली को केन्द्र बनाकर एक 'राष्ट्रीय नाटक' जैसी कोई कल्पना साकार की जा सकती है—यह असम्भव लगता है : नेशनल स्कूल आव ड्रामा ने मंचन, अभिनय आदि के प्रशिक्षण की दिशा में महत्त्वपूर्ण कार्य किया है, लेकिन स्कूल से निकले छात्रों का सही मानों में प्रशिक्षण और विकास तभी हुआ जब उन्होंने दिल्ली के बाहर भी विभिन्न क्षेत्रीय नाट्य मंडलियों के साथ काम किया। प्रस्तुति के स्तर पर तकनीक, मंच-कल्पना, कुशल निर्देशन, रंगदीपन आदि का अपना महत्त्व है और इन्हें बाक़ायदा सिखाया जाना चाहिए—लेकिन भारतीय जीवन के जिन भाषायी, व्यावहारिक और सांस्कृतिक स्रोतों से जुड़े बिना नाटक प्रामाणिकता और शक्ति नहीं ग्रहण कर सकता उन्हें किसी एक जगह पर इकट्ठा कर देना असम्भव है। साथ ही इस ख़तरे के प्रति भी सावधान रहना होगा कि हम 'प्रादेशिकता' 'क्षेत्रीयता' या 'पारम्परिकता' जैसे शब्दों के संकुचित अर्थ न लगाएँ। इनसे केवल जुड़ जाना मात्र काफ़ी नहीं इन्हें आधुनिकता के व्यापक सन्दर्भों से जोड़ना भी ज़रूरी है। और इसके लिए जहाँ भारतीय जीवन की पक्की समझ होनी चाहिए वहीं यह जानकारी भी ज़रूरी है कि इस समय नाटक के क्षेत्र में दूसरे प्रदेशों एवं देशों में क्या काम हो रहा है। तभी पारम्परिक, प्रादेशिक या स्थानीय जैसे शब्दों के आशयों को 'अपडेट' कर सकना सम्भव होगा।

मैंने इस लेख में कोई अन्तिम निर्णय देने की कोशिश नहीं की है। केवल कुछ सवाल उठाए हैं—अव्यावसायिक रंगमंच के कुछ पक्षों को लेकर। साथ ही, उन सवालों को एक नये दर्शकवर्ग की तलाश—उसकी रुचियों, उसकी ज़रूरतों और उसकी व्यापक मौजूदगी—के परिप्रेक्ष्य में रखना चाहा है ताकि प्रयोगधर्मी नाटक और दर्शक के बीच नये सम्बन्धों की खोज की दिशा में रचनात्मक ढंग से सोचा जा सके।

एम. एफ. हुसैन की कला

हुसैन की कला कहीं न कहीं पहचान में आ सकने वाले ऐसे सम्बन्धों को बरक़रार रखती है, जो हमें बाहरी पहचान से भीतरी अभिप्रायों तक ले जाती है। मसलन हुसैन के रामायण सम्बन्धी चित्र या इस्लामी चित्रों को देखें, तो वे रामायण या इस्लाम के भीतरी मानों से बाहर की तरफ आते हुए नहीं दिखते। वे अपने चित्रों में कुछ ऐसे चिह्न या प्रतीक आसानी से पहचान में आने देते हैं, जिससे बाकी प्रभावों को इनके इर्द-गिर्द बिखरने, फैलने और एक दूसरे के सामने आने का मौक़ा मिलता है। यहाँ हम देखते हैं कि उनकी कला विशुद्ध कला के रूप में अभिव्यक्ति ढूँढ़ती है। हुसैन अपनी कला को स्टाईलाइजेशन या क्लीशे नहीं बनने देते। वे किसी दशा में अपनी रचना प्रेरणा को किसी विचार के हाशिए में नहीं जाने देते-यानी एक कला की पहचान किसी बिचार के साथ न जुड़कर उस प्रेरणा के साथ जुड़ती है, जो एक कलाकार को माध्यम विशेष की रचनात्मक सम्भावनाओं की ओर आकर्षित करती है। अगर हम यह मान लें, और यह मानना मैं ज़रूरी समझता हूँ, कि रचनात्मकता एक कला का प्रमुख विषय होती है, तो यह हुसैन की कला के पक्ष में जाता है कि वह किसी दूसरे विषय को अपने ऊपर हावी नहीं होने देती।

कला जटिल होती है

किसी भी कला का जीवन अपने में अकेला होते हुए भी सन्दर्भ–बहुल भी होता है।

× × ×

कलाओं को आमतौर पर मैंने मनुष्य की मानसिक, जैविक ऊर्जा की रचनात्मक क्षमता के अर्थ में पहचानना सार्थक पाया है। यह ऊर्जा शान्त भी हो सकती है और उतावली भी; उद्यम भी हो सकती है और संयमित (अनुशासित) भी; उसके रंगों और भावों में प्रशान्त गहराइयाँ और स्थिरता भी हो सकती है, और बेचैन कर देनेवाली उथल–पुथल भी।

इस बात को पृष्ठभूमि में रखकर आगे कलाओं के अन्तस्सम्बन्धों पर कुछ टिप्पणियाँ दे रहा हूँ। उन्हें बहुत व्यवस्थित ढंग से न रखकर किंचित बिखेर कर अपनी बात कह रहा हूँ। शायद इस बिखराव में भी कलाओं की प्रकृति के एक पक्ष को आसानी से ग्रहण किया जा सकता है।

× × ×

प्रश्नोपनिषद, 4/9 में "विज्ञानात्मा पुरुषः" का ज़िक्र है। कौन है वह विज्ञानात्मा पुरुष?

एष हि द्रष्टा, स्प्रष्टा, श्रोता, घ्राता, रसयिता।
मन्ता, बोद्धा, कर्त्ता, विज्ञानात्मा पुरुषः॥

यानी, वही जो देखता है, स्पर्श करता है, सुनता है, सूँघता है, रसयिता (चखता) है, आस्वादक है, सलाहकार (राय देने वाला) है, जानकार है, कर्त्ता है—वही सर्वज्ञाता चेतन तत्त्व।

× × ×

विविधता में एकता और एकता में विविधता देखने वाला जीवन दर्शन शायद कलाओं के दर्शन के भी मूल में है :

नित्यो नित्यानां चेतनश्चेतनानामेको बहूनां

(—श्वेताश्वतरोपनिषद्)

मूलतः यही कलादृष्टि है—और इसी में विभिन्न कलाओं के अन्तस्सम्बन्धी की जड़ें हैं। हर कला का अपना अलग एकान्त और एकाग्रता का तरीका होता है, लेकिन उसकी रचना सन्दर्भ-बहुल होती है। वह अपनी दुनिया के माध्यम से दूसरों की दुनिया से भी जुड़ी रहती है। शायद एक कला की सबसे सूक्ष्म और व्यापक शक्ति को हम उसके इस जुड़ाव में पहचान सकते हैं। वह कितनी भी ऐकान्तिक और उदासीन प्रतीत हो, पर कहीं-न-कहीं उसमें जीवन के विविध रंगों की छटा बोलती है—

ग़मे-हस्ती का 'असद' किससे हो जुजमर्ग इलाज
शमअ हर रंग में जलती है सहर होने तक

—ग़ालिब

× × ×

श्रेष्ठ कलाओं में अन्तविरोध नहीं होता, विभिन्नताओं का समन्वय और सहअस्तित्व होता है। हर रंग का अपना अलगपन भी होता है और सब रंगों के साथ एक विशिष्ट संयोग भी। उसका मूल तत्त्व तरतीब, वर्ग और अनुक्रम से निर्धारित नहीं होता, बल्कि अपने से सर्वथा भिन्न के साथ भी सामंजस्य बैठा कर जी सकने में होता है।

× × ×

मैं हर कला को प्रमुखतः एक जटिल संरचना के रूप में देखता हूँ। उसका उस रूप में होना बहुत कुछ वैसा ही है जैसा कि जीवन या प्रकृति का एक सरल जीवांश से विकसित होकर इतनी बड़ी सृष्टि बन जाना रहा होगा। हम इस जटिल संरचना को विश्लेषित करके बहुत सरल या बुनियादी नियमावली में नहीं रख सकते। उसे उसकी सम्पूर्ण जटिलता, रहस्यमयता और लगभग अ-सोच में यथावत् स्वीकार करके मान्यता देनी होगी। सबसे पहले यह मानकर चलना होगा कि एक रचना में अन्तर्विरोध नहीं होते, अन्तस्सम्बन्ध होते हैं। उनकी गति बहुत योजनाबद्ध नहीं होती, काफी हद तक साहसिक होती है। इन सम्बन्धों के बीच झगड़ा डाला जा सकता है, पर एक सही रचना में झगड़े की नहीं, सन्तोष की प्रतीति होती हैं। उदात्त आश्चर्य होता है कि इतने विभिन्न अवयव भी आपस में जुड़कर कैसे इतनी बड़ी कला में परिणत हो सके।

हम उनके इतिहास को, उनके अतीत को, उनके संघर्षों को जान तो सकते हैं पर उनमें वापस नहीं जा सकते। उनका बहुत कुछ हमारे साथ-साथ हमारे वर्तमान में भी चला आया है, पर सावधानी ज़रूरी है कि हम उसे ही ग्रहण करें जो हमारे वर्तमान जीवन को पुष्ट करे, उसे कमजोर नहीं। क्या कलाओं के जीवन से हमें कोई संकेत मिलते हैं, या मिल सकते हैं अगर उनके अन्तस्सम्बन्धों को हम ठीक से पढ़ें? कि स्वयं उनकी भीतरी रचना का वैविध्य संयोग कैसे सम्भव होता है, और कैसे अन्य कलाओं के संसार में उनका साहचर्य घटित हो पाता है।

× × ×

सिनेमा और संगीत मेरे दो बहुत पुराने शौक़ रहे हैं और...उनके साथ एक घनिष्ठता अनुभव कर पाता हूँ जैसी हर कला के साथ नहीं।

संगीत को अकसर हम जाने या अनजाने उसकी लय, ताल, समस्वर, तान, आरोह-अवरोह, वादी-प्रतिवादी, राग वगैरह पदावली में जानते-सुनते रहे हैं। मुझे संगीत की व्याकरण के ये पद प्रेरक लगते हैं। इनमें कवित्व है और जीवन वैभव का सहज आभास भी। संगीत से ही जुड़ा एक सुपरिचित शब्द है संगत-विभिन्न वाद्यों का मूल गायकी के साथ योग। मुझे हमेशा ऐसा लगा कि मानों एक जीवन राग में बँधी अनेक ध्वनियों का सरस सामंजस्य है जिसमें केवल सजीव गायक ही नहीं, निर्जीव वाद्य तक जी उठते हैं। ध्वनियों का यह संसार हमें आकृष्ट करता है क्योंकि उसमें विविधता है और सन्तुलन भी, और दोनों ही अत्यन्त सधे ढंग से विस्तृत होते हुए निष्पत्ति तक पहुँचते हैं। संगीत का एक और पक्ष है जिसे मैं बिलकुल अपनी तरह व्याख्यायित करता हूँ। साधारणत: एक राग विलम्बित में आलाप से शुरू होकर द्रुत से होता हुआ समापन तक पहुँचता है—या अन्त में विलय होता है। जीवन की गति इससे उलटी होती है। तीव्र अथवा द्रुत चंचल से शुरू होकर वह क्रमश: एक समापन या अन्त में ठहर जाती है। संगीत से हमें जो एक राहत-सी मिलती है उसके मूल में हो सकता है कहीं यह व्यतिक्रम अथवा विपर्यय भी एक कारण हो जो जीवन-ऊर्जा का एक बढ़त के रूप में एहसास कराता है—उत्कर्ष के चरम पर उसे ठहरा देता है न कि अपकर्ष में उसे समाप्त करता है। शाब्दिक कलाओं में—ख़ासकर कविता में—जीवनवस्तु को अकसर हम तरंगों में जीते हैं, उसके तीव्रतम (स्मरणीय) क्षणों में, न कि कालक्रमानुसार विलम्बित में। यह कहीं हमारी जीवन-ऊर्जा को जगाए रखने की एक युक्ति भी है।

किसी अन्य कला को लेकर एक रचनाकार की नितान्त निजी ढंग की प्रतिक्रियाओं का भी आनुषंगिक महत्त्व होता है—ख़ासकर उसकी अपनी रचना-धर्मिता में। एक संगीत को सुनते हुए, अथवा एक चित्र या फ़िल्म को देखते हुए, उसके अन्दर सामान्य

से बिलकुल अलग तरह के भाव या विचार उठ सकते हैं। लिओनार्दो द विंची ने जब जाकोन्दा को संगीत सुनते हुए 'देखा' उस समय द विंची के चित्रकार-मन पर संगीत का सीधा प्रभाव न पड़कर, उसी संगीत को सुनती हुई जाकोन्दा के चेहरे पर जो भाव उसे 'दिखे' उनका प्रभाव पड़ा। तात्पर्य यह कि जब एक रचनाकार अन्य कलाओं से प्रेरणा पाता है तो उसकी व्याख्या में उसकी अपनी रचनाशीलता की ज़रूरतें प्रमुख होती हैं, और अन्य कलाएँ या कलावस्तुएँ भी उसके लिए उस कच्चे माल की तरह होती हैं जिनका वह बिलकुल अपनी तरह इस्तेमाल करने के लिए स्वतन्त्र होता है।

('काव्य-मीमांसा' के रचयिता राजशेखर ने इस सामग्री को 'विरचना' कहा है और इसे भी मौलिक काव्य-रचना में एक जायज़ स्रोत माना है।)

× × ×

यह स्मृतियों में वापस जाना, फ्लैश बैक, उन्हें वर्तमान में वापस लाने से भिन्न बात है। एक पुराने राग का जीवित वर्तमान भी होता है। उसी तरह एक चित्र, एक चिन्तन, एक कविता का भी काल नहीं त्रिकाल होता है। उनकी गति सामान्य भौतिक इतिहास गतियों की तरह नहीं होती। एक समय में उत्पन्न होने के बावजूद वे एक ही समय की नहीं होतीं, क्योंकि उनमें कहीं वह आत्मिक ऊर्जा स्पन्दित रहती है जो न तो भौतिक की तरह जीती है न भौतिक की तरह मरती है : वह एक रचना द्वारा एक समय से दूसरे में संक्रमित हो जाती है।

अपनी इतिहास-सम्बन्धी कविताओं में मैंने इतिहास में लौटने की उतनी कोशिश नहीं की हैं, जितनी उसके अवशेषों को आज के मनुष्य के मिज़ाज, आचरण, चेष्टाओं, महत्त्वाकांक्षाओं और ख़ासकर उसके भाषायी व्यवहार में पढ़ने की कोशिश की है। जो इतिहास की तरह क्षतिग्रस्त नहीं होता, उसके आत्मिक तत्त्व की तरह बचा रहता है। इस बचे रहने के सूक्ष्म अन्तस्सम्बन्धों को हम युगान्तर कलाओं में आसानी से पहचान सकते हैं।

कलाओं के अन्तस्सम्बन्ध के कभी सीधे और कभी जटिल या प्रच्छन्न होते हैं। बहुधा कोई कलाकार जब एक से अधिक माध्यमों में काम करता है तो उसकी रचनाओं में एक सीधे रिश्ते को पहचानना आसान होता है, जैसे विलियम ब्लैक की कविताओं और चित्रों में रहस्यमूलक रोमान्टिसिज्म की मौजूदगी, या रोजेन्टी की कविताओं और चित्रों में 'प्री-रफेलाइट' प्रभाव या महादेवी वर्मा के चित्रों और कविताओं में छायावादी रोमान्टिसिज्म। माध्यमों की विभिन्नताओं के बावजूद एक समान ढंग की संवेदना और सोचने के ढंग की एकाग्रता उनकी शाब्दिक और चाक्षुष, दोनों तरह की रचनाओं में स्पष्ट देखी जा सकती है।

कभी-कभी ये सम्बन्ध जटिल और असरल होते हैं। फ्रेंच प्रतीकवादी कवि मलार्मे अपनी कविताओं में वागनर के संगीत का-सा प्रभाव उत्पन्न करना चाहता था। कहना मुश्किल है कि इसमें वह कहाँ तक सफल हो सका, पर निश्चय ही उसकी इस कोशिश में कविता में नयी तरह की सम्भावनाओं के लिए अत्यन्त रचनात्मक प्रयोगों को प्रोत्साहित किया और आने वाली विश्व कविता पर प्रतीकवाद ने एक स्थायी प्रभाव छोड़ा है।

बीसवीं सदी में कलाओं के अन्तस्सम्बन्धों को लेकर जिस आन्दोलन की ओर ध्यान जाना स्वाभाविक है वह है 'सुर्रियलिजम या अति-यथार्थवाद'। बीसवीं सदी के शुरूआती दशकों में प्रभावी रहने वाले इस मूलतः फ्रेंच कला आन्दोलन के साथ आन्द्रे ब्रेतों, सूपो, एलुआर, अरागों आदि कवियों/लेखकों के नाम ख़ासतौर पर जुड़े हैं। इस आन्दोलन का प्रभाव कलाओं, कविता और सिनेमा पर ख़ासतौर पर रहा। चित्रकला में डाली और सिनेमा में बुनुएल की फ़िल्मों में सुर्रियलिजम का गहरा प्रभाव दिखाई देता है।

विभिन्न कलाओं पर सुर्रियलिजम के असर को बिम्बों के संयोजन की भाषा में समझना दिलचस्प होगा। फ्रायड के मनोविज्ञान का कलाओं पर दूरगामी असर पड़ रहा था, ख़ासकर उनके अर्धचेतन और अवचेतन के सिद्धान्त ने मनुष्य के चित्त में, सपनों में, बिम्बों की उस भाषा की ओर ध्यान आकृष्ट किया था जो चेतन के स्तर पर नितान्त अनर्गल लगते हुए भी अर्धचेतन और अवचेतन के स्तर पर गहरे आशयों से भरी होती हैं।

जिस तरह फ्रायड के विचारों ने विभिन्न कलाओं की रचनाशीलता को दूर तक जोड़ा और प्रभावित किया, उसी तरह हम देखते हैं कि डार्विन के विकासवाद, आइन्सटाइन की 'समय' और 'स्थान' सम्बन्धी अवधारणाओं और मार्क्स के आर्थिक और सामाजिक विचारों ने अगर एक स्तर पर हमारी जीवन दृष्टियों को बदला तो दूसरे स्तर पर हमारी कलाओं में सोच का वह मूलाधार बनाया जिसे हम विभिन्न कलाओं में कई तरह और कई स्तरों पर व्याप्त देखते हैं। हम आसानी से इस सरलीकरण की ओर खिंच सकते हैं कि अमुक कला मार्क्सवादी है, या फ्रायडवादी है, या डार्विनवादी है या—आदि-आदि। लेकिन किसी भी श्रेष्ठ कला की गति और प्रकृति इतनी एकांगी या एकतरफा नहीं होती। वह जटिल होती है, और अपनी संरचना में कई तरह के विचारों और आशयों की छटा लिये हुए हो सकती है। कलाओं के अन्तस्सम्बन्धों को हम बेहतर समझ सकते हैं अगर हम उन्हें उनकी जैविक सादृश्यता में समझने की तार्किक कोशिश करें, न कि उनकी प्रवृत्तियों को सरल वैचारिक वर्गों में बाँटकर।

परिशिष्ट

कुँवर नारायण और उनका रचना-संसार

कुँवर नारायण और उनका रचना-संसार

भारतीय साहित्य में एक प्रमुख उपस्थिति, कुँवर नारायण इस समय के श्रेष्ठतम कवियों में माने जाते हैं। वे उन विरल बुद्धिजीवियों में से हैं जिन्होंने अपनी वैश्विक संवेदनाओं को अपने देश की संस्कृति और इतिहास की पक्की ज़मीन दी है। उनके निरन्तर विकसित होते सरोकारों के विस्तृत क्षेत्र को परिलक्षित किया जाता रहा है। विचारशील भाषा से लेकर वे मिथकों और इतिहास को रचनात्मक ढंग से समेटते हैं। एक कल्पनाशील सौन्दर्य-दृष्टि से सम्पन्न उनकी पैनी नज़र आज के भारत के सामाजिक-राजनैतिक यथार्थ पर भी उतनी ही रहती है। उनकी कविताओं में बहुस्तरीयता रहती है, समकालीनता भी और एक विस्तृत समय-बोध; साथ ही गहरी मानवता से अनुबद्ध एक ख़ास तरह की शुद्धता। कुँवर नारायण, पाँचवें-छठे दशक में 'नयी कविता आन्दोलन' से जुड़ा एक प्रमुख नाम है। तभी से उनकी चेष्टाएँ कविता की सीमाओं के विस्तृतीकरण में सक्रिय रही हैं। उनके ख़ुद के लेखन की प्रेरणाओं के स्रोत विविध रहे हैं : भारतीय महाकाव्यों और उपनिषदों से लेकर अमीर ख़ुसरो और कबीर तक, बौद्ध दर्शन से मार्क्सवाद तक, काफ़्का और कवाफ़ी से लेकर ग़ालिब और गाँधी तक फैले हुए। कुँवर नारायण शुरू से ही कई प्रकार का लेखन करते रहे हैं। कविता, प्रबन्ध-काव्य, कहानी, साहित्य-समीक्षा आदि लिखने के साथ, उतनी ही बौद्धिकता से विश्व सिनेमा के अन्तरंग पक्षों पर भी गम्भीरता से विमर्श करते रहे हैं। ये कुँवर नारायण के व्यापक सामाजिक सरोकार हैं जिनकी वजह से वे शास्त्रीय संगीत, प्रदर्शनकारी कलाओं तथा ऐसे अनेक विषयों पर लिखते हैं जिनका गहरा सांस्कृतिक महत्त्व है। स्वभाव से वे हठधर्मिता को नापसन्द करते हैं। साहित्य की दुनिया में उनकी एक विनम्र किन्तु दृढ़ उपस्थिति पहचानी गयी है। उनके रचनात्मक जीवन की शुरुआत युवावस्था में ही आचार्य नरेन्द्रदेव और आचार्य कृपलानी के साथ से हुई, और 1955 में पहली विदेशी यात्रा में नाज़िम हिकमत और पाब्लो नेरूदा जैसे युगान्तकारी कवियों का सम्पर्क उत्प्रेरक रहा है। उनकी रचनाओं के अनुवाद कई भारतीय और विदेशी भाषाओं में हो चुके हैं, और वे देश-विदेश के कई पुरस्कारों और मान्यताओं से सम्मानित हैं। कुँवर नारायण का अधिकांश जीवन लखनऊ में बीता जहाँ अकसर उनके घर साहित्य और संगीत

की बैठकें होती रहती थीं। इन दिनों वे पत्नी भारती और पुत्र अपूर्व के साथ दिल्ली में रहते हैं।

प्रकाशित कृतियाँ

कविता

चक्रव्यूह, 1956, राधाकृष्ण प्रकाशन, दिल्ली (पहला प्रकाशन : राजकमल प्रकाशन)
तीसरा सप्तक, सात कवियों का संकलन, सम्पादक : अज्ञेय, 1959, भारतीय ज्ञानपीठ, दिल्ली
परिवेश : हम तुम, 1961, वाणी प्रकाशन, दिल्ली (पहला प्रकाशन : भारती भंडार, इलाहाबाद)
अपने सामने, 1979, राजकमल प्रकाशन, दिल्ली
कोई दूसरा नहीं, 1993, राजकमल प्रकाशन, दिल्ली
इन दिनों, 2002, राजकमल प्रकाशन, दिल्ली
हाशिए का गवाह, 2009, मेधा बुक्स, दिल्ली

खंड-काव्य

आत्मजयी, (कठोपनिषद् के नचिकेता-प्रसंग पर आधारित), 1965, भारतीय ज्ञानपीठ, दिल्ली
वाजश्रवा के बहाने, (आत्मजयी से सन्दर्भित स्वतन्त्र काव्य), 2008, भारतीय ज्ञानपीठ, दिल्ली

कहानी

आकारों के आसपास, कहानी-संकलन, 1971, राधाकृष्ण प्रकाशन, दिल्ली

समीक्षा और विचार

आज और आज से पहले, 1998, राजकमल प्रकाशन, दिल्ली
मेरे साक्षात्कार, कुँवर नारायण द्वारा दिये गये साक्षात्कार, सम्पादक : विनोद भारद्वाज 1999, किताबघर प्रकाशन, दिल्ली
साहित्य के कुछ अन्तर-विषयक सन्दर्भ, चौदहवाँ संवत्सर व्याख्यान, 2003, साहित्य अकादेमी

तट पर हूँ पर तटस्थ नहीं—कुँवर नारायण की भेंट-वार्ताएँ, सम्पादक : विनोद भारद्वाज, 2010, राजकमल प्रकाशन, दिल्ली

संकलन

कुँवर नारायण : संसार-1, (कुँवर नारायण की रचनाओं से एक संचयन), और

कुँवर नारायण : उपस्थिति-2, (कुँवर नारायण पर एकाग्र लेखन से एक संचयन), सम्पादक : यतीन्द्र मिश्र, 2002, वाणी प्रकाशन, दिल्ली

कुँवर नारायण : चुनी हुई कविताएँ, सम्पादक : सुरेश सलिल, 2007, मेधा बुक्स, दिल्ली

कुँवर नारायण : प्रतिनिधि कविताएँ, सम्पादक : पुरुषोत्तम अग्रवाल, 2008, राजकमल प्रकाशन, दिल्ली

कुँवर नारायण 'नो अदर वर्ल्ड', कविताओं के अँग्रेजी अनुवाद के साथ : अपूर्व नारायण, 2008, रूपा ऐंड कम्पनी, दिल्ली

सम्पादन

सह सम्पादक : **युगचेतना** (1956-61), **नया प्रतीक** (1974-78), **छायानट** (1976-78), **कविताएँ, कहानियाँ, निबन्ध, आलोचना** और **सिनेमा, संगीत, कलाओं** एवं **इतिहास सम्बन्धी विविध लेखन** पत्रिकाओं एवं संकलनों में प्रकाशित होते रहते हैं। कवि पर राष्ट्रीय एवं अन्तर्राष्ट्रीय स्तर पर हिन्दी के अलावा विभिन्न भाषाओं में अनेक **शोध** एवं **आलोचनात्मक लेखन** प्रकाशित।

कुँवर नारायण द्वारा अनुवाद

कौन्स्टैन्टीन कवाफ़ी पर निबन्ध एवं चुनिन्दा कविताओं के अनुवाद, 'तनाव' पत्रिका 1986

ख़ोर्खे-लुई बोर्ख़ेस पर निबन्ध एवं चुनिन्दा कविताओं के अनुवाद, 'तनाव' पत्रिका 1987

कई विदेशी कवियों की कविताओं का हिन्दी में अनुवाद, जिसमें उल्लेखनीय हैं : स्टीफन मलार्मे, पाब्लो नेरूदा, गुंटर ग्रास, तादेऊष रूजेविक्ष, डेरेक वाल्कॉट, ज्बीग्न्यू हेर्बर्त, ऐन्ना स्विरज़िन्स्का आदि।

कुँवर नारायण के लेखन के अनुवाद

कुँवर नारायण की कविताओं और कहानियों के कई भारतीय और विदेशी भाषाओं में अनुवाद, जो पुस्तक रूप में, और संग्रहों एवं पत्रिकाओं में प्रकाशित हुए हैं। भारतीय

भाषाओं में **कन्नड़, ओडिया, पंजाबी, डोगरी** और **असमिया**, तथा विदेशी भाषाओं में **अँग्रेज़ी, इतालवी, पोलिश,** और **ऐस्टोनियन** अनुवाद अभी तक पुस्तक रूप में प्रकाशित। मुख्य अनुवाद आगे दिये हैं।

पुरस्कार एवं सम्मान

हिन्दुस्तानी अकादमी पुरस्कार (आत्मजयी), 1971
प्रेमचन्द पुरस्कार (आकारों के आसपास), 1973
कुमारन आशान पुरस्कार (अपने सामने), 1982
तुलसी पुरस्कार (अपने सामने), 1982
हिन्दी संस्थान पुरस्कार (हिन्दी में उत्कृष्ट लेखन), 1987
व्यास सम्मान (कोई दूसरा नहीं), 1995
भवानी प्रसाद मिश्र पुरस्कार (कोई दूसरा नहीं), 1995
शतदल पुरस्कार (कोई दूसरा नहीं), 1995
साहित्य अकादेमी पुरस्कार (कोई दूसरा नहीं एवं समग्र लेखन), 1995
लोहिया पुरस्कार (हिन्दी साहित्य में समग्र योगदान हेतु) 2001
कबीर सम्मान (भारतीय कविता में उत्कृष्ट योगदान हेतु) 2001
डी. लिट्. की मानद उपाधि (राजर्षि पुरुषोत्तमदास टंडन मुक्त वि.वि., इलाहाबाद) 2004
'मेडल ऑफ वार्सा यूनिवर्सिटी' वार्सा विश्वविद्यालय, पोलैंड द्वारा सम्मानित, 2005
शलाका सम्मान (हिन्दी अकादेमी, दिल्ली का सर्वोच्च सम्मान), 2006
प्रीमियो फ़ेरोनिआ सम्मान, इटली (महत्त्वपूर्ण विदेशी रचनाकार के रूप में), 2006
ज्ञानपीठ पुरस्कार (भारतीय साहित्य का सर्वोच्च सम्मान), 2008, (2005 के लिए)
पद्मभूषण (भारत सरकार का सम्मान), 2009
साहित्य अकादेमी की महत्तर सदस्यता (साहित्य अकादेमी सम्मान), 2010
पुणे पंडित सम्मान, 2011

अधिगत पद

- उपाध्यक्ष, उ.प्र. संगीत नाटक अकादेमी, लखनऊ, 1976-1978
- अध्यक्ष, भारतेन्दु नाट्य केन्द्र, लखनऊ, 1977-79
- सदस्य, न्यास एवं कार्यपरिषद, नेशनल बुक ट्रस्ट ऑफ इंडिया, दिल्ली

- सदस्य, केन्द्रीय अवदान समिति, माध्यमिक एवं उच्च शिक्षा विभाग, भारत सरकार
- सदस्य, सलाहकार समिति, केन्द्रीय हिन्दी संस्थान, आगरा, भारत सरकार
- सदस्य, हिन्दी सलाहकार समिति, सूचना एवं प्रसारण मन्त्रालय, भारत सरकार
- संस्थापक सदस्य, विमला देवी फाउंडेशन न्यास, अयोध्या

अन्तर्राष्ट्रीय साहित्यिक गतिविधियाँ

- यूरोप, रूस एवं चीन की यात्राएँ, नाज़िम हिकमत, एण्टोन स्वानीम्स्की एवं पाब्लो नेरूदा से मुलाकातें, 1955
- स्वीडन के स्टाकहोम, गोथेनबर्ग एवं लुण्ड विश्वविद्यालयों में सेमीनार व कविता-पाठ, 1987
- 'मिथक एवं आधुनिक हिन्दी कविता' पर वेनिस विश्वविद्यालय में व्याख्यान तथा ब्रिटेन, इटली एवं अमेरिका में कविता-पाठ, 1994
- नेपाल और पोलैण्ड में व्याख्यान तथा कविता-पाठ, 1998
- लम्बे समय तक कैम्ब्रिज] ब्रिटेन में प्रवास : लन्दन में कविता-पाठ, 1998-99
- पोलैण्ड, वार्सा तथा जैगीलोनियन (क्राकाउ) विश्वविद्यालय में प्रवास एवं कविता-पाठ, 2001
- एरेंज़ानो, इटली में कविता-पाठ एवं 'कोई दूसरा नहीं' के इतालवी अनुवाद का विमोचन, 2001
- लाहौर (पाकिस्तान) में हुए दक्षेस सम्मेलन में भारतीय साहित्यकारों के प्रतिनिधिमण्डल में, 2003
- वार्सा विश्वविद्यालय, पोलैण्ड के भारत बिद्या विभाग की पचासवीं वर्षगाँठ के अवसर पर विशिष्ट अतिथि के रूप में, 2005
- अन्तर्राष्ट्रीय साहित्यिक समारोह 'मेडिटिरैनिया' में शिरकत, कविता-पाठ एवं कविताओं के इतालवी अनुवाद के संग्रह का विमोचन, रोम, 2006

व्यक्तिगत विवरण

जन्म : 19 सितम्बर, 1927, फ़ैज़ाबाद, उत्तर प्रदेश, भारत
लखनऊ विश्वविद्यालय से अँग्रेज़ी साहित्य में एम.ए., वर्ष 1951
1966 में भारती गोयनका से विवाह, वर्ष 1967 में पुत्र अपूर्व का जन्म
सम्पर्क: एच-1544, चितरंजन पार्क, नयी दिल्ली-110019.
फोन : +91-11-26272508, ईमेल : kunwarnarain@hotmail.com

अनुवाद

पुस्तक रूप में प्रकाशित अनुवाद

Kunwar Narain: Koi Nein Dooa, Translated by Padma Sachdeva, Sahitya Akademi, 1997 (Dogri translation of *Koī Dūsrā Nahīn)*

Kunwar Narain: Dooja Koi Nahi, Translated by Amarjeet Kaunke, Sahitya Akademi, 2007, (Punjabi translation of *Koī Dūsrā Nahīn)*

Kunwar Narain: Mattharu Alla, Translated by T G Prabhashankar 'Premi', Sahitya Akademi, 2008 (Kannada translation of *Koī Dūsrā Nahīn)*

Kunwar Narain: Akarada Akka.Pakka, Translated by R P Hegde, Sumukha Prakashana, 2009 (Kannada translation of short stories)

Kunwar Narain: Nuhanee areka Pruthivi, Translated by Kshirod Parida, Aryavedanta Publications, 2010 (Oriya translation of selected poems)

पुस्तक रूप में प्रकाशित विदेशी अनुवाद

Kunvar Narayan, Naciketa, A cura di Mariola Offredi, Plural Edizioni, Napoli. Collezione di Poesia I Cristalli, 1989, (Italian translation of *Ātmajayī)*

Kunvar Narayan, Nessuno è altro, A cura di Roberta Sequi, Casta Diva, Roma. 2001. (Italian translation of *Koī Dūsrā Nahīn)*

Kunwar Narain, Varco di ombre, a cura di Tullia Baldassarri Höger von Högersthal, edizione Mura, 2006 (Italian translation of selected poems)

Kunwar Narain, Przez Slowa, Antologia pod redakcja, Renaty Czekalskiej i Agnieeszki Kuczkiewicz-Fraś, Ksigamia Akademicka, Kraków, 2007 (Polish translation of selected poems)

Kunwar Narain, See Ainuke Maailm, Valitud luuletused, hindi keelest tõlkinud Mathura (Margus Lattik), Allikaäärrne, 2010 (Estonian translation of selected poems)

Kunwar Narain, No Other World: Selected Poems, Translated by Apurva Narain, Introduced by Harish Trivedi, Arc Publications, UK, 2010. (English translation of selected poems)

संग्रहों एवं पत्रिकाओं में मुख्य विदेशी अनुवाद

Modern Hindi Poetry: An Anthology, ed. Vidya N. Misra, 1965, Indiana Univ. Press, Bloomington & London. (English translation by Leonard Nathan & H M Guy)

Tokyo University Journal, No.7, Dec. 1972, Hindi Dept., Tokyo Univ. of Foreign Studies, Nishigahara, Kita-ku, Tokyo (Japanese translation by Toshio Tanaka)

Der Ochsenkarren, Hindilyrik der siebziger und achtziger Jahre, Zusammengestellt von Vishnu Khare & Lothar Lutze, Verlag Wolf Mersch, 1983 (German trans.)

The Golden Waist Chain: Modern Hindi Short Stories, ed. Sara Rai, 1990, Penguin. (English translation by Sara Rai)

TriQuarterly 77, Winter 1989/90, ed. Reginald Gibbons, 1990, Northwestern University, USA (English translation by Vinay Dharwadker)

Periplus: Poetry in Translation, eds. Daniel Weissbort & Arvind K. Mehrotra, 1993, Oxford Univ. Press. (English translation by Daniel Weissbort and the poet)

The Penguin New Writing in India, eds. Aditya Behl & David Nicholls, 1994, Penguin India, first publ., Chicago Review, vol 38, nos 1& 2,1992 (English trans.)

Survival, eds. Daniel Weissbort & Girdhar Rathi. Sahitya Akademi, India, 1994 (English translation by Daniel Weissbort and the poet)

The Oxford Anthology of Modern Indian Poetry, eds. Vinay Dharwadker & AK Ramanujan, 1994, Oxford University Press (English translation)

Yatra 2: Writings from The Indian Subcontinent, Gen.Ed: Alok Bhalla, Eds. Nirmal Verma & UR Ananthamurthy, 1994, Indus (English trans. by Alok Bhalla)

Living Literature: A Trilingual Documentation of Indo-German Literary Exchange, eds. Barbara Lotz and Vishnu Khare (German translation)

Gestures: Poetry from SAARC Countries, Edited by K. Satchidanandan, 1996 (Reprint 2001), Sahitya Akademi, India (English translation)

An Anthology of Modern Hindi Poetry, edited by Kailash Vajpeyi, 1998, Rupa & Co., India (English translation)

Dilli Mein Kavita, ed. Kailash Vajpeyi, translated into Russian by Varyam Singh, 1999, Sahitya Kala Parishad, Delhi (Russian translation)

Poeti hindi: Antologia del Novecento, A cura di Mariola Offredi, Casta Diva, Roma. 2000. Poesia, Collana diretta da Enrico D'Angelo (Italian translation)

Beyond Borders: An Anthology of SAARC Poetry, eds. Ashok Vajpeyi & Ajeet Cour, 2002, Academy of Fine Arts and Literature & Rainbow Publishers.

Hindi: Handpicked Fictions, Edited and translated by Sara Rai, 2003, Katha, Delhi. (English translation of short stories)

New Poetry in Hindi (Nayi Kavita): An anthology edited, translated and introduced by Lucy Rosenstein, 2003, Permanent Black, Delhi. (English translation)

Cracow Indological Studies, Vol. 6, ed. Renaty Czekalskiej, Jagiellonian Univ., Kraków, 2005. (Polish trans., Renata Czekalska & Agnieszka Kuckiewicz-Fraś)

Ik zag de stad, Moderne Hindi-poëzie, Vertaald en ingeleid door Lodewijk Brunt & Dick Plukker, Stichting India Instituut, Amsterdam, 2006 (Dutch translation)

A Poem for CRY: Favourite Poems of Famous Indians, Foreword by Amartya Sen, Edited by Avanti Maluste and Sudeep Doshi, Penguin Viking, 2006 (English translation)

Teaching on India in Central and Eastern Europe, eds. Danuta Stasik & Anna Trynkowska, Warsaw, 2007 (Polish translations by Danuta Stasik)

Poetry, Volume CXC Number 5, Ed. Christian Wiman, Translated by R Parthasarathy, Poetry Foundation, Chicago, USA, September 2007 (English translation)

Indian Literature, 248, In Focus Kunwar Narain, Guest Editor K Satchidanandan, Sahitya Akademi, November-December 2008

Ciclo Literario, 80 Enero, Nota y traducción de Araceli Mancilla Zayas, Editor: Lorenzo León Diez, 2009 (Mexican-Spanish translation)

hindi: Language, Discourse, Writing, Vol. 1 B Focus: Kunwar Narain, Ed. Mamta Kalia, Mahatma Gandhi Antarrashtriya Hindi Vishwavidyalaya, January-March 2009 (English translation)

The Little Magazine, Volume VII Issue 5 & 6 and Volume VIII Issue 1 & 2, Translated by Pratik Kanjilal, Edited by Antara Dev Sen (English translation)

Vikerkaar, 4-5, Translated by Mathura (Margus Lattik), Tallinn, Estonia, 2010 (Estonian translation of selected poems)

Home From A Distance: Hindi Poets in English Translation, Translated by Vinay Dharwadker, Edited by Giriraj Kiradoo and Rahul Soni, Pratilipi Books, 2011 (English translation)

The Golden Boat: River Poems, Edited by K Satchidanandan, India International Centre, Yoda Press, 2011 (English translation)

❑❑❑

णाणं

पयासयं

वीर नि.सं. 2470

ई. सन 1944

भारतीय ज्ञानपीठ